UTB 4555

Eine Arbeitsgemeinschaft der Verlage

Böhlau Verlag · Wien · Köln · Weimar
Verlag Barbara Budrich · Opladen · Toronto
facultas.wuv · Wien
Wilhelm Fink · Paderborn
A. Francke Verlag · Tübingen
Haupt Verlag · Bern
Verlag Julius Klinkhardt · Bad Heilbrunn
Mohr Siebeck · Tübingen
Nomos Verlagsgesellschaft · Baden-Baden
Ernst Reinhardt Verlag · München · Basel
Ferdinand Schöningh · Paderborn
Eugen Ulmer Verlag · Stuttgart
UVK Verlagsgesellschaft · Konstanz, mit UVK/Lucius · München
Vandenhoeck & Ruprecht · Göttingen · Bristol
vdf Hochschulverlag AG an der ETH · Zürich

Axel Gotthard

Der Dreißigjährige Krieg

Eine Einführung

BÖHLAU VERLAG KÖLN WEIMAR WIEN · 2016

Axel Gotthard lehrt Neuere und Neueste Geschichte
an der Universität Erlangen-Nürnberg.

Bibliografische Information der Deutschen Bibliothek:

Die Deutsche Nationalbibliothek verzeichnet diese Publikation in der
Deutschen Nationalbibliografie; detaillierte bibliografische Daten sind
im Internet über https://portal.dnb.de abrufbar.

Online-Angebote oder elektronische Ausgaben sind erhältlich
unter www.utb-shop.de.

Umschlagabbildung: »Raubende Soldateska«. Holzstich nach einer Radierung
von Hans Ulrich Franck, um 1646. © akg-images

© 2016 by Böhlau Verlag GmbH & Cie, Köln Weimar Wien
Ursulaplatz 1, D-50668 Köln, www.boehlau-verlag.com
Alle Rechte vorbehalten. Dieses Werk ist urheberrechtlich geschützt.
Jede Verwertung außerhalb der engen Grenzen des Urheberrechtsgesetzes
ist unzulässig.

Einbandgestaltung: Atelier Reichert, Stuttgart
Korrektorat: Patricia Simon, Langerwehe
Satz: synpannier. Gestaltung & Wissenschaftskommunikation, Bielefeld
Druck und Bindung: Pustet, Regensburg
Gedruckt auf chlor- und säurefreiem Papier
Printed in Germany

UTB-Band-Nr. 4555 | ISBN 978-3-8252-4555-9 | eISBN 978-3-8463-4555-9

Inhaltsverzeichnis

Vorwort 11

1 **Der lange Weg in den Krieg** 13
  1.1 Seit 1555 – der Reichsverband überwölbt zwei Konfessionen 13
  1.2 Seit 1580 – die konfessionelle Polarisierung des Reichsverbands 16
    1.2.1 Die interkonfessionellen Beziehungen verschlechtern sich wieder 16
    1.2.2 Ein Versuch, den mentalen Haushalt des Konfessionellen Zeitalters sinnfällig zu machen 17
    1.2.3 Der Interpretationskrieg um den Religionsfrieden 22
    1.2.4 Das politische Grundvertrauen schwindet dahin 28
  1.3 Seit 1608 – die Vorkriegszeit 30
    1.3.1 Krisenjahr 1608 30
    1.3.2 Die Blockade des politischen Systems 33
    1.3.3 Evangelische Union und katholische Liga 36
    1.3.4 Letztlich vergebliche Versuche, die Sprachlosigkeit zu überwinden 43
    1.3.5 Kriegsgefahr hier und dort 46
  1.4 Schon einmal vorab: etwas Kriegsursachenforschung 53
    1.4.1 Warum die Ursachenforschung am Zustand des Reichsverbandes ansetzen muss 53
    1.4.2 Kann die moderne Politik aus dem damaligen Desaster lernen? ... 55
  1.5 Die böhmischen Anlässe des Dreißigjährigen Krieges 59
    1.5.1 Rückblicke: lange Tradition konfessioneller Heterogenität und ständischer Aufmüpfigkeit 59
    1.5.2 Der „Bruderzwist" im Hause Habsburg 63
    1.5.3 Streit um den Majestätsbrief 66

2 **Ereignisabfolge 1: der große deutsche Konfessionskrieg (1618–1630)** 73
  2.1 Auftakt zum Böhmisch-Pfälzischen Krieg: der „Fenstersturz" 73
    2.1.1 Der Udenheimer Mauersturz, oder: Was zeitgenössische Akteure und was Historiker für wichtig halten 73
    2.1.2 Der Prager Fenstersturz 74
  2.2 Warum weitet sich eine regionale Krise zum mitteleuropäischen Krieg aus? 78

2.2.1 Sommer 1618 bis Frühjahr 1619:
Beide Seiten müssen ihren Kurs finden 78
2.2.2 Sommer 1619 – Weichenstellungen hin zum großen Krieg 81
2.2.3 Verbündete für Kaiser Ferdinand 83
2.2.4 Verbündete für Friedrich von der Pfalz? 88
2.3 Die Schlacht am Weißen Berg und ihre Folgen 96
2.3.1 Entscheidung vor Prag 96
2.3.2 Die Folgen in Böhmen 103
2.3.3 Die Folgen im Reich 106
2.4 Warum geht der Krieg weiter? 112
2.5 Der Niedersächsisch-Dänische Krieg –
Konstellationen zu Kriegsbeginn 117
2.5.1 Norddeutschland rückt ins Blickfeld 117
2.5.2 Doch noch Verbündete für Friedrich von der Pfalz? 118
2.5.3 Christian IV. von Dänemark:
der Mann, sein Land, seine Kriegsziele 121
2.6 Der Niedersächsisch-Dänische Krieg – zum Kriegsverlauf 126
2.7 Warum geht der Krieg weiter? 131
2.7.1 Wieder maßlose Sieger 1:
politisch motivierte Urteile, Konfiskationen 131
2.7.2 Wieder maßlose Sieger 2: das Restitutionsedikt 133
2.7.3 Europäische Konstellationen ändern sich 139
2.7.4 Deutsche Warnzeichen für die siegreiche Seite 145
2.7.5 Regensburg 1630: ein Kampf um die Reichsverfassung 148

3 **Wie hat man im Dreißigjährigen Krieg gelebt,
gekämpft und gelitten?** 155
3.1 Warum beherrscht der Söldner das Feld? 155
3.1.1 Der Ausgangspunkt: die Ritterheere des Mittelalters 155
3.1.2 Niedergang des Rittertums, Aufstieg der Infanterie 158
3.1.3 Wie bringt man massenhaft Infanterie auf? 163
3.1.4 Sozioökonomische Voraussetzungen des Söldnerwesens 165
3.2 Welche politischen und militärischen Implikationen
haben Söldnerheere? 166
3.2.1 Wachsender Geldbedarf als Motor des Ausbaus
vormoderner Staatlichkeit 166
3.2.2 Die dem Söldnertum entsprechende Art der Kriegführung 167

3.3	Die Lebensweise des Söldners (sowie der Seinen)	169
3.3.1	Wer wird warum Söldner?	169
3.3.2	Das Regiment und seine Binnengliederung	171
3.3.3	Der Tross	173
3.3.4	Eine riskante Lebensform: „gartende Knechte", „Marodeure" und „ungeschützte Frauen"	175
3.4	Das Allernötigste aus dem Arsenal der „Militaria"	177
3.5	Lasten für die Zivilbevölkerung	181
3.5.1	Der Kriegsalltag: Quartiere, Kontributionen	181
3.5.2	Fast alltäglich: Plündern, Brandschatzen	182
3.5.3	„Magdeburgisieren"	184
3.6	Höhepunkt oder Perversion des kommerziellen Söldnertums? Wallenstein als Kriegsunternehmer	187
3.6.1	Ein Krisen- und Kriegsgewinnler	187
3.6.2	Der Krieg ernährt den Krieg	191
3.6.3	Wallensteins Kriegswirtschaftssystem	196
3.6.4	Und die „Lehren der Geschichte"?	197
3.7	Wie schlimm war der Dreißigjährige Krieg?	201
3.7.1	Die ökonomischen und klimatischen Rahmenbedingungen	201
3.7.2	„Alles gar nicht so schlimm"? Der Forschungsmythos	203
3.7.3	Das Quellenproblem	205
3.7.4	Zeitgenössische Versuche, das unbeschreibliche Leid in Worte zu fassen	206
3.7.5	Zeitgenössische Verlusterfahrungen und Bewältigungsstrategien	208
4	**Ereignisabfolge 2: Mitteleuropa wird zur Bühne von Großmachtrivalitäten (1630–1648)**	**215**
4.1	Gustav Adolf und der Schwedische Krieg	215
4.1.1	Kleine Anfänge, große Wirkungen	215
4.1.2	Zur Massenresonanz; Flugschriften, Flugblätter	223
4.1.3	Noch einmal, jetzt exemplarisch für Mittelfranken: Wie schlimm war dieser Krieg?	226
4.1.4	Die Schlacht bei Lützen	229
4.1.5	Gustav Adolf: der Mann, sein Land, seine Kriegsziele	230
4.2	Der Schwedische Krieg nach Gustav Adolfs Tod	237
4.2.1	Axel Oxenstierna	237

4.2.2 Wallensteins Ende	241
4.2.3 Die evangelische Seite verliert auch die dritte Kriegsphase	246
4.3 Warum geht der Krieg weiter?	248
4.3.1 Der Prager „Frieden" – was drinsteht	248
4.3.2 Warum der Prager Vertrag keinen Frieden bringt	255
4.4 Der Französisch-Schwedische Krieg – Konstellationen zu Kriegsbeginn	258
4.4.1 Das darstellerische Problem: „Verwerfungen"	258
4.4.2 Was wir über Richelieu und über Frankreich wissen müssen	260
4.4.3 Frankreich erklärt Spanien den Krieg	267
4.4.4 Das Reich wird in den Französisch-Spanischen Krieg hineingerissen	269
4.5 Der Französisch-Schwedische Krieg – zum Kriegsverlauf	274
4.5.1 1635–1638: erfolgloses Frankreich, frustrierte Schwedische	274
4.5.2 Wachsender Kriegsüberdruss allenthalben	276
4.5.3 Das Ende des Spanischen Zeitalters	279
4.5.4 Stationen des Niedergangs auch der österreichischen Habsburger	281
5 Der lange Weg zum Frieden	**291**
5.1 Rückblicke 1: Worum wurde da dreißig Jahre lang gekämpft?	291
5.1.1 Deutungsangebote der Zeitgenossen und der Forschungsgeschichte	291
5.1.2 Der Konfessionskrieg	296
5.1.3 Das Ringen um die Reichsverfassung	298
5.1.4 Ein Indikator: die Bündniskonstellationen	303
5.2 Rückblicke 2: Warum musste dieser Krieg dreißig Jahre lang währen?	305
5.3 Die Vorgeschichte der westfälischen Kongresse	310
5.3.1 Zu den Wurzeln	310
5.3.2 Die Idee der „pax universalis"	313
5.3.3 Der Admissionsstreit	315
5.4 Was wir über die westfälischen Kongresse wissen müssen	320
5.4.1 Das „Wer?", das „Wie?", was steht im Lastenheft?	320
5.4.2 Zum Verlauf: einige Schlüsseldaten	325
5.5 Was wir über die westfälischen Friedensschlüsse wissen müssen	327
5.5.1 „Beyond Westphalia"? Der Mythos 1648	327
5.5.2 Die Kompetenzverteilung im Reichsverband wird wieder einmal austariert	333
5.5.3 Der Zweite Religionsfrieden	342

    5.5.4 Was noch für Mitteleuropa von Bedeutung war 351
  5.6 Das Ende des Achtzigjährigen Krieges 354
  5.7 Nachspiel in Nürnberg 360

Karten 363

Zeittafel 367

Kommentiertes Quellen- und Literaturverzeichnis 369
  Die wichtigsten Quellensammlungen zur „großen Politik" 369
  Mentalitätsgeschichtlich besonders aufschlussreiche Editionen 369
  Besonders lesenswerte Gesamtdarstellungen 370
  Besonders wichtige Aufsatzsammlungen 371
  Militaria im engeren Sinne 371
  Mentalitäts- und ideengeschichtliche Zugriffe 371
  Einzelnachweise 372

Abbildungsnachweis 377

Personenregister 379

Orts- und Sachregister 383

Vorwort

Der Dreißigjährige Krieg, dieses besonders faszinierende, aber wohl auch dunkelste Kapitel der vormodernen deutschen Geschichte, lässt mich seit meiner Doktorandenzeit nicht mehr los. Viele meiner wissenschaftlichen Publikationen versuchen den nicht enden wollenden Krieg seit 1618 und seine Vorgeschichte zu ergründen. Worum eigentlich hat da eine ganze Generation auf Leben und Tod gekämpft? War dieser furchtbare Krieg fast unvermeidlich, weil sich die politischen Akteure Mitteleuropas seit den 1580er-Jahren nun einmal immer mehr auseinandergelebt hatten, die Kommunikationskreise nachhaltig gestört waren und die konfliktkanalisierende Kraft des politischen Verfahrens mit den letzten noch funktionierenden Reichsorganen dahinschwand? Oder war es doch – wie so viele Experten für „1914" mutmaßen – eher ein bis zuletzt, mit ein bisschen mehr politischer Klugheit, leicht vermeidbarer ‚Betriebsunfall'? Oder verhält es sich noch einmal ganz anders, weil wir, genau besehen, ziemlich treffsicher Kriegsschuld zumessen können? Hat sich die leidgeprüfte Generation, die die Kernphase der Kleinen Eiszeit, die schlimmsten Exzesse der Hexenverfolgungen und dazu auch noch, und vor allem, einen der verheerendsten Kriege der Weltgeschichte erleiden musste, schließlich einfach mit dem Kriegszustand abgefunden, wurde ihr Krieg zum ‚Normalfall' menschlicher Existenz, oder sehnte sie sich unaufhörlich nach dem Frieden – und falls ja, warum war dann der Weg dahin so dornenvoll? Einer konsensfähigen Beantwortung dieser Fragen stellen sich noch immer viele spannende wissenschaftliche Probleme in den Weg.

Dieses Büchlein wendet sich freilich nicht an fertige Wissenschaftler, wurde nicht für Kollegen geschrieben. Eine Bachelorstudentin hatte ich vor Augen, eher im Grund- als im Hauptstudium, als ich einen Insiderterminus nach dem anderen strich (oder zu erklären versuchte); an den Examenskurs dachte ich, der Grundwissen wieder auffrischen und fürs schriftliche Staatsexamen fit machen soll. Der Duktus versucht, dem im Hörsaal üblichen gesprochenen Deutsch nahe zu kommen, und meinen Vorlesungen zu diesem Thema erwuchs das Büchlein denn auch. Den vielen Erlanger und Nürnberger Studenten, die mir in den letzten 25 Jahren sagten, was ihnen an meinen Erklärungsversuchen gefalle und was man besser machen könne (viele von ihnen geben sich ja inzwischen der noch viel anspruchsvolleren Aufgabe hin, den Forschungsstand für Mittelstufenschüler zu ‚übersetzen'), mein Dankeschön! Und bedanken will ich mich auch bei meiner Frau Anette, einer erfahrenen und engagierten Geschichtslehrerin, für ihre konstruktive Kritik. Dank gebührt sodann der Programmplanerin des Böhlau Verlags, Dorothee Rheker-Wunsch, für ihre Ermunterung, meiner vielen wissenschaftlichen und didaktischen Bemühungen um den Dreißigjährigen Krieg wegen den Mut zu fassen, ein Studienbuch über dieses besonders spannende, aber auch herausfordernde Thema zu schreiben; und nicht minder Julia Beenken für ihre hilfreichen Handreichungen bei der technischen Umsetzung dieses Vorhabens.

Weiher, im Januar 2016   Axel Gotthard

1 Der lange Weg in den Krieg

1.1 Seit 1555 – der Reichsverband überwölbt zwei Konfessionen

Was wir als „Dreißigjährigen Krieg" kennen, nannten die Zeitgenossen seit 1648 manchmal auch so. Vor allem aber sprachen die Miterlebenden vom „Teutschen Krieg". Das reflektiert, dass dieser Krieg hauptsächlich in Mitteleuropa ausgefochten wurde, unter dem Dach des Heiligen Römischen Reiches deutscher Nation (dieses Studienbuch spricht im Folgenden kürzer vom „Alten Reich" – „alt" ist es im Vergleich mit dem Kaiserreich seit 1871 und einem weiteren Reich seit 1933, das tausendjährig werden wollte).

Also, zunächst und für längere Zeit handelte es sich um einen „teutschen" Krieg. Von den Hauptkriegsschauplätzen her betrachtet blieb das (weitgehend) bis zum Schluss so. Nehmen wir die Hauptakteure ins Visier, ändert sich das Bild: Denn nacheinander werden verschiedene auswärtige Herrscher die Bühne des deutschen Kriegstheaters betreten. Natürlich trägt dieses Büchlein der Ausweitung des Kriegsgeschehens Rechnung – aber alles zu seiner Zeit! Was wir über außerdeutsche Kriegsschauplätze (beispielsweise Teile Oberitaliens) und insbesondere außerdeutsche Kriegsteilnehmer (Dänemark, Schweden, Frankreich) wissen müssen, wird ausgebreitet und analysiert, wenn diese Schauplätze und Akteure fürs Kriegsgeschehen wichtig werden. Der sukzessiven Internationalisierung des Krieges korrespondierend, weitet sich also sukzessive der Fokus dieses Büchleins. Es beginnt mit einer Analyse des Zustands des Alten Reiches. Die Kriegsursachen nämlich müssen wir dort suchen.

Wer verstehen will, warum der Reichsverband im frühen 17. Jahrhundert kaum mehr steuerbar war, muss weit ins 16. Jahrhundert zurückgehen. So, wie dem großen, dem dreißigjährigen deutschen Konfessionskrieg 1648 ein Zweiter Religionsfrieden auf dem Fuße

Die rechtliche Basis: der Erste Religionsfrieden von 1555

folgen wird, antwortete 1555 auf eine unruhige Dekade voller konfessionell aufgeladener Querelen, Scharmützel und kurzlebiger Kriege der Religionsfrieden von Augsburg. Der komplexe Text ist modernen Lesern nur schwer zugänglich; einige seiner tückischen Ausnahme- und Sonderregelungen werden aber noch zur Sprache kommen müssen. Einfach hingegen das regulative Grundprinzip: Wird der Zweite Religionsfrieden von 1648 die konfessionellen Besitzstände an ein Stichdatum binden, stellte der Erste, der von Augsburg, auf die freie Entscheidung des Landesherrn ab. Die regionale Obrigkeit – ob Kurfürst, Fürst oder Graf, in Reichsstädten der Stadtrat – konnte zwischen zwei Konfessionen wählen und diese Glaubenswahl ihrem Territorium verbindlich vorschreiben.

Die zulässigen Optionen: Katholizismus und „augspurgische confession"

Bei den beiden reichsrechtlich zulässigen Konfessionen handelte es sich, modern gesprochen, um Katholizismus und Luthertum. Anders die Terminologie des Augsburger Religionsfriedens: er kennt die „alte religion" und die „augspurgische confession". „Konfession" (lat. confessio = Bekenntnis): das meint ein spezifisches „Glaubensbekenntnis"; aber warum ist dieses „augspurgisch"? Am Augsburger Reichstag von 1530 hatten die Anhänger Luthers dem Kaiser eine schriftliche Zusammenfassung ihrer religiösen Anschauungen, die deshalb sogenannte Confessio Augustana („Augsburger Bekenntnis") überreicht. „Alte religion", „augspurgische confession" – dass bald danach ein drittes Bekenntnis, der Calvinismus, ins Reich einsickern würde, hat man 1555 nicht vorhergesehen; ob auch die Anhänger Calvins vom Religionsfrieden geschützt seien, gehört denn auch zu den vielen Streitfragen, die seit den 1580er-Jahren die Atmosphäre im Reich erneut vergiften werden. Zunächst aber: zwei reichsrechtlich zulässige konfessionelle Optionen; im Norden und Osten optierten fast alle Obrigkeiten für jene Confessio Augustana, die in ihren Territorien längst maßgeblich war, im Westen und im Süden des Reiches gab es hingegen weiterhin viele katholische Territorien.

Ius reformandi der Obrigkeit

Der Wille der Obrigkeit gab also den Ausschlag. Im akademischen Lehrbetrieb machte man das später als „Ius reformandi" der Landesobrigkeit griffig, und es kam diese Merkformel auf: „cuius regio, eius religio". Herr Hinz und Frau Kunz pflegten es sich deutsch zusammenzureimen: „Wo ich leb, so ich bet". Wo die Herrschaftstopografie kleinräumig und verwinkelt war, war es fortan auch die Konfessionslandkarte. Hier galt häufig genug schon hinter dem nächsten Bergrücken die andere einzig wahre Glaubensformel, das anders formulierte exklusive Heilsversprechen. Im Jahr 1997 berichtete eine fränkische Tageszeitung über das bei Wolframs-Eschenbach liegende 60-Seelen-Dörfchen Adelmannsdorf, das ein Bach durchschneidet: „Die Häuser davor sind ausnahmslos katholisch, die dahinter evangelisch … Ein Kind springt leicht über diesen Bach – für Hochzeiter ist er nach Jahrhunderten noch zu breit." Noch nie habe „jemand aus der einen Hälfte des Dorfes in die andere geheiratet". Das liegt natürlich nicht an magischen Wirkkräften des dahinrinnenden Wassers, wir sehen Spätfolgen der vormodernen Herrschaftstopografie – der einen Dorfhälfte prägte einst der Deutsche Orden den Glauben auf, für die andere war die evangelische Markgrafschaft Brandenburg-Ansbach maßgeblich.

In der Mitte des Kontinents war die Glaubensentscheidung (nach vormodernem Verständnis ein wichtiges Attribut von Staatlichkeit) seit 1555 definitiv gleichsam eine Ebene tiefer angesiedelt als in den werdenden Nationalstaaten der Iberischen Halbinsel, West- und Nordeuropas. Das Alte Reich, der Dachverband über den zahlreichen mitteleuropäischen Territorien, hatte dauerhaft zwei divergierende Wege zum Seelenheil, zwei exklusive, einander erbittert bekämpfende Wahrheitsmonopole zu integrieren, politisch zu überwölben. Ein politisches System, zwei Wege zum Seelenheil – das war im europäischen Maßstab eine avantgardistische Leistung. Der Augsburger Religionsfrieden ist überhaupt in vielen Hinsichten wegweisend, er gehört sogar in eine Archäologie der Grund- und Menschenrechte. Aber wenn man vom Dreißigjährigen Krieg aus auf ihn zurückblickt, muss man die negativen Seiten hervorkehren.

Der Augsburger Religionsfrieden von 1555 eilte seiner Zeit *zu* weit voraus. Es kann faszinieren, den Akten abzulesen, wie sich das vom doppelten Wahrheitsmonopol bedrohte Reich 1555 auf den säkularen Boden eines politischen Friedens rettete. Aber nach gut einer Generation pochte das Wahrheitsproblem kraftvoller denn je wieder an die Türe. Eine Generation lang schien der Gedanke, den Wahrheitsdissens rechtlich zu neutralisieren und politisch zu überwölben, das Reich tatsächlich zu befrieden, aber seit den 1580er-Jahren wurde dann ziemlich rasch ziemlich vieles schlechter.

Ein politisches System – zwei Wege zum Seelenheil

1.2 Seit 1580 – die konfessionelle Polarisierung des Reichsverbands

1.2.1 Die interkonfessionellen Beziehungen verschlechtern sich wieder

Warum litt denn das Reich unter Kaiser Rudolf II. (1576–1612) erneut, wie schon vor 1555, unter erheblichen interkonfessionellen Spannungen? Zunächst einmal *wegen* Rudolf, genauer: seiner mangelnden Präsenz in der Reichspolitik. Rudolf war nicht dumm (wiewohl er uns aus den – künstlerisch durchaus hochstehenden – Porträts ja oft etwas tumb anstarrt). Aber er besaß nicht die Psyche eines Entscheiders.

Rudolf II., ein kaum noch regierungsfähiger Kaiser

Die Mitakteure beklagten Rudolfs „melancholia". Wir meinen, bei diesem Ausdruck in etwa Bescheid zu wissen, sind versucht, ihn mit depressiver Verstimmung und Antriebsarmut zu übersetzen. Frühneuzeitliche Akten nennen aber unterschiedslos alles, was wir heute als psychische Störung bezeichnen würden, vom harmlosen Tick über die Neurose bis hin zur Psychose, „melancholia". Wenn man Rudolf ein wenig kennt (genauer: sein Handeln, soweit es sich in den Akten widerspiegelt), wird man, eher als auf melancholische Apathie, auf eine agitiert-depressive Krankheit schließen. Ober gar auf eine Geisteskrankheit, war er schizophren? Seine Tobsuchtsanfälle waren berüchtigt; offenkundig wähnte er sich zeitweise verhext – hat er im Zuge schizophrener Schübe Stimmen gehört? Oder war er einfach nur ein verschrobener, menschenscheuer Sonderling? Wir kommen als Historiker mit unseren Methoden auf diesem Gebiet nicht weit. Jedenfalls neigte Rudolf im Lauf der Jahre zu immer abenteuerlicheren Fluchten aus der Wirklichkeit. Ein Moderator mit Charisma und Autorität ist er dem Reich nicht gewesen.

Ein folgenreicher Generationswechsel

Dieses Manko kam sozusagen verschlimmernd hinzu. Wozu? Wir können angesichts des Forschungsstands (die Reichspolitik der Jahrzehnte um 1600 ist viel weniger untersucht als, beispielsweise, die der Reformationszeit) nur spekulieren. War es nicht auch eine Generationenfrage? Es starben jene Fürsten, die die Malaise der Jahre vor dem Religionsfrieden noch selbst erlebt hatten, gewissermaßen nacheinander weg. An ihre Stelle traten forsche junge Leute, die vor allem eines verabscheuten: die dauernde Leisetreterei der Altvorderen, ihre ewige Kompromisslerei. Zumal viele von ihnen ganz in kämpferisch konfessionellem Geiste erzogen worden waren, etwa an Jesuitenkollegs. Anspruchsvoller formuliert: Sie hatten eine konfessionalisierte Primärsozialisation durchlaufen.

Dasselbe gilt für Gelehrte, die Autoren von theologischen und juristischen Traktaten, von populäreren Flugschriften. Auch dort kann man seit den 1580er-Jahren eine vordem unbekannte Militanz beobachten, auf katholischer Seite bis hin zum frohgemut oder aggressiv vorgetragenen Bekenntnis, sich nicht mehr an den Religionsfrieden gebunden zu fühlen: Die Notsituation von 1555 ist vorbei, es gibt nun keine Ausreden mehr – wir müssen die Ketzerei austilgen. Je nach Adressatenkreis war in solchen Abhandlungen häufig von „ausrotten" oder aber von „exstirpare" die Rede. (Als „Ketzer" oder „Häretiker", also Irrgläubige, bezeichneten Katholiken alle, die von der in Rom festgelegten offiziellen katholischen Glaubenslehre abwichen – so natürlich Lutheraner und Calvinisten.)

1.2.2 Ein Versuch, den mentalen Haushalt des Konfessionellen Zeitalters sinnfällig zu machen

Der mentale Haushalt des Konfessionellen Zeitalters ist uns Heutigen fremd, bei der ersten Annäherung befremdlich, viel schwerer zugänglich als der der Renaissance oder des reformatorischen Aufbruchs. Wie kann man „Konfessionalisierung" sinnfällig machen, veranschaulichen? Versuchen wir es mit zwei Gemälden! Auch die Maler stellten sich ja in den Dienst der konfessionellen Propaganda, der konfessionellen Polemik, der konfessionellen Konfrontation. Lehrgemälde in den Kirchen betonten die Unterscheidungsmerkmale zwischen der ins Bild gesetzten allein selig machenden Konfession und den anderen, grundverkehrten Glaubensweisen.

So wie unser Beispiel (Abb 1), das der Nürnberger Andreas Herneisen 1601 für den Rat der Stadt Windsheim gemalt hat.

Er ist überhaupt der Schöpfer dieses Bildtypus eines evangelischen Bekenntnisgemäldes, der danach Generationen lang fast vierzig Mal für weitere, überwiegend großformatige Bildtafeln, zumal in Franken, Thüringen und Sachsen Pate stehen wird. Konstant bleiben Jahrzehnte lang insbesondere die beiden folgenden zentralen, von Herneisen

zusammengeführten Bildelemente: Verschiedene Reichsfürsten und Städtevertreter überreichen Kaiser Karl V. die Confessio Augustana; dahinter, daneben oder ringsum werden viele gottesdienstliche Handlungen angedeutet, wie sie lutherische Kirchenordnungen des 17. Jahrhunderts vorsehen. Die identitätsstiftende historische Reminiszenz ist eingebettet in eine katechetische Lehrtafel. Sie veranschaulicht wesentliche Elemente lutherischer Orthodoxie im Zeitalter verfestigter Konfessionalisierung. Der Rückbezug auf den Augsburger Reichstag verbürgt, dass sie dogmatisch, liturgisch und pastoral in der Confessio Augustana von 1530 wurzeln – liturgische Handlungen, katechetische Unterweisung, bestimmte religiöse Verhaltensweisen der „Gnesiolutheraner" (wie die Forschung jene Lutheranhänger nennt, die auf strikte Abgrenzung zur calvinistischen Reformation pochten), hierfür signifikante Realien.

Lutheraner polemisieren gegen Katholiken …

Überall geißelt die Zurschaustellung korrekter Glaubensübung, weil auf die neuralgischen Streitpunkte fokussiert, die Abweichung hiervon.

Seit 1580 – die konfessionelle Polarisierung des Reichsverbands

Abb 1   Gemälde von Andreas Herneisen für den Rat der Stadt Windsheim 1601.

Alles wird auf den Bildtafeln mehr oder weniger ausführlich schriftlich kommentiert. In Bild wie Text finden wir viele kontroverstheologische Anspielungen. Sie zielen in zwei Richtungen. Zum einen wird – wenig überraschend – „papistische Abgötterei" gegeißelt. Der Teufel, der dem Betrachter sein „Verzeichnis meiner getreuen Diener" entgegenreckt, hat ein Jesuitenhütlein auf, die Namensliste beginnt so: „Papst der Erzketzer".

Aber die Abgrenzung zur römischen Kirche scheint gar nicht das Hauptanliegen unseres Bildes zu sein. Was würden wir denn im Zentrum eines lutherischen Bekenntnisgemäldes vermuten? Doch wohl die Kanzel, auf ihr ein Prediger mit der Bibel in der Hand; die Kanzel hängt indes rechts oben am Rand. Wäre nun eine Zentrierung des Bildraums auf die Wortverkündigung hin nicht vorzüglich für eine demonstrative Absetzung von katholischer Messe mit ihrer multiplen Sinnlichkeit vom gemalten Himmel bis hin zu Weihrauchduft geeignet gewesen? Seht her, im evangelischen Gottesdienst geht es nicht um allerlei Brimborium, hier steht das Wort Gottes im Mittelpunkt? Darum scheint es der Tafel gar nicht in erster Linie zu gehen.

… aber genauso heftig gegen Calvinisten

Viel größer und zentraler als die Kanzel setzt sie, außer dem Reichstagsgeschehen, den Altar und das Taufbecken ins Bild. Hier nun werden die anderen reformatorischen Bewegungen ins Unrecht gesetzt. Denn getauft wird unübersehbar ein splitternacktes Baby (und nicht etwa ein Erwachsener, wie das die Täufer praktizierten). Und der Altar? Gewiss, dort wird Wein gereicht (der „Laienkelch"; in katholischen Kirchen trank und trinkt nur der Priester Wein). Vor allem aber wird Luthers Auffassung von der Realpräsenz Christi beim Abendmahl propagiert, liturgischer Bezugspunkt ist der Kreuzaltar und nicht Calvins sitzende, zum bloß symbolischen Mahl versammelte Tischgemeinschaft. Calvinisten entfernten Altäre aus den Kirchen – schon deshalb rückte ihn unser lutherischer Maler ins Zentrum. Vor allem also spießt er den Calvinismus auf, was wir übrigens fast wörtlich nehmen dürfen: Wo Kirchenwächter ihre Hellebarden unliebsamen Gästen entgegenrecken, erkennen wir „Zwingel" und „Calvin" – die müssen leider draußen bleiben.

Ein Beispiel für katholische Polemik

Betrachten wir noch ein katholisches Beispiel (Abb 2)!

Das Bild hing seit 1585 im Hildesheimer Dom. In der Mitte sehen wir „Ecclesia", Frau Kirche also. Sie sitzt auf einem Gebäude, das von den zwölf Aposteln, von Päpsten, Kirchenvätern und Gestalten des Alten Testament ‚bewohnt' wird. Ecclesia ist durch zwei Ketten mit Gott und den Heiligen im Himmel verbunden. Von ihrer Taille aus führen sechs weitere Ketten zu Gefäßen, die das Blut auffangen, das aus Christi Seitenwunde quillt, ein siebtes Gefäß befindet sich über dem Haupt der Ecclesia. Soweit der Bildinhalt! Inwiefern versinnbildlicht er nun eine bestimmte, hier die katholische Konfession?

Indem er Streitpunkte zwischen den Konfessionen, sozusagen die Grenzmarkierungen herausstreicht. Jedes der sieben mit Christi Blut gefüllten Gefäße symbolisiert ein Sakrament – Luther aber hatte die Mehrzahl der herkömmlichen Sakramente verworfen. Bekanntlich hatte Luther auch die herkömmliche heilsvermittelnde Funktion der Kirche nicht akzeptiert (man bringt diese Auffassung auf die Formel vom „allgemeinen Priestertum der Gläubigen"). Auf unserem Bild aber sitzt Ecclesia ganz im Zentrum, *sie* ist Verbindungsglied zwischen Erde und Himmel. Die Sakramente sind allesamt in der Hand von

Seit 1580 – die konfessionelle Polarisierung des Reichsverbands

Abb 2 Erlösung durch die Sakramentenverwaltung der Kirche. Gemäldeteil eines Kapitelherrnepitaphs, einst in der Vierung des Hildesheimer Doms von 1585 und also öffentliches Lehrbild.

Geistlichen, von Berufsklerikern also, *sie* teilen die Gnadenwirkung zu. Diese katholische Kirche ist nicht irgendeine, sondern die weltweite, einzig wahre – wie der Erdapfel in der rechten Hand von Frau Ecclesia anzeigt, überschrieben mit „catholica". Das Haus der Kirche mit all den Heiligen und Kirchenvätern, Sakramenten und Gnadenwundern steht auf einer Insel inmitten des Weltenmeers, in dem berüchtigte Ketzer mit dem Ertrinken ringen. Dass sie mit Bibeln herumfuchteln, charakterisiert sie als Protestanten (das evangelische Schriftprinzip!). Man erkennt die Erzschurken Luther (links), Calvin und Zwingli (rechts).

Unser Gemälde macht die kämpferische Konsolidierung des Katholizismus am Konzil von Trient (es tagte in drei Sitzungsperioden zwischen 1545 und 1563) sinnfällig. Die katholische Seite, die jahrzehntelang im Zweifelsfall eben immer zurückgewichen war, die verinnerlicht hatte, dass sie der dynamischeren evangelischen Bewegung ja doch nicht gewachsen war – sie begann nun energisch dagegenzuhalten. Der tridentinische Kampfauftrag begann zu greifen. Die „Gegenreformation" wurzelte gewiss im außerdeutschen Bereich, vor allem in der romanischen Welt, begann sich aber nun auch in Mitteleuropa auszuwirken. Der Katholizismus schloss die Reihen und formierte sich zum Kampf. *Alle* Konfessionen schlossen europaweit die Reihen, in scharfer Abgrenzung zueinander. Aber in der Mitte des Kontinents geschah das innerhalb ein und desselben politischen Systems. Dieses wurde darüber zunehmend polarisiert und schließlich funktionsunfähig.

1.2.3 Der Interpretationskrieg um den Religionsfrieden

Jahrzehnte, ehe die Waffen sprachen, rangen die Theologen – sie ohnehin –, aber auch, in wachsender Erbitterung, die Rechtsgelehrten miteinander. Anstatt zu Söldnern griff man zu Juristen, die in professioneller Spitzfindigkeit das Beste für die je eigene Seite aus dem Ersten Religionsfrieden herauszuholen versuchten. Das gewiss in der subjektiv ehrlichen Überzeugung, der Wahrheit Breschen zu schlagen! Aber für das Funktionieren des politischen Systems wurde der immer zermürbendere Interpretationskrieg um den Text von 1555 problematisch, weil sich an die Stelle der geschmeidigen Suche nach dem Kompromiss (also der Politik) sukzessive die Rechthaberei setzte.

Die „Verrechtlichung" aller Lebensbereiche ist, wie ganz sicher die „Säkularisierung" und wohl auch die sogenannte „Sozialdisziplinierung", einer der elementaren Langfristtrends, die die Frühe Neuzeit ausfüllen. Und dass man sich beim Verrechtlichungsversuch von 1555, weil elementare Überzeugungen divergierten, dehnbarer Formelkompromisse bedient hatte (die Zeitgenossen drückten es anders aus, sprachen vom „Dissimulieren"), ist an sich typisch für die Reichspolitik. Das Regelwerk des Reiches war nicht fest gefügt, sondern locker gefugt, ließ Spielräume für tektonische Verschiebungen. Große Toleranzen also statt Präzisionsarbeit – aber genau das war das Erfolgsgeheimnis. Daher beim modernen Betrachter der Eindruck mangelnder Effizienz, von Reibungsverlusten, da greift nicht jedes Rädchen passgenau ins andere, es ächzt und stöhnt in allen Scharnieren, aber die Maschine läuft jahrhundertelang. Das Alte Reich war ja bemerkenswert viel langlebiger als alle Nachfolgegebilde in Mitteleuropa bis heute; es besaß eine überragende „Zeitelastizität" (um den Ausdruck für die zeitliche Erstreckungsfähigkeit eines politischen Systems vom Soziologen Niklas Luhmann zu borgen). Kompromiss wurde oft nicht auf halbem Wege zwischen zwei Maximalforderungen festgezurrt, äußerte sich vielmehr in dehnbaren Formeln, in Termini, die verschiedene Interessengruppen auf verschiedene Weise füllen konnten. Jener notorische Auslegungsstreit, der Reichsgeschichte zur Rechtsgeschichte macht, mag heute bei der ersten Annäherung an das Alte Reich abstoßen, aber die Soll-Lücken, die gleich mit eingebauten Interpretationsspielräume machten die Reichsverfassung in ihrer Zeit so unwiderstehlich, also langlebig.

Der Vorsatz von 1555, den fortbestehenden Wahrheitsdissens durch (oft „dissimulierende") Kompromissformeln politisch und juristisch handhabbar zu machen, schien eine Generation lang zu greifen. Doch zahlte sich der Versuch der „Verrechtlichung" langfristig in diesem Fall nicht aus – denn der Diskurs über den Religionsfrieden mündete in eine desaströse Kommunikationsstörung. Es bildeten sich zwei Interpretationsschulen heraus, deren gemeinsame Schnittmenge sich bedrohlich leerte. Weil die eigene Auslegung natürlich die einzig zulässige war, nur sie den „reinen, lauteren Buchstaben" des Religionsfriedens zum Klingen brachte, behauptete die Gegenseite offenkundig himmelschreiendes Unrecht. In ellenlangen Listen seiner

„Dissimulierende" Formelkompromisse

konfessionsspezifischen „Gravamina" (lateinisch „gravamen" – im Plural „gravamina" – heißt „Beschwerde") geißelte man ihre unhaltbaren Verdrehungen, stets forderte man, dass sie all diese Steine des Anstoßes erst einmal aus dem Weg räumen müsse, ehe man sie wieder als politikfähig erachten, mit ihr ins politische Geschäft kommen könne.

Ist auch der Calvinismus zulässig?

Alle brisanten reichspolitischen Konflikte seit den 1580er-Jahren drehten sich um die rechte Auslegung des Religionsfriedens. Das gibt der scheinbar so schwer überschaubaren Fülle an Querelen in dieser wenig harmonischen Zeit ihren inneren Zusammenhang und macht, was auf den ersten Blick nur kauzig und verbohrt anmutet, nachvollziehbar. Beispielsweise war – wie wir ja schon wissen – durchaus unklar, ob der Religionsfrieden auch calvinistische Glaubensübung schütze. Beginnend mit der Kurpfalz, hatten sich eine ganze Reihe von Reichsterritorien der westeuropäischen Spielart von Reformation, dem Calvinismus zugewandt. (Die Forschungsliteratur nennt deutsche Anhänger Calvins gern „Reformierte"; wegen der Missverständnisse gebärenden Nähe des Worts zur „Reformation" belässt es dieses Studienbuch bei deutschen „Calvinisten".) Nun hatte der Calvinismus seine eigenen „Konfessionen" (also Bekenntnisschriften). Der Religionsfrieden aber nahm bekanntlich nur „alte religion" und „augspurgische confession" unter sein Schutzversprechen. Viele Katholiken ergrimmte deshalb die für sie illegale calvinistische Glaubensübung auf Reichsboden.

Es wurde also bald nach 1555 strittig, ob sich die Wahlfreiheit der regionalen Obrigkeiten auf zwei oder aber auf drei Konfessionen erstrecke. Die meisten Streitigkeiten drehten sich freilich nicht um das einfache regulative Grundprinzip des Religionsfriedens („cuius regio, eius religio"), sondern um komplizierte Sonderbestimmungen, die das obrigkeitliche Ius reformandi einschränkten oder doch in einem Spannungsverhältnis zu ihm standen.

Landsässiges Kirchengut

Die vielleicht komplizierteste Sonderbestimmung thematisiert das Los der landsässigen geistlichen Güter unter protestantischer Landeshoheit. Zunächst einmal: Um was handelt es sich da überhaupt? Es geht um Klöster, Grund in klösterlichem Besitz, fromme Stiftungen und kirchliche Einrichtungen aller Art (von der Schule bis zum Waisenhaus), die landsässig waren, also nicht reichsunmittelbar. Es geht, mit anderen Worten, nicht um geistliche Fürstentümer, sondern um all das, was der katholischen Kirche (modern formuliert) privatrechtlich, vermögensrechtlich gehörte, politisch indes irgendeinem Landesherrn unterstand – demjenigen, in dessen Territorium die betreffende Einrichtung eben lag; einem Landesherrn, der sich für die neue Lehre entschieden hatte. Welches Problem sollte unsere Sonderbestimmung lösen? War ein Landesherr evangelisch geworden, war dem das Land mit seinen Einwohnern mehr oder weniger rasch gefolgt – aber darin eingesprenkelt, wie lauter kleine Inselchen, lagen alle möglichen Besitzungen jener katholischen Kirche, von der sich das Land ja gerade losmachte. In den Klöstern beispielsweise wurde Gott in einer Art und Weise verehrt, die nach regierungsamtlicher Auffassung grundverkehrt war. Angesichts der damals ganz selbstverständlichen innigen Verschmelzung von Glauben und Politik meinten die Landesherren, so etwas keinesfalls dulden zu können, wenn ihre Landeshoheit noch etwas wert sein sollte. Deshalb waren die Besitzungen der katholischen Kirche in Gebieten, die evangelisch wurden, denn auch mehr oder weniger rasch und konsequent von der öffentlichen Hand eingezogen und „gemeinnützigen" Zwecken zugeführt worden. Aber war das legal? Das eben war das Problem!

Und was sagt nun der Religionsfrieden dazu? Nur eines ganz klar: Alles, was bis 1552 eingezogen worden war, war für die katholische Kirche verloren. Das bekam sie nicht mehr zurück. Aber galt auch der Umkehrschluss? Die katholische Seite las die Bestimmung so, für sie war 1552 ein Stichdatum. Danach durfte die evangelische Seite keine kirchlichen Besitzungen mehr einziehen. Evangelische Obrigkeiten lehnten diesen Umkehrschluss ab und lösten weitere Klöster auf. Aus dem Ius reformandi, ja, aus dem Wesen der Landeshoheit überhaupt ergebe sich, dass ein protestantischer Landesherr alles beseitigen dürfe, was sich nicht mit dem Geist einer evangelischen Kirchenordnung vertrage. Größer konnte der Gegensatz zwischen beiden Lesarten gar nicht sein – womit jeder windschiefe Schuppen, der von einer Klosteranlage übrig geblieben war, jede sumpfige Wiese, die einmal Mönchen gehört hatte, fortan die größten Verwicklungen auslösen und die Reichsgerichte beschäftigen konnte: Denn es ging ja um nicht weniger als um die Auslegung des Religionsfriedens!

Erbittert stritt man auch über den „Geistlichen Vorbehalt" von 1555. Er legte fest, dass ein geistlicher Fürst, wenn er zum Protestantismus

Der Geistliche Vorbehalt

konvertiere, seiner kirchlichen Ämter und Würden verlustig gehe. Der katholische Fürst wurde also durch seine Konversion zum evangelischen Privatmann. In katholischer Auslegung schützte der Geistliche Vorbehalt die damals noch existierenden geistlichen Territorien: also Gebiete, die von einem Fürstbischof oder einem Reichsabt regiert und am Reichstag vertreten wurden. (Im ersteren Fall nennen wir jenen Teil des Bistums, in dem der Fürstbischof nicht nur oberste geistliche Autorität, sondern ferner Landesherr war, das „Hochstift".) Solche Territorien konnten, wiewohl ja Wahlfürstentümer, dieser Interpretationslinie zufolge niemals in die Hände evangelischer Herrscher geraten.

Hingegen verwiesen die Protestanten des Konfessionellen Zeitalters darauf, dass der Geistliche Vorbehalt dem Domkapitel ja nicht verbiete, jemanden zum Bistumsvorsteher zu wählen, der von vornherein evangelisch, also nicht zum Protestantismus konvertiert war. Und außerdem hätten sie dem Geistlichen Vorbehalt 1555 nicht zugestimmt, eine eigene kleine Präambel zu dieser Passage des Religionsfriedens hält das in der Tat fest. Also gehe diese Bestimmung sie, die Protestanten, gar nichts an. Ein noch heute bekannter, übrigens ziemlich blutiger Kampf um den Geistlichen Vorbehalt war der Kölner Krieg seit 1583. Kurköln blieb katholisch, mit Waffengewalt behauptete sich die katholische Auslegung.

Die Declaratio Ferdinandea

Ähnlich umstritten war die Declaratio Ferdinandea („Erklärung Ferdinands"). Mit ihr wollte der Vertreter des Kaisers am Reichstag von 1555, sein Bruder Ferdinand, die über den Geistlichen Vorbehalt erbosten Protestanten etwas besänftigen. Was beinhaltete seine Deklaration? Landsässiger Adel, Städte und Gemeinden unter der Landesherrschaft eines geistlichen Fürsten, die längst schon protestantisch geworden seien, dürften eben dieses bleiben. Ihnen dürfe der geistliche Fürst nicht, wie seine weltlichen Kollegen, den Glauben vorschreiben.

Warum aber war nun die Declaratio strittig? Sie war nicht Bestandteil des offiziellen Gesetzestextes, wurde deshalb auch nicht dem Reichskammergericht (als legislative Grundlage seiner Rechtsprechung) zur Kenntnis gebracht. Ferdinand schob eben, salopp formuliert, zur Beruhigung der aufgebrachten Protestanten rasch noch einen Zettel nach, dann ging man nach Hause. Die Declaratio spielte rund eine Generation lang in der Reichspolitik so gut wie keine Rolle, geriet fast in Vergessenheit. Erst, als sich die Streitfälle zwischen den

Konfessionen im letzten Viertel des Jahrhunderts wieder häuften, wurde das Papier von den Protestanten regelrecht wiederentdeckt. Sie warfen gegenreformatorisch aktiven geistlichen Fürsten vor, sehenden Auges dagegen zu verstoßen. Jene bezweifelten die Rechtskraft der Declaratio, jedenfalls über Ferdinands Tod hinaus.

Nehmen wir uns nur noch eine letzte der strittigen Klauseln von 1555 vor: den Reichsstädteparagrafen! Die Sonderregelung liest sich ganz modern: In denjenigen reichsstädtischen Kommunen, in denen beide Konfessionen „in gang und gebrauch" seien, solle das „also bleiben", sollten Lutheraner und Katholiken weiterhin „fridlich und ruewig bei- und nebenainander wonen". Was heute nur vernünftig klingt und ganz unproblematisch anmutet, hat damals die größten Verwicklungen ausgelöst, nicht nur, weil das hehre Ideal keinerlei Ausführungsbestimmungen flankierten, die, beispielsweise, die Zuteilung von Kirchenraum oder die konfessionelle Zusammensetzung von Stadtrat wie kommunaler Verwaltung geregelt hätten. Um nur eine für die Väter des Religionsfriedens nicht vorhersehbare Folge zu erwähnen: Wenn der Stadtrat für die einen mit Recht Weihnachtspause einlegte, lebten die anderen schon am 3. Januar des Folgejahres. Denn seit 1582 datierten Katholiken und Protestanten nicht mehr einheitlich, die Katholiken waren den Protestanten um zehn Tage voraus.

Der Reichsstädteparagraf hielt aber nicht nur die bikonfessionellen unter den Reichsstädten in Atem. Im Streit der konfessionsspezifischen Interpretationsschulen wurde alsbald fraglich, ob reichsstädtischen Magistraten überhaupt ein Ius reformandi eigne. Die katholische Auslegungslinie verneinte das, über die Konfession der Reichsstädte entscheide nämlich das katholische Reichsoberhaupt. Das sahen die Reichsstädte selbst und alle Protestanten Deutschlands ganz anders. Jahrzehntelang rang man in Aachen darum, ob diese im Jahr 1555 katholische Kommune Heimstatt auch für Protestanten (oft Glaubensflüchtlinge aus Westeuropa) werden dürfe. Zweimal stellten Truppen benachbarter katholischer Territorien die Vorherrschaft des Katholizismus in Aachen gewaltsam wieder her.

Katholische Truppen marschierten 1607 auch in Donauwörth ein, mit besonders gravierenden Folgen für diese Stadt. Die schwäbische Kommune (Donauwörth lag im Schwäbischen Reichskreis) war überwiegend evangelisch, doch schützte der Religionsfrieden den

Der Reichsstädteparagraf

kleinen katholischen Rest, ein gutes Dutzend Familien. Von Dillinger Jesuiten angefeuert, nahmen sie ihre Prozessionen zu verschiedenen Kirchlein des Umlands wieder auf. Dabei mussten sie zwangsläufig über Stadtgebiet ziehen, keinesfalls unumgänglich indes war die mit fliegenden Fahnen eingeschlagene Route über den Marktplatz. Das musste Pöbeleien provozieren, weil Protestanten Prozessionen zutiefst ablehnten – sie waren es ihrem Seelenheil schuldig, derlei vor der eigenen Haustüre nicht zu dulden: also Prügelszenen, die Fahnen wurden durch den Straßenkot geschleift, so aus katholischer Sicht natürlich entweiht. Der zuständige Fürstbischof schaltete den – durch und durch katholischen – Reichshofrat ein, das kaiserliche unter den beiden obersten Reichsgerichten. Der Gerichtshof entschied, wenig überraschend, für die katholische Seite. Nach erneuten Prozessionen, erneuten Tumulten verhängte er 1607 die Reichsacht über die Stadt.

Kaiserliche Rechtsbeugung: der Skandal um Donauwörth

Mit der Exekution beauftragte Kaiser Rudolf nicht etwa den eigentlich zuständigen Obristen des Schwäbischen Reichskreises („Landfriedensschutz", wie man das damals nannte, war Kreissache), also den lutherischen Herzog von Württemberg, sondern Maximilian von Bayern: für alle Protestanten ein himmelschreiender Rechtsverstoß! Wie konnte man sich unter solchen Umständen noch auf den Rechtsschutz des Reiches verlassen? „Donawörth ist ein lumpennest, was hat es aber für ungelegenheit und weiterung causirt", also verursacht: so seufzte mit Zacharias Geizkofler einer der klügsten politischen Beobachter der Zeit. Der Bayernherzog exekutierte demonstrativ robust, okkupierte die Kommune mit Truppenmacht, übergab die Pfarrkirche den Jesuiten und unterwarf die Reichsstadt seiner angeblich „kommissarischen" Verwaltung. Daraus wird nie mehr Selbstverwaltung, Donauwörth mutiert zur bayerischen Landstadt. All das musste Deutschlands Protestanten empören, auch, und zumal in Süddeutschland, ängstigen.

1.2.4 Das politische Grundvertrauen schwindet dahin

Es waren aber nicht nur Einzelbestimmungen des Religionsfriedens umkämpft. Wert, Sinnhaftigkeit, ja, Legitimität eines interkonfessionellen politischen Friedens wurden vielmehr seit den 1580er-Jahren in immer mehr Flugschriften (also auf Massenwirkung abzielenden Broschüren zu tagesaktuellen Themen) und gelehrten Abhandlungen ganz grundsätzlich infrage gestellt. Ein solcher Frieden wurde immer mehr Autoren zum Inbegriff politischer Hybris, die dem Irrglauben erlegen war, Politik könne mehr sein als Ancilla theologiae (wörtlich übersetzt: „Magd der Theologie" – also praktische Politik als Vollzug theologischer Postulate, Politikwissenschaft als theologische Hilfswissenschaft).

Die Fundamentalkritik am Religionsfrieden gipfelte in diese – nun bei katholischen Autoren häufig begegnende – publizistische Position: „Der Augsburger Religionsfrieden bindet uns schon deshalb nicht, weil Vereinbarungen mit Ketzern grundsätzlich keine Rechtskraft zukommt." Die damals jedem Gebildeten geläufige lateinische Überschrift für derartige Erwägungen lautete „fides haereticis servanda" – so also hat man die beliebte Streitfrage rubriziert, ob man denn überhaupt verpflichtet sei, mit Häretikern getroffene Vereinbarungen einzuhalten. „Haeretici", das waren natürlich die Protestanten, und die waren denn auch zu Recht alarmiert.

Es entspann sich eine rege publizistische Kontroverse darüber, ob der konfessionelle Widerpart überhaupt noch politikfähig, noch geschäftsfähig sei. Beide Seiten warfen einander in Hunderten von Flugschriften und Traktätchen vor, sich nicht an einmal getroffene Vereinbarungen zu halten, überhaupt halten zu wollen. Frohgemute Bekenntnisse zu mangelnder Vertragstreue begegnen bis in die Kriegsjahre hinein nur von katholischer Seite, aber den Vorwurf an den Widerpart, sich nicht durch Eid oder Vertragsunterschrift gebunden zu sehen, erhoben nun alle Seiten gewohnheitsmäßig. Apodiktisch hielt 1614 ein calvinistischer Autor fest: „Cum ejusmodi hominum genere … contrahi non potest", Menschen dieses Schlags sind nicht geschäftsfähig. Umgekehrt wussten zahlreiche katholische Autoren, dass von Protestanten grundsätzlich „keine Constitutiones, keine Pacta, Brief vnd Siegel nicht gehalten" wurden – so eine katholische Abhandlung aus demselben Jahr 1614.

Natürlich lasen die Entscheidungsträger solche Schriften. Für Wilhelm Ferdinand von Efferen, einen im frühen 17. Jahrhundert bekannten katholischen Spitzendiplomaten, waren es „verlauffene Zeiten, da Treue und Glaube noch gehalten worden", da für evangelische Politiker noch „Eyd, Pflicht, Verschreiben, Versprechen und dergleichen humanae fidei vincula" gegolten hätten. Protestanten konnte man

Fundamentalkritik am Religionsfrieden

„Fides haereticis servanda"

einfach nicht trauen. Gehörten sie, recht besehen, überhaupt jener Wertegemeinschaft des christlichen Abendlandes an, außerhalb derer allenfalls vorübergehende Pax iniqua herrschen konnte, ein Waffenstillstand bis auf bessere Gelegenheit, doch niemals Frieden? Johann Schweikhard von Mainz, wahrlich kein Zelot unter den geistlichen Reichsfürsten der Vorkriegszeit, lamentierte einmal in einem Schreiben an den wichtigsten Berater des Kaisers Matthias (1612–1619), Melchior Khlesl: Es hätten „Ongehorsamb, Ontreu, Betrug und List uber Hand genommen, dass sich weder auf teuere Wort, Vertrösten und Versprechen, noch auch Brief und Siegel, ja den Schwur und Eid selbsten ichtwas zu verlassen, sonder daß alles nach der verfluchten Lehr des Machiavelli auf ein jede sich an Hand gebende Occasion ratione status (wie sie es nennen)", also unter Berufung auf die „Staatsräson", „bei Seit gesetzt und nichts geacht wird". Im lautstarken publizistischen Getöse um die Bindewirkung interkonfessioneller Abmachungen drohte sich das für den Politikbetrieb unabdingbare Grundvertrauen in die Verlässlichkeit der Mitakteure zu verflüchtigen.

1.3 Seit 1608 – die Vorkriegszeit

1.3.1 Krisenjahr 1608

Die Frage, ob politischer Interessenausgleich ohne solches Grundvertrauen überhaupt funktionieren kann, stellte sich mit voller Schärfe seit 1608. In diesem Jahr scheiterte spektakulär und mit weitreichenden Folgen der in Regensburg angesetzte Reichstag.

Reichstag in Regensburg

Klären wir kurz einige im Folgenden wichtige Begriffe: so insbesondere die Termini „Reichstag" und „Reichsabschied"! Der Reichstag war, modern formuliert, das Legislativorgan des Reiches sowie überhaupt sein zentrales politisches Forum. Er tagte unregelmäßig, alle Reichsstände durften teilnehmen bzw. einen Vertreter abordnen. „Reichsstand" war, wer „reichsunmittelbar" war, also lediglich „Kaiser und Reich", nicht aber einem anderen Landesherrn unterstand; sowie „Sitz und Stimme" am Reichstag besaß (wo keine Reichsritter saßen und votierten – sie also waren zwar „reichsunmittelbar", aber doch keine „Reichsstände"). Meistens stand die Reichsstandschaft einer einzelnen Person zu: einem Kurfürsten, Fürsten oder Grafen. Im Fall der Reichsstädte besaß ein Gremium die Reichsstandschaft: der Stadtrat der betreffenden Kommune nämlich. Am Ende jedes Reichstags fügte die Kanzlei des Kurfürsten von Mainz, der sozusagen der ‚Reichstagsdirektor' war, alle von der betreffenden Tagung erarbeiteten „Reichsschlüsse" (also, modern gesagt, alle von ihr beschlossenen Gesetze) zu einem langen Text zusammen: dem „Reichsabschied" dieses Reichstags.

Gehen wir nach Regensburg! Die Protestanten waren bereits äußerst besorgt und in großer Erregung angereist, insbesondere Donauwörths wegen. Als der Reichstag eröffnet wurde, hing am Regensburger Rathaus noch das Achtsmandat gegen die seitherige Reichsstadt. Das ist aber nur eine Teilerklärung für die von Anfang an angespannte Stimmung in Regensburg. Konsterniert berichteten die kursächsischen Gesandten nach Hause, der Widerpart sei von „jesuitischen consilia" (lat. consilia = „Ratschläge") vergiftet, bemühe sich erst gar nicht um ein konziliantes Auftreten – alles sehe danach aus, als werde im Reich „in Kurzem ein greulich Blutbad angerichtet werden".

Donauwörths wegen teils verängstigt, teils tief verletzt forderten die Protestanten, die Verbindlichkeit des Religionsfriedens im Reichsabschied zu bekräftigen, was die katholische Seite reflexhaft abschlug. Motiviert hat den evangelischen Antrag die soeben angedeutete Debatte „an fides haereticis servanda". Man beobachtete, dass seit geraumer Zeit immer mehr katholische Traktate offen die Verbindlichkeit des Religionsfriedens bestritten. Deshalb also sollte ihn der Reichsabschied bestätigen, so bekräftigen. Indem sich die „Politici" demonstrativ von publizistischen Ruhestörern und Schreibtischextremisten distanzierten, würden sie ein Fundament für wieder vertrauensvolle politische Zusammenarbeit legen und sich gleichsam selbst aus dem Sumpf ziehen – so das Kalkül der Antragssteller.

<small>Die Protestanten fordern die Bekräftigung des Religionsfriedens</small>

Stattdessen verlor man nun vollends den Boden unter den Füßen. Die katholische Seite witterte verschlagene Hintergedanken, und auch wenn sich über sie nur vage rätseln ließ – auf den Leim gehen würde man dem Widerpart natürlich nicht. Es ist bezeichnend für das kommunikative Desaster der Vorkriegsjahre, wie da die katholischen Reichstagsteilnehmer, anstatt mit den evangelischen Kollegen ein konstruktives Gespräch und auf diesem Wege Aufklärung zu suchen,

<small>Die Katholiken kontern mit der Restitutionsklausel</small>

unfassbar viel Energie ins Ausmalen immer neuer, noch finstererer Verschwörungsfantasien steckten. Es mochte ja alles Mögliche hinter dem evangelischen Antrag stecken, eines freilich ganz gewiss nicht: was in den Zeilen statt zwischen ihnen stand. Man konterte den vermeintlich hinterhältigen evangelischen Wunsch mit einer maliziösen Retourkutsche: forderte nämlich, dass im Gegenzug alles, was sich die eine oder andere Seite seit 1555 rechtswidrig angeeignet habe, zurückgegeben, restituiert werde.

Ein kommunikatives Desaster

Was beim ersten Hinschauen harmlos anmuten mag, hat nun wiederum die schon erregten Protestanten noch mehr alarmiert. Evangelische Positionen waren in den maßgeblichen Reichstagskurien in der Minderheit. Konnte die Gegenseite da nicht rasch umreißen und mehrheitlich beschließen, wer (nämlich ausschließlich Protestanten) sich was rechtswidrig angeeignet habe? Nun könnte man einwenden, die evangelische Seite hätte ja nur ihren Antrag auf eine Bekräftigung des Religionsfriedens zurückzuziehen brauchen. Diese heute plausible Erwägung ginge aber völlig an der Logik des Konfessionellen Zeitalters vorbei. Wenn die Protestanten jetzt klein beigäben, würdigten sie den Religionsfrieden selbst zum vorübergehenden Waffenstillstand, zum Provisorium herab: Davon waren sie felsenfest überzeugt. Man hätte seine glorreiche Idee einer Bestätigung des Augsburger Gesetzeswerks vielleicht besser gar nicht erst vorgetragen, aber nachdem sie nun einmal aktenkundig geworden war, konnte man unmöglich zurück.

Umgekehrt war es den Katholiken gewiss zunächst einmal darum gegangen, die frechen Ketzer zu ärgern, ihnen den Spaß an ihrer unverschämten Forderung zu verderben; die Restitutionsklausel war nicht als Angriffswaffe, sondern als Gegenmittel ausgedacht worden. Zögen sie die Katholiken ihrer verheerenden Nebenwirkungen wegen wieder zurück, dann könnten sie sich, so ihre felsenfeste Überzeugung, genauso gut auch gleich selbst den Todesstoß versetzen. Die Forderung nach umfassenden Restitutionen war nun gestellt, distanzierte man sich nachträglich davon, würde der Widerpart gar kein Halten mehr kennen, würde er die Reste der Reichskirche vollends verschlingen. Was zunächst als pfiffiges Gegenmittel ersonnen worden war, erhärtete der heftige evangelische Widerspruch, einem diabolischen Mechanismus dieser unseligen Zeit gehorchend, zum katholischen Grundprinzip, an ihm ließ man 1608 sogar den Reichstag zerbrechen – wie hätte man da später wieder davon abrücken können! Zu den katholischen Vorbedingungen, um mit dem Widerpart überhaupt ins politische Geschäft kommen, ihn wieder als gesprächsfähig erachten zu können, gehörte fortan die Restitution des unrechtmäßig Angemaßten. In katholischen Augen waren *alle* seit 1555 von den Protestanten errungenen Positionen unrechtmäßig „occupirt" worden – das Restitutionsedikt von 1629 (vgl. Kap. 2.3.1) kündigte sich am Horizont an! Seit 1608 stand den evangelischen Reichsständen klar vor Augen, was ihnen blühen würde, wenn die katholische Seite ein deutliches machtpolitisches Übergewicht im Reichsverband gewinnen sollte: nämlich einschneidende territoriale Revisionen zu ihren Ungunsten.

Der Eklat war da – beginnend mit den Pfälzern und ihrem Anhang, reisten die Protestanten schließlich einfach ab. Die Reichsstände gingen auseinander, ohne dass ein Reichsabschied zustande gekommen wäre. Die Legislative des Reiches war lahmgelegt. Fast schon wider besseres Wissen wird man sich 1613 noch einmal zum Reichstag versammeln, aber der verläuft ganz unerquicklich, hinterlässt auf beiden Seiten Erbitterung und selbstgerechten Zorn über die Verstocktheit der Gegenseite. „Wir stunden gegeneinander wie zwei Böcke, die niemand weichen wollen", schrieb der kurbrandenburgische Delegierte vom Reichstag nach Hause (zit. nach Winfried Schulze). Es ein weiteres Mal mit dieser Tagungsform zu versuchen, war in zeitgenössischer Einschätzung vergebliche Liebesmüh; erst 1640 wird man es wieder wagen. Eine Politikergeneration hat keinen Reichstag erlebt, kein Forum gekannt, das alle Reichsstände zusammengeführt hätte, um friedlich, mit Worten anstatt mit Waffen Interessen aufeinander abzustimmen und Entscheidungen fürs Reich zu fällen. Es ist auch für die Kriegsursachenforschung aufschlussreich, dass der Dreißigjährige Krieg bis in seine Spätphase hinein keinen Reichstag gesehen hat.

Sprengung des Reichstags

1.3.2 Die Blockade des politischen Systems

Mit dem Reichstag war nun nicht nur ein zentrales, war zudem das letzte bis dahin überhaupt noch arbeitsfähige Reichsorgan lahmgelegt. Über dem eskalierenden Streit der Interpretationsschulen waren zuvor schon alle anderen Reichsorgane ausgefallen oder unwirksam geworden. Werfen wir einige Schlaglichter auf die Wichtigsten von ihnen! Den Rechtsfrieden im Reich sollten zwei oberste Reichsgerichte verbürgen. Aus unterschiedlichen Gründen waren sie dazu schon im Vorfeld des Dreißigjährigen Krieges nicht mehr in der Lage.

<small>Krise der Reichsjustiz</small> Der mit Vertrauensmännern des Kaisers besetzte Reichshofrat verschrieb sich seit den 1590er-Jahren unübersehbar den katholischen Lesarten des Religionsfriedens, schaltete seit 1606 vollends auf eine „konfrontative Linie um" (Stefan Ehrenpreis). Deshalb akzeptierten viele Protestanten seine Rechtsprechung in interkonfessionellen Streitfällen nicht mehr – denn bei den „Hofprozessen" würden Politik und Rechtsprechung ungut vermischt. Damit waren um den Religionsfrieden kreisende Auslegungsprobleme nicht mehr konsensstiftend justiziabel. Der Soziologe Niklas Luhmann hat die Auswirkungen von Gerichtsverfahren einmal so beschrieben: Der Prozessteilnehmer finde sich

> wieder als jemand, der die Normen in ihrer Geltung und die Entscheidenden in ihrem Amte bestätigt und sich selbst die Möglichkeiten genommen hat, seine Interessen als konsensfähig zu generalisieren und größere soziale oder politische Allianzen für seine Ziele zu bilden. Er hat sich selbst isoliert. Eine Rebellion gegen die Entscheidung hat dann kaum noch Sinn und jedenfalls keine Chancen mehr. Selbst die Möglichkeit, wegen eines moralischen Unrechts öffentlich zu leiden, ist verbaut.

Das Verfahren habe die Funktion, „den einzelnen, wenn er nicht zustimmt, thematisch und sozial so zu isolieren, dass sein Protest folgenlos bleibt". Man wird den inkriminierten „Hofprozessen" alle diese Wirkungen nicht zusprechen wollen: Evangelische Beklagte, die von ihnen überzogen wurden, interpretierten die fraglichen „Normen", nämlich den Reichsabschied von 1555, ganz anders als jenes Gericht, das sie als Entscheidungsinstanz gar nicht akzeptierten. Weil zahlreiche evangelische Reichsstände die Auslegungskunst des Reichshofrats ablehnten, konnte der einzelne Prozessverlierer durchaus „politische Allianzen für seine Ziele" bilden, kollektive Entrüstung an Protestantenkonventen mobilisieren, seine Niederlage skandalisieren und zum evangelischen „Gravamen" machen. Die Reichsgerichte produzierten nicht mehr problemlos exekutierbare Urteile und „folgenlos" bleibenden Protest, sondern folgenreiche Proteste und schwer exekutierbare Urteile.

Das ständische Reichskammergericht war konfessionell ausgewogener besetzt, aber die Probleme waren deshalb nur anders, nicht kleiner. Beispielsweise blockierten sich Katholiken und Protestanten häufig schon in jenen Extrajudizialsenaten gegenseitig, die darüber zu entscheiden hatten, ob ein Streit überhaupt gerichtsanhängig wurde. Damit konnte die konfliktkanalisierende Kraft des Verfahrens (wir dürfen die befriedenden Effekte der Rechtsprechung ja nicht nur bei den Endurteilen verorten) nicht mehr wirksam werden. Andere Probleme kamen hinzu, aber um Detailfülle und Vollständigkeit soll es hier ja nicht gehen – jedenfalls war die Wirksamkeit auch dieses Gerichtshofs schwer beeinträchtigt. Um erneut Luhmann zu zitieren: Er hat einmal zu Recht betont, ein politisches System müsse „die Entscheidbarkeit aller aufgeworfenen Probleme garantieren". Das Reichskammergericht hat dazu nicht mehr beigetragen.

Aber dem Reich kamen überhaupt sukzessive die Foren des Meinungsaustauschs und der friedlichen Konfliktbereinigung abhanden. Der Versuch des Reichsdeputationstags (gewissermaßen ein verkleinertes Abbild des Reichstags), sich einiger vom Kammergericht nicht mehr lösbarer Rechtsstreitigkeiten anzunehmen, führte 1601 zu seiner Sprengung. Der Rheinische Kurfürstentag, eine fürs Spätmittelalter zentral wichtige, noch im 16. Jahrhundert bedeutsame Tagungsform, zerbrach irreversibel an der Unlust der drei rheinischen Erzbischöfe, sich mit dem aus ihrer Sicht ketzerischen, nämlich calvinistischen Kurpfälzer an einen Tisch zu setzen. Man blieb lieber unter sich, wollte die Feindbilder gar nicht mehr dem Realitätstest aussetzen. Der Kurpfälzer und der Kurfürst von Brandenburg traten dem Kurverein nicht bei, weil die geistlichen Amtskollegen „mit lauter Martialischen unndt Kriegerischen Gedanken" erfüllt seien.

Im frühen 17. Jahrhundert war von allen Institutionen des Reiches nur noch der Reichstag – leidlich – arbeitsfähig. Das macht die Sprengung der Regensburger Tagung von 1608 so fatal. Aufmerksamen Zeitgenossen entging das nicht: „De comitiis si quid vis, omnia ibi lenta et turbulenta et uno verbo ad bellum spectant" („wenn Du wissen willst, wie der Reichstag verläuft – hier geht alles zäh voran und

Krise der Reichsversammlungen

doch drunter und drüber, kurz, Krieg ist in Sicht"). In evangelischen Akten dieser Monate grassiert eine Formulierung, die nicht modernem Deutsch entspricht und doch noch heute verständlich ist: „krieg steht ins haus"; es gerann rasch zum Topos. Wie sollten Konflikte fortan noch kanalisiert und gewaltlos geschlichtet werden? Musste man da nicht, um seine Interessen zu verfechten, fast zwangsläufig früher oder später zu den Waffen greifen? Noch im Frühjahr 1608 schlossen sich eine Reihe evangelischer Reichsstände in Auhausen zur evangelischen Union zusammen, die katholische Seite wird 1609 mit der Liga nachziehen. Damit stehen wir unübersehbar in der Vorkriegszeit.

1.3.3 Evangelische Union und katholische Liga

Das evangelische Deutschland wird im Dreißigjährigen Krieg deutlich weniger geschlossen agieren als Deutschlands Katholiken; und anders als die bis 1635 fortexistierende Liga wird die Union die erste Kriegsphase, den Böhmisch-Pfälzischen Krieg, nicht überdauern. Woran liegt es? Es gab von Anfang an zwei Mankos: Innerhalb der Union mussten sehr verschiedene Denk- und Politikstile miteinander auskommen; und viele evangelische Reichsstände waren für die Union erst gar nicht zu gewinnen, fast ganz Norddeutschland blieb abseits.

Die Union wurde in einem Dörflein der fränkischen Markgrafschaft Ansbach gegründet, im Kapitelsaal des säkularisierten Klosters Auhausen. Gründungsmitglieder waren der Kurfürst von der Pfalz, der Herzog von Württemberg, die Markgrafen von Baden, Ansbach und Kulmbach sowie der Pfalzgraf von Neuburg. Die Bundessatzung schreibt zwar jährliche Bundessteuern fest, auf dass man für den militärischen Ernstfall gewappnet sei (es wurde also eine gemeinsame Kriegskasse angelegt), aber der Bündniszweck wird wiederholt ausdrücklich als defensiv charakterisiert. Die Allianz werde Truppen in Bewegung setzen, so eines ihrer Glieder angegriffen werde.

Probleme der Union 1: geringe Homogenität

Freilich, wer definierte den Angriffsfall? Weil sich der calvinistische Heidelberger Kurhof traditionell einem risiko- und konfrontationsbereiteren Politikstil verschrieb als die anderen, mehrheitlich lutherischen Residenzen des evangelischen Deutschland, konnte es schon von Bedeutung sein, dass die Leitung der Union in kurpfälzischer Hand lag. Friedrich IV. war eben, als Kurfürst, das ranghöchste

Gründungsmitglied und wurde dementsprechend zum Direktor des Bündnisses ernannt – er also hatte die Korrespondenz zu führen, zu Bundestagen zu laden, wo ihm dann die Versammlungsleitung zukam. Auch die militärischen Bundesämter fielen in die Hände von Kurpfälzern oder von Anhängern des dortigen Politikstils. Die politischen und militärischen Schlüsselpositionen hatten Personen inne, die viel weiträumiger dachten als die meisten Unionsstände; Personen, die im europäischen Maßstab kalkulierten, für die die Union nicht lediglich Nachbarschaftshilfe im Fall der Bedrängnis zu organisieren hatte, für die diese Union Baustein einer europaweiten antikatholischen, antihabsburgischen Allianz war. Dieser weite Horizont, negativer formuliert: diese Neigung zum risikobereiten Hazardspiel war den meisten Fürsten im Bündnis (und erst recht den in den Folgejahren beitretenden reichsstädtischen Magistraten) fremd.

Die Gründungsmitglieder der Union wird man süddeutsch nennen können, auch den später beitretenden Pfalzgrafen von Zweibrücken, die Grafschaft Öttingen sowie insgesamt 17 fränkische, schwäbische und elsässische Reichsstädte, ferner die fränkische Reichsritterschaft. Dazu kamen noch – sagen wir salopp: ungefähr in der Mitte des Reiches – der Landgraf von Hessen-Kassel sowie das Fürstentum Anhalt. Dabei aber blieb es. Die Union vergrößerte sich in ihren schwungvollen Anfangsjahren rasch auf 28 Bundesglieder, aber seit 1610 stagnierte der Mitgliederstand. Die norddeutsche Tiefebene blieb abseits, lediglich Kurbrandenburg im Nordosten wird zeitweise zur Union gehören, aber nie ein zuverlässiger Verbündeter sein. Spät beitretend, hat sich Berlin seit 1617, also vier Jahre vor der Auflösung der Union, faktisch schon wieder diesem entlegenen Bündnis mit seinen süddeutschen Interessen entwunden, keine Beiträge mehr entrichtet, keine Bundestage mehr beschickt. Noch einmal drei Jahre früher, nämlich bereits 1614, war das Gründungsmitglied Pfalz-Neuburg ausgeschieden, mit dem Regierungsantritt des zum Katholizismus konvertierten Pfalzgrafen Wolfgang Wilhelm.

Besonders schwer wog, dass mit Kursachsen das renommierteste evangelische Territorium, das Mutterland der Reformation, dauerhaft draußen blieb. An der Elbe betrieb man eine betont kaisernahe Reichspolitik, das Reichsoberhaupt aber war katholisch. Damit kam entschiedene konfessionelle Interessenwahrung in der Reichspolitik

Probleme der Union 2: Norddeutschland bleibt abseits

für die Kursächsischen nicht infrage. In einem Gutachten von 1610 attestierten sich die Dresdner selbst: „politice seint wir Bäpstisch" – meint in modernem Deutsch: In der Reichspolitik agieren wir so kaisernah wie die katholischen („bäpstischen") Reichsstände. Die Dresdner standen nicht nur draußen, sie bekämpften die Union entschieden: Dieses Bündnis stand an der Elbe für „Ungehorsam" dem Reichsoberhaupt gegenüber, als halbe Reichssezession gefährde es die Stabilität des politischen Systems.

Denk- und Politikstile im evangelischen Deutschland

Wenn wir einmal der Übersichtlichkeit halber stark schematisieren, können wir im damaligen deutschen Protestantismus drei Denkschulen und Politikstile ausmachen. Da gab es erstens Territorien, die ihre konfessionellen Besitzstände so wenig gefährdet sahen – und in Norddeutschland gab es nun einmal keine mächtigen katholischen Nachbarn wie im Süden Bayern oder Österreich –, dass man keine Notwendigkeit empfand, für ihre Verteidigung Geld auszugeben und den Reichsverband zusätzlichen Spannungen auszusetzen. Zweitens gab es Regierungen – es waren hauptsächlich die süddeutschen Lutheraner, ob kleinere Fürstenhöfe, ob reichsstädtische Magistrate –, die sich durchaus lebhaft bedroht fühlten und lebhaft um ihre konfessionellen Besitzstände bangten, aber genauso lebhaft um die Stabilität des Reiches und den Frieden in Mitteleuropa. Sie versuchten sich in einer anstrengenden, oft quälenden Gratwanderung zwischen betonter Reichs- und Kaisertreue einerseits, koordinierter konfessioneller Interessenwahrung andererseits, unterstrichen den defensiven Charakter der Union und dass diese der Friedenswahrung, nicht der Kriegsvorbereitung zu dienen habe. Drittens gab es eine Gruppe von evangelischen Politikern – es waren vor allem, aber nicht nur Calvinisten –, für die der große, europaweite Endkampf zwischen Licht und Finsternis sowieso unvermeidlich war und offenkundig nah bevorstand; die dem bestehenden, strukturell prokatholisch wirkenden Reich, so, wie es sich momentan präsentierte, weder eine lange Lebensdauer gaben noch ihm eine Träne nachweinen wollten und deshalb die Priorität eindeutig auf energische, risiko- und konfrontationsbereite Konfessionspolitik legten – unter Inkaufnahme weiterer Eruptionen im zerschlissenen Reichsverband. Die erste der drei Gruppen war für die Union nicht zu gewinnen. Die beiden anderen Gruppen mussten in der Union miteinander auskommen.

Das führte im Vorkriegsjahrzehnt immer wieder zu Spannungen und Querelen; dass die Union 1617 um ganze vier Jahre verlängert wurde, kann man als Auflösungsbeschluss mit abfedernder Gnadenfrist interpretieren. Als im Mai 1618 zwei Räte und ein Sekretär in den Burggraben des Prager Hradschin fallen (vgl. Kap. 2.1.2), wirft das erneut das alte, nie gelöste Grundsatzproblem dieses längst im Niedergang begriffenen Bündnisses auf: Soll es furchtsam die Stabilität des Reiches hegen oder aber risikofreudig darauf aus sein, den als unbefriedigend empfundenen Status quo aufzubrechen? Wir werden sehen, dass sich der pfälzische Direktor der Union an die Spitze der böhmischen Aufstandsbewegung stellt. Er lässt sich von den Sezessionisten zum neuen Böhmenkönig wählen. Viele andere Mitglieder der Union stufen das böhmische Projekt ihres Direktors als Hazardspiel ein, weshalb sie ihn nur lau unterstützen – was der Pfälzer wiederum als Verrat an der evangelischen Sache wertet. Das evangelische Lager war eben zerklüftet, reichsweit und sogar unter dem Dach der Union. Das sollten wir uns merken, weil es für den Böhmisch-Pfälzischen Krieg noch wichtig werden wird.

Blieben der Union eine ganze Reihe (auch und gerade großer) evangelischer Territorien fern, hat die Liga das katholische Deutschland sehr weitgehend umfasst. Sie hatte es einerseits leichter als jene Union, die ja auf Innovation drängen musste, ohne dass ein Konsens über deren Ausmaß geherrscht hätte – genügten Detailkorrekturen am Reichsgebäude, stand ein Totalumbau an? Bundeszweck der Liga war es, den überwiegend katholischen Charakter des Reiches zu konservieren.

Konservativer Charakter der Liga

Der Katholizismus war im Reichsverband strukturell bevorzugt: katholischer Kaiser, deshalb katholischer Reichshofrat; katholischer Reichstagsdirektor, in den beiden maßgeblichen Reichstagskurien zuverlässig Mehrheiten für katholische Positionen. (Um kurz zu erläutern: Die Geschäftsführung am Reichstag oblag ja, in seiner Eigenschaft als Erzkanzler des Reiches, dem katholischen Kurfürsten von Mainz; im konfessionell ausgewogenen Kurfürstenrat votierte Kursachsen „politice Bäpstisch", den Fürstenrat prägte schon wegen der vielen Fürstbischöfe eine deutliche katholische Majorität.) Da das Hebelwerk der Reichsinstitutionen, so man es nur einigermaßen ungestört funktionieren ließ, regelmäßig dem Katholizismus in die Hände gearbeitet hat, brauchten die Ligastände lediglich auf den Status quo zu pochen und von den Protestanten einzufordern, dass sie sich „gehorsam" in die nun einmal gegebenen Strukturen einfügten.

Wer einfach den Status quo zu wahren sucht, braucht sich gemeinhin weniger Gedanken konzeptioneller Art zu machen als der, der auf Innovation drängt. Und doch litt auch die Liga alsbald unter erheblichen internen Spannungen. Es liegt am traditionell schwierigen Verhältnis zwischen den beiden führenden katholischen Dynastien, Wittelsbach und Habsburg.

Spannungen zwischen Wittelsbach und Habsburg

Die Wittelsbacher fuhren seit Langem gut mit einem Kurs wohl kalkulierter, freundlicher Distanz zu Habsburg. Man hielt in allen konfessionspolitischen Fragen zur Kaiserdynastie, profilierte sich aber zugleich als Bollwerk „teutscher Libertät". „Teutsche Libertät" – diese in damaligen Akten überaus häufige Parole besagt, wörtlich in heutiges Deutsch übertragen: „deutsche Freiheit" (lat. libertas = Freiheit). Mit unserem modernen Freiheitsbegriff hat der Slogan aber wenig gemein, „Libertät" meinte nicht individuelle Selbstverwirklichung jedes einzelnen Bewohners Mitteleuropas, meinte politische Spielräume für die Reichsstände, ist insofern meistens mit „Föderalismus" treffender übersetzt als mit „Freiheit". Wer „Wahrung der teutschen Libertät" rief, meinte damit, modern ausgedrückt: „Kaiser und Reich sollen lediglich für ein unumgängliches Mindestmaß an Koordination sorgen, Deutschlands Fürsten und Grafen so wenig wie möglich vereinnahmen und gängeln."

So also sahen das die gleichsam im Vorhof des riesigen Habsburgerreiches liegenden Münchner. Sie brauchten die Kaiserdynastie als Garanten der überwiegenden Katholizität des Reiches, aber diese Dynastie durfte nicht erdrückend mächtig werden. Deshalb drängten sich dem Bayernherzog diese Fragen auf: War die anstehende Allianz ein bayerisch dominierter, sozusagen kaiserfreier Schutzbund für den Süden und Westen des Reiches oder Mosaiksteinchen im ambitionierten Szenario einer europaweiten, letztlich von Madrid dominierten „Habsburger-Liga"? War sie ein Schutzbund nicht nur für den Katholizismus, sondern auch für die teutsche Libertät – oder, im Gegenteil, Vehikel zur Stärkung der monarchischen Gehalte in der Mischverfassung des Reiches? War die katholische Liga wittelsbachisch, war sie habsburgisch – und wie katholisch war sie überhaupt?

Zunächst war sie sehr katholisch und sehr bayerisch. Die Bundesverfassung vom 10. Juli 1609 definiert die Liga als Bündnis zur Forcierung der katholischen Auffassung von Recht und Gesetz, proklamiert als Bundeszweck die „erhaltung der wahren catholischen religion" – ein Sieg der bayerischen Vorstellungen. Bundesdirektoren waren der Kurfürst von Mainz (Inhaber des rheinischen Direktorats) und der Herzog von Bayern (Inhaber des oberländischen Direktorats); Maximilian als dem „Hauptbundesobristen" kam im Kriegsfall die militärische Leitung zu – und faktisch auch in Friedenszeiten die politische, denn der Kaiser blieb vor der Türe, womit der Bayernherzog der starke Mann war.

Das änderte sich 1613. Zum einen bekam die Liga nun ein drittes Direktorium. Bekleidet hat es der habsburgische Erzherzog Maximilian, der von Innsbruck aus Tirol und Vorderösterreich regierte. Sodann wurde aus der „defensio catholica" die „christliche defension". Die Liga wurde nicht mehr als Bündnis der Katholiken definiert, sondern als Bund der Kaisertreuen – mit kaiserlicher Approbation der Direktorialbeschlüsse, ohne allgemeinen Bundesobristen: keine Ablösung der bayerischen Vorherrschaft im Bündnis durch die ebenso eindeutige Habsburgs, aber doch die kräftige Reduzierung Bayerns auf den Status einer lediglich regional vorherrschenden Mittelmacht. Maximilian ‚gehörte' sozusagen nur noch ein Drittel. Er sah sich mit der Bundesnotel vom 23. Oktober 1613 auf seine fränkische und einen Teil der schwäbischen Klientel zurückgeworfen. Ein Münchner Gutachten vermutet als Motiv für die Verfassungsänderungen vom Oktober 1613, man habe Bayern unterstellt, dass es „in effectu die oberhand in Teütschland ... sueche". Tatsächlich tat das aus Münchner Sicht Habsburg.

Die „Defension" von 1613 wurde nie wirklich mit Leben erfüllt. München ging auf Obstruktionskurs, ja, nachdem es dem Innsbrucker Erzherzog Maximilian im Lauf des Jahres 1615 endlich gelungen war, aus dem neu eingerichteten dritten Direktorat mehr als einen (wenig ehrenvollen) Ehrentitel zu machen, nämlich eine respektable oberdeutsche Klientel um sich zu scharen – da erklärte der Bayernherzog kurzerhand seinen Rücktritt vom oberländischen Direktorium. Als 1618 in Prag einige Mitglieder der kaiserlichen Statthalterregierung in den Burggraben purzelten, bestand die Liga nur noch auf dem Papier.

Die Liga zerfällt

Wir können zurückblicken: Grundproblem der Liga in der Vorkriegszeit war die Frage nach der dominierenden Vormacht; ein gleichberechtigtes Miteinander von Wittelsbach und Habsburg, das war angesichts des komplizierten, spannungsvollen Verhältnisses zwischen den beiden Dynastien kaum zu bewerkstelligen. 1609 siegten die bayerischen Vorstellungen – zwei Direktorate, ein bayerisches und, in dessen Schlepptau (da ohne größeres, mächtiges Mitgliedsterritorium), ein rheinisches; forciert katholischer Charakter. 1613 setzten sich die habsburgischen Vorstellungen durch: Das konfessionelle Schutzbündnis wird zum Bund der Kaisertreuen umdefiniert, mit drei Direktoraten – zu den alten ein neues habsburgisches für den Innsbrucker Erzherzog. Die Folge: Desintegration, die seitherige Leitmacht Bayern zieht sich gewissermaßen in den Schmollwinkel zurück. Die Liga hat faktisch nicht mehr existiert – ehe die Ereignisse in Böhmen seit 1618 eine vorübergehende Interessenidentität zwischen Habsburg und Wittelsbach schaffen und somit die Liga revitalisieren werden.

Die einzige interkonfessionelle Gemeinsamkeit: Gefühl der Bedrohung

Aller internen Schwächen beider Allianzen unerachtet hat ihre bloße Existenz den lädierten Reichsverband natürlich zusätzlich strapaziert. Unter dem einen Dach des Reiches standen sich nun zwei Konfessionsbündnisse (weil Bündnisse zur Wahrung konfessioneller Besitzstände) gegenüber – zunächst lediglich politisch, nach 1618 militärisch. Nur in einem waren sich beide Lager von Anfang an einig: in der Bedrohungsanalyse. Der Widerpart war in wenig skrupulöser Offensive, selbst stand man mit dem Rücken an der Wand. Sogar die beiden Bundessatzungen zeigen es: Die Unierten schlossen sich zusammen zur Abwehr drohender „thetlichkeiten", „wieder ... unbefugten gewallt". Es drohten „feindtliche thetliche handtlungen", weil der Widerpart darauf aus war, „in dem gelibten Vatterlandt eine Unruhe nach der andern antzurichten, die friedliebende und gehorsame Stendte des Reichs zu uberziehen, und zubekriegen" und so die „verfassung des Reichs in einen haufen zuewerfen". Man vereinbarte sogar, wie nach „außgang des Kriegs", der also offenbar absehbar war, mit erobertem Gebiet verfahren würde. Die Ligasatzung beginnt mit der Feststellung, dass „sich die leiff gantz sorgsamb und gefärlich erzaigen", beschwört feindliche „Thathandlungen", es drohten die „Catholische Stennde des Reichs, von den unrüebigen", also von unruhigen Leuten, „vergewaltigt, und uberzogen" zu werden, ja, es

Seit 1608 – die Vorkriegszeit

war die „ausreittung der alten wahren allein seelig machenden Religion … beneben undertrückhung aller gleichmessiger billicheiten, recht und Reichssatzungen zuegewartten".

Ein pfälzischer Spitzendiplomat beschwor die als prekär empfundene Situation des deutschen Protestantismus im frühen 17. Jahrhundert im Brief an einen Kollegen (also nicht etwa in propagandistischer Absicht für Mit- und Nachwelt) einmal so: Die Katholiken haben „une generale et universelle intention, à exercer notre patience et à nous ruiner", sie sind „par tout le monde presque coniuré à notre ruine" – eine fast weltweite Verschwörung zum Zwecke der Vernichtung des Protestantismus also. Auf der anderen Seite charakterisierte der Erzkanzler des Reiches, der Erzbischof von Mainz, die reichspolitische Lage intern folgendermaßen: „Der Teufell feyert nit, seine instrumenta schlaffen nit, alle liste unnd gedichte gehen dahin wie im Römischen Reich Teutscher Nation die kayserliche Authoritet … vernichtiget, die catholische religion außgerottet, die geistliche Chur-, Fürsten und Stendte undertruckt unnd allein Calvini geist und dem zu gethane herrn alles eignen gefallens regieren und dirigieren möchten." Es hatten „ohngehorsamb, ohntrew, betrug und list uber hand genomen, [so] dass sich weder auf tewere wort, vertrösten und versprechen, noch auch brief und sigel, ja den schwur und aid selbsten ichtwas zu verlassen". Die Evangelischen versuchten, halb Europa, ja, „Türcken und Tartarn" zur „underdrückung" des katholischen Glaubens zu mobilisieren – musste man sich denn von ihnen „vertrücken und verschlingen lassen"? Nicht nur in gedruckten konfessionellen Polemiken sind die Übergänge von der Vorkriegszeit in die Kriegsjahre hinein fließend.

1.3.4 Letztlich vergebliche Versuche, die Sprachlosigkeit zu überwinden

Seit 1608 stand Mitteleuropa im Vorhof eines von vielen erwarteten, befürchteten Konfessionskriegs. Nicht, dass Deutschlands Eliten damals gedanken- und sorglos in ihr Verderben gerannt wären! Nach gemeinsamen kulturellen Werten fahndend, wurden manche bei der Sprache fündig: 1617 wird die erste von bald zahlreichen deutschen Sprachgesellschaften, die „Fruchtbringende Gesellschaft", gegründet.

Gelehrte und publizistische Bemühungen

Nicht alle Publizisten spien den üblichen konfessionellen Geifer aus; der eine und andere ließ sich von Süd- und Westeuropa anregen, wo schon etwas länger eine frühe politologische Literatur reüssierte, die in betont kühler, nüchterner Diktion die Eigengesetzlichkeiten politischer Ordnungsstiftung abzustecken suchte. Ihren eigenen Sachzwängen gehorchende Politik wurde mit der „ratio status" (der Staatsräson) auf den Begriff gebracht. Ausgerechnet in der Vorkriegszeit begann der Terminus auch in Ratsprotokolle einzusickern, erreichte er also den mitteleuropäischen Politikbetrieb.

Das Projekt eines „Kompositionstags"

Ein interessantes Projekt politischer Praktiker war der „Kompositionstag". Der Begriff „composition" (lat. componere = zusammenbringen, vereinigen) hat in diesen Zusammenhängen nichts mit Tonkunst zu tun. Ein „composition tag" sollte ausgleichsbereite Vertreter beider Konfessionen an einen Verhandlungstisch bringen. In konstruktiver Atmosphäre, ohne Abstimmungen und Majorisierungsversuche, sollten sie sich auf einen Rettungsplan für das zerschlissene Reich verständigen. Wir würden heute von einem „runden Tisch" und von gruppendynamischen Effekten sprechen. Aufgebracht haben die Idee einige Unionshöfe, so insbesondere der in Stuttgart unter dem württembergischen Herzog Johann Friedrich. Und das war, unter den damaligen Umständen, auch schon ein Grund für das Scheitern des zukunftsweisenden Projekts. Fast alle Ligahöfe lehnten es entschieden ab.

Aus katholischer Warte sah die Sache so aus: Das Reichsoberhaupt ist katholisch, die „Nummer zwei" des Reiches, der Erzkanzler, auch. Damit ist der kaiserliche Reichshofrat katholisch und der Direktor jenes Reichstags, in dessen maßgeblichen Kurien katholische Positionen jederzeit die Majorität besitzen. Warum sollen wir diese im politischen System strukturell angelegten Vorteile preisgeben, wo wir doch unsere Ansichten von Reich, Recht und Gesetz auf dem Rechtsweg und durch Stimmenmajorität jederzeit geltend machen können? Die Protestanten hatten endlich botmäßig zu werden, sich Richterspruch und katholischen Majoritäten zu fügen. Alles andere war dreister „Ungehorsam", wie der zentrale Begriff des katholischen Reichsdiskurses lautete. Protestanten waren eben „ungehorsam".

Die Kommunikationskreise sind großflächig gestört

Die desintegrativen Kräfte ließen sich nicht mehr bändigen. Vom alltäglichen Zusammenleben, beispielsweise in bikonfessionellen Kommunen, über das Versickern der Face-to-Face-Kommunikation der

Entscheidungsträger bis hin zu einer hitzigen Kampfpublizistik, in der die Gelehrten ihren andersgläubigen Kollegen verbal die Scheiterhaufen aufrichteten: Die Kommunikationskreise waren nachhaltig und großflächig gestört.

Es ist bezeichnend, in welcher Atmosphäre die „Säulen des Reiches" (wie die Kurfürsten genannt wurden und sich auch selbst zu apostrophieren beliebten) zusammenkamen, als der Tod des Kaisers im Sommer 1619 doch wieder einmal eine ständische Versammlung, nämlich einen Kurfürstentag erzwang: Beide Lager ergingen sich in bizarren Rüstungsszenarien wie Angstfantasien, fürchteten eine deutsche Bartholomäusnacht. Vor Ort ließ sich „ein sehr großes mißtrauen vermerken", die verängstigten geistlichen Kurfürsten dachten ernsthaft über einen vorzeitigen Abzug nach. Als das kurmainzische Begrüßungskomitee für den Kandidaten, König Ferdinand, durchnäßt unter dem Sachsenhauser Stadttor Zuflucht suchte, hieß es, die katholischen Kurfürsten wollten sich der Tore „bemächtigen" – Alarm, Tumulte, von den Frankfurtern in Dienst genommene Unionstruppen marschierten auf, „daruber die Burgerschafft zusamb geloffen". Man versperrte die Tore, zog Ketten über die Straßen, da ein katholischer Okkupationsversuch drohe; es gab Schießereien, Messerstechereien, denen ein Angehöriger der kurkölnischen Delegation zum Opfer fiel. Das alles ist heute nicht mehr bekannt, mag auch für sich genommen ganz unwichtig sein, illustriert aber die aufgeheizte Stimmung im Reich in jenen Monaten, da sich die regionalen böhmischen Querelen zum mitteleuropäischen Krieg ausweiteten.

Um nun vom Stimmungsbericht wieder auf abstraktere Analyse zurückzuschwenken: Im Widerstreit der divergierenden Lesarten des Texts von 1555 schwand nicht nur die gemeinsame Schnittmenge zweier Auffassungen von Reich, Recht und Gesetz dahin – auch der Konsens über die Abarbeitung solcher Dissense im politischen Verfahren hat sich, zunächst kaum merklich, dann aber zusehends und mit gravierenden Auswirkungen verflüchtigt. Drangen Protestanten im Vorkriegsjahrzehnt auf die „Komposition", pochten Katholiken auf die Entscheidungskompetenzen von Reichstagsmehrheit, Reichshofrat und Kaisertum. Die nach dem Verständnis der damaligen Zeit zentralen Fragen wollten Katholiken majorisieren, wollten die Protestanten frei aushandeln. (Die Nachkriegsordnung wird dann

Der Konsens über das politische Verfahren schwindet

der protestantischen Auffassung Tribut zollen – was für eine Seite zu den „essentials" gehört, ist am Reichstag frei auszuhandeln: darauf läuft die „itio in partes" des Westfälischen Friedens von 1648 hinaus, vgl. Kap. 5.5.3).

Vereinfachend und schematisierend kann man im letzten Vorkriegsjahrzehnt (wenn wir von den „politice Bäpstischen" Dresdnern und ihrem Anhang hier jetzt einmal absehen) drei verfassungspolitische Positionen im Reichsverband ausmachen – kann man nämlich erstens beobachten, dass die Katholiken ihre strukturell im politischen System angelegten Vorteile zunehmend, anstatt den Konsens zu suchen, auszuspielen gedachten; dass, zweitens, die Mehrzahl der Auhausener gewisse, diese Vorteile kompensierende Sicherungen (insbesondere gegen ihre notorische Majorisierung) wünschten, also Detailkorrekturen, die aus ihrer Warte sogar systemstabilisierend gewirkt hätten; während die evangelische „Aktionspartei" (Moriz Ritter) um die Heidelberger, drittens, gegen systemsprengende Konzepte nicht gänzlich immun, insbesondere aber für das Kalkül anfällig war, das ganze Räderwerk der Reichsverfassung stillzulegen, damit es nicht mehr den Katholiken in die Hände spielen konnte.

Ohne handlungsfähige politische Organe, ohne Grundkonsens und ohne Grundvertrauen in die politischen Partner war der Reichsverband nicht mehr steuerbar. Es bedurfte nur noch des sprichwörtlichen Funkens, der die brisante Mischung zum Explodieren brachte.

1.3.5 Kriegsgefahr hier und dort

Im Frühsommer 1610 schien es so weit gekommen, stand Europa an der Schwelle zu einem großen Krieg. Die evangelische Union verband mittlerweile eine Militärallianz mit Frankreich, und viel spricht dafür, dass König Heinrich IV. damals die „rupture générale" in die Wege zu leiten suchte, auf einen groß angelegten europäischen Krieg gegen das Haus Habsburg aus war.

Traditionelle Rivalität Habsburg-Frankreich

Die Dauerrivalität zwischen dem Haus Habsburg und Frankreichs Königen war eine Grundstruktur der frühneuzeitlichen europäischen Staatenwelt bis zum „Renversement des alliances" von 1756. Es hat mit historischen Erfahrungen zu tun, war gewissermaßen Tradition seit dem Streit um die Erbmasse des zerfallenden spätmittelalterlichen

Burgund und den Kämpfen um die Hegemonie über die Apenninhalbinsel an der Schwelle zur Neuzeit sowie den vier Kriegen, die allein Kaiser Karl V. zwischen 1521 und 1544 mit der französischen Krone ausfocht. Einen fünften ‚vererbte' Karl seinem Sohn Philipp II., 1559 beendete ihn der Frieden von Câteau-Cambrésis. Wenig später versank Frankreich in den Wirren der „Hugenottenkriege" (1562–1598); der mit Abstand längste, achte Hugenottenkrieg entwickelte sich immer mehr von einem innerfranzösischen zum Krieg zwischen Frankreich und Spanien. Und kaum hatte Heinrich IV. das Land endlich konsolidiert, kam das herkömmliche französische Unbehagen über die Stellung des Hauses Habsburg sowieso wieder auf die politische Agenda.

Einerseits also hatte sich da eine dynastische Rivalität zur Traditionslinie verfestigt. Sie basierte aber auch auf geostrategischen Gegebenheiten. Das französische Staatsgebiet grenzte fast überall an Meer – oder aber an Habsburg: Im Süden wie im Norden an von Madrid aus regierte Länder der spanischen Habsburger; das westlich gelegene Alte Reich aber hatte fast schon gewohnheitsmäßig Kaiser aus der (schwächeren) österreichischen Linie des Hauses Habsburg. Man fühlte sich eingekreist, dadurch bedroht, war deshalb daran interessiert, das übermächtig scheinende Habsburg zu schwächen – wir müssen an diese Traditionslinie französischer Außenpolitik wieder anknüpfen, wenn wir fragen, warum der Dreißigjährige Krieg mit den kaiserlichen Triumphen der niedersächsisch-dänischen Kriegsphase, also 1629/30, nicht zu Ende war; und werden noch weiter unten erneut darauf zurückkommen, wenn sich Frankreich 1635 unmittelbar ins Kriegsgeschehen einklinkt.

Nun aber wieder ins Jahr 1610! Der zum Katholizismus konvertierte französische König Heinrich fand einen Ansatzpunkt, um in seine Kriegsplanungen ausgerechnet Deutschlands Protestanten zu verwickeln. Diese bangten damals um das Schicksal der konfessionell noch nicht festgelegten niederrheinischen Herzogtümer Jülich und Kleve.

Um was handelt es sich da, worum ging es? Zunächst einmal um ein Länderkonglomerat, das nur die Dynastie zusammenhielt: drei Herzogtümer (Jülich, Kleve, Berg) und zwei Grafschaften (Mark, Ravensberg). Warum war, und das seit Langem, Streit abzusehen? Weil Johann Wilhelm, nominell seit 1592 Herr über die vereinigten

Ein brisanter Erbfolgestreit am Niederrhein

niederrheinischen Herzogtümer, kinderlos war und das auch bleiben würde – er galt als geistig umnachtet, debil: Lange Jahre war da ein brisanter Erbfall abzusehen, alle möglichen Prätendenten konnten in den Archiven schürfen lassen und ihre Ansprüche begründen. Warum aber war der absehbare Erbstreit so brisant? Nun, zum einen waren die niederrheinischen Herzogtümer konfessionell gemischt – ein um 1600 schon selten gewordener Sachverhalt. Die Konfessionenkarte war hier noch gesprenkelt, die fraglichen Territorien waren, um es in der korrekten Fachterminologie auszudrücken, noch nicht „konfessionalisiert". Als eines der letzten noch nicht definitiv zwischen den Religionsparteien ‚verteilten' Gebiete waren die niederrheinischen Herzogtümer schon reichsintern einiger Aufmerksamkeit sicher.

Aber sie ‚genossen' auch höchste internationale Aufmerksamkeit. Denn die benachbarten niederländischen Nordprovinzen um Holland und Seeland hatten sich seit 1568 jahrzehntelang Sezessionskämpfe mit der Madrider Zentrale und ihrer Brüsseler Statthalterregierung geliefert – zwar war dann 1609 ein zwölfjähriger Waffenstillstand zustande gekommen, traditionell verfeindet waren und blieben Spanien und seine separatistisch eingestellten Nordprovinzen allemal. (Wir werden diesem Konfliktherd noch wiederholt begegnen; tatsächlich werden die Kampftätigkeiten zwischen Madrid und Den Haag 1621 weitergehen, und zumal in seiner Spätphase wird sich der deutsche Dreißigjährige immer wieder mit dem niederländischen Achtzigjährigen Krieg verknäueln; die westfälischen Friedensverhandlungen werden beide Kriege beenden, und in ihrem Kontext, in Kapitel 5.6, wird dieses Studienbüchlein denn auch resümierend auf den Achtzigjährigen Krieg seit 1568 zurückblicken.) Natürlich wünschten sich die separatistischen niederländischen Nordprovinzen im Osten einen protestantischen Nachbarn, die habsburgtreuen südlicheren Provinzen – ungefähr das, was wir heute als Belgien kennen – aber einen katholischen. Habsburg wollte seine Position am Niederrhein ausbauen und der ewige Rivale Habsburgs in Europa, Frankreich, suchte dies zu verhindern. Die geostrategischen Gegebenheiten verliehen dem vorhersehbaren Erbstreit europäisches Gewicht.

Die Union lässt sich in den niederrheinischen Konflikt hineinziehen

Akut wurde das niederrheinische Erbfolgeproblem im März 1609. Zwei der vielen Prätendenten, die evangelischen Herrscher über das Kurfürstentum Brandenburg und über die Pfalzgrafschaft Neuburg, suchten rasch vollendete Tatsachen zu schaffen, entsandten ihre Erbanwärter an der Spitze von Truppen ins strittige Gebiet, das sie militärisch okkupierten. In den damaligen Akten firmieren sie als die „Possedierenden": als diejenigen, die – man ergänze: unabhängig von der strittigen Rechtslage – nun einmal faktisch im Besitz der Erbmasse waren (lat. possessio = Besitz, Besitznahme). Im Dortmunder Vertrag einigten sie sich auf die gemeinsame Regierung des Landes. Der Kaiser hingegen proklamierte, die strittigen Gebiete fielen vorläufig unter seine provisorische Verwaltung, so lange, bis der Reichshofrat entschieden habe, wer erbberechtigt sei; zum vorläufigen Administrator ernannte er den habsburgischen Erzherzog Leopold. Der rüstete zu, zog schließlich mit Truppenmacht an den Niederrhein. Dort engagierte sich mittlerweile auch die Union immer offener – so hatte Christian von Anhalt, die Graue Eminenz des Heidelberger Kurhofes, den Oberbefehl über die Truppen der „Possedierenden" übernommen, und 1610 sandte die Union zweimal Truppen ins Elsass, um Leopolds Werbungen dort zu stören: eindeutig offensive Operationen auf bundesfremdem Gebiet, ein gefährlicher Präzedenzfall, gewagt, weil man sich französischer Rückendeckung sicher wähnte.

Für die Geschichte der Union sollte der zweite Einfall ins Elsass (vom Mai 1610) folgenreich werden. Wir müssen, anstatt aller Einzelheiten, nur drei Umstände kennen, um die Brisanz des Unternehmens verstehen zu können: Erstens war offenkundig, dass die katholischen Musterungen nicht Südwestdeutschland galten, dass sich Erzherzog Leopold endlich Respekt als kaiserlicher Administrator von Jülich verschaffen wollte. Man kann also nicht sagen, dass die Union unmittelbar bedroht gewesen wäre. Zweitens waren nur vier Unionsfürsten überhaupt eingeweiht: der kurpfälzische Direktor, sodann Moritz von Hessen-Kassel, der Ansbacher Markgraf Joachim Ernst und Georg Friedrich von Baden. Diese vier ‚Aktivisten' rissen einfach das Heft des Handelns an sich, schickten Unionstruppen über den Rhein. Weil sie wussten, dass die Militäraktion auf bundesfremdem Gebiet nicht konsensfähig war, wurden die Verbündeten eben gar nicht erst gefragt, auch nicht jene, die über ihre mitziehenden Truppen unfreiwillig in den Coup verwickelt waren. Sie alle wurden hinterher informiert. Sodann, drittens, ließen sich die Unionstruppen zahlreiche Übergriffe zuschulden kommen, sie plünderten Mutzig, verwüsteten Molsheim, wüteten in der Landvogtei Hagenau, es gab Dutzende, vielleicht über hundert Tote.

Die meisten Unionsstände (einhellig die vorsichtigen, konfliktscheuen reichsstädtischen Magistrate) waren empört über den eklatanten Landfriedensbruch, der da auch in ihrem Namen verübt worden war. An den Unionstagen der Folgejahre wird der Einfall ins Elsass immer wieder als Begründung dafür herhalten, dass die Reichsstädte mehr Kontrolle über die Unionspolitik verlangen und/oder neue Steuern verweigern werden. Der Coup hat dem Bündnis in seinem dritten Jahr Wunden geschlagen, die nie mehr ganz verheilen sollten. Das latente Dauerproblem der Union war schlagartig unübersehbar geworden: dass da Regierungen mit ganz unterschiedlichen, verschieden konfrontationsbereiten politischen Vorstellungen miteinander auskommen mussten.

Wird die Union gar in einen großen europäischen Krieg hineingerissen?

Die längerfristigen Folgen der elsässischen Aggressionen waren also erheblich. Dabei war denjenigen, die sich nun und noch jahrelang darüber empörten, nicht einmal klar, dass es seit dem Winter 1609/10 um viel mehr als ‚nur' um Jülich und Kleve gegangen war. Während die meisten Auhausener damals ängstlich um Frieden und Stabilität in Mitteleuropa bangten, verhandelte Christian von Anhalt (bei sehr selektiver Information seiner Auhausener Verbündeten) in Paris mit Heinrich IV. über gemeinsame antihabsburgische Militäraktionen am Niederrhein. In beider Augen eröffnete die Jülicher Erbfolgekrise Chancen, die Stärkung des Protestantismus im Reich mit einer Zurückdrängung des spanischen Einflusses auf den Nordwesten des Kontinents, ja, überhaupt einer einschneidenden Schwächung der Position Habsburgs in Europa zu verbinden. Sie wollten den niederrheinischen Erbkonflikt mit der antispanischen Europapolitik Frankreichs verquicken. Ersterer sollte Paris den Vorwand zum Losschlagen liefern und deutsche Unterstützung eintragen.

Im Februar 1610 fixierten die Auhausener und Emissäre aus Paris im Vertrag von Schwäbisch Hall die Truppenkontingente für gemeinsame Militäroperationen am Niederrhein, wo Jülich inzwischen von Söldnern der österreichischen Habsburger unter Erzherzog Leopold besetzt worden war – sie gelte es mit vereinten Kräften von dort zu vertreiben. Der Vertragstext deutet, genau gelesen, die Möglichkeit bedenklicher Weiterungen an: Falls der König wegen seines Engagements in und um Jülich von den Madridern oder den Brüsselern angegriffen würde, stünde ihm die Union mit viertausend Mann zu Fuß und tausend Reitern zur Seite, heißt es da; umgekehrt sicherte Heinrich den Unionsständen, falls die „sur le sujet de Julliers, ou autre concernant l'union" (wegen Jülichs oder aus einer anderen das Bündnis betreffenden Ursache) attackiert würden, achttausend Fußsoldaten und zweitausend Berittene zu. Eklatant war, dass sich die Auhauser verpflichteten, keinen Vertrag, „qui importe à la cause commune" (der für die gemeinsame Sache relevant ist), ohne vorherige Zustimmung des Bourbonen abzuschließen – einmal ins Kampfgeschehen am Niederrhein verwickelt, würde es für die Union keinen billigen diplomatischen Notausgang mehr geben. Dass der Kampf um Jülich für Heinrich von vornherein lediglich die Ouvertüre zu viel weiter reichenden Schlägen gegen das Haus Habsburg und zumal seinen spanischen Zweig sein sollte, wussten die meisten Auhauser freilich nicht, und sie kannten nicht das Ausmaß seiner Zurüstungen.

Denn Heinrich palaverte nicht nur, er stellte ein nach damaligen Maßstäben imposantes Heer auf die Beine – eine Nordarmee von zwanzigtausend Mann, eine südliche von zwölftausend: Ein Zangengriff auf Habsburg wurde da offenbar vorbereitet, wofür sonst so immense Rüstungsanstrengungen? Wie weit Heinrich gehen wollte, ob er gar vorhatte, zu einem Angriff auf die Iberische Halbinsel weiterzuschreiten, wissen wir nicht. Jedenfalls aber spielte sich Gewaltiges ab in Frankreich, und die Union wäre mit dabei gewesen – als Heinrich, am 14. Mai 1610, von der Hand eines Wirrkopfs, eines konfessionellen Fanatikers ermordet wurde: ein Paradebeispiel dafür, welches Gewicht biografischen Zufälligkeiten für vormoderne geschichtliche Abläufe zukommen kann. Heinrich starb ohne regierungsfähigen Nachfolger; an der Seite einer Regentin zweifelhafter Legitimität und zweifelhafter Intelligenz wollten selbst die Verwegensten unter Deutschlands Protestanten dann doch nicht gegen die Weltmacht Habsburg marschieren. Auch Paris stellte seine antihabsburgischen Projekte augenblicklich zurück. Wie im Vertrag von Schwäbisch Hall vereinbart, halfen französische Truppen bei der Belagerung von Jülich, das am 1. September 1610 kapitulierte. Danach zogen sie sich nach Frankreich zurück.

Der malade Zustand des Reichsverbands wird zum Kriegsrisiko

Mitteleuropa war damals einem großen Krieg bedenklich nah. Wir erkennen schon hier, 1610, viele Konfrontationsmuster, die das Reich dann 1619 tatsächlich – erneut wegen regionaler Querelen, bei denen die allermeisten Reichsstände unmittelbar gar nichts zu gewinnen haben – in den Kriegsstrudel ziehen werden: Die Polarisierung des Reichsverbands ist so weit vorangeschritten, dass man seine konfessionspolitischen Anliegen militärisch verteidigen zu dürfen und zu müssen meint, sogar außerhalb des engeren regionalen Umfelds, sogar im Grenzsaum des Reiches. Das Gefühl, überall in die Enge getrieben zu werden, ist so bedrängend, dass Defensive, Vorwärtsverteidigung und Prävention in der subjektiven Wahrnehmung der Beteiligten an Trennschärfe einbüßen. Die Bereitschaft, sich bei alldem nichtdeutscher Unterstützung zu bedienen, war bei den ‚Aktivisten' von 1610 noch größer als 1619. Die Union präsentierte sich zwei Jahre nach ihrer Gründung kraftvoll, selbstbewusst und erreichte gerade, nach dem Beitritt Kurbrandenburgs, ihren höchsten, bald danach wieder abbröckelnden Mitgliederstand (der Fenstersturz wird das Bündnis ja als ein bereits niedergehendes, in sukzessiver Auflösung begriffenes ereilen). Doch war das Ausmaß der Konfrontationsbereitschaft eben auch im Frühjahr 1610 nicht überall gleich, weshalb – wiederum prototypisch – Christian von Anhalt vorpreschte, im Grunde bis hin zur Täuschung der meisten Verbündeten, die ‚lediglich' die konfessionelle Ausrichtung der niederrheinischen Herzogtümer im Blick hatten. So wenig das Gros der Unionsstände um 1620 eigentlich böhmische Interessen hat, so wenig gab es für die allermeisten Unierten 1610 am Niederrhein unmittelbar etwas zu gewinnen; die Aussicht, dem anderen konfessionellen Lager eins auszuwischen, es zu schädigen, zu demoralisieren – das reichte als Anreiz. Die Ermordung Heinrichs IV. dürfte einen großen Krieg unter Beteiligung der deutschen Protestanten vereitelt haben.

Erneute Kriegsgefahr 1614

Nur vier Jahre später drohten erneut kriegerische Verwicklungen. Die Spannungen zwischen den Brandenburgern und den mittlerweile von einem katholischen Pfalzgrafen regierten Neuburgern eskalierten, holländische und spanische Truppen setzten sich in Bewegung. War der Reichsverband schon so ruinös polarisiert, dass ihn nach den traditionellen französisch-habsburgischen Rivalitäten nun die seit Generationen mal virulenten, mal latenten Spannungen zwischen Madrid und Den Haag in den Kriegsstrudel zu reißen drohten? Im November 1614 gelang, sozusagen im letzten Augenblick, dank internationaler Vermittlung der Interimsvergleich von Xanten. Für die verfeindeten „Possedierenden" wurden je eigene Verwaltungszonen gezirkelt. (An Berlin kamen Kleve, Mark, Ravensberg: Kurbrandenburg setzte sich also dauerhaft am Niederrhein fest – Keimzelle dessen, was einmal viel später, seit der Rheinkrise von 1840, als Preußens „Wacht am Rhein" besungen werden wird.)

Wieder war eine Atempause gewonnen. Wieder hatte sich gezeigt, dass der Zustand des Reiches mittlerweile so prekär war, dass sich jede Querele in seinem Inneren oder auch in der Nachbarschaft, irgendwo an seinen weit geschwungenen Grenzen, zum Flächenbrand auswachsen konnte. Wir werden noch sehen, dass Deutschlands Protestanten auch 1618 besorgt zum Rhein schauen werden, keinesfalls mit der gleichen Bangigkeit nach Prag.

1.4 Schon einmal vorab: etwas Kriegsursachenforschung

1.4.1 Warum die Ursachenforschung am Zustand des Reichsverbandes ansetzen muss

Dieses Studienbuch wird in Kapitel 5 rückblickend fragen, worum denn da dreißig Jahre lang Krieg geführt worden ist. Es wird immer wieder und resümierend in Kapitel 5 Kriegsschuld zumessen, nach Stolpersteinen auf dem Weg zum Frieden fragen. Aber weil wir auf den letzten Seiten ziemlich ausführlich die Vorgeschichte analysiert haben, dürfen wir doch schon jetzt erste Fragen nach dem Warum aufwerfen. Wagen wir erste Sondierungen, die noch nicht den weiteren Verlauf des Krieges umgreifen können, sondern um Vorkriegszeit und Kriegsausbruch kreisen!

Dass die evangelischen Residenzen, wie soeben schon erwähnt, im Sommer 1618 gar nicht angestrengt nach Prag starren werden, liegt auch daran, dass es dort im Osten um sehr eigene, eben spezifisch böhmische (und übrigens keinesfalls nur konfessionspolitische) Probleme geht. Auftakt zur ersten Phase des Dreißigjährigen Krieges, zum Böhmisch-Pfälzischen Krieg, ist der Prager Fenstersturz (vgl. ausführlicher Kap. 2.1.2) – knapp gesagt versuchen im Mai 1618 einige Heißsporne unter den Ständeführern, den definitiven Bruch mit dem sich frühabsolutistisch gerierenden habsburgischen Regime zu erzwingen, indem sie zwei Exponenten schroffer Gegenreformation im Statthalterrat mitsamt ihrem Sekretär aus dem Fenster werfen. Alle drei überleben, aber es ist doch ein Mordanschlag auf Mitglieder der kaiserlichen Regierung, mithin ein recht gravierender Vorgang – aus Prager oder Wiener Warte.

Die böhmischen Querelen gehen Union und Liga eigentlich nichts an …

Was freilich hat das alles mit Deutschlands Protestanten und Katholiken, mit Union und Liga oder dem lädierten Reichsverband zu tun? Der Fenstersturz ereignete sich ja im Grenzsaum des Reiches, in einer Zone mit verdünnter Reichspräsenz – so wird der moderne Historiker die verwickelten staatsrechtlichen Befunde zusammenfassen. Akten des frühen 17. Jahrhunderts subsumieren Böhmen meistens gar nicht dem politischen Verband des Reiches. Als die böhmischen Aufständischen an die Hilfe der Auhausener appellierten, fanden diese im Staatsrecht nichts, was sie dazu hätte verpflichten können: Es sei nämlich (um aus dem Protokoll des Rothenburger Unionstags vom Herbst 1618 zu zitieren) „Bohemen dem reich nit underworffen", urteilten sie. Die „unions Verfassung" ziele „uf conservation der reichs Constitution", Böhmen aber habe „aigene zunge, gesatzungen und ordnungen". Es sei der Union „scopus uf ußländische nit gemeinet". Tatsächlich war Böhmen, beispielsweise, nicht am Reichstag vertreten, nicht in die Kreisverfassung des Reiches einbezogen. Die einzige nennenswerte Klammer war diese: Der Böhmenkönig wählte das Reichsoberhaupt mit; an den anderen Aktivitäten des Kurkollegs beteiligte er sich hingegen nicht, er beschickte keine nichtwählenden Kollegialtage, war nicht im Kurverein.

Wir müssen solche staatsrechtlichen Sachverhalte aber gar nicht vertiefen, noch wichtiger ist nämlich dieser ganz eindeutige Befund: Hatten sich Union und Liga wegen des eskalierenden Auslegungsstreits um den Augsburger Religionsfrieden und zur Verteidigung ihrer eigenen, konfessionsspezifischen Lesarten des Texts von 1555 formiert, stritt man sich in Böhmen über einen anderen Text, ein Dokument von 1609 (namens „Majestätsbrief" – wir werden ihn gleich kennenlernen). So gesehen gingen die Nöte der böhmischen Ständeführer die Union von Auhausen nichts an, und nichts die Nöte der Habsburger in ihren Erbländern die katholische Liga – die beiden Konfessionsbündnisse hätten sich hierfür keinesfalls mobilisieren lassen müssen.

Aus Böhmen flog der sprichwörtliche Funken heran, der das Pulverfass zum Explodieren brachte. Seriöse Kriegsursachenforschung muss aber, um im Bild zu bleiben, an der explosiven Mischung ansetzen, die das Reich zum entzündbaren Pulverfass gemacht hat, nicht die Lunte inspizieren. Anstatt alle Kraft auf die Einhegung der regionalen böhmischen Querelen und die Abschirmung des Reiches von diesem Krisenherd zu verwenden, ließen sich die konfessionspolitischen Lager des polarisierten Reichsverbands sukzessive in die böhmischen Auseinandersetzungen hineinziehen.

… aber die beiden Bündnisse lassen sich in den Konflikt hineinreißen

Die Unionsfürsten sympathisieren eben 1618/19 nicht mit einem von seinen Untertanen bedrängten hochadeligen Standesgenossen, dem Habsburger. Sie sympathisieren vielmehr mit den aufbegehrenden Glaubensgenossen, und der Direktor der Union, Friedrich V. von der Pfalz, lässt sich von ihnen (wie wir ja schon wissen und noch genauer sehen werden) zum neuen Böhmenkönig wählen. Die darniederliegende Liga revitalisiert sich und kommt Ferdinand von Habsburg zu Hilfe – was kriegsentscheidend ist. Dass Friedrich von der Pfalz als frischgebackener Böhmenkönig nur einen Prager Winter erleben darf, entscheidet im November 1620, in der ersten berühmten Schlacht des Dreißigjährigen Krieges, ein Triumph der Ligatruppen. Der Direktor der Liga, Maximilian von Bayern, gibt persönlich den Schlachtruf aus – so hallen denn die Hänge des Weißen Berges am 8. November wider vom tausendfach ausgestoßenen „Maria, Maria, Sancta Maria". Die geschlagenen Verteidigungstruppen unterstehen jenem Christian von Anhalt, den wir schon am Niederrhein antrafen. Die Anlässe waren zwar böhmisch. Aber die regionalen Querelen dieses Königreiches weiteten sich rasch zu Kämpfen zwischen Deutschlands Katholiken und Protestanten aus.

1.4.2 Kann die moderne Politik aus dem damaligen Desaster lernen?

Dass sich das Reich, nachdem es 1610 und 1614 zweimal (und nicht aus eigener Kraft!) um Haaresbreite an einem großen Krieg vorbeigeschrammt war, in die regionalen böhmischen Querelen hineinreißen ließ, sagt etwas über den Zustand dieses politischen Systems aus. Der Reichsverband war nach 1555 eine Zeit lang unterwegs gewesen zu integrativer Verdichtung über weltanschauliche Gräben hinweg, aber am Ende relativierten nicht die systemimmanenten politischen Sachzwänge den konfessionellen Dissens, sondern das doppelte Wahrheitsmonopol schüttelte ihm nicht frommende Zwänge ab. Deren Sachlogik war indes unabweislich, das politische System wurde blockiert und trudelte dann in den dreißigjährigen deutschen Konfessionskrieg.

Der Versuch der Verrechtlichung des Wahrheitsdissenses ist damals gescheitert

Ist der Augsburger Religionsfrieden an allem schuld? Diese politische Friedenskonzeption eilte ihrer Zeit in mancherlei Hinsicht *zu* weit voraus. Ob sie gerade deshalb für die moderne Politik von Interesse sein kann? Verschiedene Dauerkonflikte, nicht nur der im Nahen Osten, entwickelten sich in den letzten Jahrzehnten vom Gegeneinander der Nationalismen zunehmend, auf dem Wege einer eminenten Re-Politisierung des Religiösen, zum Gegeneinander religiöser Fundamentalismen. Fundamentalisten lehnen Kompromisse ab – der Augsburger Text erwuchs großer Verhandlungs- und auch einer gewissen Kompromissbereitschaft. Fundamentalismen akzeptieren keine Grenzen – der Religionsfrieden versuchte die vielfältigen Besitzansprüche beider Seiten gegeneinander abzugrenzen. Der Augsburger Religionsfrieden versuchte zu erreichen, was derzeit vielerorts auf der Erde als so dringlich erachtet wird: religiösem Dissens seine politische Brisanz zu nehmen. Allerdings erwies sich der Augsburger Ansatz, das ausschließlich auf dem Wege der Verrechtlichung des Dissenses zu versuchen, als nicht dauerhaft tragfähig.

Warum es 1555 gar keine andere Möglichkeit gegeben hatte

Es gab 1555 gar keine realistische Alternative zum Versuch, den Wahrheitsdissens durch seine Verrechtlichung politisch handhabbar zu machen – durch seine Privatisierung politisch neutralisieren konnte man ihn nämlich nicht. Denn die Säkularisierung des einst christlichen Abendlandes, ob wir sie nun geistesgeschichtlich als Siegeszug der Toleranz beschreiben oder soziologisch als Ausdifferenzierung verschiedener Lebensbereiche, stand 1555 erst noch bevor.

Sie vollzog sich auf langen und verschlungenen Wegen, aber zwei Schübe, die nicht in strikter Scheidung aufeinanderfolgten, sondern gleichsam eine gemeinsame zeitliche Schnittmenge aufweisen, sind hierbei besonders wichtig gewesen: Jene Konfession, die einst alle Lebensbereiche vollständig imprägniert hatte, wurde zunächst einmal zu einem öffentlich relevanten Teilbereich gesellschaftlicher Wirklichkeit neben anderen, wie der Politik oder dem Recht, die eigenen Sachlogiken folgen durften – im Fall der Politik der schon um 1620 geläufigen, in der zweiten Hälfte des 17. Jahrhunderts inflationär beschworenen „Staatsräson"; sie wurde sodann, in einem zweiten lang gestreckten Schritt, einer Privatsphäre zugeordnet, in die die öffentliche Hand gar nicht mehr hineingreifen sollte – Kehrseite dieser neuen Freiräume war eine gewisse Einbuße an öffentlicher Relevanz. Jene „aufgeklärten" intellektuellen Eliten des 18. Jahrhunderts, die die Weltanschauung zunehmend zur Privatsache erklärt haben, pochten ferner auf Respekt vor Teilwahrheiten und Heilschancen abweichender Glaubensbekenntnisse. Wenn auch andere Religionen Teil*wahrheiten* enthalten, der Mensch womöglich überhaupt nur *Teil*wahrheiten erhaschen kann, ist die Ausrottung anderer Weltanschauung nicht mehr sittlich geboten, sondern bei der Wahrheitssuche kontraproduktiv. Wenn jeder seines (irdischen und womöglich ewigen) Glückes Schmied ist, enthebt das den Staat seiner Verantwortung dafür. Jenes Seelenheil der „schäfelein", das zentrales Anliegen staatlicher Politik im Konfessionellen Zeitalter gewesen war, kann nun der Privatsphäre zugewiesen, damit aus dem Raum des Politischen verbannt werden. Das Staatswohl definiert sich ohne Rücksicht aufs ewige Wohl der Bevölkerung.

Politik, Recht, Glauben; öffentlicher Raum und Privatsphäre: erst solche Segmentierungen erlauben es, die Suche nach Heilswahrheiten dem individuellen Gewissen aufzubürden und das ewige Wohl der Bevölkerung aus den Staatszielen auszuscheiden (womit es auch nicht mehr auf dem Gewissen der Obrigkeit lastet und weshalb es zu befördern nicht mehr als ihre vornehmste Amtspflicht gilt). Indes waren solche Ausdifferenzierungen zwischen Politik, Recht und Theologie in den Jahrzehnten um 1600 nur in den Augen weniger legitim. Für die meisten damaligen Menschen dürften sie noch nicht einmal denkbar gewesen sein. Auch eine konsequente Scheidung von öffentlichem Regelbereich und privatem Rückzugsraum hätten sie sich nur schwer vorstellen können. Ein damaliger Politiker war nicht mit sich im Reinen, wenn er nicht der Wahrheit zum Sieg zu verhelfen und das Seelenheil möglichst vieler Menschen zu ermöglichen suchte: Dieses Kernproblem des konfessionell gespaltenen Reiches konnte der Religionsfrieden nicht neutralisieren. Insofern hat er weniger den Konfessionsdissens als den Diskurs über ihn verrechtlicht.

Die Abdankung der Politik zugunsten der Rechthaberei

Die Konfessionsparteien der Jahrzehnte um 1600 kämpften nicht wirklich um Rechtspositionen, sondern im Dienste der von ihnen exklusiv besessenen universalen Wahrheit, sie kämpften um Seelen. Weil aber 1555 besiegelt worden war, dass der diskursive Austausch mit dem Widerpart auf der Bühne der Reichspolitik in den Begrifflichkeiten des Rechts erfolgte, weil die 1555 festgelegte diskursive Währung Paragrafen des Religionsfriedens auf die Verhandlungstische packte und nicht Glaubensartikel, hatte man die eigenen Wahrheiten als einzig wahre Auslegungen der Augsburger Ordnung zu verfechten.

Den damaligen Akteuren zu unterstellen, dass sie den Religionsfrieden dabei zynisch missbraucht, dass sie einfach verlogene Schlagworte vor sich hergetragen hätten, wäre unangemessen – nicht, weil Menschen des Konfessionellen Zeitalters edler und wahrhaftiger gewesen wären als der kapitalistische Homo oeconomicus (wer wollte das ermessen!), aber weil bei ihnen Recht, Politik und Theologie – in modernen Augen verschiedene Sachgebiete mit ihren je eigenen Sachlogiken – eben völlig ineinander verschränkt waren. Diese Menschen fochten für viel mehr als ‚nur' für Rechtspositionen, doch spricht nichts dafür, dass sie nicht davon überzeugt gewesen wären, dass das Recht auf ihrer Seite stand. Sie kämpften für ihr gutes Recht, von dem sie schon deswegen nicht abrücken konnten, weil es auf ihre Wahrheit und ihre Gerechtigkeit verwies. Weil man mit jeder Nachgiebigkeit auf dem juristischen Kampfplatz Seelenheil verspielte, konnte man nicht „durch die finger sehen", wie das die Jahrzehnte um 1600 formulierten, konnte man, modern gesagt, nicht einfach bisweilen „alle Fünf grade sein lassen", musste man vielmehr unerbittlich auf seinen Paragrafen herumreiten. Eben deshalb wirkte die „Verrechtlichung" eines zentralen Problems der Reichspolitik in diesem Fall nicht befriedend.

Die 1555 ausgeklammerte Wahrheitsfrage drängte ein halbes Jahrhundert später machtvoll in die gelehrten und die politischen Diskurse zurück. Es wurde immer schwieriger, einen Kernbereich reichspolitischen Aushandelns und reichspolitischen Krisenmanagements gegen das anbrandende Wahrheitsproblem, die Konkurrenz eines doppelten, je exklusiven Wahrheitsmonopols abzuschirmen. Die

Verrechtlichung des Konfessionsdissenses mündete in die Abdankung der Politik zugunsten der Rechthaberei.

Ob man wirklich aus der Geschichte – oder doch nur aus eigenen Fehlern lernen kann? Lernen wir aus der Geschichte, dass haltbare interkonfessionelle Friedensschlüsse nur zwischen Bekenntnisgemeinschaften möglich sind, die ihre Phase von „Aufklärung" durchlaufen haben? Gar nur zwischen Gesellschaften mit individualistischer, liberal imprägnierter Anthropologie, die – mit vielen anderen Lebensbereichen – auch die Weltanschauung gleichsam privatisiert (oder doch, wie hier in Deutschland, jedenfalls teilprivatisiert) haben? Wissenschaftlich stringent beantworten kann Geschichtsschreibung solche Fragen nicht, sie kann sie nur aufwerfen.

Setzt interkonfessioneller Frieden „Aufklärung" und ein „liberales" Menschenbild voraus?

1.5 Die böhmischen Anlässe des Dreißigjährigen Krieges

1.5.1 Rückblicke: lange Tradition konfessioneller Heterogenität und ständischer Aufmüpfigkeit

Dass die Funken, die seit 1620 Teile Europas in Brand setzten, aus Böhmen herüberwehten, ist ganz zufällig – wir sahen, dass das Reich ein Pulverfass war, das sich schon 1610 beinahe an niederrheinischem Konfliktpotenzial entzündet hätte. Dass die Funken, die seit 1620 Teile Europas in Brand setzten, aus Böhmen herüberwehten, ist höchst bezeichnend – auch so kann man es sehen: eine Frage der Perspektive.

Warum konnte man denn Böhmen gewissermaßen für seine Rolle prädisponiert sehen? Nun, zwei große politische Themen der Jahrzehnte um 1600, wohl die damals zentralen, waren erstens der Widerstreit der Konfessionen, zweitens der Widerstreit zwischen erstarkender Zentralgewalt im Vorhof des „Absolutismus" und ständischen Partizipationsansprüchen. (Der Schulbüchern geläufige Terminus „Absolutismus" gefällt vielen Wissenschaftlern nicht mehr als Epochenbegriff, manche verwenden den Terminus überhaupt nicht mehr – kein Thema für dieses Büchlein, das es, manchmal in Anführungszeichen, beim „Absolutismus" belässt, schon weil sich bislang keine griffige Alternative etabliert hat.) Böhmen hatte damals eine schon lange Tradition weltanschaulicher Heterogenität; und es hatte ungewöhnlich selbstbewusste Stände. Die beiden großen Antagonismen der Zeit waren in Böhmen schon seit Generationen virulent, wurden hier auf engem Raum ausgefochten. Zeittypisch waren der Kampf um Seelen und das Ringen um die Macht ineinander verknäuelt. Dennoch: Trennen wir beide Aspekte einmal der Übersichtlichkeit halber voneinander!

Warum die böhmischen Stände traditionell stark sind Warum waren denn die böhmischen Stände besonders stark und selbstbewusst? Zum einen waren die Stände überall in Mitteleuropa stark. Es hat auch ökonomische Gründe. Anders als die „Grundherren" Westeuropas, die fast alles Land an weitgehend selbstständig arbeitende Bauern verliehen, bewirtschafteten die ostmitteleuropäischen Magnaten mithilfe der „niedergelegten", faktisch zu Lohnarbeitern heruntergedrückten einstigen Bauern riesige Ländereien. Sie agierten dabei sprichwörtlich „nach Gutsherrenart", ließen sich von der schwachen Zentrale nicht dreinreden. Bei den Ständen Habsburgs kam ein Zweites hinzu: Die Habsburgerlande grenzten ans osmanische Riesenreich, die „Türkengrenze" lief mitten durch Ungarn, Böhmen war nicht weitab. Die Habsburger brauchten die Mitwirkung und Zahlungsbereitschaft ihrer Stände, waren gleichsam erpressbar. Die Stände hat auch dieser enorme Geldbedarf der Zentrale stark gemacht.

Die Steuerverwaltung war ständisch, wie vielerorts; auch die Aufbringung und Verwendung der *in*direkten Steuern, andernorts Ansatzpunkt frühabsolutistischer Vorstöße der Landesherren, war unter den Habsburgern Ständesache. Nicht einmal Kriegsherren waren die Habsburger unumschränkt, man war dort als Militär nicht habsburgischer, sondern „der Landschafft Kriegs officir", der ständische Einfluss auf die „Landesdefension" war groß. Sogar außenpolitisch wurden die Landstände bisweilen aktiv – so verhandelten sie beispielsweise in den Anfangsjahren der Union (wenn auch ohne bleibende Resultate) mit Vertretern dieses Konfessionsbündnisses über Kooperationsmöglichkeiten.

Kurz, die habsburgischen (auch, und zumal die böhmischen) Landstände agierten, als seien sie Reichsstände, eigene Herrschaftsträger. War es nicht ein signifikanter Unterschied, dass sich die Reichsstände zwar einem Habsburger unterstellten, den aber als Reichsoberhaupt frei und zu ihren – in der Wahlkapitulation festgehaltenen – Bedingungen wählten, während Böhmen Erbbesitz der Dynastie war? Sogar dieses Erbrecht der Habsburger wurde immer wieder angezweifelt oder relativiert. So führte man bei jedem Herrscherwechsel Huldigungsverhandlungen – man stellte also seine Bedingungen für die ‚Unterwerfung', eben die Huldigung. Oder man behauptete ganz offen, die böhmische Krone sei tatsächlich eine Wahlkrone; Matthias (Böhmenkönig seit 1611) musste ein Dokument unterzeichnen, das seine Nachfolge als „freie Wahl" der Landstände deklariert. Es gab unter den Landständen in dieser Frage drei Positionen: ein kleines Häuflein, das der Erbkrone das Wort redete; gemäßigte Anhänger der Wahlkrone; und radikalere. Letztere behaupteten, „Wahl" meine nicht nur Auswahl innerhalb der angestammten Dynastie, sondern beinhalte auch die Möglichkeit des Dynastiewechsels.

Hinzu kommt, dass die im Konfessionellen Zeitalter so zentrale Kirchengewalt traditionell eher ständisch als landesherrlich war. Ungefähr vier Fünftel der von den katholischen Habsburgern regierten Adeligen waren im 16. Jahrhundert evangelisch geworden, sie nötigten diese Option auch ihren Hintersassen auf; was die Regierungen durch weitreichende Konzessionen absegneten. Faktisch besaß also in den Habsburgerlanden nicht die Landesherrschaft, sondern der landständische Adel das Ius reformandi.

Jetzt sind wir fast unvermerkt doch schon beim zweiten Aspekt angekommen: der konfessionellen Ausrichtung. Die meisten böhmischen Adeligen waren keine Mitglieder der römischen Kirche. Welcher Konfession gehörten sie denn an? Nun, zum Teil tendierten sie zu den neueren europäischen Reformationsströmungen (wie dem Calvinismus oder, häufiger, dem Luthertum); zum Teil standen sie in der älteren, einheimischen hussitischen Tradition.

Warum Böhmen schon lange nicht mehr geschlossen katholisch ist

In Böhmen gab es nämlich schon hundert Jahre vor der Publikation der lutherschen Ablassthesen Nichtkatholiken. Ein Prager Prediger, Jan Hus, fand mit seinen kirchenkritischen, in manchem die lutherische Reformation vorwegnehmenden Ansichten begeisterte Zustimmung. 1414 wurde er zum Konzil nach Konstanz geladen, mit einem Geleitbrief, der ungestörtes Reisen und ungehinderte Anhörung in Konstanz garantierte – und doch wurde er dort, am Bodensee, verhaftet und verbrannt. Jan Hus ist tot – der Hussitismus setzt sich in Böhmen weitgehend durch. Übrigens sah der damalige Kampf um Prag einen „Fenstersturz": Einige reformunwillige Ratsherren stürzten in den Burggraben. Die Hussiten gewannen in Prag und anderswo, genauer: ihr gemäßigter Flügel, die sogenannten „Utraquisten". Es ging keine Sprengwirkung davon aus, die Bewegung, pointiert tschechisch von Anfang an, expandierte nicht in andere Teile Europas – anders als hundert Jahre später das Luthertum, dann der Calvinismus. Aber geschlossen „römisch-katholisch" war Böhmen schon hundert Jahre vor Luther nicht mehr.

Böhmen als Bestandteil der habsburgischen Composite Monarchy

Freilich kam das Land dann in die Hände einer erzkatholischen Dynastie: der Habsburger. Im Jahr 1526 fiel der letzte Jagiellonenkönig im Kampf gegen das Osmanische Reich. Die Habsburger erhoben Erbansprüche auf die Kronen Ungarns und Böhmens, die Stefans- wie die Wenzelskrone. Den Anspruch auf Ungarn konnten sie nur zum kleinen Teil realisieren, sie regierten einen schmalen westlichen Gebietsstreifen, den Rest besetzte das Osmanische Reich. Mit der Stefanskrone hat das Haus Habsburg die welthistorische Aufgabe geerbt, das christliche Abendland gegen einen immer wieder die Expansion suchenden Islam zu verteidigen. Genau deshalb wird es in den nächsten beiden Jahrhunderten wieder und wieder den Kaiser stellen: In kurfürstlichen Wahlgutachten steht stets dieser Gesichtspunkt (wer kann das Alte Reich am wirkungsvollsten vor dem islamischen „Türken" schützen?) im Zentrum.

Zu den Ländern der Wenzelskrone gehörte Böhmen. Dieses Königreich war nun habsburgisch, geschlossen römisch-katholisch wurde es deshalb (wie wir soeben schon sahen) noch lange nicht. Im Gegenteil, zu den alten hussitischen traten neue lutherische, später calvinistische Einflüsse. Mit der „Confessio Bohemica" gaben sich die verschiedenen nichtkatholischen Bewegungen 1575 eine gemeinsame Rahmenordnung. Sie sollte politische Verhandlungen mit der Landesobrigkeit erleichtern, also politisch und nach außen wirksam sein, nicht die konfessionellen Binnenunterschiede einebnen.

Lang musste Habsburg zusehen, aber nicht ewig. Die Habsburgerlande gehörten zu denjenigen Gebieten, in denen der nachtridentinische Kampfkatholizismus seit den 1570er-Jahren am frühesten und entschiedensten Terrain zurückeroberte.

„Die Habsburgerlande": Warum steht das hier im Plural? Nun, es handelt sich um eine „composite monarchy". Solche „dynastische Unionen von Ständestaaten" (wie der ältere deutsche Ausdruck hierfür lautet) waren im vormodernen Europa nicht untypisch: Territorien mit ganz unterschiedlichen kulturellen Traditionen und administrativen Strukturen werden auf der obersten staatsrechtlichen Ebene dadurch verklammert, dass sie von Mitgliedern ein und derselben Dynastie regiert werden. Im zuletzt gestreiften Zeitraum der habsburgischen Gegenreformation gab es fast durchgehend drei regierende Habsburger, dementsprechend drei größere Happen vom Gesamtbesitz, die jeweils in sich mehrere historische Landschaften vereinten. Erstens sprach man von „Niederösterreich" – meinte: die Erzherzogtümer Österreich ob der Enns (Hauptort Linz) und unter der Enns; Regierungssitz war Wien. Der dort residierende Erzherzog regierte außerdem, unter der Wenzelskrone, die böhmischen Länder: das Königreich Böhmen, die Markgrafschaft Mähren, das Herzogtum Schlesien, die Markgrafschaften Nieder- und Oberlausitz. Und er regierte ferner, unter der Stefanskrone, das „Königliche Ungarn" (also jenen schmalen westlichen Teil von Ungarn, der nicht vom Osmanischen Reich besetzt war). Zweitens gab es „Innerösterreich": die Herzogtümer Steiermark, Kärnten, Krain und einige kleinere Gebiete wie die Grafschaft Görz oder die Markgrafschaft Istrien, Regierungssitz war Graz. In unserem Zeitraum regierte sodann fast immer, und zwar von Innsbruck aus, ein weiterer, dritter Habsburger Oberösterreich (dessen Kernland Tirol war) sowie Vorderösterreich (also den Streubesitz im heutigen Oberschwaben sowie den Breisgau).

In fast allen Landesteilen (am wenigsten in Oberösterreich) fanden evangelische Anschauungen zeitweise großen Anklang. In den späten 1570er-Jahren setzte indes die habsburgische Gegenreformation ein. Sie zeitigte insgesamt große Erfolge, am durchschlagendsten in Innerösterreich; auch in Böhmen erstarkte der Katholizismus unübersehbar. Dann freilich schienen mehrere Turbulenzen die habsburgischen Terraingewinne infrage zu stellen: der Lange Türkenkrieg (1593–1606), der Bocskay-Aufstand sowie der „Bruderzwist" im Hause Habsburg. Damit bewegen wir uns endlich wieder in den Jahren um und nach 1600.

Energische habsburgische Gegenreformation

1.5.2 Der „Bruderzwist" im Hause Habsburg

Es hat die energische habsburgische Gegenreformation zunächst begünstigt, dass gerade keine gezielten osmanischen Expansionsversuche abzuwehren waren – also ‚lediglich' die notorischen kleineren

Die Probleme: Langer Türkenkrieg, Aufstand in Ungarn

Grenzscharmützel. Aber seit 1593 band die Türkenfront wieder erhebliche Mittel. In ihrem Rekatholisierungseifer verprellte die rudolfinische Regierung die von Truppendurchmärschen, türkischer Streifzüge wegen, aber auch finanziell ohnehin schon schwer belasteten Untertanen im Königlichen Ungarn, die sich schließlich von Habsburg abwandten, in einem lockeren Vasallenverhältnis zur Pforte das kleinere Übel sahen: Bocskay-Aufstand (1604–1606), es droht eine Sezessionsbewegung weg von Habsburg.

Das ist der Anlass für die Eskalation des „Bruderzwists" im Hause Habsburg. Die altertümlich klingende Bezeichnung geht auf den wahrscheinlich bedeutendsten österreichischen Dramatiker zurück, auf Franz Grillparzer, und sein nach einhelligem Urteil der Literaturgeschichten wichtigstes, 1848 niedergeschriebenes Drama „Ein Bruderzwist in Habsburg". Es handelt sich, auf der Bühne wie in der Realität des frühen 17. Jahrhunderts, um einen in den äußeren Abläufen verwickelten Streit zwischen Rudolf und den anderen führenden Habsburgern, so insbesondere Maximilian, Matthias und Ferdinand. Die zuletzt Genannten werden dann ja übrigens nacheinander die beiden Nachfolger Rudolfs als Kaiser sein.

Die Sorge: Rudolf sei diesen Herausforderungen nicht gewachsen

Der „Bruderzwist" erwuchs, ganz allgemein formuliert, der Furcht der anderen maßgeblichen Habsburger, Rudolf verspiele die Position der Dynastie in Europa, sei insbesondere der Türkengefahr nicht gewachsen. Man bekam ja an den anderen habsburgischen Residenzen mit, wie es um Rudolfs Gesundheit, auch seine geistige und psychische, bestellt war. Alle Einzelheiten sind für uns entbehrlich; die Eskalation der längst notorischen untergründigen Spannungen leitete der Bocskay-Aufstand ein. Rudolf sah sich genötigt, Matthias zu seinem Statthalter in Ungarn zu ernennen. Er konnte damit nicht mehr verhindern, dass ihm die Brüder im Wiener Abkommen vom April 1606 die Regierungsfähigkeit absprachen; sie erklärten Matthias zum Chef des Hauses und beauftragten ihn, Frieden sowohl mit dem Führer der ungarischen Aufständischen, István Bocskay, als auch mit den Türken zu schließen.

Friedensschlüsse von Wien und Tzvita-Torok

Beides gelang Matthias noch 1606. Der Frieden von Wien mit den ungarischen Aufständischen gewährte große ständische und konfessionelle Freiräume, was den Oppositionsgeist auch der Stände der anderen habsburgischen Länder anstacheln musste; anstelle seines von

Die böhmischen Anlässe des Dreißigjährigen Krieges 65

den Ständen abgelehnten Bruders übernahm Matthias die Leitung der Regierung in Ungarn. Der Frieden von Zvita-Torok beendete 1606 den Langen Türkenkrieg. Das ist nicht nur wegen des „Bruderzwists" wichtig: Denn der Frieden wird währen, über ein halbes Jahrhundert lang, die vordem so bedrängende Sorge vor „türkischen" Heereszügen konnte zur Memoria verblassen. Und: man stelle sich vor, die Osmanen hätten im Dreißigjährigen Krieg mitgemischt! Aber es sind auch desintegrierende Effekte plausibel (die sich den Zeitgenossen nicht erschließen konnten). Fiel da mit einer gewissen Stabilisierung der Türkengrenze nicht auch Einigungsdruck weg? Entfiel da ein Gefahrenszenario, das bislang dazu animiert hatte, sich an Reichstagen, über allen konfessionellen Hader hinweg, doch am Ende irgendwie zusammenzuraufen und dem Kaiser seine Reichssteuer zu bewilligen, weil die Notwendigkeit, sich dem expansiven Islam entgegenzustemmen, ja auch allen Protestanten einleuchtete? Ist das Fiasko des Reichstags von 1608 auch vor diesen Hintergrund zu stellen?

Was in den Augen der Brüder der dynastische Überlebenswille diktierte, addiert sich in Rudolfs Augen zu lauter dreisten Anschlägen auf seine Position. Mit dem Verlust Ungarns begann seine Hausmacht zu bröckeln, und seinem kaiserlichen Renommee konnte nicht zuträglich sein, dass der Bruder den Frieden mit den störrischen Ständen, sogar mit den Osmanen geschlossen hatte. Rudolf zog zuerst die Ratifizierung der Verträge hin, hintertrieb anschließend ihre Realisierung – die innerhabsburgischen Spannungen eskalierten erneut, schließlich marschierte Matthias mit Heeresmacht gen Prag. Wir müssen auch jetzt keine Einzelheiten des multiplen Intrigenspiels kennenlernen, nur das Resultat: Rudolf hatte 1609 neben der Kaiserwürde lediglich noch Böhmen inne. Den Löwenanteil der Habsburgerlande regierte nun Matthias. Übrigens wird auch Böhmen noch an ihn fallen, in den letzten Monaten vor seinem Tod im Januar 1612 ist Rudolf ‚nur' noch Kaiser, also gewähltes Reichsoberhaupt, ohne über habsburgischen Erbbesitz zu regieren.

Der Aufstieg des Matthias; Rudolfs Hausmacht bröckelt

Matthias, der Gewinner des „Bruderzwists"? So kann man es sehen, vor allem aber stärkte diese innerdynastische Rivalität die Landstände. Im „Bruderzwist" waren alle Seiten auf ihre Unterstützung angewiesen, sie konnten ihre Bedingungen stellen. Es kam zu einer kurzlebigen Renaissance sowohl des Protestantismus als auch ständischer

Eigentlicher Gewinner des „Bruderzwists" scheinen die Stände zu sein

Freiheiten. Alle Fortschritte des Katholizismus wie der Zentralgewalt schienen wieder zunichtegemacht.

So auch in Böhmen. Die dortigen Stände trotzten Rudolf (der ja ihre Hilfe gegen Matthias benötigte) 1609 den „Majestätsbrief" ab – es war ein ultimativ überreichter ständischer Gesetzesentwurf, der große konfessionelle Spielräume vorsah. Er sprach allen Bewohnern Böhmens die freie Auswahl zwischen dem katholischen Bekenntnis und der Confessio Bohemica zu. Adel und königliche Städte dürften, so der Majestätsbrief, evangelische Gottesdienste veranstalten, dürften Kirchen bauen und Schulen einrichten, Geistliche und Lehrer ernennen; Ansätze zu einer überlokalen, ja sogar überregionalen evangelischen Kirchenorganisation wurden dadurch abgesichert, dass der Majestätsbrief ein Konsistorium (eine oberste geistliche Aufsichtsbehörde) zugestand. Mit dem Schutz der ständischen Rechte, insbesondere natürlich des Majestätsbriefs selbst, wurde eigens ein Ständegremium beauftragt, sozusagen eine oberste Beschwerdestelle – die sogenannten „Defensoren" (lat. defensor = Verteidiger, Beschützer). Mit dem Majestätsbrief hatte die böhmische Krone das Kirchenregiment weitgehend aus der Hand gegeben.

Es sind Streitigkeiten über die rechte Auslegung des Majestätsbriefs, die in Böhmen in den letzten Vorkriegsjahren die Atmosphäre vergiften, und auch den „Defensoren" werden wir bei den Ereignissen, die zum „Fenstersturz" hinführen, wieder begegnen.

1.5.3 Streit um den Majestätsbrief

Die vom Majestätsbrief geweckten ständischen und konfessionellen Hoffnungen schlugen in den Jahren vor dem Prager Fenstersturz im Mai 1618 in wachsende Frustration um. Bei Rudolfs Tod im Januar 1612 fühlten sich die böhmischen Stände stark. Sie wollten ihren neuen König, Matthias, sogar zur Unterzeichnung eines Reverses zwingen, der ihnen das Recht zusprach, jederzeit zur Verteidigung der von Rudolf verbrieften konfessionellen wie libertären Standards Truppen aufzustellen, ferner ein Bündnis mit den ungarischen und österreichischen Ständen einzugehen. (Ein Versprechen, ständische Privilegien zu achten, nannte man in der Vormoderne „Revers".) Matthias wollte einerseits nicht sogleich auf Konfrontationskurs gehen, dachte anderseits gar nicht daran, seine Unterschrift unter den Revers zu setzen, und verzichtete deshalb sogar zunächst auf die Erhebung von Steuern – denn dafür hätte es eines Landtags bedurft, und dort wäre Matthias absehbar mit besagtem Dokument konfrontiert worden, mit der Forderung nach Defension und Konföderation.

Die weiterhin instabile Lage auf dem Balkan zwang Matthias schließlich 1614 doch zur Einberufung eines Generallandtags der von ihm regierten Länder in Linz. Heraus kam für ihn nichts, all die ansonsten divergierenden ständischen Kräfte einte die Opposition zum Haus Habsburg. Dem war nicht mehr so, als Matthias im Juni 1615 erneut zum Generallandtag, nun in Prag, lud. Die Exponenten des böhmischen Ständetums hofften auf eine Demonstration ständischer Stärke, oppositioneller Eintracht – und erlebten ihr Debakel. Aus Ungarn kam erst gar niemand, weil die ungarischen Magnaten darüber enttäuscht waren, dass die anderen Länder zögerten, sich an den hohen Kosten für die Stabilisierung der Türkengrenze zu beteiligen. Die Österreicher kamen, lehnten auch ein Bündnis mit den Böhmischen nicht geradewegs ab, wohl deren Führungsanspruch. Schlimmer noch war, dass sogar Mährer, Schlesier und Lausitzer opponierten – nicht gegen Habsburg, sondern ebenfalls gegen die böhmischen Standesgenossen. Die rissen alles an sich, wollten Nebenländer wie Mähren überspielen, wollten, wie der mährische Ständeführer Karl von Zierotin monierte, „selbst der Kopf sein und wir sollen der Schwanz bleiben". Karl von Zierotin war aber auch für einen anderen Kurs den Habsburgern gegenüber, plädierte für mehr Vorsicht, weniger Konfliktbereitschaft. Habsburg konnte es recht sein.

Anders, natürlich, den Konfliktbereiten unter den Ständevertretern, die es nicht ausschließlich in Böhmen, aber doch vor allem dort gab. Sie verzweifelten an ihren ständischen Mitstreitern, versuchten auf eigene Faust, Fäden mit dem europäischen Ausland, zum Beispiel mit den Heidelbergern, anzuknüpfen, und steigerten sich in eine Stimmung hinein zwischen Verzweiflung und Wut, was die Bereitschaft befördern konnte, eben – eine Verzweiflungstat zu begehen, da man ja doch nichts mehr zu verlieren habe. Das wird für die Ereignisse des Jahres 1618 noch wichtig werden.

Wiewohl nur noch zehn bis 15 Prozent der Einwohner Böhmens katholisch waren, sah sich Habsburg nach dem ständischen Debakel

Generallandtag 1615: unerwartete ständische Schwächen

Habsburg setzt nach

von 1615 zum Nachsetzen ermuntert. Scharfmacher war gar nicht so sehr Matthias selbst, auch nicht sein wichtigster Berater in Wien, Melchior Khlesl. Es gab vor Ort, in Prag, einige forsche, forciert katholische Mitglieder des Statthalterrats, dort wurden Strategie und Taktik der erneuten Gegenreformation Böhmens ausgetüftelt. Aber Gegner des katholischen Rollback in Böhmen war Matthias keinesfalls. Prag und Wien gingen die Rekatholisierung Böhmens systematisch an und mit langem Atem, auch auf vielen Wegen – die beiden wohl wichtigsten waren konsequent katholische Ämterbesetzungen und die immer restriktivere Auslegung einmal eingeräumter Konzessionen. Die Gegenreformatoren im Hradschin und in der Hofburg saßen, salopp gesagt, am längeren Hebel – arbeiteten nämlich kontinuierlich am ihnen vor Augen stehenden Ziel eines zentral gelenkten katholischen Staatswesens, während sich die (zudem zerstrittenen) Stände ja nur sporadisch trafen.

Wir wissen schon vom Interpretationskrieg um den Augsburger Religionsfrieden in den Kerngebieten des Reiches. Auch der böhmische Majestätsbrief bot einen Ansatzpunkt für gegenreformatorische Auslegungskünste. Klar formuliert war die Wahlfreiheit zwischen katholischem Bekenntnis und Confessio Bohemica, aber um seinen Glauben auch auszuüben (jedenfalls in den Formen der damaligen Zeit), brauchte man Kirchen. Der Majestätsbrief konzedierte den utraquistischen Ständen, dass sie, so sie neue Kirchen für angebracht hielten, solche errichten lassen dürften. Auch auf königlichem Grund, also auf Boden, der privatrechtlich der Krone gehörte? Der Majestätsbrief nimmt ihn nicht aus, ja, im Vergleich zwischen den evangelischen und den katholischen Ständen Böhmens vom selben Tag heißt es: Wenn die Utraquisten „in einem Ort oder einer Stadt, ja selbst auf den Gütern sowohl des Königs wie der Königin" keine Kirche besäßen, dürften sie eine solche „nach dem Wortlaute des Majestätsbriefes" erbauen lassen.

Eine gegenreformatorisch nutzbare Lücke im Majestätsbrief

Wie aber verhielt es sich mit Ländereien der Prälaten (also der führenden Geistlichkeit)? Für die böhmischen Protestanten gab es solche geistlichen Güter gar nicht, sie subsumierten diese Gebiete dem Königsgut – die Krone habe eben Teile dieses Königsguts vorübergehend klerikaler Verwaltung überlassen. Die Katholiken sahen das anders, und wenn man ihre Sicht übernimmt, tut sich im Majestätsbrief eine Lücke auf. Er bestimmt nicht das Verhältnis zwischen dem hehren Prinzip der Glaubensfreiheit und ganz normalen Besitzrechten (in diesem Fall: der Prälaten über ihre Vermögensmasse). Auf Letztere nämlich geht der Majestätsbrief gar nicht ein, aber die Prälaten reklamierten sie für sich.

Darum also drehte sich der Streit allgemein, konkret waren vor allem zwei Kirchenbauten in Nordböhmen umstritten. In Braunau (heute Broumov) hatten Lutheraner eine Kirche auf Landbesitz des dortigen Benediktinerklosters errichtet; der Abt erklärte, der ihm missliebige Bau auf seinem Grund und Boden sei zu verschließen. Die Prager Statthalterregierung wies die Braunauer schließlich an, den Kirchenschlüssel im Kloster abzugeben, und ließ einige Lutheraner, die sich deswegen in Wien bei Matthias beschwert hatten, kurzerhand arrestieren. In Klostergrab (heute Hrob) ließ der Prager Erzbischof die evangelische Kirche einfach abreißen, weil sie auf seinem Grund und Boden stehe; war die Berechtigung dieser drastischen Maßnahme noch Auslegungssache, verstieß sein Verbot, weiterhin evangelische Gottesdienste zu veranstalten, eindeutig gegen den Majestätsbrief. Allerlei kleinliche Schikanen im ganzen Land kamen hinzu – die Regierung zog, sichtlich ermuntert durch das Debakel des Generallandtags von 1615, die Daumenschrauben an.

Die landständische Opposition war zornig, aber sie war auch eingeschüchtert. Im Juni 1617 gelang es der Regierung, die Nachfolge vorzeitig abzusichern, den konfessionspolitisch bekanntermaßen unnachgiebigen Ferdinand als künftigen böhmischen König zu installieren. Er wurde vom Landtag nicht etwa gewählt, sondern „angenommen": Die Regierung ließ sich ihren Erbrechtsanspruch von den Ständevertretern einzeln, durch namentlichen Aufruf Mann für Mann, bestätigen. Es war eine demütigende Machtdemonstration. Sie hatte eine bemerkenswerte Vorgeschichte – schon im Vorfeld des Landtags und dann wieder am Tag der Eröffnung wurde den Ständischen auf der Böhmischen Kanzlei klargemacht: Wenn sie etwa an Ferdinands Erbrecht zweifelten, „dann wäre es für sie besser, sie hätten zwei Köpfe" (zit. nach Bernd Rill). Die Böhmischen ließen ihren Mut sinken, bevor noch Köpfe zu Boden fielen.

Ferdinand wird als künftiger König „angenommen"

Der künftige Böhmenkönig würde also Ferdinand heißen. Jeder überzeugte Protestant konnte sich ausrechnen, dass unter ihm alles

Welcher Ruf Ferdinand vorauseilt

nur noch schlimmer würde. Weil uns dieser Ferdinand als Kaiser des Dreißigjährigen Krieges noch häufig begegnen wird, lohnt eine kurze Charakterisierung. Er war geistig eher schwerfällig, aber sehr gewissenhaft und sehr, sehr fromm. Stunden verbrachte er täglich in Andacht und Gebet, der Einfluss seiner – durchgehend jesuitischen – Beichtväter war groß; auch auf die Politik: Ferdinand versicherte sich vor wichtigen Entscheidungen grundsätzlich des Standpunkts der Theologen, ging zusammen mit dem momentanen Beichtvater auf Gewissenserforschung. Die politischen Ratgeber hatten die Zweckmäßigkeit einer Maßnahme zu beurteilen, die geistlichen Berater die Übereinstimmung mit Naturrecht und göttlichem Gebot. War eine Entscheidung dann einmal – selten schnell – gefällt, zog Ferdinand das als richtig Erkannte mit der Unerschütterlichkeit dessen durch, der sich in einer unruhigen Zeit mit sich selbst und seinem Herrgott im Reinen weiß. Sein Amt war ihm göttlicher Auftrag, er war vom Himmel nicht an die Spitze seiner Herde gestellt worden, um dort gotteslästerliche Ketzerei zu dulden. Schon als Jugendlicher hatte er sich durch verschiedene Gelübde auf unerbittlichen Glaubenskampf verpflichtet, so soll er auf einer Pilgerfahrt zu Unserer Lieben Frau von Loreto geschworen haben, lieber über eine Wüste als über Ketzer zu herrschen.

In den letzten Jahren des 16. Jahrhunderts hatte der junge Ferdinand als Erzherzog in Innerösterreich schon erkennen lassen, was vom Böhmenkönig oder Kaiser ganz gewiss nicht zu erwarten sein würde: Duldsamkeit, Ausgleich, die Suche nach Kompromissen. Die innerösterreichische Gegenreformation war von allen habsburgischen die erfolgreichste, aber auch die rücksichtsloseste: zahllose ‚freiwillige' Bekehrungen (nicht selten unter Todesangst), über zweieinhalbtausend Exilanten, darunter ein Gutteil der intellektuellen und künstlerischen Elite des Landes. Es fielen evangelische Kirchen, brannten „ketzerische" Bücher.

Gottgefällige Regierung war für Ferdinand monarchische Regierung. Ob die pointiert monarchische Herrschaftsauffassung Ferdinands auch seine Reichspolitik als Kaiser beeinflusst hat, müssen wir noch an anderer Stelle fragen (viel spricht dafür); ganz sicher prägte sie seine Politik als Landesherr. Er sei kein „princeps modificatus", erklärte er einmal den steirischen Landständen, sondern ein „princeps absolutus":

eine Formel des aufkommenden Absolutismus. Wenn Ferdinand konfessionspolitische Widerstände brach, brach er damit bewusst und gezielt auch politische Widerstände überhaupt: Entmachtung der Landstände, ihrer Institutionen zugunsten der landesherrlichen Bürokratie. Eigeninteresse, Staatsräson, gegenreformatorischer Eifer verschmolzen hier zur – zeitüblichen – Melange.

Die Böhmischen – um nun zu ihnen zurückzukehren – wussten also, was ihnen blühte. Wir haben hier seit 1617 eine zeitübliche, aber in dieser scharfen Ausprägung geradezu prototypische Konstellation: Protestantismus plus ständische Libertät versus nachtridentinischer, jesuitisch geprägter Kampfkatholizismus plus frühabsolutistischer Zentralismus.

Umso schlimmer, dass die böhmischen Honoratioren Ferdinand selbst akzeptiert hatten! Man würde gern als Psychologe analysieren (doch wird der Historiker da immer vorsichtig sein): untergründige Wut, Hass auf sich selbst (was hat man mit sich machen lassen!), aber mehr noch auf die, die einen zu dieser Selbstdemontage gezwungen haben. Und bei manchen eine Verzweiflung, die zum Äußersten trieb: Musste man nicht den definitiven Bruch mit Habsburg provozieren, einen heldenhaften, der Ehrenrettung dienlichen Befreiungsschlag, ein Über-den-Rubicon, auf dass es kein Zurück mehr geben könne und nie mehr eine Demütigung wie bei der Annahme Ferdinands? Solche Gedanken waren maßgeblich für den Prager Fenstersturz.

> Frustrierte Ständeaktivisten: Verzweiflung, die zum Äußersten treibt?

2 Ereignisabfolge 1: der große deutsche Konfessionskrieg (1618–1630)

2.1 Auftakt zum Böhmisch-Pfälzischen Krieg: der „Fenstersturz"

2.1.1 Der Udenheimer Mauersturz, oder: Was zeitgenössische Akteure und was Historiker für wichtig halten

Im Sommer 1618 nahmen Deutschlands Protestanten nichts welthistorisch Bedeutsames im Osten wahr. Nein, man schaute sorgenvoll an den Rhein. Dort hatten gerade einige Aktivisten unter den Unionsfürsten auf eigene Faust (denn die Vorsichtigen im heterogenen Bündnis hätten ja nie zugestimmt!) militärisch eine spektakuläre Abrissaktion gedeckt. Es ging um Fortifikationsmaßnahmen des Speyerer Fürstbischofs Philipp Christoph, in einem Städtlein namens Udenheim. Dass er erste misstrauische Anfragen mit der Auskunft beschied, er wolle „seine darumb gelegene vischwasser zur etwas mehrerm nutzen bringen", empfand man an den Unionshöfen als Provokation, dort hatte man keine Karpfenweiher, sondern „blutdurstige Practicken" der „Jesuwider" im Blick, schließlich gehörte das Hochstift zum Gegenbündnis, zur katholischen Liga. Da konnte man nicht einfach naiv zuschauen – vielmehr wurden die frisch gemauerten Anlagen im Juni 1618 in einen Schutthaufen verwandelt.

Würden größere militärische Verwicklungen daraus erwachsen? Bis in den Herbst des Jahres hinein schenken Unionsakten der Udenheimer Abrissaktion viel mehr Aufmerksamkeit als Nachrichten aus dem fernen Böhmen, wo einige enervierte Ständeaktivisten Mitglieder der habsburgischen Statthalterregierung aus dem Fenster geworfen hatten. Nicht dort, sondern in Udenheim hatte sich Hochbedeutsames ereignet – meinte man: Zeitgenossen können eben selten das historische Gewicht dessen, was sie miterleben, triftig taxieren. Wir

Die bangen Blicke der Zeitgenossen gehen zum Rhein

wissen nicht, ob die Finanzkrisen der letzten Jahre einmal als Anfang vom Ende des kapitalistischen Wirtschaftssystems firmieren werden (ahnte man 1989 etwas vom Zusammenbruch des Ostblocks?) oder als wirtschaftsgeschichtliche Fußnote. Angeblich stand die Welt am 31. Dezember 1999 wegen gewisser Datierungsprobleme älterer, aber in wichtigen Funktionen arbeitender Computer am Vorabend einer Katastrophe – das zwanzig Jahre später auch nur noch als Fußnote zu notieren, ist uns peinlich, das verdrängen wir lieber. Also, es hat Monate gedauert, bis Deutschlands Protestanten die Bedeutung des Prager Fenstersturzes zu erahnen begannen. Nicht der Prager Fenstersturz, der Udenheimer Mauersturz schien Kriegsgefahr heraufzubeschwören.

Auch von der zeitgenössischen Wahrnehmung her stimmt also, was weiter oben konstatiert wurde: dass nicht nur folgerichtig anmuten kann, wenn da der Anstoß zum Dreißigjährigen Krieg aus dem traditionell konfessionell zerklüfteten, traditionell aufmüpfigen Böhmen kam – sondern mit dem gleichen Recht ganz beliebig, gleichsam zufällig. Denn um ein Haar wäre ja ein großer Krieg schon 1610 ausgebrochen, und auch 1618 schauten die Zeitgenossen eigentlich bangen Herzens ganz woandershin, wieder einmal an den Rhein.

2.1.2 Der Prager Fenstersturz

Zwei Protestantenversammlungen

Wir Heutigen wissen, dass ungleich folgenreicher war, was sich in Prag tat. Im März 1618 tagte dort eine Protestantenversammlung, die die „Defensoren" einberufen hatten und die dem Majestätsbrief zufolge auch rechtens war. Die Stimmung war schlecht – nicht nur wegen der sich verschärfenden Gegenreformation, auch, weil sich die, die da beisammensaßen, eingestehen mussten, dass sie immer weiter an Boden verloren. Die Versammlung war mager besucht, vor allem viele Städte (neben den Adeligen des Herren- und Ritterstandes besaßen sie die Landstandschaft) hatten nicht abgeordnet, nicht einmal die größte, Prag. Man stellte wieder einmal seine Beschwerden zusammen, übermittelte diese nach Wien, vertagte sich dann um einige Wochen in der Hoffnung auf besseren Besuch. Sofort stieß Habsburg, der zunehmenden Schwäche der Opposition gewahr, nach: Aus Wien kam, anstatt inhaltlicher Zugeständnisse, die Warnung vor jeder weiteren derartigen Versammlung, die die Hofburg als Aufruhr erachte.

Man traf sich im Mai trotzdem erneut, und wieder kam aus Wien das Verdikt, die Zusammenkunft sei illegal; Gerüchte, wonach Anschläge auf die Freiheit und womöglich das Leben der Versammelten geplant seien, ließen die Erregung vollends auf den Siedepunkt steigen. Die rund hundert Delegierten machten sich am 23. Mai auf zum Hradschin, wo die kaiserlichen Räte amtierten. Man wollte ihnen eine Protestschrift vorlesen, sie zur Rede stellen, die allermeisten wussten nicht, dass einige Heißsporne, ein Dutzend Adelige unter Führung des Grafen Heinrich Matthias von Thurn, viel Einschneidenderes vorhatten, nicht weniger als Mord. Sie nützten die Situation dafür aus, um jenen definitiven Bruch mit Habsburg zu provozieren, den sie à la longue für sowieso unvermeidlich hielten, griffen dabei auf eine Form der Volksjustiz zurück, die während der Hussitenkriege schon einmal praktiziert worden war: die „Defenstrierung" – sie stürzten die beiden Exponenten schroffer Gegenreformation im Statthalterrat, die kaiserlichen Räte Martinic und Slavata, mitsamt ihrem Sekretär aus dem Fenster.

Diese überlebten – tatsächlich wohl, weil sich ihre Mäntel im Wind aufblähten und weil sie nach 17 Metern auf allerlei Unkraut und wohl auch Unrat, vielleicht auf einem Misthaufen landeten. Unter Kugelhagel flohen sie ins Haus des Kanzlers Lobkowitz, dessen Frau sich – fast möchte man sagen: mannhaft – der erregten Meute entgegenstellte, sodass diese schließlich unverrichteter Dinge abzog und die Defenstrierten am Leben blieben. Sie selbst führten ihre weiche Landung übrigens nicht auf einen Misthaufen zurück, sondern auf ihren einzig wahren Glauben, den Beistand von Maria höchstselbst und mehrerer Schutzengel – wie ein großes, übermannshohes Votivbild zeigt, das Wilhelm von Slavata nach seinem Fall gestiftet hat (Abb 3):

Maria als Verkörperung der Liebe („Charitas") füllt die Bildmitte aus, drei Schutzengel geleiten die Fallenden sanft zu Boden, diese selbst tragen Kerzen in ihren Händen, Zeichen ihres, des wahren, katholischen Glaubens – im Konfessionellen Zeitalter waren eben auch Bilder Medien konfessioneller Propaganda. Bei der Frau in den Wolken könnte es sich um Polyxena von Lobkowitz handeln, deren

„Von Hohenfall"

Abb 3 Votivbild zur Erinnerung an die „wunderbare Errettung" der böhmischen Statthalter Wilhelm Slavata von Chlum und Kosumberg und Jaroslav Borita von Martinitz sowie des Sekretärs Philipp Fabricius beim Prager Fenstersturz am 23. Mai 1618.

Tapferkeit der verletzte Martinic wohl sein Leben verdankte. Im Hintergrund sehen wir die Silhouette der Prager Altstadt, links den Fenstersturz. Sekretär Fabricius wurde nach seinem Fall nobilitiert (also in den Adelsstand erhoben), und zwar hieß er fortan „von Hohenfall".

Die „Defenstrierung" war eine Verzweiflungstat, die die wankende Ständemehrheit auf Konfrontationskurs zwingen sollte. Ein Mordanschlag auf Mitglieder der kaiserlichen Regierung – damit war das Tischtuch zerschnitten. Bereits am Tag nach dem Fenstersturz konstituierte sich die Prager Protestantenversammlung als böhmischer Landtag, wählte sie eine neue böhmische Regierung aus dreißig Direktoren, beschloss sie die Aufstellung einer eigenen Armee.

Ständische Regierung

Für Habsburg ging es nun um sehr viel, nicht zuletzt wohl ums Kaisertum: Alle Reichsoberhäupter des 16. wie 17. Jahrhunderts waren zuvor schon Könige von Ungarn und Böhmen gewesen, diese beiden Königskronen galten gleichsam als Vorstufen zur Kaiserkrone. Kurfürstliche Wahlgutachten stellten ja (es wurde schon erwähnt), die allfälligen Kandidaten evaluierend, immer den folgenden Gesichtspunkt in den Vordergrund, übrigens weit vor vermutbaren persönlichen Qualitäten: Das Reichsoberhaupt musste über ausreichende Ressourcen verfügen, also viel „land und leut" regieren; und „land und leut" lagen am besten an der brisanten Grenze zum Osmanischen Reich. Stammte der Kaiser aus dem Osten, setzte er zuverlässig und schon aus Eigeninteresse seine territorialen Ressourcen für den Schutz des „christlichen Abendlandes" ein. Zugleich tat er alles dafür, dass auch das Reich (jedenfalls finanzielle) Opfer für die Verteidigung der „Türkengrenze" erbrachte, und er agierte hierbei aussichtsreicher als ‚irgendein' Reichsstand ohne Kaiserkrone, denn: Konnte man das gewählte Oberhaupt des Reiches einfach so im Stich lassen? Außerdem hing an Böhmen auch eine der sieben Wahlstimmen, würde sie evangelisch, hätten die Protestanten bei der Kaiserwahl die Mehrheit. Ein Nachgeben kam für Habsburg schon deshalb überhaupt nicht infrage. Jener radikale Flügel der Ständeopposition, der die Defenstrierung eingefädelt hatte, hat das zweifelsohne eingerechnet und genau so gewollt. Man hielt den Konflikt sowieso für unvermeidlich, nun hatte man selbst den Zeitpunkt gewählt, die Initiative ergriffen und hoffte, die Zögernden angesichts vollendeter Tatsachen mitzureißen.

Warum Habsburg dagegenhalten muss

Vergleichende Blicke ins Reich drängen sich geradezu auf: auch hier ja ein Nebeneinander von Vorsichtigen und „Aktionspartei"; Letztere von der unausweichlichen Totalkonfrontation überzeugt, die der Gegner in Madrid und Rom längst eingefädelt habe, sodass ein protestantischer Befreiungsschlag unausweichlich sei. Und zwischen

Der Konflikt zieht sogleich weitere Kreise

den Aktivisten in Prag, denen in Heidelberg und Amberg (wo der pfälzische Statthalter für die Oberpfalz, Christian von Anhalt, residierte) gab es rege persönliche Kontakte. Ferdinand seinerseits suchte sogleich den Schulterschluss mit Spanien.

Wir können zurückblicken: Eine tatkräftige Minderheit hatte eine – von der Ständemehrheit gar nicht geplante – Rebellion angezettelt. Noch waren die Instabilitäten regional, ein böhmisches Ereignis, kein europäisches. Das Reich war unmittelbar gar nicht involviert. Doch war die Gefahr nicht von der Hand zu weisen, dass die Dinge eskalierten – weil energische Kräfte auf beiden Seiten die Totalkonfrontation suchten, dafür im Reich und in ganz Europa nach Verbündeten Ausschau hielten.

2.2 Warum weitet sich eine regionale Krise zum mitteleuropäischen Krieg aus?

2.2.1 Sommer 1618 bis Frühjahr 1619: Beide Seiten müssen ihren Kurs finden

Habsburg: ein „Hausstreich"

Wie standen die Dinge nach dem Fenstersturz in Wien? Matthias wurde von den Prager Ereignissen völlig überrascht und war überhaupt nicht kampfbereit. Was tun? Die Graue Eminenz an der Hofburg, Melchior Khlesl, plädierte für Verhandlungsversuche. Der designierte Nachfolger in Böhmen, Ferdinand, setzte hingegen von Anfang an auf eine militärische ‚Lösung'. Um jene zu beschleunigen, ließ er Khlesl im Juli 1618 mit tätiger Mithilfe des spanischen Gesandten in Wien, Oñate, kurzerhand verhaften und nach Tirol deportieren. Es war im Grunde auch eine Entmachtung des alten, verbrauchten Kaisers Matthias, ein Staatsstreich (eigentlich „Hausstreich"), und jener Matthias, der einst, im Zuge des „Bruderzwists", sukzessive Rudolf demontiert hatte, musste dem bösen Treiben resigniert zusehen. Wenige Monate danach ist er gestorben. Matthias war gewiss kein Kompromissler, aber nun übernahmen Männer das Ruder, die das gegenreformatorisch-zentralistische Programm mit ganz anderer Entschiedenheit durchzuziehen gedachten.

Zur Gegenseite! War man in Wien überrascht und gänzlich unvorbereitet, waren die Rädelsführer in Prag nach ihrem Coup unentschlossen.

Einigermaßen gezielt ging man gegen den Katholizismus in Böhmen vor – es gab dort ja katholische Adelige, nicht nur die Herren Martinic und Slavata, auch einige Städte, wie Budweis, Krummau, Pilsen waren katholisch und damit lästige Widerstandsnester. Am 9. Juni warfen die Direktoren die Jesuiten aus dem Land, noch im Hochsommer wurde Krummau angegriffen und unterworfen.

Aber was wuchs da im positiven Sinne heran, nachdem man sich mit dem Landesherrn und der katholischen Minderheit im eigenen Land überworfen hatte? Zunächst nicht viel; man improvisierte, oder, eine Stilebene darunter, aber treffend: wurschtelte sich so durch. Es ist nur ein Symptom von vielen für die allgemeine Verwirrung, dass man sich nicht einmal auf einen Oberbefehlshaber einigen konnte, obwohl ja klar war, dass man auf eine militärische Auseinandersetzung mit Habsburg zusteuerte. Zunächst stellte sich der Anführer der Aktivisten vor 1618 und beim Fenstersturz, Graf Heinrich Matthias von Thurn, an die Spitze des Ständeheers. Doch setzten die Mitdirektoren offenbar kein großes Vertrauen in Thurns Fähigkeiten, denn sie verhandelten ihrerseits mit Friedrich von Hohenlohe wegen des Generalats. Jeder erwartete vom anderen, dass er sich unterordnete, am Schluss blieb nichts anderes übrig, als den Oberbefehl im Zweimonats-Rhythmus wechseln zu lassen: wahrlich keine Effektivität und Kontinuität gewährleistende Konstruktion!

Es operierte übrigens alsbald noch ein dritter Feldherr für die Böhmischen, sodass nun vollends keine einheitliche Linie mehr herzustellen war: Ernst von Mansfeld, der ein kleineres, zweitausend Mann starkes Infanterieregiment befehligte, das offiziell Friedrich von der Pfalz nach Böhmen entsandt hatte, tatsächlich freilich zur Hälfte vom – katholischen – savoyischen Herzog Karl Emanuel finanziert wurde, der sich (wenig realistische) Hoffnungen auf die böhmische und die Kaiserkrone machte. Die savoyischen Winkelzüge sind so bizarr und, ja – eben verwinkelt, dass wir uns hierin nicht vertiefen müssen. Wir merken auch so, welche Weiterungen sich da schon früh abzeichneten! Savoyen liegt bekanntlich nicht in Ostmitteleuropa. Friedrich von der Pfalz, der den Böhmischen Truppen überstellte, war kein Böhme, sondern Kurfürst des Reiches und Direktor der evangelischen Union. Auch Ernst von Mansfeld war kein Böhme, entstammte als illegitimer Spross der gleichnamigen deutschen Adelsfamilie. Er war

Die Stände: wenig konsequente Zurüstungen

übrigens Abenteurer aus Passion, doch mit gutem Organisationstalent, und machte aus dieser Kombination das damals Beste: Kriegführen. Er sah das als seinen Beruf an, war Söldnerführer – von dem Schlag werden wir noch manche in den nächsten Kapiteln kennenlernen.

Die Stände: Verhandlungen mit Friedrich von der Pfalz

Im Lauf des Herbstes setzte sich in Prag allmählich auch unter den Gemäßigteren die Einsicht durch, dass nach dem Fenstersturz auf ein konstruktives Zusammenwirken mit Habsburg nicht mehr zu hoffen war. Ein fürstenfreies Staatswesen freilich vermochten sie sich nicht vorzustellen, nur eines unter einer anderen Dynastie (und natürlich mit mehr ständischer Libertät als unter Ferdinand). Freilich, auf welche Dynastie sollte man bauen? Wir wissen schon, dass der Herzog von Savoyen gern zugegriffen hätte. Der siebenbürgische Fürst Gabriel Bethlen stand zur Diskussion, chancenreicher Kurfürst Johann Georg von Sachsen – der es wohl geworden wäre, so er gewollt hätte. „Des Kaisers treugehorsamer Churfürst" wollte, natürlich, nicht. So lief schließlich alles auf Friedrich V. von der Pfalz zu. Was sprach aus böhmischer Sicht für ihn? Man unterhielt schon lang rege Kontakte mit den Pfälzern, insbesondere mit dem pfälzischen Statthalter in Amberg, Christian von Anhalt; und Friedrich war Schwager des englischen Königs Jakob, man würde also mit ihm als Galionsfigur leicht internationale Hilfe für die böhmische Sache einstreichen können (so dachte man jedenfalls – eine verhängnisvolle Fehleinschätzung!). Seit November 1618 weilte ein Heidelberger Emissär, Achatius von Dohna, zwecks konspirativer Verhandlungen in Prag – man fädelte ein pfälzisches Königtum zunächst geheim ein, an den offiziellen Gremien vorbei, weil dort auch Ausgleichsbefürworter und Anhänger des Dresdner Kurfürsten saßen.

Im April 1619 besetzte ein Ständeheer unter Thurn Mähren (das sich abseits gehalten hatte, weil Karl von Zierotin davon überzeugt war, dass sich die Böhmischen ins Verderben stürzten), um sich dann nach Süden zu wenden. Thurns Truppen kamen rasch voran, näherten sich Wien. Warum übrigens diese imposanten Anfangserfolge fast aus dem Stand? Weil die österreichischen Habsburger schlechterdings über keine Truppen verfügten! Wir wissen schon, dass das Heerwesen ständisch war, *gegen* die Stände ließen sich diese Aufgebote nicht wenden. Die österreichischen Stände ob wie unter der Enns aber, zum Gutteil protestantisch wie die böhmischen, sympathisierten eher mit ihren Glaubens- und Standesgenossen im anderen Landesteil als mit der wenig geliebten habsburgischen Herrschaft.

Ferdinand musste sich vorerst mit Leihtruppen behelfen, die die Madrider Verwandten aus den habsburgischen Niederlanden (ungefähr das heutige Belgien) herüberschickten. Die mussten erst einmal den langen Anmarsch bewältigen und sich dann im Land zurechtfinden. Im Mai standen die Böhmischen vor den Mauern Wiens, Anfang Juni in den Vorstädten der habsburgischen Kapitale – doch zwangen schlechte Nachrichten von der Heimatfront zur Rückkehr nach Böhmen. Dort hatte nämlich der kaiserliche Oberbefehlshaber, Graf Karl Bonaventura von Buquoy, proständische Truppen unter Ernst von Mansfeld geschlagen. Spanische Truppen und päpstliche Gelder begannen zugunsten der Kaiserlichen zu wirken. Auch das waren beunruhigende Indizien für eine Ausweitung der böhmischen Affäre.

Habsburg: erste spanische Hilfen

2.2.2 Sommer 1619 – Weichenstellungen hin zum großen Krieg

Die Weichen, die aus einer regionalen Krise einen großen Krieg gemacht haben, sind alle im Sommer 1619 gestellt worden. Bis in diesen Sommer hinein haben wir nichts als eine zeitübliche – wenn auch aus verschiedenen, schon gestreiften Gründen besorgniserregende – regionale Querele vor uns. Drei Weichenstellungen ließen sie indes zum europäischen Krieg eskalieren.

So mündete, erstens, ein Generallandtag der böhmischen Länder in Prag vom Juli 1619 in die Confoederatio Bohemica (deutsche Darstellungen titeln „Konföderationsakte"): Die Stände Böhmens, Mährens, Schlesiens, der Lausitzen paktierten miteinander und gaben sich in hundert Artikeln eine neue Verfassung, die libertär war und föderalistisch. Mit anderen Worten: In den einzelnen Landschaften wurde eine überragende Macht der jeweiligen Stände festgeschrieben; und diese Landschaften schlossen sich zwar zu einem Bündnis zusammen, doch unter Wahrung ihrer jeweiligen Unabhängigkeit: ein lockerer Zusammenschluss, man hat die Bündnisfälle (wann also einer dem anderen beizustehen habe) definiert und aufgelistet. Alle waren sie gleichberechtigt an der Generalversammlung, dem höchsten gesetzgebenden Organ, vertreten; Mähren, die Lausitzen, Schlesien würden also das Stigma der „Nebenländer" verlieren.

Confoederatio Bohemica

Die Macht des frei gewählten Königs – die Wenzelskrone wurde zur Wahlkrone der auf ewig konföderierten Länder erklärt – hat man auf die Exekutive eingeschränkt, er war der Generalversammlung rechenschaftspflichtig. War da eine ständische und föderative Staatsgründung im Gange, wie sie sich seit Jahrzehnten in den nördlichen Niederlanden abzeichnete, erneut auf Kosten der habsburgischen Composite Monarchy? Da die Konföderierten außerdem, in einer Art weiterem Bund neben dem engeren, mit den Ständen unter und ob der Enns paktierten, mussten die österreichischen Habsburger ihre Herrschaft insgesamt in Gefahr sehen. Damit war besiegelt, dass das Haus Habsburg mit allen Mitteln zurückschlagen würde.

Zumal sich noch ein neuer Verbündeter für die böhmischen Aufständischen gefunden hatte: Gabriel Bethlen, der Fürst von Siebenbürgen. Siebenbürgen betrieb traditionell eine Schaukelpolitik zwischen Habsburg und dem Osmanischen Reich. Sie sollte dem kleinen Fürstentum dabei helfen, eine recht weitgehende Selbstständigkeit zwischen den beiden Großreichen zu wahren. Gabriel Bethlen war ausgesprochen kriegerisch veranlagt, hatte seine Untertanen seit dem Regierungsantritt 1613 noch fast jeden Sommer irgendwohin in die Schlacht geführt; 1619 lieferte dafür die böhmische Rebellion einen willkommenen Anlass, zumal Gabriel Bethlen, es mag bei dieser Abenteurernatur überraschen, ein offenbar ausgesprochen frommer Calvinist war. Die Ungarn staunten nicht schlecht, als der „dunkelhäutige kleine Tartar" (Cicely Veronica Wedgwood) im Juli 1619 bei ihnen auftauchte, doch schlossen sie sich ihm sogleich an, sie erhoben sich gegen die habsburgische Herrschaft. Also, auch das Königliche Ungarn, jener Grenzsaum, der Österreich vom Islam trennte, war nun aufständisch. Am 20. August unterzeichneten der Böhme Thurn und Gabriel Bethlen einen Militärpakt.

Wir können resümieren: Auch außerhalb der Confoederatio Bohemica, in anderen Landesteilen der Composite Monarchy der Habsburger, gab es starke Sympathien mit den Sezessionisten. Die Konföderationsakte allein aber hätte natürlich schon hingereicht, um das Gesamthaus Habsburg dazu zu animieren, mit allen Kräften dagegenzuhalten.

Friedrich von der Pfalz wird zum böhmischen König gewählt

Konföderationsakte, Juli 1619: Das war die erste wichtige Weichenstellung. Zweitens wählte die Ständeopposition im August 1619 Friedrich von der Pfalz zum neuen böhmischen König (weil er indes nur einen Prager Winter erleben wird, werden ihn die Katholiken als „Winterkönig" verspotten, und mit diesem ursprünglich abschätzig gemeinten Namen geht Kurfürst Friedrich V. dann schließlich auch in die Geschichte ein). Matthias war im Frühjahr gestorben, das Königtum des designierten Nachfolgers, Erzherzog Ferdinand, erklärten die Sezessionisten für verwirkt. Friedrich aber war Reichsfürst; als Kurfürst ein besonders wichtiger, „Säulen des Reiches" wurden die Kurfürsten bekanntlich genannt, nannten sie sich selbst; und, wir wissen es ja schon: Friedrich war Direktor der Union von Auhausen!

Drittens wählten die Kurfürsten im selben August 1619 seinen Gegenspieler, Ferdinand, in Frankfurt zum neuen Reichsoberhaupt, übrigens einstimmig – sogar der Pfälzer gab seine Stimme dem Habsburger, weil sich momentan einfach keine Alternative abzeichnete, eine protestantische schon gar nicht. Ferdinand, der Erzfeind der böhmischen Rebellen, war nun also Oberhaupt des Heiligen Römischen Reiches deutscher Nation – wer immer es mit den böhmischen Insurgenten hielt, stellte sich gegen den Inhaber des vornehmsten Amtes der abendländischen Christenheit: ein eminenter psychologischer Nachteil für die böhmische und deutsche „Aktionspartei", und innerhalb des Reichsverbandes nicht nur ein psychologischer. Sich gegen den obersten Lehnsherrn, den Kaiser, zu stellen, konnte nämlich als Felonie ausgelegt werden, als Bruch der vasallitischen Treuepflicht, und natürlich hat auch das potenzielle Verbündete des neuen Böhmenkönigs abgeschreckt. Umgekehrt war Ferdinand fest entschlossen, mit allen Mitteln zurückzuschlagen, die ihm sein Kaiseramt eintrug oder zu erschließen half. Nach diesen drei Weichenstellungen war die Chance, die regionalen Unruhen in Böhmen zu isolieren, vertan. Seit dem August 1619 war ein zumindest mitteleuropäischer Krieg vorprogrammiert.

Sein Gegenspieler Ferdinand wird Kaiser

2.2.3 Verbündete für Kaiser Ferdinand

Der Konflikt weitete sich nun rasch aus. Noch am Wahlort beriet der neue Kaiser mit den geistlichen Kurfürsten (also einem Teil seiner Wähler) über Maßnahmen gegen die Aufständischen und ihren neuen Anführer, den Pfälzer, sowie über die Rolle der Liga dabei; auf der Heimreise in München vorbeischauend, erkaufte er sich dort zu einem hohen Preis militärische Unterstützung in Böhmen. Aber eines nach dem anderen!

Revitalisierung der Liga

Bestand die Liga nicht seit 1613, spätestens 1615 nur noch auf dem Papier? Man hatte sie kurz vor dem Wahltag revitalisiert, spät genug, aber damit stand immer noch nicht fest, dass sich diese wiederbelebte Liga in Böhmen engagieren würde. Maximilian von Bayern stellte sich demonstrativ störrisch. Dabei hat der Bayernherzog die Tragweite der böhmischen Erhebung rasch in voller Schärfe erkannt, übrigens sah er sie viel eindeutiger als die meisten modernen Forscher als konfessionell motiviert an. Aber in der Klemme saßen nun erst einmal die Habsburger. Maximilian wollte gebeten sein. Habsburger hatten ihm einst die unumschränkte Herrschaft über die Liga streitig gemacht, dafür mussten sie jetzt endlich büßen. Lang ließ er sie zappeln, lang feilschte man um den Preis. Den schließlich ausgehandelten Tarif legt der Münchner Vertrag vom 8. Oktober 1619 fest.

Münchner Vertrag: teuer erkaufte bayerische Unterstützung

Er zeigt, in welchen Nöten der Habsburger war, spiegelt die veränderten Machtverhältnisse im katholischen Lager wider. Hatte sich Maximilian einst in den Schmollwinkel zurückgezogen, weil man seine Dominanz im Bündnis durch ein drittes, habsburgisches Direktorium verwässert hatte, erhielt er nun die uneingeschränkte Führung verbrieft. Habsburg verpflichtete sich, ihm nicht in die Quere zu kommen, in ganz eindeutigen, drastischen Worten: Da ist die Rede von „plenarium Directorium Catholicae defensionis" (Maximilian habe also, auf Deutsch gesagt, „voll und ganz das Direktorium der Liga" inne), von „liberum et absolutum Catholicae defensionis Directorium" (Maximilian leite die Liga „nach Belieben und absolut"). Um die lateinischen Zitate zu erläutern: „defensio catholica" war ein damals geläufiger Ausdruck neben anderen für das, was heutige Darstellungen „Liga" nennen. Einer evangelischen „Union" die katholische „Liga" gegenüberzustellen: das ist eine Konvention der modernen Forschung. Im Gegensatz zur bayerischen Lenkungsgewalt durchaus eingeschränkt war Maximilians Hilfsverpflichtung: Sobald – und nur insoweit – die zur Aufstellung eines stattlichen Heeres (man dachte an 18.000 Fußsoldaten und 2600 Reiter) benötigten Gelder von den Mitgliedern der erneuerten Liga aufgebracht sein würden und auch nur, insoweit diese Truppen nicht zur Verteidigung von Ligagebiet benötigt wurden, würde Maximilian Ferdinand in seinen Erbländern helfen. Der Kaiser hatte alle über den Ligabeitrag und die bayerische Landesverteidigung hinausgehenden Unkosten Maximilians zu ersetzen; bis zur vollständigen Kostenerstattung sollte der Wittelsbacher territoriale Pfänder aus der habsburgischen Erbmasse erhalten. Auch etwaige bayerische Gebietsverluste waren dort, in Österreich, zu ersetzen.

Soweit der Münchner Vertrag. Damit aber immer noch nicht genug – zwei mündliche Verheißungen kamen hinzu. Erstens: sollte Maximilian im Zuge der bevorstehenden Kriegshandlungen Eroberungen innerhalb des Reichsverbandes machen, dürfe er diese behalten. Natürlich zielte dieses Versprechen vor allem auf pfälzisches Gebiet – mehr noch als auf die ferne Unterpfalz (also das Umfeld Heidelbergs) wohl auf die an Bayern grenzende Oberpfalz (also die Region um Amberg). Im Mai 1620 wurde jenes mündliche Versprechen in Schriftform gegossen.

Zweitens sagte der Kaiser dem Wittelsbacher die Kurwürde zu. Die pfälzische Kur würde auf ihn übertragen. Es gab alte Ansprüche – bei der Teilung des Hauses Wittelsbach in eine pfälzische und eine bayerische Linie durch den Hausvertrag von Pavia (1329) war eine Alternation der Kurwürde zwischen den beiden Linien vereinbart worden, doch hatte schon eine Generation später die Goldene Bulle (1356), das vor allem ‚Kurfürstenrecht' enthaltende erste Grundgesetz des Reiches, die Kur definitiv den Pfälzern zugesprochen. Die Münchner Ansprüche waren wenig tragfähig, indes über Generationen und Jahrhunderte publizistisch hochgehalten worden. Nun, da der Kaiser fast auf Gedeih und Verderb auf Münchner Hilfe angewiesen war, präsentierte man die nie vergessene offene Rechnung mit den pfälzischen Verwandten, der Kaiser hatte sie zu begleichen.

Die Kurtranslation setzte eine vorherige „Ächtung" des Pfälzers voraus – denn man musste ihm die Kur ja erst einmal wegnehmen können. Wir kennen diese Rechtsfigur, die „Ächtung", heute nicht mehr, sie galt auch damals als selten verhängte, besonders harte Strafe. Die Reichsacht schloss aus der Rechtsgemeinschaft des Reiches aus. Da der Geächtete nun also rechtlos war, konnte man sich an ihm und seinen (seitherigen) Besitzungen straflos vergreifen.

Wir merken schon jetzt, wie wichtig der Kaisertitel für Ferdinand gewesen ist: Nur das Reichsoberhaupt, also der oberste Lehnsherr, konnte ja einem Reichsfürsten unter dem Vorwand, dieser habe die vasallitische Treue verletzt, also Felonie begangen, Land wegnehmen (um es anschließend Maximilian zuzuschanzen); nur als Reichsoberhaupt konnte Ferdinand in Aussicht stellen, die Reichsacht über den Pfälzer zu verhängen und so die Kur gewissermaßen vakant zu machen. Als habsburgischer Erzherzog, als abgesetzter Böhmenkönig hätte Ferdinand dem Münchner wenig bieten können; als Kaiser konnte er bedeutend mehr auf die Waagschale legen. Und das war nötig. Dieter Albrecht, ein Landeshistoriker, der sein Forscherleben dem Bayernherzog gewidmet hat, mutmaßte: „Ob sich Maximilian aus politischer und konfessioneller Solidarität auch ohne diese Zugeständnisse zur Hilfe bereitgefunden hätte, scheint fraglich." Sicher, Maximilian war Glaubens- und Gesinnungsgenosse Ferdinands, mit ihm verwandt, Studienfreund aus gemeinsamen Ingolstädter Tagen (beide waren durch die dortige jesuitische Kaderschmiede der Gegenreformation gegangen); aber Maximilian war auch gerissen wie kaum einer seiner Zeitgenossen. Und in München, im Herbst 1619, war *er* derjenige, der die Bedingungen diktieren konnte.

Kriegsverlängernde Effekte des Münchner Vertrags

Wie sind die Münchner Resultate zu beurteilen? Wir müssen zwischen den kurzfristigen und den langfristigen Auswirkungen unterscheiden. Zunächst einmal rettete der Münchner Vertrag Ferdinand. Sein Triumph in Böhmen ist ohne die revitalisierte Liga, ohne Maximilians Beistand schwer vorstellbar. Aber der Münchner Vertrag und die ihn flankierenden Versprechungen haben auch wesentlich dazu beigetragen, dass die Prager Auseinandersetzungen vom Frühjahr 1618 nicht in einen Fünf-, sondern in einen Dreißigjährigen Krieg mündeten. Es lag nun ein erster, großer Stolperstein auf dem – wie sich für diese leidgeprüfte Generation herausstellen würde: überaus langen und beschwerlichen – Weg zum Frieden.

Denn der Preis, den Maximilian verlangte, die pfälzische Kur und pfälzisches Gebiet, musste einen Friedensschluss nach der Entscheidung auf dem böhmischen Kriegsschauplatz ungemein erschweren, hat die Ausweitung des Krieges ins Reich hinein entscheidend befördert. Kein Mensch konnte ernsthaft erwarten, dass der Pfälzer, in Böhmen geschlagen, außer auf Böhmen gleich auch noch auf die Kur und Teile der Erblande seiner Dynastie verzichtete. Er würde also weiterkämpfen, an antibayerischen, antiligistischen Bündnissen schmieden, hatte ja, wenn die Münchner Vereinbarungen einmal eingelöst waren, fast nichts mehr zu verlieren. Es war und ist selten ein Zeichen kluger Politik, sich Gegner zu schaffen, die nichts mehr zu verlieren haben. Und wo nur würde man, falls die Protestanten und mit ihnen die Pfälzer doch wieder emporkämen, also bei einem für die katholische Seite nicht so günstigen Kriegsverlauf, andere Entschädigungen für Maximilian finden? Der Münchner Vertrag hat, indem er Maximilian ein stattliches Stück nicht aus dem böhmischen Kuchen, sondern aus den Kerngebieten des Reiches zuschanzte, entscheidend zur Ausweitung und zur Chronifizierung jenes Krieges beigetragen, der ja als regionale Affäre begonnen hatte.

Neben bayerischer Hilfe konkretisierte sich, freilich ähnlich langsam, spanische. Madrid beschloss, im Interesse des Gesamthauses auch im Reich aktiv zu werden. Warum *auch*? Weil absehbar war, dass es 1621 in den Niederlanden wieder losgehen würde. Seit Jahrzehnten versuchten ja die nördlichen Provinzen um Holland, vom spanischen Zentralismus und von der spanischen Inquisition loszukommen (Achtzigjähriger Krieg, 1568–1648, er wurde schon gestreift). Man hatte 1609 nach langen blutigen Kriegsjahren einen Waffenstillstand vereinbart, aber der lief 1621 aus. Eigentlich hatte sich Madrid ganz auf diesen Kriegsschauplatz konzentrieren wollen. Doch jetzt waren die österreichischen Verwandten in Bedrängnis, so eklatant, dass darunter die Stellung des Gesamthauses in Europa leiden konnte. Schweren Herzens nahm man in Madrid einen Zweifrontenkrieg in Kauf, sprich, neben der präsumtiven niederländischen Front eine am Mittelrhein; während sich die österreichischen Habsburger und die Liga Böhmens annehmen sollten, würde Spanien, zur Entlastung, im Westen des Reiches gegen die rheinpfälzischen Erblande Friedrichs losschlagen. Der Zeitpunkt hierfür war allerdings vorerst noch umstritten. Aber prinzipiell stand eine aktive, direkte spanische Unterstützung für Ferdinand im Herbst 1619 fest. Zwanzigtausend Mann wurden dafür bereitgestellt und der vielleicht beste Feldherr, den Madrid aufzubieten hatte: Ambrogio di Spinola.

Blicken wir zurück! Ferdinands Lage hat sich im Herbst 1619 entscheidend verbessert, dank zweier Hilfszusagen: aus Madrid und vom mächtigsten katholischen Reichsstand, Bayern. Im Schlepptau

Madrid nimmt den Zweifrontenkrieg in Kauf

des Letzteren würden zudem fast alle anderen katholischen Reichsstände mitmachen, als Ligamitglieder. Mit der Liga aber war das Reich involviert!

2.2.4 Verbündete für Friedrich von der Pfalz?

Als der Kurpfälzer Friedrich im Herbst 1619 seine Residenzstadt Heidelberg verließ, gab es ergreifende Szenen. Augenzeugen berichten, zahlreiches Volk habe am Straßenrand gewartet, gewinkt – und in Strömen geweint. Böse Vorahnungen? Friedrich selbst sowie seine ehrgeizige Frau, eine Tochter des englischen Königs Jakob, vergaßen die Szenen wohl spätestens nach der Ankunft in Prag: pompöse Königskrönung, Fest auf Fest folgt, doch bleiben der frischgebackene König und der quasi importierte Hof den Einheimischen fremd.

Friedrich und seine Entourage verstanden nicht die Landessprache, die Verwaltung lief in den alten Händen weiter. Die pfälzische Importware hatte wenig Einblick und kaum Einfluss auf die täglichen Geschäfte. Politisch unklug, unsensibel – freilich: Wir befinden uns eben im Konfessionellen Zeitalter! – die rücksichtslose Calvinisierung der königlichen Patronatspfarreien; und dann erst der Bildersturm im Prager Veitsdom, der Grablege der Böhmenkönige und der letzten Kaiser! Was Jahrhunderte an reicher und hochstehender Kunst hineingeschafft hatten, wurde nun auf einen Schlag, rechtzeitig vor Weihnachten 1619, entfernt. „Bapst und Luther die Bilder leidn,/ Calvinus sagt: man soll sie meidn": So hat ein wohl 1619 gedrucktes Flugblatt die Positionen der drei Konfessionen zur Visualisierung von Glaubensinhalten holprig auf den Reim gebracht. In der Tat: Zwar waren alle evangelischen Strömungen, als Bewegungen „des Worts", sinnenskeptischer als die katholische Kirche; doch hatte Luther, anders als Calvin, die rabiate Entleerung übernommener Kirchen von jeglichem Bildschmuck abgelehnt; calvinistische Kirchen hingegen wurden konsequent in Hörsäle umgewandelt, nichts sollte von der Verkündung „des Worts", von der Predigt, ablenken. Auch den Veitsdom hat man nun also ‚gereinigt'. Die meisten Prager waren entsetzt. Pfälzer und Böhmen wurden nicht richtig warm miteinander, es breitete sich das beunruhigende Gefühl aus, irgendwie einem Missverständnis aufgesessen zu sein.

Vielleicht noch schlimmer war, dass Friedrich mit seinen Bündnissondierungen nicht recht vorankam. Frankreich war noch immer mit sich selbst beschäftigt, hielt sich heraus. Das war vorhersehbar gewesen. Aber auf den Schwiegervater in London hatte Friedrich fest gerechnet. Es war eine böse Selbsttäuschung! Knapp und pointiert formuliert, suchte König Jakob I. zeitlebens in der Außenpolitik nicht mehr als eine unverbindliche, sich gleichsam im Atmosphärischen erschöpfende Freundschaft mit jedermann – und vor allem seine Ruhe. Es war eine „policy of unadventurous and inoffensive goodfellowship" (Maurice Lee Jr.).

Keine Unterstützung aus England

Weil konfliktscheu, wollte Jakob keine Kriege. Er sei notorisch „anxious for the peace of the world", beobachteten die Zeitgenossen, sei „naturally inclined to peace". Das könnte heute ja an sich für diesen Monarchen einnehmen; die damaligen politischen Mitspieler schlossen aus so dezidierter Friedensliebe auf schlimme charakterliche Defizite: „involved in his extreme irresolution", scheue Jakob außenpolitische Konflikte „wegen seiner Schwäche" und „Nachlässigkeit", weil er sich ohnehin „den Geschäften nicht gewachsen fühlt ... und so glaubt er nun, während des Friedens könne er ... seine Fehler leichter verdecken, als im Kriege, und dann seiner Natur gemäß in aller Freiheit der Ruhe und den Vergnügungen leben". Frieden besaß damals eben keinen moralischen Bonus vor dem Krieg!

Jakob wollte Konflikten aus dem Weg gehen, schon gar solchen mit der katholischen Leitmacht Europas, Spanien. Ein von Ehebanden stabilisiertes enges Einvernehmen zwischen London und Madrid schien ihm am besten geeignet, um Europa zu befrieden und ihn selbst als großen Friedensstifter dastehen zu lassen.

Weil konfliktscheu, wollte Jakob Frieden. Er wollte aber schon gar keinen Konfessionskrieg: „I will never allow in my conscience that the blood of any man shall be shed for diversity of opinions in religion." Und der König verabscheute jedes Anzeichen von Rebellion. Dem Untertanen ziemte bedingungsloser Gehorsam, auch einem untauglichen, auch einem ketzerischen König gegenüber. Jakob erklärte sich dem Unterhaus gegenüber einmal zum „absolute king", ein andermal erklärte er: „Kings are not only God's lieutenants upon earth, and sit upon God's throne, but even by God himself are called Gods" – Könige würden sogar von Gott selbst

Götter genannt! Jakob war ein Exponent des Gottesgnadentums und des Frühabsolutismus. Wir Heutigen können neunmalklug analysieren, warum der englische König nicht zum Partner der böhmischen Aufständischen taugte. Damals wollte man an manchen evangelischen Residenzen allzu lang nicht sehen, was nicht sein durfte. Schwiegerpapa Jakob wurde zur schweren Enttäuschung für den Kurpfälzer.

Kursachsen unterstützt Ferdinand

Und die evangelischen Reichsstände? Wenig zu erwarten war vom Renommiertesten, vielleicht überhaupt Wichtigsten: Kursachsen. Wir wissen schon, dass sich die Dresdner Kurfürsten sorgsam an der Hofburg orientierten und dass aus dieser betont kaisertreuen Haltung unter den Bedingungen des grassierenden Konfessionsstreits eine faktisch prokatholische Reichspolitik resultierte: „politice seint wir Bäpstisch"! Die Dresdner beurteilten die böhmischen Unruhen ganz anders als die Münchner, nämlich als genuin politischen Streit, freche Insubordination, dreiste Aufmüpfigkeit. Die religiösen Argumente der Aufständischen seien nur vorgeschoben, machten sich die Dresdner weis. Man hat das tatsächlich so gesehen, war subjektiv ehrlich dieser Ansicht, aber natürlich legte eine solche Einschätzung schon auch die sächsische Staatsräson nah – denn so kam man bequem und ohne Gewissensbisse darum herum, den Glaubensverwandten im nahen Böhmen zu Hilfe zu eilen. Das stand in Dresden keine Sekunde zur Diskussion, erwägenswert schien lediglich, ob man geradewegs der Gegenseite helfen oder aber erst einmal den Vermittler mimen sollte. Eine Zeit lang Letzteres; als das wenig fruchtete, Versuche der Deeskalation nicht griffen, schlug man sich auf die Seite Habsburgs – als evangelischer Reichsstand!

Freilich stellten auch die Dresdner, wie die Münchner, ihre Bedingungen. Einmal hatten sie konfessionspolitische Gegenforderungen: Kaiser und katholische Reichsstände hätten den Reichsständen des Obersächsischen und des Niedersächsischen Reichskreises den ungestörten Besitz evangelisch und weltlich gewordener einstiger Hochstifte zuzusichern – müssten hier also den Status quo akzeptieren, unerachtet aller um den Geistlichen Vorbehalt von 1555 kreisender Auslegungsstreitigkeiten. Mit gewissen Einschränkungen wurde diese Zusage im März 1620 erteilt: Die evangelischen Inhaber einst geistlicher Fürstentümer würden von katholischer Seite nicht gewaltsam verdrängt, sofern sie sich dem Kaiser gegenüber loyal verhielten, ohne dass man damit ausdrücklich die Rückforderung auf dem Rechtsweg (das wird 1629 noch wichtig werden!) für alle Zeiten für aufgegeben erklärte.

Zweitens sagte Ferdinand den Ersatz aller Kriegskosten zu; zur Sicherung dieses Versprechens sollten vorerst die Lausitzen an Kursachsen verpfändet werden, weitere Gebietsgewinne wurden etwas vager in Aussicht gestellt. Das erinnert an den Münchner Vertrag mit Maximilian. Im Gegenzug versicherte Johann Georg von Sachsen, was in Böhmen vorgehe, sei eine Verletzung des Landfriedens, man werde dem Kaiser dagegen beistehen. Es war ein diplomatischer Triumph für Kaiser und Liga, militärisch zahlte es sich noch nicht sogleich aus, weil sich Zwistigkeiten über die Angriffsziele einstellten. Schließlich marschierten sächsische Truppen in Ober- und Niederlausitz ein, sie näherten sich gewissermaßen von Norden dem Aufstandsherd, aber erst, nachdem die Ligatruppen ihren Siegeszug im Osten schon begonnen hatten. Wahrscheinlich waren die politischen und gleichsam psychologischen Vorteile der kaiserlichen Allianz mit dem renommierten evangelischen Reichsterritorium gravierender als die unmittelbar militärischen.

Wie ist die Dresdner Haltung zu beurteilen? War es eine vorwärts weisende, weil sich von konfessionellen Gesichtspunkten emanzipierende Politik? Oder aber eine, die uralt aussah, weil sie gewissermaßen ‚vorkonfessionell' war, nicht zur Kenntnis nahm, dass sich mit der konfessionellen Polarisierung die Rahmenbedingungen im Reich geändert hatten? Reicht für eine positive Beurteilung, dass der Judaslohn (also die Lausitzen) am Ende bei Kursachsen bleiben wird wie die Oberpfalz und der Kurhut bei Maximilian von Bayern?

Auswirkungen der prokaiserlichen Haltung Dresdens

Dagegen ist zu verrechnen, dass die reichspolitischen Wirkungen des Dresdner Kurses problematisch gewesen sind. Unterminierten die Sächsischen nicht die Voraussetzungen ihres eigenen reichspolitischen Programms? Dieses wird in einer monografischen Untersuchung der Dresdner Politik jener Jahre so auf den Punkt gebracht: „Wiederherstellung des Konsenses" (Frank Müller). Ein solcher „Konsens" freilich hätte sich allenfalls zwischen zwei gleich starken Lagern austarieren lassen. Die Dresdner aber störten das Gleichgewicht notorisch, weil sie dem ohnehin Stärkeren (nämlich der katholischen Liga und der Weltmacht Habsburg) halfen. Sie werden sich auch nach dem Ende der Union, die ganzen Zwanzigerjahre hindurch, allen Versuchen verweigern, ein reichspolitisch betont vorsichtiges Nachfolgeprojekt, eine lutherische Friedens- und Freiheitspartei, eine Vereinigung zum Schutz des bedrängten Protestantismus und teutscher Libertät auf die Beine zu stellen. Damit aber erschwerten die Dresdner eine reichsinterne Lösung, trieben sie die evangelische „Aktionspartei" geradezu in die Arme immer neuer auswärtiger Verbündeter. Die sächsische Reichspolitik provozierte gerade jene ausländische Einmischung, die sie verhindern wollte. Sie wirkte im Endeffekt polarisierend. Aus reichspatriotischer Warte „Kriegsschuld" zumessend, darf man also nicht einzig und allein den allzu gerissenen Bayernherzog ins Visier nehmen.

Die Union ist in keiner guten Verfassung

Dass sich die Dresdner nicht auf die Seite des Pfälzers schlagen würden, konnte niemanden wirklich überraschen. Und die Union? Wir wissen schon, dass sie sich in keiner glänzenden Verfassung befand, als sich die böhmischen Spannungen zuspitzten. In Norddeutschland hatte sie, auch wegen der demonstrativ ablehnenden Haltung Dresdens, nie Fuß fassen können; Kurbrandenburg hatte sich schon vor dem Ablauf der in Auhausen vereinbarten ersten Dekade des Bündnisses faktisch verabschiedet. Auch, dass das Gründungsmitglied Pfalz-Neuburg nicht mehr dabei war, wissen wir bereits. Nicht mehr recht bei der Sache waren ferner die – reichspolitisch besonders vorsichtigen – Reichsstädte. Seit den offensiven elsässischen Truppenoperationen von 1610 trauten sie dem pfälzischen Unionsdirektorium nicht mehr. Und 1621 würde das Bündnis ja ohnedies auslaufen.

Also, die Union war fast schon in der Auflösung begriffen, als die böhmischen Ereignisse schreckliche Gefahren heraufzubeschwören, aber auch schwindelerregende Chancen zu eröffnen schienen. Wie sollte man sich verhalten? Nachdem sich die Aufregung über den Coup von Udenheim gelegt hatte und als man deshalb, seit dem Herbst 1618, endlich aufmerksam nach Böhmen blickte, dominierten eindeutig konfessionelle Deutungsmuster.

Es dominiert die konfessionelle Lesart der böhmischen Vorgänge ...

Die Unionsfürsten sympathisierten nicht etwa mit einem von seinen Untertanen bedrängten hochadeligen Standesgenossen, sie sympathisierten mit ihren aufbegehrenden Glaubensgenossen. Am Rothenburger Unionstag im Oktober 1618 war der Diskurs nach Ausweis des Votenprotokolls vollständig religiös durchtränkt. Der badische Markgraf Georg Friedrich beispielsweise wies wortreich nach, dass „das Babstum vom Teufel herkomme, der ein Mörder und Lügner" sei. Die Weltläufte wurden „alwegen erger", die apokalyptische Endzeit scheine anzubrechen. Sein konkretester Ratschlag – wohlgemerkt nicht vor einem Theologenzirkel, sondern vor Fürstenkollegen und Diplomaten – lautete so: „in die Ruten zufallen, mit abstellung Prachts unbilligs". Er empfahl also Bußübungen, um Gott gnädig zu stimmen. Wir dürfen uns die damaligen Politiker nicht zu modern malen. Nahezu alle Rothenburger Voten legten sich ausdrücklich darauf fest, dass man mit einer „religion sach" konfrontiert sei.

Und doch eilten die Auhauser nicht blindlings zur pfälzischen Fahne. Es mag erstaunen, dass die Unionshöfe so eindeutig mit den böhmischen Separatisten sympathisierten und sich dem böhmischen Abenteuer ihres pfälzischen Direktors gegenüber doch ‚nur' auf eine Position zurückzogen, die das 19. Jahrhundert als wohlwollende Neutralität etikettiert hätte. Die Unierten versuchten, Friedrichs pfälzische Erblande zu decken und, so es ohne große Konflikte abging, katholische Truppendurchmärsche nach Osten zu blockieren, engagierten sich aber nicht *selbst* militärisch in Böhmen. Warum nicht? Das tief und ehrlich empfundene Mitgefühl mit den Glaubensgenossen in Böhmen war zu verrechnen mit oft geringen eigenen Mitteln – die Union bestand ja nach dem Ausscheiden Brandenburgs ausschließlich aus ziemlich kleinen und ganz kleinen Territorien – und nicht selten ferner mit einer exponierten geostrategischen Lage. Mancher schreckte auch davor zurück, den definitiven Bruch mit dem Kaiser, immerhin also dem ideellen Oberhaupt des christlichen Abendlandes und dem obersten Lehnsherrn, zu riskieren.

So sympathisierten denn die Unionshöfe zwar mit den böhmischen Widerständlern, aber sie sprangen ihnen mehrheitlich nicht entschieden bei, aus einem Gefühl der Schwäche heraus, das man nicht aus der sicheren Distanz von vierhundert Jahren verspotten sollte, zumal wir uns daran erinnern müssen, dass der Bundeszweck für die meisten Mitglieder der Union immer ein strikt defensiver gewesen war. Der kühne Griff nach Böhmen überstieg einfach den politischen Horizont eines Grafen von Öttingen oder eines Magistrats von Isny. Es wird sich nie wissenschaftlich beweisen lassen, aber viel spricht dafür, dass dem Pfälzer nur rasche durchschlagende Erfolge zur Unterstützung

… doch ist die große Mehrzahl nicht zum Hazardspiel bereit

auch aus dem Reich heraus hätten verhelfen können. Nur so hätte er die Zweifelnden mit sich fortreißen können. Misserfolge waren, wie die Dinge nun einmal standen, unverzeihlich.

Friedrich von der Pfalz hatte sich in einen Krieg gestürzt, von dem er wissen musste, dass er nicht der der Unionsmehrheit sein konnte. Für diejenigen, die keinen Totalumbau der Reichsverfassung wünschten, noch nicht einmal ein protestantisches Kaisertum, für diejenigen, denen der Kaiser, wiewohl Partei, doch so viel Nimbus hatte, dass sich dauerhaft gegen ihn zu stellen („ungehorsam" zu sein!) schwer erträglich schien, für diejenigen, die Sicherheit in den süddeutschen Kerngebieten des Reiches, aber keinen europäischen Glaubenskrieg gewinnen wollten, war das böhmische Abenteuer ein Wagnis, das man im ersten Taumel, berauscht von der Größe der historischen Stunde, berauscht von den vagen, doch glänzenden Chancen, die sich zu bieten schienen, vielleicht absegnen konnte – doch kaum bei gründlichem Nachdenken. Rasche durchschlagende Erfolge Friedrichs hätten den zögernden Rest vielleicht mitreißen können. Doch solche blieben aus. Man hatte genügend Zeit, sich, wieder ernüchtert, klarzumachen, dass kein Konsens über die Kriegsziele bestand, dass der Krieg des Winterkönigs nicht der der Union war.

Die Vorgeschichte des Ulmer Vertrags

Die Wege trennten sich im Sommer 1620. In Ulm war ein Unionstag angesetzt. Bei Ulm standen sich Unionstruppen und quantitativ wie qualitativ überlegene der Liga gefechtsnah gegenüber – würde sich Maximilian, wie einst Donauwörth, nun Ulm greifen? Von Westen, besonders vom Oberrhein her strömten für Ferdinand geworbene Truppenkontingente. Die Auhausener sahen sich in einer verzweifelten Situation, nur eines würde helfen: der erhoffte, der einkalkulierte Beistand des westeuropäischen Auslands. Die Union hatte in ihren ersten Jahren, außer dem uns schon bekannten Vertrag von Schwäbisch Hall mit Heinrich IV., ferner Allianzverträge mit den Generalstaaten (so hieß die zentrale Ständeversammlung der separatistischen niederländischen Nordprovinzen) sowie mit dem englischen König Jakob abgeschlossen. Der ‚Macher' hinter diesen Verträgen war ein württembergischer Hofrat gewesen: Benjamin Bouwinghausen. Der heute vollkommen vergessene Mann war für die Zeitgenossen neben Christian von Anhalt der bedeutendste evangelische Politiker im Reich; eine französische Gesandtschaft, von der wir gleich noch hören werden, berichtete nach Paris, dieser Bouwinghausen sei „le plus intelligent" von allen Unionspolitikern und „le plus hardi en ses conceptions": Er sei der Intelligenteste von allen Auhausenern und ihr konzeptionellster Kopf. Er also sollte in Den Haag, London und Paris sondieren, ob man dort vorhatte, die Union zu retten.

Es war ein denkwürdiger Tag, an dem Bouwinghausen Stuttgart verließ – denn dass er auf die Fragen, mit denen er sich auf seinen langen Weg machte, keine befriedigenden Antworten erhielt, hat Geschichte gemacht: hat Bouwinghausen zur Revision seiner Außenpolitik, die Union in die diplomatische Unterwerfung von Ulm und Friedrich von der Pfalz ins militärische Fiasko am Weißen Berg getrieben.

Den Vertretern der Generalstaaten ließen sich lediglich gewisse Geldzusagen abringen, gegen die eindringliche Mahnung, alles zu unterlassen, was nach Offensive aussehen könne. Man müsse äußerste Vorsicht walten lassen. In London ging der Emissär König Jakob mit seinem Drängen auf eine Entscheidung – wie sehr hasste Jakob Entscheidungen! – so auf die Nerven, dass „God's lieutenant" schließlich regelrecht die Flucht ergriff, hektisch von Landsitz zu Landsitz jagte, Bouwinghausen stets hinterher: ein skurriler Pendelverkehr! Es war eine Groteske; dreimal sandte Bouwinghausen das Abschiedsgeschenk des Königs zurück – eigentlich ein diplomatischer Eklat! Als es ihm wieder zugestellt wurde, schenkte er es seiner Londoner Wirtin: Von diesem König wollte er nichts annehmen. Tief deprimiert reiste Bouwinghausen nach Frankreich weiter. Dort dachte man nicht daran, dem vermeintlich wankenden Habsburg vollends den Todesstoß zu versetzen, noch hatte nicht Richelieu das Sagen; man erwog vielmehr ernsthaft, den Habsburgern mit Truppenmacht beizuspringen, aus konfessioneller Solidarität und weil ein evangelischer Sieg das europäische Gleichgewicht störe. Man schätzte die Gewichte falsch ein und legte sein Pfund auf die schwerere Waagschale.

Am Ende musste Bouwinghausen froh sein, dass Paris statt Soldaten nur Diplomaten ins Reich sandte – eine hochrangig besetzte Ambassade mit mehrhundertköpfigem Gefolge. Sie sollte eigentlich von Unionshof zu Unionshof ziehen, ließ sich aber von Bouwinghausen nach Ulm umdirigieren: sein einziger, ein in seinen Augen bescheidener Erfolg. Am Ulmer Unionstag redeten die Ambassadeurs auf die versammelten Unierten ein, die Waffen zu strecken; gäben

Waffenstillstand mit der Liga

sie nicht auf der ganzen Linie nach, erachte sie Paris als „promoteurs d'une guerre iniuste" (als Anstifter eines ‚ungerechten Krieges', vgl. zu dieser Denkfigur Kap. 5.2). Wer wollte es den Auhausenern übel nehmen, dass sie am Ende nicht Krieg mit Wien, Madrid und Paris auf einmal haben wollten! Also Waffenstillstand mit der Liga, im Ulmer Vertrag vom 3. Juli 1620. Nach der Unterzeichnung zogen die Auhauser ihre Truppen vereinbarungsgemäß von der bayerischen Grenze ab. Maximilian nutzte das, um das Ligaheer ostwärts nach Böhmen hinein zu verschieben – was er zuvor stets abgelehnt hatte, weil er Land und Leute nicht unbewaffnet lassen könne, wenn der Feind „am ruggen" stehe. Dort stand er nun nicht mehr, der Ulmer Vertrag ist die diplomatische Voraussetzung für den militärischen Triumph am Weißen Berg.

2.3 Die Schlacht am Weißen Berg und ihre Folgen

2.3.1 Entscheidung vor Prag

Rekapitulieren wir kurz, wie sich die Dinge bis zum Herbst 1620 entwickelt hatten! Friedrich hauste in Prag prächtig – aber er war isoliert. Die einheimischen Großen verstand er kaum, und das nicht nur aus sprachlichen Gründen. Aus Westeuropa kam so gut wie keine Hilfe, allenfalls jene 25.000 Taler, die monatlich aus Den Haag überwiesen wurden, sind vielleicht nennenswert. Von den beiden anderen evangelischen Kurfürstentümern des Reiches, Brandenburg und Sachsen, erhielt der Kurpfälzer keinerlei Unterstützung, ja, die Dresdner legten sich schließlich auf die Unterstützung des Kaisers fest. Und dann machte die Union mit dem Ulmer Vertrag gleichsam die Ligatruppen für Böhmen frei. Das ist die eine Bilanz. Die andere: Zum kaiserlichen Heer unter Buquoy kommen einmal bayerischer Zuzug von Südwesten, sodann sächsischer Zuzug von Norden – also Zangengriff auf Böhmen; kommt, drittens, Brüsseler Druck (Spinola) auf die Unterpfalz – also Aussicht auf eine zusätzlich entlastende Front am Rhein.

Entscheidend aber waren die von Tilly kommandierten Ligatruppen – weshalb der heutzutage wenig bekannte Ulmer Vertrag so wichtig war. Kaum war er unterzeichnet, wandten sich die bei Günzburg an der Donau stehenden bayerischen Truppen ostwärts, schon nach zwei Wochen standen sie in Schärding. Tilly eroberte zunächst einmal Österreich ob der Enns, das (eine Folge des Münchner Vertrags) in bayerischen Pfandbesitz überging; Niederösterreich kontrollierten die kaiserlichen Truppen unter Buquoy.

Es war übrigens ein ungleicher Kampf westlich der Enns: Tilly zog mit dreißigtausend Mann wohlgeordneter, wohlgeschulter Ligatruppen ein, mit Söldnern, Berufskriegern also. Dem standen entgegen: zwei-, höchstens dreitausend Söldner in österreichischen Diensten und viele Tausend leidenschaftlich, unter Einsatz ihres Lebens, aber ganz untauglich kämpfende Bauern, die man als sogenanntes „Landesaufgebot" zu losen Haufen vereint und primitivst bewaffnet hatte. Sie hatten keine Chance, die Muskete des Berufskriegers siegte über Mistgabel und Dreschflegel, und Maximilian zog, wie einst in Donauwörth, das eroberte Land sogleich ein: drückende, demütigende Zwingherrschaft unter dem als Statthalter eingesetzten Adam von Herberstorff, gegen den sich die Einheimischen 1626 im sogenannten Oberösterreichischen Bauernkrieg verzweifelt, aber erfolglos auflehnen. Auslöser ist übrigens das Frankenburger Würfelspiel: Als sich die Frankenburger dagegen wehren, dass ein katholischer Geistlicher eingesetzt wird, lässt der bayerische Statthalter fünftausend Bauern zusammentreiben, die 38 angesehensten herausfischen und um ihr Leben würfeln; Chance: fifty-fifty. Neunzehn also hatten Pech, 17 von ihnen wurden tatsächlich gehängt. Soviel zur bayerischen Pfandherrschaft in Österreich ob der Enns. Aber das war ein Ausblick.

Tilly hatte das oberennsische Land erobert, Buquoy das unter der Enns botmäßig gemacht. Danach vereinigten sich die beiden Heere, um zusammen nach Böhmen zu ziehen, gen Prag. Wer zog da nach Prag? Unter Buquoy wallonische, spanische, neapolitanische und toskanische Truppen, auch polnische Kavallerie – und wer immer sich für die Kaiserlichen anwerben ließ. Unter Tilly Bayern, Rheinländer (die geistlichen Kurfürstentümer), auch Lothringer – und wer immer sich anwerben ließ.

Am 8. November 1620 stellt sich eine Wegstunde vor Prag ein großes evangelisches Heer in den Weg, genauer: auf einen Höhenzug, den sogenannten „Weißen Berg"; es ist heute bebautes Land, Teil von Prag. Die chronisch unterfinanzierten Kämpfer für die böhmische

Österreich ob der Enns wird erobert

Nach Böhmen hinein

Sache – Böhmen, Mährer, Schlesier, Österreicher, Reiter aus Ungarn – sind demoralisiert, krank, zerlumpt; ihr Anführer, Christian von Anhalt, weiß das und will die Entscheidung. Das Gelände scheint günstig, versuchen wir unser Glück!

Vor Prag: Entscheidung, sich zur Schlacht zu stellen

Zunächst bemerkt den Feind Tilly, denn seine, die Ligatruppen, ziehen den kaiserlichen einige Wegstunden voran. Warum nehmen die Bayerischen die Schlacht an? Sie hätten um den Bergrücken herum Prag zuziehen können, doch auch Tilly ist ungeduldig, müde des langen, gespenstischen Marschierens durch feindliches Land, doch ohne wirklichen fassbaren Feind. Er will sich die Gelegenheit, einen ermatteten, noch nicht verschanzten Gegner endlich zu vernichten, keinesfalls entgehen lassen. Dass er Hunderte oder Tausende Menschenleben dafür würde opfern müssen, ist ihm klar und einkalkuliert. Der Ligageneral lässt seine Truppen zur Schlacht formieren, will so den bekannt entscheidungs- und schlachtscheuen Buquoy quasi vor vollendete Tatsachen stellen und zum Mitmachen zwingen. Es ist angesichts der vorgerückten Jahreszeit die wohl letzte Chance auf ein Treffen vor dem Frühjahr 1621. Dennoch, und obwohl die Ligatruppen längst den Bergzug umschlossen haben, gefechtsbereit dastehen: Buquoy will der Entscheidung ausweichen. Einiger Streit, schließlich geben die Kaiserlichen nach.

Die Schlacht, zweifelsohne eine der wichtigsten des ganzen Dreißigjährigen Krieges, dauert keine zwei Stunden; danach wilde Flucht der Böhmischen ins fast unbefestigte, wehrlose Prag.

Das neue Prager Regime bricht rasch zusammen

Auf den militärischen Zusammenbruch folgt der rasche Zusammenbruch des neuen Prager Regimes. Denn es ist längst ausgehöhlt. Die einheimischen Großen sind enttäuscht über den Pfälzer Friedrich, der so gar keine Unterstützung aus Europa herbeizubringen vermag. Die Pfälzischen verstehen sich nicht recht mit den einheimischen Großen, die so gierig nach der Macht (und einem neuen König) gegriffen haben, dann aber wenig Opferbereitschaft zeigen, auf ihren gefüllten Schatullen sitzen, anstatt ein kampffähiges Heer zu finanzieren. Gewohnt, gegen habsburgische Steuerforderungen zu opponieren, hatten die böhmischen Adeligen auch ihrer neuen Direktorialregierung eine angemessene Finanzierung verweigert. Jene Städte, auf die die Adeligen seit je und noch immer geringschätzig herabschauten, beteiligten sich kaum am Aufstand. Der Vorschlag, die Leibeigenschaft aufzuheben, um die Bauern für den Widerstand zu aktivieren, war beim Adel auf taube Ohren gestoßen. „Der Ständeaufstand scheiterte nicht zuletzt daran, dass seine soziale Basis zu schmal war und er die Grenzen einer Adelsfronde nicht wesentlich überschreiten konnte" (Thomas Winkelbauer). Das Verhältnis zwischen den unzulänglich bezahlten Soldaten und der Regierung war zuletzt fast schon feindselig gewesen – die Prager erwarteten von den hungernden, zerlumpten Gestalten, die sich vom Weißen Berg herunter in die Stadt flüchteten, viel eher Plünderungen als etwa die Verteidigung der Kapitale.

Es bricht nun rasch alles zusammen. Schon am Tag nach der Schlacht flieht Friedrich von der Pfalz mitsamt einigen Ständeführern aus Prag nach Breslau. Dass es ein Aufbruch für immer ist, mag er geahnt haben; dass er sich aufmacht ins lebenslange Exil auch von seinen Erblanden, konnte ihm nicht klar sein. Böhmen steht offen für Kaiser und Liga, Prag ohnehin. Maximilian und Buquoy ziehen in die Kapitale Böhmens ein und lassen sich von den Kapuzinern ein Te Deum singen. Währenddessen wird in den Straßen Prags ein Kavallerist gesichtet, der nackt, doch bewaffnet und bemützt, durch die Altstadt rennt, schreit, stammelt, dem Wahnsinn verfallen; nicht jeder hat die Gräuel der Schlacht so gut verarbeitet wie die sehr frommen Katholiken Maximilian und sein Tilly. Schon am 13. November nimmt der Bayernherzog stellvertretend für den Kaiser die Huldigung der böhmischen Stände entgegen. Es ist für die tschechische Geschichtsschreibung traditionell der Tag des Unheils, die Unglücksstunde eines ganzen Volkes, Beginn eines Zeitalters, das sie, ins Deutsche übersetzt, mit „Zeit der Finsternis" etikettiert. Der Herzog von Bayern hingegen ist mit sich und der Welt im Reinen. Erfreut vernimmt man, dass inzwischen auch die Sächsischen im Norden und die Spanischen im Westen aufgebrochen sind.

Was hat am 8. November den Ausschlag gegeben? Die katholischen Truppen waren zahlenmäßig stärker: wahrscheinlich knapp dreißigtausend gegenüber ungefähr zwanzigtausend Mann. Andererseits standen die Evangelischen auf dem Gipfel, Liga und Kaiserliche mussten sich den Weg nach oben bahnen. Militärhistoriker rätseln bis heute. Hatten die katholischen Truppen die stärkere Moral? Wir werden noch sehen,

<small>Was gab vor Prag den Ausschlag?</small>

dass wir den großen deutschen Konfessionskrieg seit 1618 nicht verstehen, wenn wir nicht bereit sind, uns auf die intensive, nach unseren Maßstäben inbrünstige Frömmigkeit der Zeit einzulassen. Zeigt das nicht sogar die erste große Schlacht dieses Krieges?

Warum hat sie stattgefunden? Warum haben die Kaiserlichen um Buquoy, die eigentlich gar kein Treffen, sondern ruhige Winterquartiere wollten, nachgegeben? Ein überraschender Zwischenfall gab den Ausschlag – was nicht heißt, dass die Entscheidung sonst anders ausgefallen wäre, das können wir nicht wissen, doch fest stand der Ausgang mit diesem Intermezzo.

Was war das für ein Auftritt? Im Tross (vgl. Kap. 3.3.3.) Maximilians zog neben diversen Jesuiten der Karmeliter Domenico a Jesù Maria mit; er hatte die Hauptfahne des herzoglichen Heeres geweiht, die das Bild der Jungfrau Maria schmückte. Von Misshelligkeiten im Kriegsrat hörend, dringt der Karmeliter ungestüm in den Kreis der Politiker und Militärs ein und verlangt die Schlacht, den Heiligen Krieg. Er hält ein beschädigtes Gemälde hoch – das ist sein kräftigstes Argument.

Vier Wochen vor der Schlacht bei Prag hatte der Karmeliter in Strakonitz in einer Ruine ein Gemälde gefunden, das die Anbetung Christi durch die Hirten darstellte. Alle Augen – außer denen des Jesuskinds – waren ausgestochen worden. Der Karmeliter nahm das Bild dennoch mit, rahmte es sorgfältig und schwor Rache. Es war offenbar ein Fall von frommer Bilderschändung. Der Calvinismus lehnte die sinnenfreudige Visualisierung des Heilsgeschehens ab. Wir wissen schon, dass die frisch importierten Pfälzer rechtzeitig zu Weihnachten 1619 den Prager Dom ‚gereinigt' hatten, auch das Kruzifix auf der Karlsbrücke war zerstört worden. Heiligenstatuen, fromme Bilder: für Calvinisten waren es abgöttische Gräuel; für katholische Bauernsöhne, auch jene nachgeborenen, die sich als Söldner verdingen mussten, aus Wallonien, Italien, Spanien oder Bayern aber Sinnbilder der Frömmigkeit, des Christseins schlechthin. Und auch für ihre Befehlshaber: Jenes geschändete Bild war für Domenico a Jesù Maria das stärkste Argument dafür, dass man die Schlacht suchen, die bilderschänderische Teufelsbrut niedermachen müsse. Und seine Zuhörer haben ihn nicht etwa ausgelacht, sie haben sich überzeugen lassen. Zumal der Karmeliter auch von Visionen zu berichten wusste, die den Sieg prophezeit hätten. Gott, die heilige Jungfrau und alle Heiligen verlangten die Schlacht von ihren Paladinen, die himmlische Engelsschar stünde ihnen in der Schlacht bei. Die Kaiserlichen ließen sich umstimmen, Maximilian persönlich gab den Schlachtruf aus: „Maria!"

Mit diesem Schrei auf den Lippen stürmten die katholischen Truppen den Berg hinan. Zeitgenössische Berichte erzählen, die Hänge des Weißen Berges seien voll davon gewesen, von diesem tausendfach wiederholten Schlachtruf und von seinem Widerhall: Maria, Maria, Sancta Maria ... Trog die Hoffnung auf himmlischen Beistand? Zunächst sahen die besser postierten Evangelischen wie die Sieger aus. Was brachte die Wende? Zum einen berittene Elitetruppen, die Tilly zunächst in der Hinterhand gehalten hatte: italienische Kavallerie, vor allem aber polnische. Die zeitgenössischen Berichte bezeichnen sie als „Kosaken": Reiter, die mit furchtbarem Gebrüll auf die evangelische, ungarische Kavallerie losstürmten, wobei sie die Zügel zwischen den Zähnen hielten, um die großen zweischneidigen Schwerter fester umfassen zu können. Die Ungarn sprangen panisch von ihren Pferden, flohen in hellen Scharen in die nahe gelegenen Weinberge, von dort hinab zur Moldau, wo sie massenhaft ertrunken sein sollen. Das Schlachtenglück begann sich zu wenden.

Und nun passierte ein Zweites. Zeitgenössische Aufzeichnungen wollen wissen, dass auf dem Bergrücken, aus Rauch und Donner – ein Karmeliter aufgetaucht sei. Er habe ein geschändetes Bild hochgehalten, mit einem Kruzifix hin- und hergewedelt und dem Feind die Verse des nächsten Sonntagsevangeliums entgegengebrüllt: „Gebt dem Kaiser, was des Kaisers ist, und Gott, was Gottes ist." Es muss ungeheuren Eindruck gemacht haben – jedenfalls auf die eigenen Leute, von denen Berichte existieren. Die zerlumpten, kranken, übermüdeten Kämpfer empfanden sich als Zeitzeugen eines Wunders. So berichteten sie hinterher, sie hätten gesehen, wie Kruzifix und Gemälde Flammen auf den zur Flucht übergehenden Feind ausgespien hätten. Wenn schon die himmlischen Heerscharen ins Kampfgetümmel eingriffen, galt keine Feigheit. Es war die Zeit gekommen, die Ketzerei mit Stumpf und Stil auszumerzen. Italienische Hilfstruppen versagten, als eine große Schar von Feinden im nahe gelegenen Park von Schloss Stern um Gnade flehte und die Offiziere Gnade zusagten, ihren Vorgesetzten den Gehorsam und hieben nieder, was ihnen unter die Finger kam.

Nur die katholischen Truppen hatten einen „Kriegshelden"

Hat auch ein Eifer, den die Beteiligten als heilig empfanden, wir Heutigen wohl eher schrecklich finden werden, den katholischen Sieg begünstigt? Ein Kenner resümiert so: Am Weißen Berg „stießen zwei religiös motivierte Streitkräfte zusammen, doch mit einem Helden trat nur eine von ihnen auf den Plan". Der „religiöse Eifer der Katholiken" habe „kein gleichwertiges Gegenüber" gehabt (Olivier Chaline). Für die Sieger war ihr Triumph einer über Ketzerei im Allgemeinen, über Bilderschänderei im Besonderen. Ein im Tross mitziehender Mönch notierte in seinem Tagebuch am Tag der Schlacht: „Genau acht Tage nach Allerheiligen haben sich die Heiligen im Himmel für alle erlittenen Missetaten an den Kalvinisten gerächt, die ihnen in Prag Hände, Lippen, Nasen und Köpfe zerschnitten haben."

Der Stand Ende 1620: Alles sieht nach einem katholischen Triumph aus

Resümieren wir den Stand an Weihnachten 1620! Österreich, Böhmen und die Niederlausitz sind wieder fest in habsburgischer Hand, sind unterworfen. Außerdem sind mittlerweile Teile der Unterpfalz von Spinola besetzt; übrigens kämpft er dort nicht nur gegen Unionstruppen, sondern auch gegen solche der niederländischen Sezessionisten und englische – König Jakob hatte sich also wenigstens dazu durchgerungen, in den Erblanden seines Schwiegersohns aktiv zu werden. Die Kontingente waren nicht kriegsentscheidend, es waren eher symbolische Hilfen, und doch natürlich wieder bestens geeignet, die Keimzelle weiterer Verstrickungen und Ausweitungen zu sein. Aber an Weihnachten 1620 sah alles nach einem kaiserlichen Triumph aus.

Die Schlacht am Weißen Berg hat nicht einmal so viele Menschenleben gekostet; wie viele es gewesen sind, wissen wir übrigens, wie fast stets, gar nicht so genau, es mögen etwas weniger als zehntausend gewesen sein. Einige Tausend Tote in nicht einmal zwei Stunden: schlimm genug; freilich, was ist das schon für eine Zahl, wenn wir an die sonstigen dreißigjährigen Kriegsgräuel denken! Selbst bis dahin, bis zum Treffen am Weißen Berg, hatten Hunger, vor allem aber Seuchen sicher mehr Tote gefordert als die Schlacht selbst.

Ein paar Tausend Tote, knapp zwei Stunden Kampf. Aber welche Auswirkungen! Die Folgen des evangelisch-ständischen Debakels vom Weißen Berg waren denkbar einschneidend – in Böhmen wie im Reich.

2.3.2 Die Folgen in Böhmen

Auf den Triumph der katholischen Waffen folgten kurzfristig Strafaktionen der Sieger, folgten mittelfristig eine Reduktion oder gar die Eliminierung ständischer wie konfessioneller Freiräume in den sezessionistischen oder doch unruhigen Ländern. Strafexzesse wie Freiheitsverlust trafen Böhmen, Mähren und Österreich ob der Enns am härtesten.

In Böhmen blieb fast nichts, wie es gewesen war. Die Sezessionisten bekamen Entschlossenheit und Rachsucht der Sieger sogleich vor Augen geführt, beim „Prager Blutgericht": 27 führende Persönlichkeiten des besiegten Landes, darunter zwölf Mitglieder der revolutionären Direktorialregierung, wurden von einem Sondergericht unverzüglich zum Tod verurteilt sowie öffentlich, vor dem Altstädter Rathaus in Prag, hingerichtet. An einigen wurden symbolische Verstümmelungen vorgenommen, immerhin erst an den Leichnamen. Dem Rektor der Universität Prag freilich, einem Philosophen, einem Mann des Wortes, hat man die Zunge bei lebendigem Leib herausgeschnitten. Diese Zunge sowie die Köpfe von zwölf Prager „Rebellen", wie die amtliche Sprachregelung hieß, hingen zehn Jahre lang am Altstädter Brückenturm. Ein Wort noch zu dieser Sprachregelung: Wenn wir von Rebellion, Aufstand, Erhebung sprechen, übernehmen wir, wie so oft, die Sicht der Sieger. Hätten die Böhmischen gewonnen, sprich: hätte sich Böhmen vom Großmachtkomplex der Habsburger losgemacht, würden wir von Staatsbildung sprechen – von einer ständischen Staatsgründung, wie sie, völkerrechtlich besiegelt 1648, den separatistischen niederländischen Nordprovinzen gelingt.

Nach dem Exzess des Blutgerichts scheinbar eine Atempause: Man bringt die Unbotmäßigen nicht mehr um, ja, sperrt nicht einmal viele von ihnen ein. Man ruiniert sie ökonomisch, und zwar so, dass der Kaiser und die Seinen davon profitieren. Ein Sondergericht überzieht das Land mit Geldbußen, lässt Ländereien konfiszieren. Viele müssen, schon um die Geldbußen aufbringen zu können, Land verkaufen, wegen des Überangebots zu sehr günstigen Preisen, viele auch treten es einfach an den Fiskus ab. Rund die Hälfte des böhmischen Grundes geht durch des Kaisers Hand; bleibt indes nicht dort, sondern wird weitergereicht an Anhänger Habsburgs, auch an wallonische oder italienische Offiziere (wie Colloredo) oder deutsche bzw. österreichische

„Prager Blutgericht"

Besitzumschichtungen, Elitenwechsel

Günstlinge (wie Eggenberg). Einer der gerissensten Krisengewinner war Albrecht Eusebius von Wallenstein: ein kaiserlicher Obrist, der seit 1622, als Kommandant von Prag, über die Verteilung der Quartiere in ganz Böhmen wachte und vor dessen oft willkürlich erscheinenden, jedenfalls aber gnadenlosen Verfügungen man schon damals allenthalben gezittert hat.

Hinter der Landverschiebung großen Ausmaßes steckte natürlich auch langfristige Strategie: Eine neue, kaisertreue Führungsschicht wurde im Land verankert, ein drastischer Elitenwechsel in Böhmen eingeleitet. An die Stelle des eigenwilligen, auf seine ständischen Freiheiten stolzen traditionellen Adels traten Landfremde, traten Deutsche, Italiener, Spanier, Franzosen – trat eine neue Elite, die alles der Krone verdankte und, anstatt eigensinnig auf ihren Freiheitsrechten herumzureiten, an eben dieser Krone Rückhalt suchte. Der internationale Charakter der von einer überregionalen Herrenschicht zusammengehaltenen Donaumonarchie kündigte sich an: ein Sieg des Katholizismus, ein Sieg über das traditionelle Ständetum.

1627: „Verneuerte Landesordnung"

Diesen Prozess beschleunigten noch zwei Maßnahmen, für die man sich bis zum Jahr 1627 Zeit gelassen hat; den beiden Dimensionen der böhmischen Erhebung gemäß zielten sie erstens auf libertäre Restbestände und zweitens auf die evangelische Konfession.

Erstens wurde also die neue, strikt monarchische Herrschaftsstruktur kodifiziert. War Böhmen zunächst, bis 1627, diktatorisch regiert worden, sozusagen nach Notstandsrecht und ohne Landtag, erging im Mai 1627 ein neues, konsequent monarchisches Grundgesetz fürs Königreich, die „Verneuerte Landesordnung". Ferdinand erließ sie aus eigener Machtvollkommenheit. Den ständischen Widerstandslehren stellte er seine Eroberungstheorie entgegen: Mit dem Schwert hatte er das rebellische Böhmen zurückgeholt, als Eroberer war er nicht an die früheren Gesetze gebunden, und die Rebellen hatten alle ihre Freiheiten und Privilegien verspielt.

Der König nahm für sich und seine Nachfolger die alleinige Befugnis in Anspruch, „Gesätz und Recht zu machen, und alles das jenige, was das Jus legis ferendae", also das Gesetzgebungsrecht, „mit sich bringt". Dem Landtag blieb zwar das Steuerbewilligungsrecht – aber nicht viel mehr. Die Steuerbewilligung dürfe nicht an „unbillige conditionen" geknüpft werden. Als solche „unbillige" Bedingungen werden ausdrücklich Eingriffe in königliche Hoheitsrechte und Gesuche um Privilegien genannt: Damit sollte das Steuerbewilligungsrecht gleichsam isoliert werden, sollte verunmöglicht werden, dass die Stände über diesen Hebel Einfluss auf die Landespolitik überhaupt bekamen. Ausschreibung, Tagesordnung, Gesetzesinitiative: Alles steht allein dem König zu. Er leitet den Landtag; übrigens ist es auch nicht mehr der alte Landtag, nicht nur, weil zahlreiche Güter (an ihnen haftete ja die Landstandschaft) den Besitzer gewechselt haben, als erster Stand fungieren nun wieder die – in den Hussitenkriegen verschwundenen – Prälaten (also die führende Geistlichkeit). Da der König das alleinige Recht auf Standeserhöhungen hat, Ausländern die Landsmannschaft übertragen und die Erlaubnis zum Erwerb von Landtafelgütern erteilen kann, hängt die Zusammensetzung des Landtags stark vom Willen der Krone ab. Dieser Landtag ist „kein autonomes Organ neben dem Königtum mehr" (Wolfgang Bergerhausen).

Nicht nur die Gesetzgebung, auch die oberste Justiz, die Ernennung der Landesbeamten, überhaupt die Kontrolle der Landesverwaltung: All das ist nun rein königlich. Demonstrativ wird die Böhmische Hofkanzlei, die oberste Justiz- und Verwaltungsinstanz, nach Wien verlegt. Die Wenzelskrone wird ausdrücklich für erblich erklärt, Wahl oder auch nur ‚Annahme' sind damit entbehrlich. Böhmen ist fortan Glied unter anderen in einer unteilbaren erblichen habsburgischen Gesamtmonarchie.

Nun, zweitens, zur Rekatholisierung! Die Verneuerte Landesordnung erklärt den Katholizismus zur allein zulässigen Glaubensrichtung. Am 31. Juli 1627 wurde allen noch im Land verbliebenen evangelischen Adeligen eine Sechsmonatsfrist gesetzt: Bekenntnis zum Katholizismus oder aber Auswanderung. Gut ein Viertel der böhmischen Adeligen emigrierte. Der Adel des Landes war auf einen Schlag ‚ketzerfrei' geworden.

So rasch ging das bei den Volksmassen natürlich nicht. Übrigens emigrierten auch viele Handwerker und bäuerliche Untertanen (Letztere illegal). Ungefähr 150.000 Personen verließen das Land: rund ein Zehntel der böhmischen Bevölkerung. So eine Emigration war in der Vormoderne eine heroische Lebensentscheidung, denn man konnte das in einer Mangelgesellschaft überlebensnotwendige „soziale Kapital" ja nicht in den Rucksack packen. Wer blieb, wurde Objekt

Die Rekatholisierung Böhmens

intensiver „Gegenreformation". Sogleich nach seinem Einzug in Prag hatte Ferdinand die calvinistischen Prediger ausgewiesen; lutherische konnten bleiben, weil der Kaiser nicht die lutherischen Reichsstände provozieren wollte. Doch drängte der Nuntius (diplomatische Vertreter des Papstes bei anderen Regierungen nennt man „Nuntien"), drängten die jesuitischen Beichtväter: Ketzer ohne Not zu dulden (und man sei ja noch nicht einmal an ein Versprechen gebunden – der Majestätsbrief galt als durch die Rebellion verwirkt), das sei Sünde. Also wurden im Herbst 1622 auch die ersten lutherischen Prediger vertrieben.

Die Verfolgungen wurden systematischer und flächendeckender. Parallel dazu wurden Erzbischof, Klöster, Jesuitenkollegien reichlich ausgestattet, es gab ja mehr als genug konfiszierte Güter. Vor allem von den Jesuiten versprach sich Ferdinand viel. Indes, sie mussten fast bei null anfangen, es gab praktisch keine katholischen Gemeinden in Böhmen. Doch half dem reichhaltigen und sinnenfreudigen geistlichen Instrumentarium jesuitischer Frömmigkeit weltlicher Zwang auf die Sprünge. Als besonders wirkungsvoll erwies sich die Praxis gezielter militärischer Einquartierungen: Bekehrte wurden geschont, Ketzer belegt. So kamen die Konversionen doch langsam ins Rollen. Königliche Amtleute zogen von Siedlung zu Siedlung, befragten Rat und Kirchengemeinden nach ihrer Bekehrungswilligkeit. Es empfahl sich, diese an den Tag zu legen, man wurde dann sogleich der fürsorglichen Missionsarbeit der mitgebrachten Jesuiten und Kapuziner überantwortet; Vertrauen ist gut, Kontrolle sicherer, die Beichtzettel waren zwecks statistischer Erfassung beim Stadtkommandanten abzugeben. Protestanten wurden zunehmend, dann systematisch vom Handwerk, vom Handel, von öffentlichen Ämtern ausgeschlossen, ja, man entriss begabte, aber evangelische Knaben ihren verzweifelten Familien, um so die Jesuitenkollegs zu füllen: eine Knabenlese, wie wir sie ansonsten nur vom Islam, den türkischen Janitscharenkorps kennen – „Zeit der Finsternis".

2.3.3 Die Folgen im Reich

Eigentlich sollte die Schlacht am Weißen Berg den Kampf um Böhmen entscheiden. Aber schon wegen der demoralisierenden Wirkungen auf alle evangelischen Sympathisanten der Aufständischen, auf alle, die nicht mit dem Kaiser marschierten, war sie natürlich auch für die Kerngebiete des Reiches von Bedeutung.

Wie würde die Union auf das böhmische Desaster ihres Direktors reagieren? Im Grunde hatte ja schon der Ulmer Vertrag die Auflösung der Union eingeläutet: Nach einem Jahrzehnt des ungeklärten Nebeneinanders verschiedener reichspolitischer Konzepte war in Ulm immerhin geklärt worden, dass es keine gemeinsame Basis gab und keine konstruktiven Ziele mehr. Die Utopien der nach Prag abgewanderten „Aktionspartei" hatte man, als die hohe Rechnung dafür präsentiert wurde, definitiv preisgegeben. Aber welche anderen Ziele lohnten noch das Beisammenbleiben? Dann der katholisch-kaiserliche Triumph vor Prag, die wenig glorreiche Flucht des Winterkönigs: nicht eben motivierend für das angeschlagene Bündnis von Auhausen!

Wie reagiert die bereits angeschlagene Union?

Ein Drittes kam hinzu: die Ächtung des Unionsdirektors. Der Einmarsch spanischer, dann auch, zangenartig, ligistischer Truppen in die pfälzischen Erblande des Winterkönigs bedurfte einer reichsrechtlichen Grundlage. Als Kurfürst von der Pfalz war Friedrich nicht einfach ein „Untertan" Ferdinands, so wie die Einwohner Böhmens, er war Reichsstand, selbst Obrigkeit, ein Landesherr. Der Kaiser konnte ja nicht einfach in ein Reichsterritorium einfallen – sonst war er, der oberste Friedenswahrer, selbst Landfriedensbrecher. Also musste rasch (denn die spanischen Truppen marschierten bereits, im August 1620 hatte Spinola den Mittelrhein überschritten) ein Achtverfahren eingeleitet werden, auf dass Friedrich rechtlos sei und seine Territorien an den Lehnsherrn, den Kaiser, zurückfielen. Die Eroberung der Unterpfalz musste als Exekution dieses Urteils verkleidet werden.

Durfte denn der Kaiser nach Gutdünken die Reichsacht verhängen? Er tat es einfach, im Januar 1621. Ob er das durfte, war schon damals umstritten und wird bis heute unterschiedlich beurteilt. Es hängt zum Beispiel davon ab, wie man die Rechtmäßigkeit der Wahl Friedrichs zum Böhmenkönig beurteilt. Immerhin hatten Rudolf, dann auch Matthias einst den Landständen ihr Wahlrecht förmlich bestätigt – war die Annahme einer solchen Wahl durch Friedrich da einfach als Ungehorsam, Treuebruch gegenüber dem höchsten Lehnsherrn (dem Kaiser), also als Felonie zu beurteilen? Eindeutiger ist, dass die Achterklärung gegen mehrere Bestimmungen der damals aktuellen Wahlkapitulation verstieß. Traditionell verlangten

Der Unionsdirektor verfällt der Reichsacht

die Kapitulationen vor einer Ächtung Gehör und ordentlichen Prozess (deshalb hatte man einst, 1521, Luther nach Worms geladen). Und die Kapitulation für Ferdinand II. trug ihm auf, dass er in „wichtigen sachen, so das Reich betreffen, bald anfangs" den Rat der Kurfürsten einhole. Nichts von alledem geschah. Habsburgische Apologien machten die kaiserliche Verfügungsgewalt über Kuren zur Conditio sine qua non einer Monarchie, und das sei nun einmal die Staatsform des Reiches.

Mit Ferdinands Auffassung von seinem kaiserlichen Amt müssen wir uns weiter unten noch beschäftigen, hier interessiert uns zunächst etwas anderes mehr: die demoralisierende Wirkung auch dieses Schrittes, der Ächtung, auf die Auhausener. Friedrich, der Unionsdirektor, war nun erklärter Outlaw. Wer ihm beistand, riskierte deshalb selbst die Ächtung. Der Achtbeschluss machte klar: Die Gegenseite ist grimmig entschlossen, ihre Auffassung von Recht und Gesetz auch im Reich militärisch zu exekutieren. Alles Lavieren half nun nichts mehr: Entweder die Union ging aufs Ganze, bestritt die Rechtmäßigkeit der Acht und zog gegen ihren Urheber, das Reichsoberhaupt, zu Felde (in einem Krieg, in dem die Auhausener entweder das ideelle Oberhaupt der abendländischen Christenheit zu Boden warfen oder selbst untergingen); oder aber sie gab klein bei.

Die Union löst sich auf

Es ging jetzt um Alles oder Nichts. Und das für eine Allianz, die sich selbst stets als defensiv, als Hilfsorgan des lädierten Reichsverbandes, als Rechtsverteidigungsbund definiert hatte; die sich 1617 mit Mühe und Not noch einmal auf drei weitere Jahre zusammengerauft hatte; die zuletzt mitbekommen hatte, wie sie ihr Direktor, wenn er von vor der Türe stehender Hilfe aus London fantasierte, betrogen hatte; die 1621 ohnehin auslief. Klar, dass sie unter diesen Umständen nicht erneut verlängert wurde! Sie zerbröselte regelrecht, nacheinander stellten alle möglichen Mitglieder ihre Zahlungen in die Unionskasse ein. Offiziell und förmlich am Ende war das Bündnis von Auhausen am 12. April 1621: Mainzer Vertrag der Restunion mit dem General der katholischen Truppen in der Unterpfalz, Ambrogio di Spinola.

Zwischenbilanz: Warum gehen die ersten Stiche an die katholische Seite?

Warum hat es eine katholische Liga bis 1635 gegeben, die Union nur bis 1621? Es liegt zunächst einmal an internen Problemen der Letzteren, die wir lediglich resümieren müssen: Anders als die Ligisten konnten die Auhausener, da die Hebelwerke der Reichsverfassung der katholischen Seite zuarbeiteten, nicht mit den bestehenden Reichsstrukturen zufrieden sein. Sich auf eine gemeinsame Alternative zu verständigen, vermochten sie aber auch nicht: Detailkorrekturen, Umbau, Abriss der bestehenden Reichspyramide? Die Gegenseite partizipierte an Nimbus und Macht des Reichsoberhaupts; die Union hatte keine charismatische Führungsfigur, und die große Mehrheit der Auhausener scheute zudem vor offener Auflehnung gegen das ideelle Haupt des christlichen Abendlandes zurück. Die Liga vereinte die meisten und wichtigsten katholischen Reichsterritorien; den Auhausenern fehlte das wohl wichtigste lutherische: Kursachsen, das zudem viele andere norddeutsche Protestanten vom Beitritt abhielt und seit 1620 *gegen* den Unionsdirektor, den Pfälzer, kämpfte. Spanien engagierte sich nicht sofort, aber doch einigermaßen zügig für die Interessen Habsburgs im Reich, damit – das war zunächst, vor Wallenstein, deckungsgleich – auch für die des reichsständischen Katholizismus; während der Union fast keine Hilfe vom westeuropäischen Ausland zuteilwurde. Kein Wunder, dass die ersten Stiche des Dreißigjährigen Krieges an die kaiserlich-katholische Seite gingen!

Friedrich hatte seine Sache in Böhmen verloren; im Reich gab es keine Union mehr. Im Prinzip war damit der Böhmisch-Pfälzische Krieg entschieden. Doch gab es Nachwehen. Drei Gegner der Liga waren noch nicht entwaffnet. Erstens standen Truppen Mansfelds im Pfälzischen. Ernst von Mansfeld kennen wir schon, er wollte vom Krieg vor allem leben, an ihm verdienen; ihn auszuschalten, war stets eine Frage des Preises. Von niederländischem Geld gelockt, zog er nordwärts, schließlich nach Ostfriesland ab. Zwei andere Gegner waren für die Liga gefährlicher.

Nachwehen

Ein Mitglied der aufgelösten Union kämpfte auf eigene Faust weiter: Markgraf Georg Friedrich von Baden. Er war lange Zeit nicht weiter aufgefallen unter den Auhausenern, hatte an sich eher der Mittelgruppe um Württemberg als der „Aktionspartei" zugehört; sich dann freilich radikalisiert. Fast 50 Jahre alt war er schon, als sich die Union auflöste, ein kriegstüchtiger Haudegen, beliebt im Volk – unter den zwölf- bis vierzehntausend Mann, die er auf eigene Faust der Liga entgegenstellte, kämpften vor allem Landeskinder. Mit ihnen also wollte er den Ligageneral, Tilly, sowie den spanischen Obristen Córdoba so beschäftigen,

Markgraf Georg Friedrich, Wimpfen

dass ihnen die Konsolidierung in der Unterpfalz nicht gelänge. Zuvor dankte er noch rasch zugunsten des Sohnes ab, damit es Dynastie und Land nicht entgelten müssten, falls alles schief ginge. Es ging schief: Nur zwei Wochen nach der Abdankung das Debakel von Wimpfen, am 22. Mai 1622 – stundenlange Kämpfe mit der Armee Tillys, Explosion der badischen Pulverwagen, die Liga triumphiert. Die Schlacht hat drei- bis viertausend Menschenleben gekostet.

Georg Friedrichs desaströs endender, aber heroisch anmutender, allemal tollkühner Versuch, allein gegen die kaiserlich-katholische Übermacht weiterzustreiten, hat noch den jungen Georg Büchner begeistert. Der Autor von „Woyzeck", von „Leonce und Lena" schrieb einen Aufsatz mit dem Titel „Helden-Tod der vierhundert Pforzheimer", preist Georg Friedrich darin als „Muster eines Fürsten", bereit, „für Glauben und Freiheit sein Blut zu versprützen". Der angebliche Heldentod der vierhundert Pforzheimer, die ihrem Markgrafen barfuß und in Nachthemden zu Hilfe geeilt seien, ist übrigens Legende. Es rankten sich viele Legenden um die Schlacht. Eine katholische lautet so: Eine weiß gekleidete Frau sei in der rauchgeschwängerten Luft über Córdobas Truppen geschwebt, einer der Soldaten, von Geburt stumm, sei daraufhin in den Schrei „Sieg! Sieg!" ausgebrochen und habe so seine wankenden Kameraden zum Triumph geführt. Übrigens wird die weiß gekleidete Frau eine Rauchwolke aus dem badischen Munitionslager gewesen sein. Dass die Pulverwagen eher zufällig getroffen und in die Luft gesprengt wurden, ist tatsächlich schlachtentscheidend gewesen.

Zu den vielen Legenden gehört auch diese: dass Georg Friedrich, allein, sich mit letzter Kraft im Sattel haltend, bei Einbruch der Nacht ans Stadttor von Heilbronn gepocht und dem erstaunten Torhüter zugerufen habe: „Gebt mir einen Trunk, ich bin der alte Markgraf." So kann man es in der landesgeschichtlichen Literatur nachlesen, die Quellen lehren anderes. Georg Friedrich rettete sich nämlich mit einigen Getreuen nach Stuttgart, „mit dreyen kleppern" (schwäbisch für schlechte, klapprige Pferde) sei er dort angekommen, notierte der württembergische Herzog Johann Friedrich in sein – erhaltenes – Diarium. Und der Vertreter der pfälzischen Exilregierung in Stuttgart, Andreas Pawell, beschrieb dem oberennsischen Ständeführer Tschernembl in einem Brief, wie er am Tag nach dem Wimpfener

Debakel den alten Markgrafen gedemütigt durch Stuttgarts Straßen habe schleichen sehen, „non tam exercitu quam animo fractus": nicht so sehr militärisch geschlagen denn „animo" – sollen wir sagen: in der Seele? – gebrochen. Er wird sich freilich noch über ein Jahrzehnt lang der Übermacht der „Papisten" entgegenstemmen, beispielsweise versuchen, Christian von Dänemark Truppen zuzuführen, sich später den Schwedischen anschließen.

Ein ganz anderer Typ als der alte Markgraf war Christian von Halberstadt: ein welfischer Prinz aus der Wolfenbütteler Linie, Administrator des einstigen Hochstifts Halberstadt. In zeitgenössischen Akten firmiert er fast durchgehend als der „tolle Halberstädter". Der gerade 21-Jährige hatte eine maßlose Abneigung gegen „Papisten" sowie, wie er einmal selbst in einem Brief an die Mutter schrieb, „lust zum kriege". Nun suchte er eines mit dem anderen zu verbinden, er warb Truppen an (die Akten behaupten: über zwanzigtausend Mann), um der Unterpfalz von Norden her zu Hilfe zu eilen. Auf seinem Hut war ein Handschuh der pfälzischen Kurfürstin Elisabeth befestigt, und die Fahnen trugen den Wahlspruch „pour Dieu et pour elle": für Gott und für sie; „sie", das war Elisabeth von der Pfalz, die junge Gemahlin des Winterkönigs, zu der Christian so etwas wie ein Minneverhältnis unterhielt. Angeblich soll er ihr versprochen haben, den einmal erhaschten Handschuh zurückzugeben, aber auf pfälzischem, sprich: für sie zurückerobertem Grund.

Der „tolle Halberstädter", Höchst

Was als so frommes wie ritterliches Bravourstück gedacht war, endete im Fiasko: Vier Wochen nach dem Wimpfener Treffen, am 20. Juni 1622, schoss Tilly die Truppen des Halberstädters bei Höchst zusammen, Christian verlor rund achttausend Mann. Übrigens wird er selbst, nicht anders als Georg Friedrich, noch jahrelang weitermachen gegen die „Papisten": Wir werden ihn gleich im Vorfeld des Niedersächsisch-Dänischen Krieges bei Stadtlohn antreffen, ferner wird er für die Holländer gegen Spanien kämpfen, dann auch wieder für Friedrich von der Pfalz; um freilich schon 27-jährig einer fiebrigen Erkrankung zum Opfer zu fallen.

Mit den Schlachten von Wimpfen und Höchst war der Krieg auch im Westen, am Rhein entschieden. Am 19. September 1622 nahm Tilly Heidelberg ein, die Residenz der Kurpfälzer, das Zentrum des deutschen Calvinismus, wenig später fiel die Festung Mannheim;

im März 1623 befahl Friedrich von seinem holländischen Exil aus der dritten Landesfestung, Frankenthal, die Aufgabe. Die kaiserlich-katholische Seite, so schien es jedenfalls, hatte sich auf der ganzen Linie durchgesetzt.

2.4 Warum geht der Krieg weiter?

Außerdeutsche Entwicklungen?

Warum kein Fünfjähriger Krieg? Finden wir die Antwort außerhalb der Reichsgrenzen? Nun, wenn wir den nacheinander in den Krieg intervenierenden europäischen Mächten Dänemark, Schweden und Frankreich Stippvisiten abstatten, können wir überall schon jetzt Entwicklungen ausmachen, die diese künftigen Interventionen ermöglichen oder mittelfristig zu ihnen einladen werden. Die Pariser Regierung beispielsweise drängt in den frühen 1620er-Jahren mit einiger Militanz die calvinistische Minderheit im Land (die „Hugenotten") zurück. Alle Handbücher zählen ja „acht Hugenottenkriege (1562–1598)", aber eigentlich gab es deren zehn, denn die 1620er-Jahre sahen zwei weitere militärische Auseinandersetzungen, letzte – freilich erbitterte – Rückzugsgefechte. Nach dem neunten Hugenottenkrieg, 1621/22, blieben den Calvinisten nur noch zwei Places de sûreté (wörtlich übersetzt: „Sicherheitsplätze", also von ihnen dominierte Bollwerke und Rückzugsgebiete): La Rochelle und Montauban. Frankreich konnte sich, insofern innerlich ‚konsolidiert', wieder der Außenpolitik – und damit seiner alten Rivalität mit den Habsburgern hingeben, genau diesen Weg wird Richelieu dann auch gehen. Aber er wird erst 1624 Erster Minister werden und auch dann noch nicht sogleich der starke Mann der Pariser Politik sein.

Überhaupt werden wir die verschiedenen außerdeutschen Mächte dann inspizieren, wenn ihre Truppen tatsächlich auf deutschem Boden erscheinen. Denn Entwicklungen in Frankreich oder in Schweden erklären nicht, warum die Deutschen selbst nicht in der Lage waren, 1622 oder 1623 einen Krieg zu beenden, der doch ohnehin entschieden schien. Noch war dieser Krieg reichsintern beendbar, theoretisch. Warum endete er nicht praktisch?

Die Maßlosigkeit der Sieger!

Nun, die kaiserlich-katholische Konfliktpartei hatte sich zwar entschieden und zügig durchgesetzt; aber sie nutzte ihren Triumph so maßlos aus, dass das den Fortgang von Kampfhandlungen geradezu provozieren musste. Wir können, das erläuternd, an Gedanken anknüpfen, die weiter oben, bei der Würdigung des Münchner Vertrags, geäußert wurden (vgl. Kap. 2.2.3). Der Krieg war, vordergründig betrachtet, zunächst einmal deshalb nicht zu Ende, weil sich die vagabundierende pfälzische Exilregierung mit ihrem Los nicht zufriedengab, nicht zufriedengeben konnte. Friedrich war über Breslau, Brandenburg und Wolfenbüttel nach Holland geflüchtet, saß nun als im doppelten Wortsinn teurer Gast der holländischen Calvinisten in Den Haag. Natürlich spann er, wie schon vor 1618, seine Fäden zu potenziellen Feinden der Hofburg, Madrids, Roms in ganz Europa. Und je maßloser die Sieger im Reich auftrumpften, desto besorgter waren erstens die evangelischen Herrscher ringsum und zweitens all diejenigen, die sich ohnehin vor einer habsburgischen „Monarchia universalis" (modern ausgedrückt: einer habsburgischen Hegemonie über Europa) fürchteten. Umtriebig war die pfälzische Politik schon seit Jahrzehnten gewesen; nun kam die Verzweiflung derer dazu, die durch jedes auch noch so gewagte Projekt nur gewinnen konnten: weil sie nämlich nichts mehr zu verlieren hatten.

Dass sie mit den Pfälzern Verlierer schufen, die gar nichts mehr zu verlieren hatten: Das bezeugt mangelnde Weitsicht der Siegreichen (oder ist, ins Moralische gewendet, ihre Schuld). Dass sich Friedrich nach einer verheerend verlorenen Schlacht nicht in Böhmen halten konnte, wo er übrigens ohnehin nicht eben geschickt agiert hatte, nun gut. Wer wollte es den Siegern vom Weißen Berg verdenken, dass sie sich jenes Böhmen, das nach ihrer Rechtsauffassung ohnehin Habsburg gehörte, zurückholten? Aber dabei ließen sie es eben nicht bewenden. Warum? Wer war daran schuld? Ferdinand, der Habsburger? Maximilian von Bayern? Das ist eine Bewertungsfrage, die Fakten sind diese: Die kaiserlichen Siege im Böhmisch-Pfälzischen Krieg waren glänzend, aber geborgt. Geborgt von Madrid, weshalb die Spanier die geostrategisch (die Verbindungslinie nordwärts, hin zu den spanischen Niederlanden!) für sie wertvolle Unterpfalz besetzt hielten. Geborgt von Rom, das als Gegenleistung für seine Hilfsgelder die berühmte Palatina, die Bestände der Heidelberger Bibliothek, verlangte – und erhielt. Nach Süden gen Rom unterwegs kamen die Bücher auch durch München, wo es sich Maximilian nicht nehmen

Verlierer, die nichts mehr zu verlieren haben

ließ, jeden Band mit einem Exlibris (einem eingeklebten, den Besitzer anzeigenden Bücherzettel) auf den frischgebackenen Kurfürsten von Bayern zieren zu lassen.

<small>Was mit Friedrichs Ländern passiert</small>

Insbesondere nämlich waren die kaiserlichen Siege vom Bayernherzog geborgt. Der war schlau, war gerissen, und er führte genau Buch. Geborgt war nicht geschenkt, nicht bei Maximilian. Als Sicherheit für seine Kriegskosten hatte er Österreich ob der Enns verpfändet bekommen, und er verwaltete jene Oberpfalz, die ihm der Kaiser mehrfach streng geheim als Kriegsbeute in Aussicht gestellt hatte; 1628 wird das vorläufige zum Dauerlehen erklärt werden, gegen den bayerischen Verzicht auf Österreich ob der Enns. Also, es war früh absehbar, dass die Oberpfalz nie mehr den bayerischen Klauen zu entreißen sein würde. Und die Unterpfalz? Schon weil die Oberpfalz längst nicht mehr für die von Maximilian pedantisch genau aufgelisteten Kosten des Krieges hinreichte, warfen die Münchner begehrliche Blicke auch zum Rhein. Wie praktisch, dass sich in den rechtsrheinischen Teilen der Unterpfalz ohnehin die Ligatruppen breitmachten! Linksrheinisch standen spanische Kontingente. Diese wie jene gingen zügig daran, die militärischen Triumphe in konfessionspolitischen Terraingewinn umzumünzen – etwa durch die Restitution strittigen Klosterguts an die katholische Kirche; die Universität Heidelberg wurde geschlossen, stattdessen ein Jesuitenkolleg eingerichtet. Friedrich war ein Kurfürst ohne Land.

<small>Was mit Friedrichs Kur passiert</small>

War er ein Kurfürst? Maximilian verlangte mehr, verlangte auch den Kurhut. Die fragwürdige Ächtung Friedrichs sollte nicht nur die Okkupation seiner Länder beschönigen, sie machte ferner den Weg frei für eine Translation der Kur. Im September 1621 erfolgte, zunächst einmal geheim, die Investitur des Bayernherzogs. Öffentlich mit der bislang pfälzischen Kur belehnt wurde er im Februar 1623.

<small>Juristische Würdigung der Kurtranslation</small>

Rechtlich war die Kurübertragung so fragwürdig wie die Verhängung der Reichsacht (vgl. zu ihr Kap. 2.2.3), beispielsweise, weil erneut der Konsens des Kurkollegs fehlte. Er wurde auch hinterher nur unvollständig eingeholt, auf dem Regensburger Konvent vom Januar 1623: nicht etwa einem Kurfürstentag, sondern einer irregulären Versammlung besonders kaisertreuer Reichsstände – kündigte sich ein Rückfall in die Zeit der spätmittelalterlichen Hoftage mit ihrem fluktuierenden, von königlicher Huld abhängigen Teilnehmerkreis an? Den wegen der Kurtranslation unwilligen Kurhöfen von Berlin und

Dresden erklärte Ferdinand, diese sei eben „auß Kayserlicher Majestät [Macht-]Vollkommenheit" vorgenommen worden.

Dem Reich eignete ja eigentlich eine Mischverfassung (vgl. hierzu ausführlich Kap. 5.1.3) – aus monarchischen Zügen (der Kaiser), oligarchischen (die herausgehobene Rolle der wenigen kurfürstlichen unter den Reichsständen) und aristokratischen (der Reichstag als Vollversammlung des regierenden Hochadels). Wiener Gutachten definieren das Reich seit den 1620er-Jahren einsinnig als Monarchie; die Kurfürsten konnte man schon mal befragen, verpflichtet sah man sich hierzu nicht; der Reichstag aber galt seit 1608, spätestens 1613 als gescheitert. Drohte das politische System des Reiches deformiert zu werden? Kritische Zeitgenossen haben es früh befürchtet, und solche Besorgnisse werden bis 1648 nicht verstummen. Übrigens waren schon in der Geheimen Urkunde über die Translation der pfälzischen Kurwürde von 1621 Töne angeklungen, die aufhorchen lassen. Ferdinand erklärt dort, er könne „aus Keyserlicher Vollmacht" über Kuren verfügen. Ex plenitudine potestatis also setze er Friedrich V. „außer der Zahl unser Churfursten", ihrer „Stimb, Session, Wurde", und weil er darüber seines „Gefallens zu disponiren Macht" habe, erhebe er hiermit Maximilian von Bayern zum Kurfürsten.

Soweit die juristische und verfassungsgeschichtliche Würdigung! Und die politische? Zunächst einmal: Bayern war katholisch, die Pfalz evangelisch. Damit änderten sich die Mehrheitsverhältnisse im Kurkolleg. Kurfürsten waren bekanntlich die drei rheinischen Erzbischöfe (Mainz, Köln, Trier) sowie die drei weltlichen, im 16. Jahrhundert evangelisch gewordenen Herrscher der Pfalz, Sachsens und Brandenburgs. Der König von Böhmen, siebtens, wählte zwar das Reichsoberhaupt mit, beteiligte sich aber ansonsten nicht an den kollegialen Aktivitäten, saß auch nicht im Kurfürstenrat des Reichstags. Wenn es nicht um die Wahl des nächsten Reichsoberhaupts, sondern um ‚ganz normale' Reichspolitik ging, herrschte im Kurkolleg also formal Parität; tatsächlich hatten forciert evangelische Positionen wegen der betont kaisernahen Dresdner Reichspolitik keine Chance. Und wenn gewählt wurde, waren ohnehin vier von dann sieben Stimmen katholisch. Aber die Translation der Kur vom Pfälzer auf den Münchner verstärkte natürlich noch das katholische Übergewicht. Das konnte Habsburg nur recht sein. So weit, so gut.

Politische Effekte der Kurtranslation

Was war, auch für Habsburg, schlecht? Dass die Kurtranslation kriegsverlängernd gewirkt hat. Denn alles, aber auch alles nahm man Friedrich von der Pfalz weg, und um das bewerkstelligen zu können, hatte man ihn sogar aus der Rechtsgemeinschaft des Reiches ausgeschlossen. Das aber hieß: Für den Pfälzer ging es nur noch um alles oder nichts. Er *musste* einfach wieder und wieder noch so verwegene Allianzprojekte ventilieren, noch das verzweifeltste Mittel musste ihm gerade recht sein. Auch deshalb drohte die Malaise des Pfälzers obendrein, externe Faktoren ins Spiel zu bringen: Denn alle außerdeutschen Herrscher, die in Mitteleuropa ihr eigenes Süppchen kochen wollten, fanden hier eine wohlfeile Legitimation für etwaige Einmischungsversuche.

Die potenzielle Eskalationsspirale dreht sich noch weiter. Weil die Kollateralschäden, die bei der üppigen Honorierung des bayerischen Engagements im Böhmisch-Pfälzischen Krieg anfielen, vom Nutznießer in München, aber auch von den Wienern und den Madridern ja natürlich gar nicht übersehen werden konnten, hielten sie alle es für ratsam, weiterhin katholische Truppen im Reich zu unterhalten. Sogar ausländische, nämlich spanische Truppen blieben dort: Denn schon wegen der für sie wichtigen Verbindungswege hinauf in die Niederlande (vgl. Karte 1) beließ die Madrider Regierung sicherheitshalber Truppen in der linksrheinischen Unterpfalz. Die Pfalzfrage drohte sogar noch weitere Kreise zu ziehen: Denn würde man in Paris auf Dauer ruhig zusehen, wenn sich der dort subjektiv als bedrohlich empfundene habsburgische Einschließungsgürtel rings um französisches Staatsgebiet durch Madrider Truppenpräsenz in der Unterpfalz noch weiter schloss?

Die Pfalzfrage – der Motor des Kriegsgeschehens der 1620er-Jahre

Die Anlässe des Dreißigjährigen Krieges waren böhmisch gewesen. Aber während der Sieg der katholischen Waffen dort, in Böhmen, endgültig und irreversibel war, drohten Folgelasten der böhmischen Erhebung der Pfalzfrage wegen den Reichsverband dauerhaft zu destabilisieren. Die Pfalzfrage war der Motor des Kriegsgeschehens während der 1620er-Jahre. Schon deshalb ist es wenig triftig, wenn manche moderne Darstellungen – im tagespolitisch motivierten, wissenschaftlich zweifelhaften Interesse, alle irgend relevanten historischen Ereignisse zu ‚europäisieren' und der Europäischen Union so eine historische Tiefdimension zu schenken – suggerieren, der Dreißigjährige Krieg sei von Anfang an ein europäischer Hegemonialkampf gewesen. Sogar

Christoph Kampmann, der den Dreißigjährigen Krieg pointiert als „Geschichte eines europäischen Konflikts" beschrieben hat, muss doch einräumen: „bis 1635" sei „die Frage nach Krieg und Frieden noch im wesentlichen im Reich selbst entschieden" worden. Unzweifelhaft hätte der Krieg in den 1620er-Jahren reichs*intern* beendet werden können, insofern war er im Kern ein deutscher.

Er hätte beendet werden können durch kluge Mäßigung der siegreichen, der kaiserlich-katholischen Seite. Die aber schlug 1623 im Vollgefühl des Triumphes zu – nicht nur in Böhmen, nein, auch im Reich, indem sie dem einstigen Direktor der Union alles nahm. Wir werden am Ende der nächsten Kriegsphase, des Niedersächsisch-Dänischen Krieges, Vergleichbares wahrnehmen: Triumph der katholischen Waffen, erneut und nun erst recht unmäßig ausgenützt (insbesondere durch das Restitutionsedikt, vgl. Kap. 2.7.2) – was wieder den Fortgang von Kampfhandlungen provoziert, eine weitere, die dritte Kriegsphase, und nun auch eine Internationalisierung, die eine nur reichsinterne Beendigung des Krieges danach unrealistisch machen wird.

2.5 Der Niedersächsisch-Dänische Krieg – Konstellationen zu Kriegsbeginn

2.5.1 Norddeutschland rückt ins Blickfeld

Der Niedersächsisch-Dänische Krieg wird meistens von 1625 bis 1629 datiert. Wichtige Voraussetzungen wurden freilich schon seit 1623 geschaffen, und seitdem schon agierten auch im Norddeutschen Truppen. Ernst von Mansfeld hatte sich dorthin zurückgezogen und wurde vor allem Territorien des Niedersächsischen Reichskreises zur Last, dazu kamen die verbliebenen Trümmer vom Heer des „tollen Halberstädters". Deshalb brach im Mai 1623 auch Tilly nordwärts auf, am 6. August 1623 schlug er Christian von Halberstadt vor Stadtlohn, woraufhin sich dieser in holländische Dienste rettete, wie zunächst auch Mansfeld. Das alles wird üblicherweise, so es überhaupt erwähnt wird, in Ausblicken dem Böhmisch-Pfälzischen Krieg angehängt. Doch der war da längst entschieden; hingegen läutete die Verschiebung der Kriegsschauplätze nach Norden die nächste Kriegsphase ein: kein

Schon 1623: Verschiebung der Kriegsschauplätze

Fünfjähriger Krieg also, nein, 1624 erwies sich als „Scheinfriedensjahr" (Golo Mann).

Sorgen der norddeutschen Protestanten

Norddeutschland stand seit der Schlacht bei Stadtlohn den Ligatruppen völlig offen. Tilly zog nicht etwa wieder nach Süddeutschland, gar nach Bayern ab, nein, er quartierte seine Truppen ungeniert und kostenträchtig in Westfalen und im Hessischen ein, teilweise nah an den Grenzen des Niedersächsischen Reichskreises. Das empfanden die dortigen Protestanten, die ja der Union ferngeblieben waren und es sich bislang allesamt in einer scheinbar sicheren Zuschauerrolle bequem gemacht hatten, als bedrohlich: Denn es gab eine ganze Reihe von Hochstiften in Norddeutschland, die erst nach dem Religionsfrieden an jene evangelischen Bistumsadministratoren gefallen waren, die es nach katholischer Lesart des Geistlichen Vorbehalts gar nicht geben durfte – drohten territoriale Umwälzungen großen Ausmaßes? Thomas Brockmann zeigte 2011, dass an der Hofburg solche Überlegungen damals offenbar gar nicht aktuell gewesen sind. Aber Norddeutschlands Protestanten befürchteten, demnächst von einer Art Rechtskrieg überzogen zu werden. Und mit dem Ligaheer stand ja auch schon ein treffliches Exekutionsmittel für die dann zu erwartenden kaiserlichen Mandate gleichsam vor der Tür. Waren einem Reichsoberhaupt, das ohne rechtliche Skrupel Kurhut und pfälzisches Land transferiert hatte, in Norddeutschland vergleichbare Operationen etwa nicht zuzutrauen? Sorge, ja Furcht wuchsen, wurden Erbitterung und Wut, und damit fanden die alten Feinde des habsburgischen Großmachtstatus neue Ansatzpunkte, neue potenzielle Verbündete.

2.5.2 Doch noch Verbündete für Friedrich von der Pfalz?

London: Jakobs prospanische Politik ist desavouiert

Auch der unfreiwillige Wahlholländer Friedrich hielt natürlich unverdrossen nach solchen Verbündeten Ausschau. Es zeichneten sich einige hoffnungsvolle Entwicklungen ab. In London war Jakob inzwischen unsanft aus seinen spanischen Träumen erwacht; nicht nur, dass sich die umworbenen, umschmeichelten Spanier in den Erblanden des Schwiegersohns, Friedrichs, breitmachten, es wurde und wurde nichts aus der erhofften dynastischen Verbindung. Der Prinz von Wales, Karl (der spätere König Karl I., jener, der 1649 auf Betreiben Cromwells hingerichtet wird): Er war, der spanischen Hinhaltetaktik überdrüssig, persönlich nach Madrid gereist, um Klartext zu reden und Klarheit zu gewinnen. Die Spanier mussten nun Farbe bekennen, wegen der Heirat und wegen einer Restitution der Kurpfalz, tatsächlich hatten sie so wenig Lust zum einen wie zum anderen, und so forderten sie die vorherige Konversion sowohl Karls als auch Friedrichs zum Katholizismus. Damit war Jakobs tagträumende Politik desavouiert, das Londoner Parlament wurde unmutig; Jakob begann, über antihabsburgische Koalitionen nachzudenken, zunächst einmal ermöglichte er durch stattliche Subsidien (also Hilfsgelder: lat. subsidium = Beistand, Hilfsmittel) Ernst von Mansfeld eine Verstärkung seiner zuletzt arg zusammengeschmolzenen Truppenkontingente: soweit England.

Auch französische Hilfsgelder flossen seit dem Frühjahr 1624 dem Mansfelder zu, denn auch Frankreich war mit dem Ausgang des Böhmisch-Pfälzischen Krieges, speziell mit den spanischen Besatzungstruppen in der linksrheinischen Unterpfalz, unzufrieden. Hinzu kam ein handfester Konflikt mit den Spaniern im Veltlin.

Was interessierte die Madrider an diesem scheinbar entlegenen Winkel der Europakarte? Es ging um die „Spanish Road" (wie die maßgebliche Monografie von Geoffrey Parker tituliert; zeitgenössisch: „camino espagnol"), also eine für den spanischen Großmachtkomplex wichtige Landverbindung zwischen den niederländischen Provinzen Madrids und seinen anderen außeriberischen Herrschaftsgebieten: der Franche Comté nämlich (oder Freigrafschaft Burgund – die von Madrid aus regierten Gebiete um Dôle und Besançon), sodann den oberitalienischen Besitzungen der spanischen Habsburger, aber auch den Gebieten der österreichischen Verwandten. Die im östlichen Vorfeld Frankreichs verlaufende Landverbindung hinauf gen Brüssel war nicht nur aus handelspolitischen Gründen wichtig, sondern auch und gerade militärisch als Nachschubweg für jene spanische Flandernarmee, die gegen die sezessionistischen niederländischen Nordprovinzen kämpfte (vgl. Karte 1).

Paris: Streit mit Spanien ums Veltlin

Die westlichen Alpenpässe kontrollierte der zur Zeit feindselige, bekanntlich sogar anfangs in Böhmen engagierte Herzog von Savoyen. Die sich östlich anschließenden Pässe aber gehörten zum Bund der Eidgenossen, der sich bei konfessionell imprägnierten Streitigkeiten in der Regel neutral verhielt, wegen der Konfessionsverschiedenheit seiner Kantone auch verhalten musste. Indes, Graubünden gehörte damals noch nicht zum Bund, auf seine Pässe war Spanien deshalb angewiesen. Nun war Graubünden freilich evangelisch, ein strategisch wichtig gelegenes Untertanengebiet der Graubündner, eben unser Veltlin (es ist nordöstlich des Comer Sees gelegen), indes katholisch. Das schien gewisse Möglichkeiten zu eröffnen; am Eingang zum Tal hatte die spanische Regierung schon einmal die große Festung Fuentes errichten lassen.

Dass es 1618, wieder einmal, konfessionell motivierte Unruhen im Veltlin gab, die Graubündner drastisch reagierten und viele Anführer des katholischen Veltliner Widerstands ins Exil trieben, wo diese wiederum zum Kampf gegen die Protestantisierung ihrer Heimat aufriefen, lieferte Madrid einen nützlichen Ansatzpunkt: Im Sommer 1620 okkupierten spanische Truppen das Veltlin. „Spanische Truppen"? Nun, genau genommen waren es mailändische, aber das Herzogtum Mailand gehörte zum habsburgischen Großmachtkomplex. Graubünden, aber auch die evangelischen Schweizerkantone riefen den Franzosenkönig, Ludwig XIII., zu Hilfe; als der nicht sogleich eingriff, versuchten es die Graubündner selbst, mit katastrophalem Erfolg. Spanien okkupierte weitere Teile Graubündens. Nun stand Ludwigs Prestige auf dem Spiel, die „Veltlinfrage" wurde in Paris zum Ehrenpunkt wie mittlerweile die „Pfalzfrage" in London. Im Februar 1623 verbündete sich Frankreich mit zwei Gegnern des spanischen Einflusses in der Region, Savoyen und Venedig; Ziel der Liga von Lyon war es, die Spanier wieder aus dem Veltlin zu vertreiben. Massiver Druck, Madrid gibt nach – aber die spanisch-französischen Beziehungen sind belastet, und sie bleiben es.

Weitere für die Hofburg ungünstige Entwicklungen

Wir hörten von England, dann von Frankreich, und diese beiden Königreiche waren seit 1625 auch dynastisch verbunden: Jener Karl, den Spanien so schnöde hingehalten hatte, tröstete sich mit der französischen Prinzessin Henriette. Und beide Mächte hatten schon im Vorjahr ein Defensivbündnis mit den separatistischen niederländischen Nordprovinzen abgeschlossen. Außerhalb der Reichsgrenzen hätten die zuletzt so erfolgreichen Wiener, wenn sie genau hingeschaut hätten, einige Gründe zur Beunruhigung entdecken können. *Nur* da? Frankreich begann, Kurbrandenburg, Kursachsen und andere evangelische Reichsstände mit Bündnisprojekten zu umgarnen, natürlich nicht unter konfessionellen Vorzeichen, sondern zur Verteidigung ihrer von Habsburg bedrohten „Libertät".

Wir dürfen festhalten: Konfliktlinien und Bündniskonstellationen verschoben sich zuungunsten Habsburgs. Das ist für den Fortgang der Kampfhandlungen wichtig, wir verirrten uns zuletzt keinesfalls auf Abwege. Nun heißt die Kriegsphase, auf die wir zusteuern, freilich nicht Französischer oder gar Englischer Krieg. Deshalb müssen wir unsere Augen jetzt nach Skandinavien wenden.

2.5.3 Christian IV. von Dänemark: der Mann, sein Land, seine Kriegsziele

Einer der skandinavischen Könige war von Amts wegen an Reichspolitik und am Schicksal des Niedersächsischen Kreises interessiert: der König von Dänemark; denn als Herzog von Holstein war er auch Reichsstand, Herrscher über eines der größeren Territorien des Niedersächsischen Reichskreises. Dass Schleswig und Holstein zwar staatsrechtlich vereint und in Personalunion dem Dänenkönig unterstellt waren, dass Holstein aber – anders als Schleswig – zum Alten Reich und dann, seit 1815, zum Deutschen Bund gehörte: Diese regionale Konstellation wurde fürs Große und Ganze der deutschen Geschichte mehrmals wichtig. So sieht das Jahr der für das deutsch-französische Verhältnis so verhängnisvollen Rheinkrise von 1840 auch erste aufgeregte Auseinandersetzungen um den „deutschen" Charakter von Schleswig (den dann die ersten Germanistentage ‚beweisen' werden, während die empathisch „nationalen" Sängerbünde inbrünstig ihr „Schleswig-Holstein meerumschlungen" schmettern). Und bekanntlich wird Bismarck in der Schleswig-Holstein-Frage seinen Hebel finden, um dem Deutschen Bund 1866 den Garaus zu bereiten. Auch in den 1620er-Jahren erwies sich die dänische Herrschaft über Holstein als wichtig.

Folgenreiche dänische Herrschaft über Holstein

„Christian IV. von Dänemark", so titulieren alle Handbücher. Aber der Mann regierte über viel mehr als heute dänisches Gebiet, zum damaligen Dänemark gehörten Island, Grönland, südliche Partien des heutigen Schweden (mit Schonen), die Ostseeinseln Gotland und Ösel. In Personalunion regierte Christian ferner das Königreich Norwegen sowie, wie soeben schon erwähnt, die Herzogtümer Schleswig

Christian IV. regiert ein Riesenreich

und Holstein. Dänemark-Norwegen galt damals als unstrittig führende skandinavische Macht. Sie erstreckte sich in Südnordrichtung von Altona vor den Toren Hamburgs bis zum Nordkap, erstreckte sich von Island im Westen bis zur Insel Ösel vor der Küste Estlands. Kurz, Dänemark-Norwegen umfasste ein riesiges Staatsgebiet. Gewerblich war es rückständig – Haupterwerbsquelle die Landwirtschaft; außer Holz besaß Dänemark-Norwegen keine Rohstoffe, der Außenhandel lief weitgehend über holländische Schiffe. Ökonomisch entsprachen die Ressourcen dieses riesigen Landes denen eines größeren Reichsterritoriums, beispielsweise Sachsens. Und es war selbst für damalige Verhältnisse sehr dünn besiedelt: keine eineinhalb Millionen Einwohner.

Schweden-Finnland freilich, noch dünner besiedelt, geradezu öde, kam noch nicht einmal auf eine Million. Aus diesem und anderen Gründen galt Dänemark-Norwegen um 1600 oder 1625 als die stärkere Kraft. Die beiden menschenarmen Riesenreiche waren traditionell verfeindet – die skandinavische Zwei-Blöcke-Konstellation hatte sich im frühen 16. Jahrhundert in Krieg und gewaltsamer Separation von Dänemark ergeben. Offenen Krieg hatte man zuletzt zwischen 1563 und 1570 gegeneinander geführt („nordischer Siebenjähriger Krieg"), Dänemark hatte sich damals an sich, wie erwartet, als stärker erwiesen, indes ließ sich das riesige schwedische Ödland nicht erobern und Stockholm ließ sich auch nicht von seinen Expansionsversuchen nach Osten abbringen. Schweden-Finnland konnte Dänemark-Norwegen nicht das Wasser reichen, Letzteres indes Ersteres nicht verschlingen. So standen die Dinge, als Christian IV. 1596 in Kopenhagen gekrönt wurde.

Christian IV. ist ehrgeizig

Er war energisch, dachte schnell und klar, vor allem aber war er ehrgeizig. Ein Königsleben im Dienste von Ackerbau und Viehzucht, als oberster Hirte der heimischen Schafherden, das war nicht seine Vision. Von Anfang an rüstete er auf, binnen weniger Jahre war die Kriegsflotte verdreifacht, damit die stärkste im Ostseeraum. Wenn wir für diese Aufrüstung, neben dem Ehrgeiz des neuen Königs, überhaupt einen konkreten Grund ausmachen können, dann waren es wieder zunehmende Reibereien mit dem benachbarten Schweden, dessen König innenpolitische Schwierigkeiten durch Imponiergehabe nach außen zu kompensieren suchte – militärische Scharmützel im

Norden von Norwegen, in den Finnmarken, schließlich brach sogar offener Krieg aus (1611–1613, „Kalmarkrieg"); er zeigte nur noch einmal, was man eigentlich schon von 1570 her wusste: Schweden war nicht zu verschlingen, zumal zur See aber war Dänemark stärker. Schweden musste Reparationen zahlen. Diese und der üppig sprudelnde Sundzoll (Dänemark kontrollierte, wie alle anderen Verbindungen zwischen Nord- und Ostsee, insbesondere den für die Schifffahrt zentralen Øresund und profitierte traditionell von seinen „parasitical trade practices": Paul Douglas Lockhart) brachten Christian einen ausgeglichenen Staatshaushalt ein, machten ihn zu einem der zahlungskräftigsten Herrscher Europas. Christian wollte daraus politisch etwas machen; vorerst weitere Kriegsschiffe, und sogar ein stehendes Heer (vgl. zu diesem Begriff Kap. 3.6.4) wird aufgestellt – viertausend Mann, nicht viel, indes: Wer besaß damals schon überhaupt ein stehendes Heer?

Schon seit geraumer Zeit schielte Christian auch ins Reich, insbesondere in die einstigen Hochstifte Norddeutschlands, die längst säkularisiert, also weltliche Wahlfürstentümer geworden waren; er hätte gern den jüngeren Bruder, Frederik, sowie Söhne dort als Administratoren installiert. Bereits 1603 war Frederik zum Administrator des freilich wenig attraktiven einstigen Hochstifts Schwerin gewählt worden. Christian wollte mehr, und das aus zwei Gründen. Zum einen ging es darum, die Nachkommen so zu versorgen, dass Erbschaftsstreitigkeiten, wie sie zuletzt Schweden zerrüttet hatten, fürs Erste vermieden wären. Außerdem expandierte der notorische skandinavische Rivale gerade nach Osten, in Livland; Dänemark-Norwegen konnte unmöglich nach Westen expandieren – dort lag nur noch der Atlantik. Wollte man Schweden nicht aufholen lassen, musste Zuwachs im Süden her. In den frühen 1620er-Jahren gelang es Christian mit einer Kombination aus Verhandlungsgeschick, finanziellen Gefälligkeiten und Drohungen, den Söhnen drei Pöstchen zu sichern: Administrator von Verden, Koadjutor (so nannte man den schon zu Lebzeiten des Bischofs bzw. Bistumsadministrators gewählten Nachfolger, solange er noch nicht selbst regierte) von Halberstadt, Koadjutor von Bremen (das einstige Erzstift ist gemeint, nicht die Hansestadt).

Warum Christian IV. nach Norddeutschland blickt

Mittlerweile tobt schon der Dreißigjährige Krieg. Aus machtpolitischen wie konfessionellen Gründen lässt Christian den evangelischen

Reichsständen manche heimliche Hilfe zukommen. Aber offen ist er im Böhmisch-Pfälzischen Krieg nicht engagiert.

Warum Christian IV. zu den Waffen greift

Dass sich das ändert, liegt auch an der rastlosen Suche der pfälzischen Exilregierung nach neuen Verbündeten – sie mobilisiert die alte Rivalität der beiden skandinavischen Königreiche Dänemark und Schweden, lässt sie in einen Wettlauf um die Führungsrolle in einer antihabsburgischen Koalition münden. Hier will Christian auf keinen Fall als Zweiter das Nachsehen haben.

Wir sahen in Kapitel 2.5.2, dass man neuerdings in London über Spanien aufgebracht war und dass man in Paris (wo die Ermordung Heinrichs IV. eine Dekade innerer Schwäche verschuldet hatte) wieder an die traditionell antispanische Außenpolitik anzuknüpfen begann. Der englische wie der französische König ließen sowohl in Stockholm als auch in Kopenhagen wegen eines antihabsburgischen Bündnisses sondieren, das Friedrich seine Erblande wiederbringen sollte. Die Sache des Winterkönigs betrieb ferner dessen profiliertester Rat, Ludwig Camerarius, in Stockholm. Der Emissär rannte dort keinesfalls offene Türen ein, Schweden war gerade in Auseinandersetzungen mit Polen verwickelt, stellte hohe Forderungen.

Aber Christian von Dänemark ist alarmiert: Würde der Schwedenkönig trotzdem im Reich intervenieren, als Protagonist einer großen, internationalen evangelischen Allianz in die norddeutsche Tiefebene marschieren, wäre es mit der erhofften dänischen Führungsposition in Norddeutschland erst einmal nichts. Während sich Christian noch derartigen Erwägungen hingibt, sterben fast gleichzeitig Jakob von England und der große alte Mann des holländischen Freiheitskampfs, Moritz von Oranien. Das ist die einmalige Gelegenheit, ein großes Risiko auch, aber riesige Chance zumal: Christian greift zu, schwingt sich zum Retter des deutschen Protestantismus auf.

Christian war kein konfessioneller Fanatiker, aber dass ihm ehrlich Sorgen bereitete, wie da der kaiserliche Arm und die Gegenreformation nach Norddeutschland zu greifen schienen, ist Kennern sicher. Auch beunruhigten ihn erste habsburgische Anstalten, die separatistischen niederländischen Nordprovinzen dadurch in die Knie zu zwingen, dass man sie vom Nord- und Ostseehandel abriegelte – was habsburgische Präsenz an und auch in der Ostsee (wofür freilich vorerst eine Flotte fehlte) voraussetzte.

Die Rivalität mit Schweden; kaiserliche Aktivitäten in Norddeutschland und entsprechende Ängste vor einer breit angelegten Rekatholisierungswelle dort; spanische Ambitionen im Ostseeraum: All das hat offensichtlich eine Rolle gespielt, den Kriegseintritt Christians mit motiviert. Dänische Darstellungen heben noch auf ein sozusagen biografisches Motiv ab: Christians Ehrgeiz und sein Alter. Er ist 48 Jahre alt, unbesiegt, aber auch ohne strahlenden eigenen Sieg. Es ist die ersehnte, wohl auch die letzte Chance für ihn, Ruhm auf dem Schlachtfeld zu ernten, als Großer in die Geschichte seiner Heimat einzugehen. Die langjährigen Feinde Habsburgs in den nördlichen Niederlanden, das auf seinen traditionell habsburgfeindlichen Kurs zurückschwenkende Frankreich, das neuerdings von Habsburg enttäuschte England: Sie alle versprechen dem Dänenkönig noch 1624 finanzielle Unterstützung.

„Dem Dänenkönig"? Christian gedachte seinen Krieg nicht in dieser Eigenschaft zu führen, sondern als Reichsstand, als Herzog von Holstein. Im April 1625 ließ er sich von den niedersächsischen Kreisständen zum Kreisobristen wählen. (Die zehn Reichskreise waren für den Landfriedensschutz zuständig; war der Landfrieden in der betreffenden Region in Gefahr, hatten alle Kreisstände, je nach ihrem Anschlag in der Matrikel, Truppen für eine Kreisarmee zu stellen, die dann der Kreisobrist befehligte.) Einen Monat danach versprachen die Kreisstände ihrem Obristen, eine Truppe aus zehntausend Fußsoldaten und dreitausend Berittenen aufzubringen. Nicht als ausländischer Usurpator würde Christian im Reich eingreifen, er würde sich der Liga in der Pose des Beschützers des Niedersächsischen Reichskreises entgegenwerfen. Es war eine wohlfeile reichsrechtliche Legitimation für sein Eingreifen und machte sich in der Öffentlichkeit besser, als wenn ein nichtdeutscher König ins Reich einmarschierte. Die zweite Phase des Dreißigjährigen Krieges als „Niedersächsisch-Dänischen Krieg" zu titulieren, ergibt insofern Sinn. Kommt hinzu, dass der Dänenkönig den Krieg nicht nur in einer anderen seiner Rollen, nämlich als Kreisobrist, führte – er führte ihn ohne Rückhalt und Unterstützung Dänemarks: Der Staatsrat („Rigsråd") hatte sich strikt gegen das militärische Abenteuer im Süden ausgesprochen und hielt seine Schatullen verschlossen.

Acht Wochen nach seiner Wahl zum Kreisobristen, im Juni 1625, zog Christian an der Spitze eines dennoch stattlichen Heeres Tilly

Obrist des Niedersächsischen Reichskreises

entgegen; nachdem der Kaiser das Ligaheer ermächtigt hatte, gegen Christian vorzugehen, sah sich dieser seinerseits nicht mehr an den Willen der Kreistagsmehrheit gebunden, die Kreistruppen lediglich defensiv auf Kreisgebiet einzusetzen: nach den skizzierten vielfältigen Wurzeln der eigentliche Auftakt zum Niedersächsisch-Dänischen Krieg!

2.6 Der Niedersächsisch-Dänische Krieg – zum Kriegsverlauf

Es gelang Christian, auch dank der internationalen Hilfsgelder und erheblicher privater Barmittel, ein Heer von ungefähr zwanzigtausend Mann auf die Beine zu stellen. Er rückte damit bis zur Weser vor, stellte sich bei Hameln auf; zugleich stand ein verbündetes, von England finanziertes Heer unter dem unvermeidlichen Ernst von Mansfeld im nördlichen Westfalen. Wie hat sich der Däne die Sache ausgemalt? Er hoffte vermutlich auf eine rasche Umschließung der im Hochstift Paderborn lagernden Ligatruppen, dann eine schöne, spektakuläre Schlacht und den schnellen Sieg. Stattdessen wurde er in einen Ermüdungskrieg verwickelt, und die wenigen großen Schlachten, die gewann die Gegenseite.

Wallenstein – die kaiserliche Seite ist gestärkt

Warum wurde es nichts mit dem raschen Siegeslauf durch Norddeutschland? Erstens sah sich Christian unversehens *zwei* Heeren gegenüber, denn neben dem Ligaheer unter Tilly kämpfte ein kaiserliches unter Wallenstein (wir werden ihn in Kap. 3.6 noch näher kennenlernen). Wallenstein hatte die Wirren des Länderschachers nach 1620 in Böhmen gewinnbringend genutzt, schon zuvor gewinnbringend geheiratet und war schließlich reich genug, dem Kaiser ein stattliches Heer von wahrscheinlich 24.000 Mann anzuwerben. Das befreite Ferdinand endlich aus seiner Abhängigkeit von der Liga, also insbesondere vom Bayernherzog – reichlich spät, ist man versucht zu sagen, wenn man die von dieser Abhängigkeit bereits verschuldeten, kriegsverlängernden Operationen bis hin zur Kurtranslation bedenkt. Im April 1625 war Wallenstein zum Oberbefehlshaber über alle kaiserlichen Truppen im Reich ernannt worden (also praktisch vor allem über die von ihm selbst beizubringenden) – er möge in aller Stille werben lassen und sich mit diesen neuen Kontingenten über

Böhmen nordwestwärts nach Niedersachsen aufmachen, um Tilly dort den Rücken zu stärken.

Die Hofburg also in einer deutlich stärkeren Position; der Däne hingegen steht unversehens fast allein auf weiter Flur. Denn die europäischen Konstellationen haben sich, kaum dass Christian losmarschiert ist, für ihn verschlechtert: In Frankreich ein erneuter Aufstand der calvinistischen Minderheit im Lande, der letzte von zehn „Hugenottenkriegen" – was den neuen leitenden Staatsmann, Richelieu, erst einmal zur Kooperation mit Spanien zwingt. Frankreich hat vorerst anderes zu tun, als im Reich zu intervenieren; und schon gar an der Seite Englands! England nämlich unterstützt bis 1628 die in der Seefestung La Rochelle verschanzten Hugenotten mit seiner Flotte, blickt also auch nicht vornehmlich ins Reich und ist von Christian nur durch die Drohung, sonst mit dem Kaiser zu paktieren, zu Hilfen für die dänisch-niedersächsische Sache zu bewegen. Die separatistischen niederländischen Nordprovinzen schließlich müssen die Eroberung der strategisch wichtigen Hafenstadt Breda durch spanische Truppen verkraften, eigentlich absorbiert der Achtzigjährige Krieg neuerdings wieder alle ihre Kräfte.

Für Dänemark verschlechtern sich die europäischen Konstellationen

Immerhin sind neben englischen auch niederländische Emissäre (indes keine aus Paris) mit dabei, als im Herbst 1625 in Den Haag über das Vorgehen gegen Habsburg beratschlagt wird. Die Haager Konvention vom Dezember 1625 sieht englische und niederländische Subsidien von monatlich 144.000 Talern für die dänische Kriegführung vor. Dennoch: So plausibel der Entschluss Christians, zügig im Reich zu intervenieren, im Sommer 1625 erschienen war – der neunmalkluge Historiker muss rückblickend konstatieren, dass er zu einem denkbar ungünstigen Zeitpunkt fiel. Auch, weil das fragile dänisch-englisch-holländische Bündnis nicht wie erhofft funktioniert, sträuben sich die evangelischen Reichsstände; Kurbrandenburg und weniger wichtige entziehen sich einer aktiven Zusammenarbeit. Die antihabsburgische Allianz ist nicht so stark wie zunächst, im Sommer 1625, erhofft.

Die Triumphe also feiert die kaiserlich-ligistische Seite. Die beiden berühmtesten Schlachten des Niedersächsisch-Dänischen Krieges, wohl auch ihre wichtigsten, fanden 1626 statt, die eine an einem Elbübergang bei Dessau, die andere bei Lutter am Barenberge (am

Entscheidungsjahr 1626 – 1: kaiserlicher Triumph bei der Dessauer Brücke

Nordrand des Harzes, etwas südlich von Salzgitter). Blicken wir zunächst an die Elbe! Zur Absicherung seiner Provianttransporte aus Böhmen hatte Wallenstein die Elbbrücke bei Dessau besetzen und an beiden Ufern stark befestigen lassen. Im April 1626 mehrtägige Belagerung durch Ernst von Mansfeld, der schließlich den Brückenkopf am rechten Ufer zu erstürmen versucht – schwere Kämpfe, Triumph der wallensteinschen Truppen und ihrer Artillerie; Mansfeld verliert mehrere Tausend Mann.

Ist der Krieg mit der Schlacht an der Dessauer Brücke schon entschieden? Fast scheint es so, zumal Tilly nachstößt, zur Gegenoffensive übergeht, das calvinistische Hessen-Kassel besetzt und Braunschweig-Kalenberg. Schon ist ein konzertierter ligistisch-kaiserlicher Angriff auf Holstein geplant. Da verkomplizieren mehrere unvorhergesehene Zwischenfälle die scheinbar schon geklärte, entschiedene Situation erneut, das soeben noch siegreiche kaiserliche Lager sieht sich in einen Mehrfrontenkrieg verwickelt: Anstatt im Norden des Reiches mit leichter Hand reife Früchte abzupflücken, muss man sich mit hausinternen Schwierigkeiten und solchen im Osten abmühen.

Retardierende Elemente

Das eine hausinterne Problem war die Lage der spanischen Verwandten. Die separatistischen niederländischen Nordprovinzen starteten eine erfolgreiche Offensive gegen die sich südlich anschließenden, weiterhin Madrid botmäßigen spanischen Niederlande (wir wissen: ungefähr das heutige Belgien), die Grenzfestung Oldenzaals fiel; ein Wallenstein und Tilly versprochenes Hilfskontingent musste unter diesen Umständen ausbleiben. Wir merken erneut, wie sich immer wieder der Verlauf des Dreißigjährigen Krieges und der des schon viel länger wogenden Achtzigjährigen ineinander verknäuelten.

Sodann zog, zweitens, der Oberösterreichische Bauernkrieg (vgl. Kap. 2.3.1) wertvolle Energien von der äußeren Front ab. Der Aufstandsversuch wurde schließlich von bayerischen Truppen unter dem Kommando des Grafen (seit 1628) Gottfried Heinrich von Pappenheim niedergeschlagen (es ist jener Pappenheim, dessen Mannen Schiller in seinem Drama „Wallenstein" sprichwörtlich werden ließ – „ich kenne meine Pappenheimer"). Die Niederwerfung der oberennsischen Bauern markiert für die habsburgischen Erbländer einen Schlusspunkt: Der Sieg der Gegenreformation ist besiegelt, unumkehrbar und dauerhaft.

Doch sah sich die Hofburg noch mit einem dritten Problem konfrontiert: Der rastlose Mansfelder rappelte sich auf, stieß mit neuen Truppen in kühnen Operationen nacheinander nach Schlesien, Böhmen, ja, über die Karpaten nach Ungarn vor, um sich dort mit Gabriel Bethlen zu vereinigen und die Kaiserlichen im Rücken zu bedrängen. Wallenstein sieht sich gezwungen, Norddeutschland zu verlassen, Mansfeld nachzuziehen, trifft schließlich – wir sind schon im Herbst, das Ende der Kriegssaison naht – in Neuhäusel auf Gabriel Bethlen, seine Ungarn, ihre türkischen Hilfstruppen, um, nicht zum letzten Mal, einer Entscheidungsschlacht auszuweichen. Winterquartiere, die bei Dessau so hoffnungsvoll begonnene Saison endet im Grauschleier einer ungeklärten, ja, fast könnte man meinen: ausgeglichenen Gefechtslage.

Freilich, Wallenstein war nicht nur ein Meister der Heeresorganisation (das sicher mehr als der Kampftaktik), auch ein versierter Diplomat. Mit Gabriel Bethlen gelang rechtzeitig vor Weihnachten 1626 ein Friedensschluss. Ernst von Mansfeld raffte der Tod hinweg. Glanzvoll ist Wallensteins erstes Jahr am Ende dennoch nicht gewesen, und da für diesen Söldnerführer (dessen militärgeschichtliche Bedeutung wir ja noch kennenlernen werden) der Krieg den Krieg ernährte, litten die kaiserlichen Erblande bitter unter seinem großen Heer, fast wie Feindesland. Schon am Ende der ersten Kriegssaison begann sich am Kaiserhof eine Widerstandspartei gegen Wallenstein zu formieren, von der wir noch hören werden, der er schließlich erliegen wird.

Dass die katholische Seite siegreich ins Jahr 1627 ging, hatte sie dem alten Haudegen Tilly zu verdanken. Wir sind seinen Truppen zuletzt nicht mehr gefolgt, holen wir das nun rasch nach: Er stellt am 27. August 1626 Christian, den Dänenkönig, bei Lutter am Barenberge, dieser verliert, wie Mansfeld bei Dessau, mehrere Tausend Mann, außerdem sein gesamtes Geschütz. Rückzug nach Stade, Christian hat alle Eroberungen wieder verloren. Der Nimbus ist dahin. Viele Kreisstände verweigern ihrem Obristen die Gefolgschaft, schließen Separatfrieden mit dem Kaiser. Mehr wegen Lutters als Dessaus wegen: Die kaiserlich-katholische Seite ging mit Vorteilen ins zweite Kriegsjahr 1627. Dieses brachte dann rasch vollends die Entscheidung.

Entscheidungsjahr 1626 – 2: katholischer Triumph bei Lutter

Wallenstein zerschlug 1627 die führungslosen Heeressplitter des Gegners in den Habsburgerlanden, insbesondere in Schlesien; damit

1627: Siegeslauf der kaiserlich-katholischen Truppen

war der Weg für gemeinsame Operationen mit Tilly in Norddeutschland endlich wieder frei. Die wallensteinschen zogen über Brandenburg nach Mecklenburg, zur Unterelbe, formierten sich zum Stoß hinein nach Holstein. Währenddessen hatte Tilly von Niedersachsen aus die linkselbischen Gebiete der norddeutschen Tiefebene ohne größere Schwierigkeiten durchzogen und mit Beschlag belegt. Als sich die Kriegssaison ihrem Ende zuneigt, sind die dänischen Truppen aufgerieben, ist nicht nur praktisch das ganze Reich bis hinauf nach Pommern, bis hinauf ins okkupierte Mecklenburg im Griff der kaiserlich-katholischen Waffen, auch Jütland ist erobert. Nur die dänischen Inseln kann Wallenstein nicht erreichen, denn zu Wasser dominiert weiterhin die dänische Flotte.

1629: Frieden von Lübeck

Der Krieg ist entschieden, wir können deshalb zügig an sein vorläufiges Ende eilen. Es lässt noch eineinhalb Jahre auf sich warten – unter anderem wegen eines Intermezzos in und um Stralsund, das wir noch kennenlernen werden (vgl. Kap. 2.7.4). Am 22. Mai 1629 schlossen Wallenstein und Tilly mit Vertretern des Dänenkönigs den Frieden von Lübeck. Zu den Bestimmungen soviel: Christian sagte verbindlich zu, sich fortan nicht mehr um Reichsangelegenheiten zu kümmern (sprich: die deutschen Protestanten ihrem Schicksal zu überlassen). Auf die einstigen Hochstifte in Norddeutschland musste er verzichten, aber er musste keine dänischen Gebiete abtreten. Das Königreich wurde also nicht territorial amputiert, der Kaiser musste seine Kriegsentschädigungen anderswo herausschneiden.

Ausblicke: Bedeutungsverlust Dänemarks

Weil wir Christian und seinem Königreich in den nächsten Kapiteln nicht mehr begegnen werden, soll sich ein knapper Ausblick anschließen: Der Dänenkönig hat sich tatsächlich militärisch nicht mehr engagiert, die Schlachtfelder gehörten seit 1630 der anderen skandinavischen Macht, Schweden; wohl in der Schlussphase, 1642, diplomatisch, er wollte sich als Friedensvermittler profilieren, so die Schwedischen am grünen Tisch um die missgönnten Früchte ihrer militärischen Siege bringen. Auch deshalb marschieren 1643 schwedische Truppen in Jütland ein, die dänische Flotte wird bei Fermarn vernichtend geschlagen. Dänemark muss 1645 Ösel und Gotland abtreten, das Dominium Maris Baltici (die von Dänemark beanspruchte Vorherrschaft über die Ostsee) ist Vergangenheit, und zwar für immer. Genauso schlimm, aus Kopenhagener Sicht: Dänemark wird von den westfälischen Verhandlungen ausgeschlossen, jenen Friedensverhandlungen, die Schweden Vorpommern sowie die einstigen Hochstifte Bremen und Verden einbringen; damit auch die Ostseeherrschaft; und einen Großmachtstatus, den das skandinavische Königreich freilich spätestens im Großen Nordischen Krieg, um 1720, seinerseits ans Russland Peters des Großen abtreten muss. Dänemark ist da längst zu einer von vielen europäischen Mittelmächten herabgesunken.

2.7 Warum geht der Krieg weiter?

2.7.1 Wieder maßlose Sieger 1: politisch motivierte Urteile, Konfiskationen

Zurück ins Jahr 1629! Aus Dänemark konnte der Kaiser keine Kriegsentschädigungen herausschneiden. Er tat es anderswo – zum Beispiel im Hessischen, zum Beispiel in Mecklenburg, ja, dann auch überhaupt bei den evangelischen Reichsständen. War das zwangsläufig (weil der Kaiser wieder einmal seine Parteigänger entlohnen musste und das nicht in Skandinavien tun konnte)? War es eine mehr oder weniger selbstverständliche politische Folge militärischer Siege – die sich ja irgendwie ‚rentieren' sollten? Oder mündeten die kaiserlichen Triumphe in kaiserlichen Übermut? Das sind Bewertungsfragen, lässt sich nicht wissenschaftlich stringent ausloten. Jedenfalls mündeten die kaiserlich-katholischen Waffenerfolge in Maßnahmen, die schon manche besorgte Zeitgenossen als Warnzeichen vor einer ungebührlichen Stärkung der kaiserlichen Position im Reichsverband auf Kosten der herkömmlichen Libertät wahrnahmen.

So, beispielsweise, die Entscheidung im Marburger Erbfolgestreit. Um was ging es dabei? 1604 war eine der damals drei hessischen Landgrafschaften, eben Hessen-Marburg, führungslos geworden – das angestammte Herrscherhaus war ausgestorben. Um die Nachfolge stritten sich die Fürsten der beiden anderen Linien: Moritz von Hessen-Kassel sowie Ludwig von Hessen-Darmstadt. Letzterer erkannte das Testament, das eine Zweiteilung vorsah, nicht an, wollte drei Viertel. Einzelheiten sind für uns entbehrlich, interessant aber, wie die beiden Streithähne reichs- und konfessionspolitisch einzuordnen sind. Moritz:

Entscheidung des Marburger Erbfolgestreits nach politischer Opportunität

Calvinist, Mitglied der Union; dann, im Niedersächsisch-Dänischen Krieg, Parteigänger Christians, freilich katastrophale Niederlage gegen Tilly, der die Landgrafschaft okkupiert, Moritz faktisch zum Rücktritt zwingt. Ludwig: Lutheraner, nicht in der Union; im Gegenteil, die (nicht untersuchte) Reichspolitik Ludwigs scheint in manchem ein Pendant zur kursächsischen zu sein. Ludwig achtete ersichtlich auf kaiserliche Gunst, so trug er, beispielsweise, 1620 aktiv zum Ende der Union bei: Er reiste von Residenz zu Residenz und beredete die Wankenden, das garstige, dem Kaiser gar nicht wohlgefällige Bündnis auf keinen Fall zu verlängern. Im September 1627 erntete der Nachfolger, Georg, die Belohnung: Der Reichshofrat entschied ganz einseitig für Hessen-Darmstadt, das den Löwenanteil von Hessen-Marburg einstrich.

Nur im knappen Ausblick, wie wird denn die Sache ausgehen? In der Endphase des Dreißigjährigen Krieges wird Hessen-Kassel, nun unter Landgräfin Amalie Elisabeth, das Übergewicht zurückgewinnen, 1648 dann tatsächlich eine Halbierung des Marburger Erbes. Hessen-Kassel und Hessen-Darmstadt sehen nun grundsätzlich so aus wie danach, unter wechselnden Namen, dreihundert Jahre lang: bis zur Gründung des heutigen Bundeslandes Hessen im Jahr 1945 nämlich.

Mecklenburg fällt an Wallenstein

Im Marburger Erbfolgestreit hat der Reichshofrat 1627 nach politischer Opportunität entschieden. Noch willkürlicher mutete das kaiserliche Vorgehen gegen die Herzöge von Mecklenburg an: Auch sie wurden, wie Moritz von Kassel, zur Abdankung gezwungen. Doch erhielt ihr Territorium nicht etwa, gewissermaßen in traditionellen Bahnen, eine konkurrierende Nebenlinie, nein, Mecklenburg fiel – an den kaiserlichen Generalissimus, Albrecht von Wallenstein. Der Mann wollte seine Kriegskosten erstattet sehen, gut, machte man ihn eben zum Reichsfürsten. Man brauchte irgendeinen Vorwand dafür? Nun gut, ächtete man eben nach schon bewährtem Muster die alten Herzöge – ein Jahr, *nachdem* das Land an Wallenstein, ja, man muss sagen: ‚verkauft' worden war. *Der* Vorgang war sogar für katholische Altfürstliche alarmierend. Der katholische Parvenü Wallenstein hatte mit seinem neuen, übrigens lutherischen Land bislang nicht das Geringste zu tun gehabt, es war ein Vorgang, der keinerlei innere Legitimation besaß. Einen Wallenstein hat das nicht gestört, er bezog in Güstrow Residenz und ging gewohnt energisch daran, das Unterste zuoberst

Warum geht der Krieg weiter?

zu kehren, im Stile eines frühabsolutistischen Herrschers aufzuräumen und die Landstände in die Knie zu zwingen, oder, ins Positive gewendet: die Regierung zu effektivieren, den obrigkeitlichen Zugriff durch Behörden auf der Höhe der Zeit zu intensivieren.

Die Übertragung Mecklenburgs auf den Generalissimus war nur spektakulärer Höhepunkt einer Konfiskationswelle, die der Kaiser und Wallenstein, gleichermaßen berauscht von ihrer neuen militärischen Machtfülle und bedrängt von der großen kaiserlichen Finanznot, in Prag vereinbart hatten: Reichsangehörige in feindlichen Waffendiensten seien als „notorische Rebellen" zu bestrafen, indem man ihre Besitzungen ohne regulären Prozess einfach zugunsten des Kaiserhofs konfisziere. Die Erträge flössen in die kaiserliche Kriegführung. Tatsächlich nahmen im Frühjahr 1628 kaiserliche Konfiskationskommissionen im Westfälischen und in Norddeutschland – also dort, wo katholische Truppenmassen die unverzügliche Exekution der entsprechenden Beschlüsse verbürgen konnten – ihre Tätigkeit auf.

Konfiskationskommissare nehmen ihre Arbeit auf

Wallenstein war nun einer der wichtigeren Reichsfürsten. Und er schmiedete an noch Größerem: so am fantastischen Plan einer kaiserlich-spanischen Seeherrschaft über Nord- und Ostsee. Wallenstein ventilierte das als neuer Herr von Mecklenburg; und die Spanier? Nun, weil sie den separatistischen niederländischen Nordprovinzen ihre merkantile Lebensader, den Ostseehandel, abschneiden wollten. Ostseeherrschaft: Das setzte den Besitz wichtiger Häfen, zumal an den Mündungen von Weser, Elbe und Oder voraus sowie eine stattliche Flotte. Die hatte man noch nicht, aber Wallenstein ließ sich im April 1628 schon einmal zum „General des oceanischen und baltischen Meeres" (modern formuliert: zum „General über Nord- und Ostsee") ernennen. Konnte dem ein Gustav Adolf von Schweden einfach ruhig zusehen?

Ostseepläne

2.7.2 Wieder maßlose Sieger 2: das Restitutionsedikt

Auch das Restitutionsedikt steht nicht für Augenmaß und politische Klugheit. Um die dahinter steckenden Antriebskräfte zu verstehen, müssen wir kurz in die Vorgeschichte eintauchen. Als sich der Waffentriumph der katholischen Seite abzeichnete, meldeten sich fromme Schreibtischextremisten zu Wort: Kontroverstheologen aller Orden,

Zur Vorgeschichte

nicht zuletzt Jesuiten, auch einige – wiederum jesuitische – Beichtväter an den politischen Zentralen. Man habe den Umtrieben der Ketzer im Reich bislang notgedrungen zusehen müssen, erklärten sie, weil die Machtverhältnisse es erzwungen hätten. Das sei vielleicht nicht gottgefällig gewesen, aber doch so gerade noch entschuldbar. Nehme man auf die Ketzer indes weiterhin, nun ungezwungen Rücksicht, dann sei das Sünde. Die militärischen Siege seit 1626 müssten in einen Sieg der katholischen Interpretationslinie bei der Ausdeutung des Religionsfriedens münden. Man müsse nun die Ernte eines blutigen, opferreichen Jahrzehnts eintreiben, hieß es, müsse die „ganze Frucht der von Gott uns bishero verliehenen Victorien" pflücken oder, um den Beichtvater des Bayernherzogs, den Jesuiten Adam Contzen, zu zitieren: Die Restitution des an die Protestanten Verlorenen sei „der Zweck und die Frucht des Krieges". An den Residenzen der siegreichen Konfliktpartei wehte nicht mehr der kühle Hauch der Staatsräson, es war die Stunde der Fanatiker und Hitzköpfe gekommen, und sie verdrehten ihren Fürsten den Kopf.

Das musste Deutschlands Protestanten ängstigen. Sie bekamen ja durchaus mit, wer da neuerdings an den katholischen Residenzen das große Wort führte. Der folgende, für sich genommen gewiss ganz unwichtige Vorgang kann es illustrieren: Das einstige Unionsmitglied Württemberg besaß für kleine Gefälligkeiten im diplomatischen Verkehr eine begehrte Ware, den „Neckarwein"; die Fässer trugen heute unbekannte Namen (wie „roter Bainstainer" oder „Roßwager muscateller"), aber damals galt er als der landauf, landab Beste. Im Sommer 1628, die Vorbereitungen zum Restitutionsedikt liefen in Wien auf Hochtouren, schickte man eine Schiffsladung voll „Neckarwein" die Donau aufwärts, schließlich war die Bestechlichkeit der Reichshofräte allseits bekannt. Die halbe Stadt sprach sogleich davon, beim württembergischen Agenten in Wien gaben sich von morgens bis abends vermeintliche Anwärter die Klinke in die Hand. Besorgt meldete der Agent nach Stuttgart, dass der Oberstkanzler von Böhmen beleidigt sei, weil man ihm kein Fass zugedacht habe – der sich da beschwert hatte, trug den Namen Wilhelm von Slavata und war einmal in einen Burggraben gefallen. Sogar der Reichshofratspräsident war sich nicht zu schade, zu reklamieren, angesichts seiner exponierten Stellung wolle er mehr als nur drei Fässer haben. Die Reichshofräte,

„welche kein Wein empfangen, werden sich an die Praelaten hangen, welche die Clöster praetendiren", schrieb der Agent besorgt nach Stuttgart: große Politik von ihrer kleinlichen Seite.

Dabei hatten die Stuttgarter, als sie den herzoglichen Weinkeller geleert hatten, gemeint, diesmal besonders schlau zu sein. Wenn neuerdings die Beichtväter so wichtig waren, dann musste man eben auch den des Kaisers mit Wein bestechen. So bekam denn der Jesuit Wilhelm Lamormaini erstmals von dem begehrten „Neckarwein", zwei Fässer. Sein Dankschreiben nach Stuttgart konnte dort wenig trösten. Lamormaini zeigte sich zunächst einmal erstaunt, dass er bedacht worden sei, gelte er doch als „Erzfeind" Württembergs. Er nahm den Wein trotzdem gern an, versprach auch, den Stuttgartern beizustehen, wo er nur könne – doch „außerhalb der Religion", da nämlich bleibe er Württembergs „Feind", man könne es ihm „nicht verdenken, das er wo müglich aller Orthen die catholische Religion zue pflanzen begehre". Soviel Wein konnten die Rebstöcke am Neckar gar nicht hergeben, dass sich damit die in Jahrzehnten gewachsene katholische Erbitterung über die evangelische Auslegung des Religionsfriedens hinwegschwemmen ließ.

Auch im Reich war die Stunde der Abrechnung gekommen, wie zuvor in Böhmen. Es rollten keine Köpfe, loderten keine Scheiterhaufen, der evangelische Glaube wurde nicht schlechterdings verboten – Reichsstände waren keine Untertanen des Kaisers. Der Kaiser hat den Religionsfrieden, ein Reichsgesetz (da Teil des Reichsabschieds von 1555), nicht einfach aufgehoben. Aber er schrieb die katholische Auslegung desselben als die einzig gültige fest. Und bestimmte, dass alles, was seit 1555 dieser katholischen, also einzig zulässigen, einzig ‚richtigen' Auslegung zuwider geschehen sei, rückgängig gemacht werden müsse: das ist, in Kurzform, der Inhalt des Restitutionsedikts vom Juni 1629.

Etwas genauer müssen wir aber schon hinschauen. Zunächst zum Begriff! Das Papier sollte bewirken, dass Besitzungen und ganze Territorien, die einmal der katholischen Kirche gehört bzw. von katholischen Fürsten regiert worden waren, der katholischen Seite „restituiert", wieder zugeführt würden. Und es wurde vom Kaiser erlassen: Es handelt sich nicht etwa um einen Reichsabschied, sondern eben um ein kaiserliches Edikt (ohne klare Rechtsgrundlage).

Der Inhalt in Kürze

Der Begriff „Restitutionsedikt"

Die Präambel bekundet ein bedenkliches Amtsverständnis des Kaisers

Die Präambel beschwört zunächst die Notlage des Reichsverbandes, „Brunnenquel" der Zerrüttung sei allgemein gesagt die konfessionelle Spaltung, seien spezieller „attentata" auf die Friedensordnung von 1555. Man habe den Religionsfrieden zerredet und verdreht. Dieser parteiischen Zeitdiagnose folgt die einseitige ‚Lösung' des Kompetenzproblems: Dem Kaiser stehe „alß dem Oberhaubt vnd *Handhaber aller Ordnung vnd Gesetze ... alle vollkomene Gewalt vnd Macht*" zu, sein „Kaiserlich Ambt zu interponiren, vnd *was zu fortsetzung gemeiner wohlfart*, vnd abschaffung alles schädlichen Mißverstandts vnd Unheils im Römischen Reich *ersprießlich sein mag*, vnd vorigen Reichssatzungen gemäß ist, *zuverordnen*". Spricht sich Ferdinand ‚nur' das Recht der authentischen Gesetzesinterpretation zu, gar legislative Kompetenzen? Die Präambel lässt das in absichtsvoller Unklarheit.

Jedenfalls darf ihr zufolge der „Handhaber aller Ordnung" etwaige Mängel im Reichsverband – nein, nicht etwa vor einen Reichstag bringen, sondern selbst auf dem Verordnungsweg abstellen. Was im letzten Abschnitt kursiv gesetzt wurde, kann an das Amtsverständnis „absolutistischer" Herrscher gemahnen. Herrscher der „absolutistischen" Ära werden behaupten, sie unterständen nicht dem geschriebenen Recht, seien die Quelle allen Rechts; und sie werden das Gemeinwohl für sich monopolisieren – verkörperten sie selbst das Gemeine Beste, stehe den Ständen lediglich die Artikulation ihrer Partikularinteressen zu. Wegen solcher kaiserlicher Bekundungen wird (sobald sich der konfessionelle Fanatismus von 1629 wieder verzogen haben wird) in beiden konfessionellen Lagern die Sorge vor einer Überdehnung der kaiserlichen Lenkungskompetenzen im Reichsverband anwachsen.

Die Dispositio schreibt Lesarten des Ersten Religionsfriedens fest ...

Die Dispositio – also jener Teil der Urkunde, der die juristische Substanz enthält – zerfällt in zwei Blöcke. Der Erste und Wortreichere erläutert den Augsburger Religionsfrieden, stellt fest, wie es damals angeblich gemeint gewesen sei. Natürlich sei die katholische Lesart der Bestimmungen über reichsmittelbare geistliche Güter die richtige, so das Restitutionsedikt; der Geistliche Vorbehalt sei uneingeschränkt rechtskräftig, die Declaratio Ferdinandea hingegen wird als ungültig zurückgewiesen; dem Landesherrn wird das Recht zugesprochen, Andersgläubige auszuweisen (den Untertanen war ihr Glaube mithin nicht „freigestellt", wie das manche evangelische Stimmen im Konfessionellen Zeitalter behauptet oder doch gefordert hatten). Außerdem

Warum geht der Krieg weiter?

stellt das Edikt klar, dass das Schutzversprechen des Religionsfriedens lediglich Katholiken und Anhänger der 1530 überreichten „vngeänderten Augspurgischen Confession" meine, mithin keine Calvinisten. Mit anderen Worten: der erste Teil konstatiert und spezifiziert, dass und wo überall die Katholiken den Religionsfrieden seit 75 Jahren richtig interpretiert hätten, wohingegen alle abweichenden Interpretationen der Protestanten ganz haltlos, himmelschreiendes Unrecht gewesen seien. War der konfessionspolitische Streit seither in viele Einzelquerelen und -prozesse verzettelt, mussten seither in jedem einzelnen Fall ungelöste Grundsatzfragen je und je aufs Neue aufgeworfen werden („was nur will uns der Text von 1555 bei diesem Problem sagen?"), wird nun ein für alle Mal festgelegt: So war es damals gemeint!

Anschließend zieht das Edikt die praktischen Konsequenzen daraus. So sich die Protestanten auch künftig unterstehen sollten, in irgendeinem Streitfall auf ihrer Interpretation des Religionsfriedens herumzureiten, soll das Kammergericht „ohne weiter disputirn" entsprechende Urteile dagegen fällen – es gibt nichts mehr zu „disputieren", der Kaiser, der „Handhaber aller Ordnung", hat gesprochen, jetzt gilt es nur noch auszuführen. Heutzutage würden wir wohl formulieren, dass fortan ‚kurzer Prozess' und zügige Serienurteile angesagt seien. Das Restitutionsedikt setzt aber noch eins drauf: Viele der bereits passierten angeblichen Rechtsverdrehungen der Gegenseite sind, so Ferdinand, „ganz notori, vnd nicht zuwidersprechen", neudeutsch: liegen so klar zutage, dass deshalb gar kein Gericht mehr behelligt werden muss, hier fehlt es nur noch an der raschen Exekution, die der Kaiser durch „Commissarii" gleich am Rechtsweg vorbei selbst vornehmen wird. Fassen wir beide Anweisungen zum Prozedere zusammen, peilt das Restitutionsedikt Eilverfahren zur unkomplizierten, zügigen, massenhaften Rückverweisung evangelischen Besitzes an die katholische Seite an.

… sowie Eilverfahren zur zügigen Rückführung einst katholischen Besitzes

Blicken wir zurück! Es unterstreicht die überragende Bedeutung des Augsburger Religionsfriedens für den Dreißigjährigen Krieg, wie da die Sieger der ersten Kriegshälfte ihre militärischen in politische Erfolge umzusetzen suchten. Sie nutzten ihr mit Waffengewalt errungenes Übergewicht dafür, dem ganzen Reich ihre Interpretation des Texts von 1555 aufzuoktroyieren. Jenes Restitutionsedikt, das die noch überwiegend deutsche sowie – wie es nicht zuletzt selbst bezeugt – konfessionell durchtränkte erste Hälfte des Dreißigjährigen Krieges

Rückblick: der „Teutsche Krieg" bis 1629 – ein Kampf um den Religionsfrieden abschließt und so gewissermaßen auch deren Summe zieht, ist ein Kommentar zum Augsburger Religionsfrieden! Als sich die kaiserlich-katholische Kriegspartei anscheinend auf der ganzen Linie durchgesetzt hatte, als sie sich ihre lang und inbrünstig gehegten Träume erfüllen (oder, nüchterner formuliert, die Kriegsziele realisieren) zu können glaubte, machte sie ihre Lesart des Religionsfriedens zur für alle Reichsstände verbindlichen. Offenbar war sie der Ansicht, genau dafür so lang und opferreich gekämpft zu haben.

Restitutionskommissare schwärmen aus

In der Tat ordnete der Kaiser dann auch Kommissare ab, die für alle seit den 1550er-Jahren vollzogenen Besitzwechsel, mit denen nicht ohnehin schon (einer dort eingereichten Klage wegen) die obersten Reichsgerichte befasst waren, eine rasche Tatsachenfeststellung treffen sollten und für einen zügigen Vollzug ihrer eigenen wie der kammergerichtlichen Schnellurteile zu sorgen hatten. Nach den Konfiskationskommissaren schwärmten nun also Restitutionskommissare aus. Allein im Herzogtum Württemberg schufen der Reichshofrat fünf, Kommissare des Kaisers acht katholische Inseln, das Kammergericht eine – einstige Klöster, die nun ihren alten Orden zurückgegeben wurden, natürlich mitsamt ihren mehr als stattlichen Ländereien, die die herzogliche Kammerverwaltung besagten Orden überschreiben musste. Es gab bald hässliche Streitereien zwischen diesen Orden, überproportional viel strichen die Jesuiten ein, viel mehr, als sie seit 1555 verloren hatten; schon Pater Lamormaini, der sich darüber bei einem Glas „Neckarwein" gefreut haben mag, hatte durch seinen Einfluss bei Hofe dafür gesorgt.

Viele Dutzend landsässige Klöster also wurden der katholischen Kirche zurückgegeben, und, mindestens so einschneidend, die einstigen Hochstifte des längst flächendeckend evangelisch gewordenen Norddeutschland. Habsburg griff danach, Wittelsbach – Prinzen vor allem dieser beiden führenden katholischen Dynastien wurden dort versorgt. Tridentinischem Geist entsprach das nicht; keiner dieser Herren verstand besonders viel von Glaubensfragen, hatte gar, wie vom Tridentinum gefordert, Theologie studiert, und die schon von den Reformatoren gegeißelte Pfründenkumulation (ein und dieselbe Person bekleidet mehrere einträgliche kirchliche Pöstchen, die man damals „Pfründen" oder „beneficia" nannte) feierte wieder fröhliche Urständ. Ein gerade 15jähriges Söhnchen des Kaisers mit Namen

Leopold Wilhelm erhielt zu Passau und Straßburg, wo es ohnehin schon nominell regierte, noch das restituierte Erzstift Magdeburg, das restituierte Hochstift Halberstadt sowie die Koadjutorie (das Recht der Nachfolge) in Bremen – aber das ist nur ein Beispiel. Deutschlands Protestanten waren schockiert. Sogar in Dresden rieb man sich verwundert die Augen – hatte man nicht immer so brav um kaiserliche Gunst gebuhlt? Solches Entsetzen konnte man außerhalb der Reichsgrenzen als Einladung verstehen, sich in der Pose eines Retters der deutschen Protestanten in den vermeintlich schon entschiedenen Krieg einzumischen.

2.7.3 Europäische Konstellationen ändern sich

Eine Seite lag darnieder, die andere triumphierte. Für die Zeitgenossen war die Sache entschieden. Weil wir Nachgeborenen wissen, dass der Krieg weitergegangen ist, suchen wir nach Anzeichen für eine mögliche künftige Wende, die die Mitlebenden nicht als solche erkannt haben. Und wir werden durchaus fündig.

So hatten sich die europäischen Konstellationen schon vor dem Restitutionsedikt für die kaiserliche Seite verschlechtert. Ein erstes, zunächst nicht als solches wahrgenommenes Warnzeichen war der sechsjährige Waffenstillstand, den der Polenkönig, Sigismund III. Wasa, 1629 mit Schweden schloss. Dieses Schweden, auch unter einem Wasa, Gustav Adolf, hatte die Aktivitäten des dänischen Rivalen im Reich nur ertragen, weil man selbst außenpolitisch und militärisch sozusagen ausgelastet war, durch jenen Krieg mit Polen, der nun zumindest einmal unterbrochen war. Gustav Adolf konnte zu neuen Zielen aufbrechen. *Handlungsfreiheit für Stockholm*

Zweitens gewann die französische Regierung ihre außenpolitische Handlungsfreiheit zurück. Wir erfuhren schon (in Kap. 1.3.5) von der traditionellen Rivalität Habsburg-Bourbon. Sie ruhte ja zu Zeiten, innerer Schwächen Frankreichs wegen, so seit 1562 wegen der innerfranzösischen Konfessionskriege oder nach der Ermordung Heinrichs IV., also seit 1610; im Jahr 1620 sprang Paris dem vermeintlich wankenden alten Rivalen bekanntlich sogar diplomatisch bei, in Ulm. Seit 1624 war ein Mann Erster Minister, der außenpolitisch wieder an die alte antihabsburgische Traditionslinie anzuknüpfen *Handlungsfreiheit für Paris* gedachte – noch aber gab es andere gewichtige Stimmen und Gravitationszentren am Pariser Hof, und dann lähmte ein allerletztes Mal der innere Kampf mit der calvinistischen Minderheit. Im Oktober 1628 kapitulierte La Rochelle; 1629 die Abschaffung auch der letzten calvinistischen Refugien. Das Hugenottenproblem gilt als erledigt, Frankreich kann sich fortan wieder auf seine äußeren Interessen konzentrieren. Das hat mit dem Reich, seinem seit 1619 virulenten Krieg mehr zu tun, als man dort 1628, 1629 erkannt hat.

Konfrontation zwischen Frankreich und Habsburg …

Neue Handlungsfreiheit für Schweden, neue Handlungsfähigkeit Frankreichs – drittens kam es zu unerquicklichen Verwerfungen in Oberitalien (noch für Metternich wird „Italien" ein „geografischer Begriff" sein, auf der Apenninhalbinsel gab es in der Vormoderne viele eigenständige Staatswesen ohne einen sie überwölbenden Verbund wie, in Mitteleuropa, das Reich; doch ist das Wort „Apenninhalbinsel" arg lang, und es lässt sich nicht adjektivieren – „Italien" also im Folgenden). Deren Verästelungen bräuchten uns nicht zu interessieren, wenn da nicht Habsburg wie Frankreich in einen Konflikt hineingesaugt worden wären, den sie damals eigentlich gar nicht wollten, nicht gezielt ansteuerten. Noch weniger freilich wollten sie, dass eine eigentlich inneritalienische Auseinandersetzung ausgerechnet durch die Intervention des traditionellen Rivalen entschieden oder geschlichtet wurde, und so engagierte man sich eben nolens volens doch selbst.

… im Mantuanischen Erbfolgestreit

Was waren das für inneritalienische Querelen? Im Dezember 1627 erlosch, mit dem Tod von Vincenzo Gonzaga, die das Herzogtum Mantua (vgl. Karte 2) regierende Dynastie. Die stichhaltigsten Erbansprüche besaß Charles von Gonzaga-Nevers. Er gehörte einem Familienzweig an, der sich schon vor Generationen am französischen Königshof etabliert hatte, regierte über einige Miniterritorien, die teils souverän waren, teils aber Lehen der Krone Frankreich, und galt deshalb, wohl zu eindeutig, als Marionette des Pariser Hofes. Er hatte mehrere Rivalen, die eigene Erbansprüche erhoben. Im Hauptland, im Herzogtum Mantua, war der wichtigste Konkurrent der Gonzaga-Herzog des kleinen Herzogtums Guastalla. Auf das strategisch eigentlich viel interessantere Nebenland im Westen, die Markgrafschaft Montferrat, meldete ein mächtiger Rivale Ansprüche an: der Herzog von Savoyen. Spanien wie Frankreich rieten Nevers, Kompromisse einzugehen, zu verhandeln, gewisse Anteile am Erbe abzutreten. Charles de Nevers indes ließ nicht mit sich reden. Und so eskalierte die Auseinandersetzung.

Savoyen zog zunächst Paris und dann Madrid in die Auseinandersetzung hinein – obwohl Frankreich eigentlich mit sich selbst beschäftigt war (letzter Hugenottenkrieg) und die Spanier an der niederländischen Front genug zu tun hatten, außerdem gerade so schöne Ostseepläne schmiedeten. Frankreich erachtete traditionell eine gedeihliche Kooperation mit Savoyen als Grundstein seiner Italienpolitik. Nun war diese langjährige Achse Paris-Turin gerade gestört, aus Gründen, die wir getrost links liegen lassen können. Wichtig ist nur, dass Frankreich, so wie sich die Dinge in Norditalien nun eben leider entwickelt hatten, nicht unbeteiligt zusehen konnte, wie Savoyen gänzlich leer ausging, wenn es dieses als Bündner nicht vollends verlieren wollte. Deshalb engagierten sich die Pariser, militärisch vor La Rochelle gebunden, wenigstens diplomatisch. Mit Engelszungen und politischem Druck sollte Nevers dazu bewegt werden, einige Landstriche der Markgrafschaft Montferrat an der Grenze zum Piemont abzutreten. Man hatte insofern Position bezogen, damit aber war der Mantuanische Erbfolgestreit für Frankreich nun auch eine Prestigeangelegenheit geworden. Doch Nevers weigerte sich standhaft.

Wie Paris ins Spiel kommt

Enttäuscht wandte sich Savoyen daraufhin Spanien zu. In Madrid machte man sich wegen zweier Eventualitäten große Sorgen: Falls Savoyen, weil alle diplomatischen Versuche nichts fruchteten, militärisch losschlug und die *ganze* Markgrafschaft eroberte, stand eine Macht an der Grenze zum spanischen Herzogtum Mailand, die es, momentaner Irritationen unerachtet, traditionell eben doch zumeist mit Frankreich hielt. Das also durfte nicht sein. Aber auch eine diplomatische Lösung, die den Parisern zu verdanken war, war allemal schlechter als eine von Spanien bewerkstelligte Beilegung des Konflikts. Diese also suchte man, zunächst durch direkte Verhandlungen mit Turin.

Wie Madrid ins Spiel kommt

Im März 1628 kamen der spanische Gouverneur von Mailand, Córdoba, und Carlo Emanuele von Savoyen überein, wie Montferrat aufzuteilen sei – einige Grenzstreifen sollten für Savoyen abfallen, Casale aber an Spanien gehen. Casale – das waren eine Festung und eine befestigte Stadt, mit anderen Worten: war ein Befestigungssystem, das zu den beeindruckendsten in Norditalien gehörte und als Schlüssel zur Markgrafschaft Montferrat, wenn nicht überhaupt als Einfallstor von

Nordwesten auf die Apenninhalbinsel galt. Kurz, Casale war fortifikatorisch stark und strategisch wichtig. Spanien wollte es sich im Sturm holen, aber was als nächtlicher Überraschungscoup geplant war, mündete in eine langwierige Belagerung, wurde zum Albtraum, der viele Kräfte band, die man anderswo in Europa bitter nötig gehabt hätte. Soweit die spanischen Habsburger. Aber auch die österreichischen Habsburger wurden in den Mantuanischen Erbfolgestreit verwickelt.

Wie Wien ins Spiel kommt

Waren Paris und Madrid von Savoyen involviert (dabei gegeneinander ausgespielt) worden, holte den Kaiser der andere Rivale von Nevers, Ferrante Gonzaga, der Herzog von Guastalla, ins Boot. Er unterhielt gute Beziehungen zum Wiener Hof, trug den Titel eines kaiserlichen Generalkommissars für Norditalien. Ferrante suchte den Wienern klarzumachen, dass die kaiserliche Autorität in Reichsitalien auf dem Spiel stehe, dass es am Reichsoberhaupt sei, derartige Streitigkeiten zu schlichten.

Um den verfassungsgeschichtlichen Kontext anzudeuten: Wie heutzutage die Europäische Union (Länder mit Euro, solche ohne) präsentierte sich das Reich gleichsam in verschiedenen Verdichtungen. Wir sahen schon, dass Böhmen nur schwach ins politische System des Reiches integriert, nämlich, beispielsweise, nicht am Reichstag präsent oder in die Kreisverfassung einbezogen war; die einzige nennenswerte Klammer war die böhmische Wahlstimme bei der Kaiserwahl. Auf der Apenninhalbinsel gab es eine Reihe von Territorien (etwa das Großherzogtum Toskana, Herzogtümer wie Mailand, Mantua, Modena, Parma oder Mirandola, Republiken wie Genua oder Lucca), die gar nicht zum politischen System des Reiches gehörten, über die der Kaiser freilich die Lehnshoheit beanspruchte. Fasst man den Reichsverband als politisches System (wie es in der Regel dieses Studienbuch tut), gehörten die genannten Gebiete nicht zum Alten Reich. Kartografen, die dieses Reich als Lehnsverbund nehmen, lassen es im Süden an den Kirchenstaat grenzen!

Zurück zu den mantuanischen Querelen: Tatsächlich erklärte Ferdinand, die Erbregelung hänge vom kaiserlichen Schiedsspruch ab, und bis der ergangen sei, fielen die strittigen Territorien, Reichslehen sie beide, erst einmal provisorischer kaiserlicher Verwaltung anheim. Nevers freilich weigerte sich, die Zwangsverwaltung zu akzeptieren, wich nicht aus Mantua – auch für die österreichischen Habsburger stand nun ihr Prestige in Italien auf dem Spiel.

Wir gehen wieder in die strategisch wichtige Markgrafschaft Montferrat zurück. Nevers griff die dort mittlerweile eingerückten savoyischen und spanischen Truppen an. Militärische Einzelheiten brauchen wir nicht zu kennen, für uns ist interessant, dass und warum nach Spanien nun wieder Frankreich zum Zug kam. Paris konnte es nicht akzeptieren, wenn das für die eigene Italienpolitik so wichtige Savoyen ein Militärbündnis mit dem Erzfeind Spanien einging, auch galt es, nachdem sich Paris so stark diplomatisch engagiert hatte, als Prestigesache, dass der Konflikt nach Maßgabe der eigenen, französischen Vorschläge beigelegt wurde. Um Savoyen an die Seite Frankreichs zurückzuzwingen, schmiedete Richelieu schon 1628 Pläne für einen raschen Militärschlag in der Markgrafschaft Montferrat, und kaum war La Rochelle gefallen, zog Ludwig XIII. tatsächlich mit Heeresmacht über die Alpen. Die kurzfristigen Effekte waren sehr erfreulich: Savoyen kehrte nolens volens zu einer Allianz mit Frankreich zurück, die Spanier wurden ganz von Casale abgedrängt, in das eine französische Garnison gelegt wurde.

Das wiederum konnte sich Madrid nicht bieten lassen: Casale französisch, Montferrat aufgeteilt zwischen zwei Bündnispartnern Frankreichs (nämlich Charles de Nevers und Carlo Emanuele). Philipp IV. und sein wichtigster Ratgeber Olivares entschieden sich dafür, den Einsatz in Norditalien zu erhöhen, auch wenn das anderswo in Europa noch so schmerzte. Also erneute Belagerung Casales mit noch mehr Truppen, und weil sich die Spanier außer um die Markgrafschaft Montferrat nicht auch noch um Mantua kümmern konnten, wiesen sie, pointiert gesagt, die ‚Wiener Filiale' des Hauses an, sie möge doch gefälligst eigene Truppen dorthin entsenden. Da Nevers die kaiserliche Zwangsverwaltung Mantuas missachtete, stand dort gewiss auch kaiserliches Prestige auf dem Spiel; nur, auch die österreichischen Habsburger hatten ja eigentlich anderes zu tun als sich in Norditalien aufzureiben. Dennoch, wie die Madrider von der niederländischen Front, zogen nun die Wiener Truppen aus Norddeutschland ab, Wallenstein musste seinen norddeutsch-maritimen Fantasien widerwillig entsagen. Bald stand der Großteil der besseren, kriegserprobten Truppen des Kaisers in Italien.

Uns interessierte der italienische Ableger des Dreißigjährigen Krieges im Kontext einiger für die Sieger der niedersächsisch-dänischen

Die Kampfhandlungen

Ausblicke; die Verträge von Cherasco

Kriegsphase widriger Entwicklungen. Aber weil wir nach 1630 nicht mehr nach Italien schauen werden, wollen wir doch in aller Kürze wissen, wie die dortigen Auseinandersetzungen ausgehen werden. Frankreichs Engagement in der Markgrafschaft Montferrat wird punktuell bleiben – Richelieu wusste, dass Frankreich dort, auch wegen logistischer Probleme, des schwierigen Truppentransfers über die Alpen, keinen langwierigen Krieg gegen Spanien gewinnen konnte. Andererseits wollte es den spanischen Truppen einfach nicht gelingen, das so verlustreich belagerte Casale zu knacken. In dieser Situation erzwangen beunruhigende Nachrichten von der niederländischen Front diplomatische Nachgiebigkeit.

Soweit Montferrat; und Mantua? Nun, auch den Kaiser erreichten, im Sommer 1630, beunruhigende Nachrichten, ihn von der Ostsee: Ein schwedisches Heer sei an der pommerschen Küste gelandet. Ferdinand machte den spanischen Verwandten klar, dass er sich ein langwieriges Engagement in Norditalien nicht leisten könne, drohte mit einseitigem Truppenrückzug. Am Rande eines Kurfürstentags in Regensburg, mit dem wir uns gleich noch beschäftigen müssen, verständigten sich die Kaiserlichen mit Emissären aus Paris darauf, dass Ferdinand den französischen Kandidaten Charles de Nevers als Herzog von Mantua anerkenne; im Gegenzug versicherten die französischen Gesandten, Paris werde sich nicht in die deutschen Querelen einmischen (also nicht Habsburgs mitteleuropäischen Feinden helfen). Diese Zusage der Emissäre war freilich durch ihre Instruktion nicht gedeckt, und während die Hofburg ihre Truppen aus Italien zurückzuziehen begann, setzte sich Richelieu am Königshof mit seiner Ansicht durch, Frankreich sei an die Regensburger Vereinbarung gar nicht gebunden. Es gab eine letzte dramatische Auseinandersetzung deshalb zwischen den Exponenten einer konfessionsgeleiteten Außenpolitik, der „parti dévot" oder auch einfach den „Dévots" (deutsch: „Frommen") und dem Ersten Minister, der den König an der „Journée des Dupes" (am „Tag der Geprellten") auf seine Seite ziehen konnte. Ludwig lehnte die Ratifikation des Regensburger Vertrags ab, entzog den „Dévots" endgültig und irreversibel Vertrauen und Gehör.

Die Zeitumstände – Vorgänge weitab vom oberitalienischen Kriegsschauplatz, in Paris, in Regensburg, an der Ostseeküste – arbeiteten für Richelieu und seine Verbündeten: den Herzog von Nevers sowie Karl Emanuel von Savoyen. Friedensverhandlungen, sie münden in die beiden Verträge von Cherasco (April bzw. Juni 1631). Das Erbe fällt überwiegend an Charles de Nevers, der freilich Teile der Markgrafschaft Montferrat an Savoyen, Teile von Mantua an den Herzog von Guastalla abtritt. Es ist ein Triumph für Richelieu: Obwohl viel weniger aufwendig engagiert als Spanien, hat Frankreich den diplomatischen Sieg davongetragen. In der Regierung, seinem König gegenüber ist Richelieu gestärkt, seine Politik begrenzter, noch punktueller, doch gezielter Herausforderungen Habsburgs scheint glänzend bestätigt. Er wird sie nun erst recht fortsetzen dürfen und wollen. Wir blenden uns aus, gehen wieder ins Jahr 1629!

Wir sahen, dass Schweden freie Hand bekam durch einen Waffenstillstand mit Polen, Frankreich freie Hand bekam durch die Eroberung des letzten hugenottischen Bollwerks. Dann, in Norditalien, gleich mehrere für Habsburg bedenkliche Entwicklungen: Man hat nicht in den Kerngebieten des Reiches, immerhin aber doch schon auf der Apenninhalbinsel die gefürchtete direkte habsburgisch-französische Konfrontation gesehen. Man hat Truppen aus Norddeutschland abgezogen und von der niederländischen Front, und trotzdem am Ende ein unbefriedigendes Resultat in Norditalien erzielt. Das war vielleicht das Deprimierendste: die Einsicht, dass die zerrütteten Finanzen Spaniens allmählich die außenpolitischen Möglichkeiten strangulierten – es fiel Madrid immer schwerer, sich an mehreren europäischen Schauplätzen aktiv und auch noch erfolgreich einzubringen. In spanischen Darstellungen wird der – hierzulande wenig bekannte – Mantuanische Erbfolgestreit nicht selten als Wendepunkt der nationalen Geschichte herausgestellt, als Ende des glanzvollen Spanischen Zeitalters. Die spanischen Misserfolgserlebnisse werden sich häufen, und das ist auch für den Dreißigjährigen Krieg von Bedeutung.

Bedeutung des oberitalienischen Konflikts für den Dreißigjährigen Krieg

2.7.4 Deutsche Warnzeichen für die siegreiche Seite

Warnzeichen also auf der europäischen Bühne – und gab es solche, genau besehen, nicht auch im Reich? Zum einen hatten die Sieger des Niedersächsisch-Dänischen Krieges Probleme mit Stralsund. Es war keine Reichsstadt, aber die Stralsunder hatten eine recht weitgehende

Kampf um Stralsund

Unabhängigkeit vom Landesherrn, dem Herzog von Pommern, durchgesetzt – und waren nun, da Pommern in die Hand kaiserlicher Truppen, also letztlich Wallensteins geraten war, keinesfalls gewillt, sich bedingungslos diesem General zu unterstellen. Gegen den ausdrücklichen Befehl des Herzogs versperrte die Stadt den Quartiere suchenden kaiserlichen Truppen ihre Tore. Sie war günstig am Meer gelegen, gut befestigt. Dennoch erregte es allgemeines Staunen, dass sie sich, seit Februar 1628, monatelang den Einquartierungsbefehlen widersetzen und im Sommer des Jahres sogar einer dreimonatigen Belagerung trotzen konnte.

Der militärische Schaden war für Wallenstein zu verschmerzen, sogar der Prestigeverlust wog leicht gegen den politischen Langzeitschaden. Stralsund hatte nämlich mit Gustav Adolf von Schweden einen Beistandspakt abgeschlossen; als die Stadt tatsächlich berannt wurde, trafen zur Entlastung nicht nur sieben Kompanien schottischer Veteranen in dänischen Diensten ein, sondern, einen Monat danach, auch über sechshundert Mann – aus Schweden. Erstmals waren also schwedische Soldaten zum Kampf gegen kaiserliche Truppen über die Ostsee gesegelt; schon zuvor hatten schwedische Ingenieure die Verteidigungsanlagen auf Vordermann gebracht. Kurz, das Intermezzo vor Stralsund glich einem – wiewohl kleinen, punktuellen – nicht erklärten kaiserlich-schwedischen Krieg. Einen Erklärten, einen Großen wollte Gustav Adolf damals, 1628, da mit Polen beschäftigt, noch nicht führen. Auch Wallenstein gab die Belagerung schließlich auf, um die Dänen wenig später in einer letzten Schlacht bei Wolgast zu besiegen und dann, wohl schon die schwedische Gefahr im Hinterkopf, in Lübeck Frieden zu schließen.

Habsburgkritische Stimmungen und Stimmen

Ein anderes Warnzeichen war das Anwachsen kritischer Stimmungen und kritischer Stimmen gegen die habsburgische Kriegführung. Der Unmut hatte verschiedene Quellen. Eine lag im Nordwesten. Der seit 1625 wieder intensivierte Kampf Spaniens gegen die abtrünnigen niederländischen Nordprovinzen belastete die nordwestdeutschen Reichsterritorien schwer. Rücksichtslos zog ein Truppenkontingent nach dem anderen über Reichsgebiet; und auch der Madrider Vorsatz, die Sezessionisten durch eine umfassende Handelsblockade in die Knie zu zwingen, schädigte Nordwestdeutschland schwer – schwerer vielleicht als die Holländer selbst, die ihren Handel zur See abwickelten und dort von Spanien kaum behelligt werden konnten. Eine antispanische Stimmung machte sich breit am Rhein, sogar an den rheinischen Kurhöfen. In Spanien freilich saßen – Habsburger; und in Wien?

Dann fraßen Wallensteins scheinbar unaufhörlich anschwellende Truppenmassen das Land von Freund wie Feind regelrecht leer – also auch katholisches Land. Wir werden Wallensteins Kontributionssystem noch kennenlernen; eine seiner Maximen war, dass der Krieg den Krieg ernähren müsse. Das kam natürlich der chronischen kaiserlichen Finanznot entgegen, aber nicht den Interessen der betroffenen Territorien gleich welcher Konfession. Man forderte vom Kaiser eine Reduzierung der Truppen und mehr Mitspracherechte der regulären Obrigkeit vor Ort: Die traditionell selbstbewussten deutschen Fürsten stemmten sich gegen die angeblich alternativlosen Zwänge der wallensteinschen Kriegführung, ihre vorgebliche „raison de guerre" („Kriegsräson"), sorgten sich vor einer Art ‚Kriegsdiktatur'. Sogar Tilly war verstimmt – er wollte nicht länger hinnehmen, dass Wallenstein bessere Quartierplätze beanspruchte als er mit seiner „meritirten alten Soldatesca"; ein immer zügelloserer Wettlauf zwischen ligistischen und kaiserlichen Truppen um die letzten noch nicht ausgesogenen Landstriche zum Einquartieren war die Folge.

Es ist bezeichnend, wie sich Maximilian von Bayern, in seiner Eigenschaft als Ligaoberhaupt, beim Kaiser beschwerte, als Einheiten Wallensteins im Sommer 1629 kurkölnisches Gebiet berührten: Es sei empörend, wie sich der „ungezaumbte, schedliche Muetwille" der Soldateska „gegen hochen und nidern Stanndts Personen nunmehr ohne allen Underschid und Respect" richte: weniger eine Klage über Exzesse – an die hatte man sich ja fast schon gewöhnt –, vor allem Klage darüber, dass man nicht einmal mehr die Privilegierten verschone, dass „Herr und Knecht, von einem ieden schlechten maisterlosen Officir in gleichem Werth gehalten" würden.

Die Politiker, immerhin hochadelige Land- und Markgrafen, Kurfürsten gar, waren verstimmt über den Ton, mit dem Wallenstein und die Seinen abkanzelten, was ihnen nicht genehm war; der Parvenü war erschreckend respektlos – und war er nicht womöglich auch eine Gefahr für die teutsche Libertät? Man wusste, dass Wallenstein Befürworter einer starken Monarchie war, manch abschätzige Bemerkung des Generalissimus über die Reichsstände und ihre Partizipationsansprüche wurde kolportiert.

2.7.5 Regensburg 1630: ein Kampf um die Reichsverfassung

‚Das Reich' wurde immer unwilliger. Aber wie sollte sich ‚das Reich' artikulieren? Nicht nur, dass es in zwei konfessionspolitische Lager, sogar in zwei Kriegsparteien zerrissen war; das zentrale politische Forum des Reiches, der Reichstag, galt ja seit einer Generation als gescheitert, eine Wiederbelebung dieser Institution ausgerechnet in den Wirren eines Krieges hielt man für aussichtslos. Konnte der Kurfürstentag notdürftig einspringen? 1630 tagte einer in Regensburg.

Unmut über Wallenstein ...

Die hohen Herren waren aufgebracht. Man fand die jahrelang hingenommenen Kriegslasten nun doch unerträglich, hörte auch von kurfürstenfeindlichen Äußerungen Wallensteins. Stammten sie wirklich aus seinem Munde, wurden sie ihm von Gegnern und Rivalen unterstellt, um die Kurfürsten gegen ihn aufzubringen? Es lässt sich heute nicht mehr klären, zu Wallensteins reichspolitischen Vorstellungen passen die kolportierten Bemerkungen wohl schon, aber sollte er tatsächlich so unvorsichtig gewesen sein, sie fallen zu lassen?

Jedenfalls hieß es in kurfürstlichen Kreisen, Wallenstein und seine Offiziere hielten „geferliche und weitaussehende Reden", so lasse sich „der Herzog von Fridland ... ungescheucht vernemen, er wölle die Churfürsten Mores lehren, Sie müssen von dem Khaiser, und der Kaiser nit von Ihnen dependiren" (also: abhängen), auch „gebür die Succession am Reich des Kaisers Sohn ohn das, und bedurff der Wahl nit". Der Bayernherzog wollte im Frühjahr 1628 sogar „von einer hochen Standsperson" erfahren haben, dass einer der wichtigsten Offiziere Wallensteins erklärt habe, so die Kurfürsten diesem „nur noch zehen Wochen also zuesehen, und nit bald anderst zur Sachen tun, das es alsdan umb sie geschehen" sei. Sollte man sich von diesem Emporkömmling „undertrucken lassen"?

... wird Unmut auch über die Hofburg

Und warum ließ ihn die Hofburg einfach so gewähren? Zusehends trübte die Verärgerung über den Friedländer das Bild, das man sich vom Kaiser machte. Auch die Missstimmung, die man wegen der – ohne Konsultation der Kurfürsten vorgenommenen – Übertragung Mecklenburgs auf Wallenstein empfand, richtete sich genauso wie gegen diesen gegen den Herrn des ganzen Verfahrens, Ferdinand. Sodann argwöhnte man, dass der das Reich in die Konfrontation mit den separatistischen niederländischen Nordprovinzen zu treiben suche und dabei Madrider Einflüsterungen anstatt dem Ratschlag seiner Kurfürsten folge. Und hatte die Hofburg bei ihnen nachgefragt, ehe sie sich im Mantuanischen Erbfolgekrieg engagierte? Wurden die in der Wahlkapitulation festgelegten Konsultationspflichten in Wien überhaupt noch ernst genommen? Ganz offensichtlich wurden die Kurfürsten in der Reichsaußenpolitik „gar beiseits gesezt". Und nicht nur da! Es war am Vorabend des Regensburger Kurfürstentags eine Grundüberzeugung an allen Kurhöfen, dass der „Respect gegen den Curfürsten ... ein Zeit hero ... nit sehr gros gewesen" sei.

Am Kurfürstentag musste es Wallenstein ausbaden. Der Kaiser wollte in Regensburg an sich die Nachfolge geregelt sehen – die Kurfürsten sollten seinen Sohn zum Römischen König wählen. (Um ein „Interregnum", ein kaiserloses Intermezzo zwischen zwei Regierungszeiten, zu vermeiden, wählten die Kurfürsten manchmal schon zu Lebzeiten des amtierenden Reichsoberhaupts diejenige Person, die ihm im Augenblick seines Todes ohne weiteren Ernennungsakt nachfolgen würde; man nannte diesen präsumtiven Nachfolger den „Römischen König".) Es illustriert, wie gering die reichspolitische Sensibilität Ferdinands gewesen ist, dass er diese Angelegenheit ursprünglich quasi auf dem Verordnungsweg abwickeln wollte, den Mainzer einfach anwies, einen Nachfolger wählen zu lassen. Aber nicht mit den deutschen Kurfürsten! Königswahlen waren nicht bestellbar. Schon, als der Kaiser meinte, er könne eine Königswahl anordnen, stand fest, dass diese Wahl deshalb jetzt bestimmt nicht stattfinden würde. Aber die Kurfürsten haben das dem Kaiser nicht offen gesagt – sollte er ruhig ein bisschen zappeln, so lang war er erpressbar. Man konnte also seine Bedingungen für die vermeintlich anstehende Wahl präsentieren: weg mit dem vielen Kriegsvolk, weg mit Wallenstein! Es galt, den Wiener Wahlwunsch für die „Tractation wegen des Fridens und gegenwertigen Unwesens" auszunutzen, „dan weil man am Kaiserlichen Hof zu dem lezstern kein Lust, das erst aber eiferig suche und beger, werd ains das ander treiben".

Äußerst selbstbewusst agierten die Kurfürsten in der Frage des Generalats über die kaiserlichen Truppen. Aus der Bestimmung der

Ringen ums Generalat, Entlassung Wallensteins

Wahlkapitulation, dass der Kaiser „on furwissen rat und bewilligen" der Reichsstände, „zum wenigsten" aber aller Kurfürsten keinen „krieg in oder ausserhalb des Reichs ... anfahen oder unternemen" durfte, leiteten sie, zumal in reichstagsloser Zeit, eine durchgehende Bindung der kaiserlichen Kriegführung an den Konsens der Kurfürsten ab, was auch deren Plazet zur Ernennung oder aber die Forderung nach der Entlassung des kaiserlichen Feldherrn umfasse. Dieser Feldherr dürfe künftig nicht mehr Wallenstein heißen. Sein Nachfolger müsse angewiesen werden, „in vorfallenden wichtigen Sachen ... mit deß Reichs Curfürsten, wo nit aller doch ufs wenigist der nebstgesessenen Rhat unnd Guettachten" zu handeln. Die Kurfürsten traten in der Frage des Generalats nicht als Bittsteller und noch nicht einmal als Ankläger, sondern in der Pose des Richters auf; sie billigten dem Kaiser nicht die Prüfung ihrer Forderungen zu, sie verlangten Erfüllung. Ferdinand gab nach. Wallenstein wurde entlassen – übrigens auf Betreiben zumal der katholischen(!), also in der Liga organisierten Kurfürsten. Der Ligageneral, Tilly, würde fortan den Oberbefehl auch über die kaiserlichen Truppen führen.

Ringen zwischen verschiedenen Reichskonzepten

Die Wallensteinfrage, in der der Kaiser doch mindestens so sehr wie vor den Säulen des Reiches vor den Häuptern der Liga zurückwich, war nur ein Ausschnitt des Ringens zwischen der kaiserlich-zentralistischen Auffassung von Kriegführung und Reichsaußenpolitik (vom „ius belli ac pacis", wie man damals rubrizierte; lat. ius = Recht, bellum = Krieg, pax = Frieden) sowie derjenigen der Kurfürsten. Es war im Grunde, auch wenn vordergründig Fragen der Kriegführung dominierten, ein Kampf der Reichskonzeptionen, gewissermaßen ein ‚Verfassungskampf'. Im kaiserlichen Lager betonte man auch noch nach der Entlassung Wallensteins, dass das Reichsoberhaupt Herr über Krieg und Frieden sei, das „ius belli ac pacis" ein kaiserliches Reservatrecht.

Jene Einschätzung war fraglos rechtswidrig, aber von der Reichsverfassung hatte man in der Umgebung Ferdinands ohnehin eigenwillige Vorstellungen. Die kaiserlichen Räte gutachteten, die Kurfürsten gerierten sich in der Frage des Generalats gerade so, als ob sie

> praesupponireten [davon ausgingen], das der kayserliche Gewalt von dero Capitulation, Reichsconstitutionen und dem Herkomen dependirt [abhängt], da sie sich doch hierbei nicht unbillich erinnern solten, das das

romisch Kaysertumb gar nicht hiervon, sondern zuvorderist von Gott dem Almechtigen selbst als suprema potestas saecularis in terris [oberste weltliche Macht des ganzen Erdkreises], und dan von dem jure, welches Kayser Carolus Magnus seinen successoribus [Nachfolgern] romischen Kaysern verlassen hett, herrüeren tuet. Die Capitulationes auch und Reichsconstitutiones Sachen seien, so erst vor hundert oder wenig mer Jahren … inducirt,

also eingeführt worden seien: Gottesgnadentum? Der Kaiser als Herrscher „legibus solutus"? Soll man sich eher an die Amtsauffassung Karls V. erinnert fühlen oder aber von absolutistischen Anklängen reden? Jedenfalls machen derartige Ausführungen deutlich, dass sich die Kurfürsten zu Recht Sorgen machten.

Energisch verlangten sie das kaiserliche Versprechen, dass in „wichtigen und sonderlich dene Sachen, darauß uber khurz oder lang" dem Reich Gefahr oder „Ungelegenheit zuwaxen khan", fortan mit ihnen „zeittlich communicirt, Ihres Rhats mehrers gefolgt" werde. Konkret mussten die Kurfürsten, so sahen sie selbst es jedenfalls, neben der Person des kaiserlichen Feldherrn auch die Heeresstärke absegnen, Bündnissen zustimmen, akzeptieren, dass neue Kriegsschauplätze eröffnet wurden. Das militärische Engagement Ferdinands in Italien sei einzustellen, erklärten die Kurfürsten, sie drängten deshalb auf Friedensverhandlungen (mit dem uns schon bekannten Resultat). Ein Teil der kaiserlichen Truppen sei abzudanken (was Ferdinand grundsätzlich akzeptierte); außer zwanzigtausend Mann Ligatruppen werde Tilly fortan vierzigtausend Soldaten der kaiserlichen Armee befehligen. In seiner Schlussschrift vom 12. November konzedierte Ferdinand, dass er neue Kriege in der Tat nur mit Zustimmung der Kurfürsten beginnen dürfe. Die Schimäre eines kaiserlichen Monopols in der Reichsaußenpolitik, eines exklusiv kaiserlichen „ius belli ac pacis" war – vorerst – verflogen. Im Zeichen der kurfürstlichen „Präeminenz" (wie man die prominente Rolle der „Säulen des Reiches" in der Reichspolitik auf den Begriff brachte; von mittelalt. praeeminentia = Vorrang) wie der „teutschen Libertät" hatten die Kurfürsten erfolgreich gegen eine zentralistische Uminterpretation der Reichsverfassung angekämpft. Nur ein Jahr, nachdem Ferdinand als „Handhaber aller Ordnung vnd Gesetze" das Restitutionsedikt erlassen hatte, war der Mann ziemlich tief gesunken. Seine militärischen Triumphe in reichspolitischen Terraingewinn umzusetzen: das ist ihm so wenig gelungen wie einst Karl V. nach dem siegreich bestrittenen Schmalkaldischen Krieg.

Ferdinands Attacken auf das herkömmliche politische System des Reiches waren von den Kurfürsten abgeschmettert worden, er hatte klein beigegeben. Am Ende stand er ohne Nachfolger da – denn einen Römischen König haben ihm die Kurfürsten trotzdem nicht gewählt – und ohne Feldherrn. Dass Wallenstein bald wird zurückkehren dürfen, verdankt sich einem Ereignis, das man in Regensburg vielleicht schon hätte vorhersehen können, aber nicht in den Blick genommen hat: dem Kriegseintritt Schwedens.

Zwischenbilanz: Die scheinbare Stärke des Kaisers entbehrt einer stabilen politischen Basis

Blicken wir, ehe wir Gustav Adolf über die Ostsee segeln lassen, kurz zurück! Das kaiserliche Regime schien 1630, der Entlassung Wallensteins unerachtet, erdrückend mächtig. Ferdinand war auch in traditionell kaiserfernen Reichszonen, im Nordwesten, in der norddeutschen Tiefebene und sogar weiter östlich militärisch präsent. Aber diese erdrückende militärische Stärke ruhte auf keinem stabilen politischen Fundament.

„Konfiszierende" und „restituierende" Kommissare hatten den vertriebenen Pfälzern viele weitere erbitterte Feinde der Hofburg zur Seite gestellt. Über das forciert monarchische Reichskonzept, dem vielleicht Ferdinand, ganz sicher wichtige seiner Berater anhingen, und über die Kontributionslasten waren sogar die katholischen Reichsstände verärgert. Noch nicht einmal die kaiserlichen Zugeständnisse am Regensburger Kurfürstentag verhießen dauerhafte politische Entspannung; die beiden evangelischen Kurfürsten aus Dresden und Berlin waren gar nicht erst persönlich erschienen, erachteten die Streitigkeiten um Generalat und Heeresstärke im Grunde als interne Auseinandersetzungen innerhalb des gegnerischen Lagers, und noch vor dem Ende des Kollegialtags hatte Johann Georg von Sachsen angekündigt, zu einem Protestantenkonvent zu laden, auf dem es über Restitutionen und Kontributionen zu reden gelte.

Ferdinand hatte es bitter nötig, militärisch erdrückend stark zu sein, denn ein reichsweiter politischer Konsens war nicht in Sicht. Dieses Manko konnten noch nicht einmal die forciert monarchisch eingestellten, verfassungspolitisch wenig sensiblen Berater Ferdinands völlig ignorieren; auch deshalb glimpfliche Friedensbedingungen für

Dänemark, auch deshalb der Versuch, zügig wieder aus den oberitalienischen Verwicklungen herauszukommen. Der scheinbar so mächtige Kaiser konnte sich Konflikte an den Rändern des politisch zerfurchten Reiches gar nicht leisten: nicht jenseits der Alpen, nicht am Rhein – und auch nicht an der Ostsee, wie sich zeigen sollte.

3 Wie hat man im Dreißigjährigen Krieg gelebt, gekämpft und gelitten?

3.1 Warum beherrscht der Söldner das Feld?

3.1.1 Der Ausgangspunkt: die Ritterheere des Mittelalters

Auf den letzten Seiten war viel von Schlachten, Quartieren, Truppentransfers die Rede. Was für Truppen waren das, wie haben sie ihre Schlachten geschlagen, in ihren Quartieren gehaust?

Was für Truppen …? Klar, wir wissen schon, dass das überwiegend Söldnerheere gewesen sind. Was besagt der Begriff? Er kommt vom „Sold", wie das Gehalt für Berufssoldaten heißt. Ein Söldner ist also ein Berufssoldat, genauer: ist jemand, der freiwillig sein Geld als Berufssoldat verdient. Wehrpflichtige nennen wir nicht „Söldner". Und auch heutige Berufssoldaten, die modernen staatlichen Kommandostrukturen unterstehen, nennen wir, wenig konsequent, in der Regel nicht „Söldner" – sonst wäre die Bundesrepublik Deutschland im frühen 21. Jahrhundert ja wieder zu Söldnerheeren zurückgekehrt (was so auszudrücken geradezu der Political Correctness widerspräche). Also: Eigentlich ist ein Söldner einfach ein Berufssoldat. Im engeren Wortsinn meint der Begriff einen Berufssoldaten, der einem Kriegsunternehmer untersteht: einem Unternehmer, der anstatt in Rollmöpse in eine Soldtruppe investiert hat und die mit seinem Geld aufgebaute Truppe gegen entsprechende Bezahlung für die Ziele eines kriegslustigen oder angegriffenen Politikers kämpfen lässt.

Der Begriff „Söldner"

Solche Söldnerheere von Kriegsunternehmern hat es gegeben, seit es Kriege gibt. Es gab sie im frühen Griechenland, ehe die griechischen Stadtstaaten daran gingen, das Treiben privater Militärunternehmer in den Griff zu bekommen. Es gibt sie heutzutage, zuletzt fiel das aufmerksamen Zeitungslesern wieder mehr auf als in den Jahren des Kalten Krieges. Private Militär- und Sicherheitsfirmen, die sich durch

Kriegsunternehmer

die Bereitstellung von Kriegslogistik und entsprechendem Personal in Kriegen und Bürgerkriegen rings um den Globus engagieren, boomen. Im Irakkrieg sollen ungefähr 15.000 bezahlte Kämpfer aus 80 verschiedenen Sicherheitsunternehmen aktiv gewesen sein; zu gut zweitausend getöteten Angehörigen der US-Streitkräfte muss man wohl noch zwischen 500 und tausend gefallene Söldner (im engeren Wortsinn) hinzuzählen.

Die große Zeit des Söldnertums, als es die Schlachtfelder konkurrenzlos beherrschte, waren freilich die ersten beiden neuzeitlichen Jahrhunderte. Warum? Wie kam es dazu, dass man Kriege im 16. und 17. Jahrhundert mit Söldnern geführt hat? Wie hat man denn davor, im Mittelalter, Krieg geführt?

Weitere Begriffsklärung: Fehden versus Kriege

Hat man im Mittelalter überhaupt Krieg geführt? „Krieg" und „Fehde" waren damals ja eigentlich nicht strikt auseinanderzuhalten, häufig werden die Begriffe fürs Mittelalter synonym verwendet. Ein Krieg war eine große Fehde. Haben sich nicht oft auch Privatleute befehdet? Ja, wenn wir diesen (fürs Mittelalter eigentlich anachronistischen) Ausdruck, Privatmann, einmal der Einfachheit halber akzeptieren, haben natürlich Privatleute Fehden gegeneinander geführt. An der Schwelle zur Neuzeit monopolisiert dann der Staat militärische Gewalt – zulässige öffentliche, staatliche Kriege und unzulässige Privathändel werden erst scheidbar, als die frühmoderne Staatlichkeit so weit vorangeschritten ist, dass der Fürst und seine Verwaltungsmaschinerie die Sphäre des ‚Öffentlichen' für sich in Beschlag nehmen, alles außerhalb ihrer selbst als ‚nicht öffentlich relevant' deklassieren können. Es ist auch ein Ausdifferenzierungsprozess zwischen Strafrechtspflege (anstatt sich in nun für unzulässig erklärten Fehden auszutoben, hat man, so man sich Unrecht ausgesetzt sieht, den Rechtsweg zu beschreiten, staatliche Gerichte anzurufen) und Außenpolitik. Dem staatlichen Gewaltmonopol entspricht das staatliche Kriegsmonopol. Freilich führt der Staat jene Kriege, zu denen nur er noch berechtigt ist, noch nicht selbst, er lässt sie durch angemietete Söldner ausfechten.

Aber halt, wir sind auf einen Abweg geraten! Unsere Ausgangsfrage (wie hat man denn im Mittelalter Krieg geführt?) hat uns, typisch für Zivilisten, zu einem Exkurs hin zum Kriegsbegriff verleitet und zur Frage nach der Berechtigung zum Krieg, wo es doch eigentlich ums

Wie hätte gehen sollen, um Militaria im engeren Sinne. Nehmen wir einen zweiten Anlauf!

Es gab im Mittelalter Heere aus lehnspflichtigen Panzerreitern, es gab Aufgebote (es wurden also, beispielsweise, die „wehrfähigen" Bürger einer Stadt zu den Waffen gerufen) und es gab auch schon Söldner; Aufgebote wie Söldnerkontingente bestanden überwiegend aus Fußsoldaten. In den beiden letzten mittelalterlichen Jahrhunderten erfuhren nun „die drei Säulen des mittelalterlichen Kriegswesens – Lehensheer, Aufgebot und Söldnerkontingente – eine veränderte Gewichtung" (Bernhard R. Kroener). Einfach gesagt, wurden von der Kampfesweise her betrachtet Fußsoldaten wichtiger und von der Rekrutierung her Söldner.

Drei Säulen des mittelalterlichen Kriegswesens

Zum Ausgangspunkt! Mittelalterliche Großfehden bzw. Kriege wurden hauptsächlich von gepanzerten Reitern ausgefochten, also von Rittern – wobei das Wort manchmal in einem rein militärischen Sinn verwendet wird (Ritter = Panzerreiter), manchmal eine soziologische Aussage trifft, jene Bevölkerungsgruppe bezeichnet, aus der sich normalerweise die Ritterheere rekrutierten.

Der Begriff „Ritter"

Welche Verwendung des Wortes ist denn die sinnvollere? Das ist nicht leicht zu entscheiden, man muss wohl auch zeitlich differenzieren. Prinzipiell zwar war das Rittertum ein im gesamten Abendland vom 9. bis zum 15. Jahrhundert begegnendes Phänomen. Aber es scheint während dieser sechs Jahrhunderte seinen Charakter gewandelt zu haben. Wahrscheinlich handelte es sich um einen Beruf, der für bestimmte Stände, nämlich Ministerialen, Freie und Adelige, offenstand, ehe sich der Zugang auf den Adel einengte und ehe sich Rittersein, nachweislich spätestens unter Friedrich Barbarossa, schließlich zum Stand wandelte. An unsere obige Begriffsklärung anknüpfend, könnte man sagen: Eine sozial nicht sehr spezifische militärische Bezeichnung wird zur soziologischen, engt sich dabei aber sozial ein. Im späten Mittelalter bildeten die Ritter einen bestimmten Heerschild in den (die Lehnspyramide nachzeichnenden) Heerschildordnungen. Man schloss sich nach unten ab, der Ritterschlag setzte nicht mehr kriegerisches Engagement, sondern Ritterbürtigkeit voraus. Genauer müssen wir all das nicht wissen.

Für uns ist nämlich wichtiger, wie der Ritter gekämpft hat: als Reiter, zu Pferde. Gepanzerte Reiter, die mit angelegtem Speer niederrammten,

Wie kämpfen Ritter?

was sich ihnen in den Weg stellte, erwiesen sich als unwiderstehlich, beherrschten die mittelalterlichen Schlachtfelder.

Natürlich konnten nicht Hinz und Kunz Ritter werden, und das unabhängig davon, wie rasch sich dieser Beruf ohnehin zum Stand wandelte, sozial abschloss. Schon der Aufwand engte den Zugang ein. Für einen längeren Feldzug benötigte der Ritter zwei Pferde (ein ausdauerndes Reitpferd und eines für die Schlacht) sowie jemanden, der ihm half, Lanze, Schwert, Schild, Rüstung zu pflegen und zu transportieren, also mindestens einen Knappen oder Schildträger. Meist begleitete den Ritter auch noch ein Pferdejunge, ebenfalls beritten, aber weniger schwer gerüstet, als Späher. Als Wachtposten zogen ferner ein oder zwei Fußsoldaten mit. Kurz, dem Ritter wuchs eine Art Gefolge zu – wenn wir in der Literatur von einem Ritter lesen, müssen wir uns immer drei, vier, bis zu sechs Mann dazudenken.

Ausrüstung und Mannen musste man sich leisten können; das Pferd, die schwere Bewaffnung, der Kampf in voller Rüstung mussten beherrscht sein, das war nichts für Dilettanten – kurz, man musste abkömmlich sein, nach Feierabend ließ sich das nicht üben. Abkömmlich waren wiederum nur Wohlhabende. Sie waren wohlhabend (und abkömmlich), weil sie gut von jenem stattlichen Lehen leben konnten, das die ökonomische Basis für den Ritterdienst darstellte. Der Ritter stand in einem Vasallitätsverhältnis zu einem größeren Herrn (nicht aber dem König, dem nur die Träger von Reichs- oder Kronlehen lehnspflichtig waren). Zu seinen Lehnspflichten gehörte der Kriegsdienst für den Lehnsherrn. Ritterkampf, das war nichts für arme Schlucker. Das setzte stattliche Lehen voraus, also große Ländereien, und um diese zu schützen, bauten sich die Ritter Burgen. Mehr muss der Neuzeithistoriker nicht wissen. Das ist der Ausgangspunkt.

3.1.2 Niedergang des Rittertums, Aufstieg der Infanterie

Warum wurden nun neuzeitliche Kriege nicht mehr von solchen Ungetümen zu Pferde entschieden? Ritterheere erlitten im späten Mittelalter eine Reihe spektakulärer Schlappen, die ihren einst überragenden militärischen Wert sukzessive infrage stellten. Ins Zentrum der Kriegführung rückte deshalb die Infanterie („Infanterie": das bezeichnet im Militärjargon Fußtruppen).

Es gibt hierfür sozioökonomische Voraussetzungen, ferner eine technologische und eine gleichsam mentalitätsgeschichtliche. Verschiedene große Städte wurden so kapitalkräftig, dass sie es sich einerseits leisten konnten, große Söldnerkontingente anzuwerben; andererseits wanderte ein Teil des Kapitals in Produktionsstätten, die es überhaupt erst ermöglichten, massenhaft Fußsoldaten auszurüsten. Es entstanden urbane Rüstungszentren. Mit Langbogen und Armbrust standen den Infanteristen Waffen zur Verfügung, die für die auf den Nahkampf geeichten Ritter gefährlich waren – so die Fußsoldaten beim Anblick der furchterregenden Panzerreiter nicht kopflos wurden, gar scharenweise davonliefen, sondern selbstbewusst und diszipliniert dagegenhielten. Dem war im späten Mittelalter immer häufiger so.

Was Fußtruppen zugutekommt

Manche Militärgeschichten weisen darauf hin, dass die herkömmlichen Panzerreiter schon gegen Ende des 13. Jahrhunderts ihre Grenzen in Wales aufgezeigt bekommen hätten. Der englische König Edward I. wollte dieses Wales erobern und stieß dabei auf überraschende Schwierigkeiten: Die Waliser waren nämlich so unkultiviert und halsstarrig, dass sie genau die Schauplätze mieden, die Edwards schöne Panzerreiter brauchten, um den Feind niederzumachen. Sie suchten den bergigen Charakter der Landschaft auszunützen, stellten sich selten zur offenen Feldschlacht, führten eher das, was wir heute Guerillakrieg nennen würden. Im Gestrüpp von Bergwäldern aber kam der schwer gerüstete Reiter nicht weit. Edward setzte deshalb vermehrt Fußtruppen ein, um die Waliser aus ihren Verstecken zu vertreiben, die Fliehenden erlegten dann – nein, wieder nicht die Lanzen der Ritter, sondern Bogenschützen. Was war die Lehre aus alledem? Fußtruppen und Bogen schienen Panzerreiter und Lanze jedenfalls unter bestimmten Bedingungen durchaus überlegen.

Bekannter ist die Schlacht von Crécy, 1346. Ein englisches Heer besiegt ein französisches. Uns interessiert nur, wie es das tat: erneut durch Infanterie, erneut mit Bogen. Der englische König hatte gerade so wenige Ritter zur Hand, dass er sie absteigen ließ und unter seinen Bogenschützen einreihte. Dieser Infanterie mit Pfeil und Bogen stand das damals in Europa berühmteste Ritterheer gegenüber; und es erlebte ein Debakel: mehr als 1.500 Tote (bei etwa hundert englischen Opfern).

Crécy: Bogenschützen zu Fuß besiegen Ritter

Von der berühmten Schlacht gingen zwei Botschaften aus, eine waffentechnische und eine psychologische. Erste Botschaft: Pfeile erlegen Panzerreiter – ihre Pferde sowieso, aber sie durchschlagen auch die Kettenhemden der Reiter. Diese müssen durch immer schwerere Panzerplatten reagieren, was ihre Ausrüstung noch teurer macht. Der Bogen schien eine Zeit lang, im ausgehenden Mittelalter, die Waffe der Zukunft zu sein – wurde es indes am Ende doch nicht. Pointiert könnte man sagen: Langbogen und Pfeile trugen dazu bei, den Panzerreiter durch den Fußschützen abzulösen; doch als sich Letzterer endgültig durchgesetzt hatte, schoss er bereits nicht mehr mit Bogen, sondern mit Feuerwaffen. Schon deshalb sind wahrscheinlich die psychologischen Folgen von Crécy noch wichtiger: Bislang hatten die mittelalterlichen Ritterheere immer so viel Angst und Schrecken verbreitet, dass die Fußsoldaten bei der ersten berittenen Attacke in hellen Scharen das Weite suchten. Die englischen Bogenschützen blieben stehen, harrten aus – und schlugen so das glänzendste der europäischen Ritterheere. Deren Nimbus war nun einigermaßen angekratzt, warum also beim Anblick eines gepanzerten Reiters künftig noch davonlaufen? Lieber schoss man ihn fürderhin einfach von seinem prächtigen Ross herunter.

Zwei Botschaften, und man zog seine Lehren daraus: England hatte gut daran getan, seine Ritter absteigen, zu Fuß kämpfen zu lassen – das würde England deshalb wieder und wieder tun, auf die Kampfkraft der Fußtruppen kam es offenbar entscheidend an. Auch die französischen Ritter zogen ihre Lehren – aber andere. Einerseits gingen sie, wie schon erwähnt, dazu über, ihre Kettenhemden durch Rüstungen aus Metallplatten zu ersetzen. Auf ihrem hohen Ross blieben sie zunächst noch – aber wenn die Schlacht so recht anhob, kamen sie doch herunter: Sie gingen dazu über, das eigentliche Treffen zu Fuß zu bestreiten. Denn das Pferd, das konnte man nicht so mit Metall überziehen wie die nun noch furchterregender herausgeputzten Ritter selbst. Der Erfolg? Ein gewisser in Abwehrschlachten, kein großer bei Angriffen – die überschweren Kämpfer waren zwar nahezu unverwundbar geworden, aber vom Fleck kamen sie auch kaum noch ohne Pferd. Der perfekte Schutz gegen die damals modernste Waffe, den Pfeil, war teuer erkauft: durch die Einschränkung der Beweglichkeit, übrigens auch des Gesichtsfelds. Gepanzerte Monstren, die kaum noch vorankamen und ihr eigentliches Geschäft, den Feind niederzumachen, gar nicht mehr zu Pferde verrichteten: So weit also war es mit dem edlen Rittertum schon gekommen. Wenn der Ritter die eigentliche Schlacht genauso zu Fuß bestritt wie ein einfacher Infanterist – lohnte sich dann der ganze Aufwand noch?

Eine Schlappe nach der anderen erlitten herkömmliche Ritterheere in den Auseinandersetzungen zwischen Habsburg und den Eidgenossen im 14. Jahrhundert – in berühmten Schlachten wie denen von Morgarten (1315) oder Sempach (1386). Wieder und wieder machten die Schweizer Habsburgs Reiterei nieder, ursprünglich übrigens mit einfach konstruierten, ungeschlachten, über zwei Meter langen Streitäxten, mittels derer sie die Ritterrüstungen (nebst Inhalt) einfach wuchtvoll durchschlugen. Später gingen sie zur Pike über, und sie entwickelten eine dazu passende Kampfweise: Igelstellung in der Defensive, perfekt aufeinander abgestimmte, mehrtausendköpfige Phalanx in der Offensive – sie walzte regelrecht alles nieder, „was so unklug war", sich ihr „in den Weg zu stellen" (Michael Howard). Die Piken, das waren gewissermaßen ihre überdimensionalen Stacheln: hinten auf dem Boden aufliegende, vorn emporgereckte zugespitzte Stäbe von vier bis fünf Metern Länge. An der Schwelle zur Neuzeit waren längst nicht mehr französische Ritterheere der bewunderte Maßstab, sondern es schätzte sich glücklich, wer für seinen Krieg Schweizer anwerben konnte. Es hallt noch in Akten des Dreißigjährigen Krieges nach, wo, in bezeichnender Gleichsetzung von „Söldner" und „Schweizer", immer wieder dieser Stoßseufzer begegnet: „pas d'argent, pas de Suisses" („kein Geld – keine Schweizer"). Was war die Lehre? Beweglich operierende Pikeniere waren Rittern überlegen.

Schweizer Pikeniere besiegen Ritter

Zur Pike kam alsbald eine neue Waffe: die Feuerwaffe. Zunächst als Kanone, der Schritt vom Glockengießen (so friedlich ist der Ursprung dieser Technik) zur Kanone wurde schon im 14. Jahrhundert getan, aber die waghalsigen Konstruktionen, die man anfangs nur einmal am Tag abfeuern konnte, waren noch nicht sehr praktikabel. Seit dem 15. Jahrhundert kam der Kanone wachsende militärische Bedeutung zu, etwas zeitverzögert dann auch der Handfeuerwaffe – ihr erster, auch eingelöster Zweck war es damals, die Reihen der gegnerischen Bogenschützen und der Pikeniere zu lichten. Die Handfeuerwaffen wurden von Generation zu Generation etwas leichter, zur Zeit des

Bedeutungszuwachs von Feuerwaffen

Dreißigjährigen Krieges wogen sie noch ungefähr fünfeinhalb Kilo, sie konnten bereits mehrmals in der Minute abgefeuert werden (übrigens noch immer im Takt – also Salven; individuelles Feuern, wie wir das vielleicht aus Westernfilmen kennen, galt als Disziplinlosigkeit): Das Gewicht war damit im frühen 17. Jahrhundert so gering geworden und das Feuertempo so groß, dass Handfeuerwaffen mittlerweile Schlachten mitentscheiden konnten.

Schematisch vereinfachend könnte man den folgenden Dreischritt skizzieren: Im 16. Jahrhundert ist noch die Pike die angesehenste und wichtigste Kampfwaffe; im Dreißigjährigen Krieg dienen die Pikeniere vor allem als Schutz für die Schützen – diese ziehen sich zum Nachladen immer wieder zwischen die aufgestellten ‚Stacheln' zurück; danach wird die Pike immer unwichtiger, im 18. Jahrhundert schützen sich die Schützen selbst: durch großes Schusstempo und weil sie einen kümmerlichen Rest, sozusagen die Spitze der herkömmlichen Pike, als Bajonett selbst auf ihr Gewehr geschraubt haben. Aber das war jetzt Ausblick.

Infanterie – Artillerie – Kavallerie

Was haben wir bis jetzt gelernt? Der herkömmliche Panzerreiter, erlesen ausgestattet, deshalb selten und kostbar, er wird zunehmend obsolet – der neuzeitliche Krieg braucht eine große Infanterie. Eine Zeit lang sieht es so aus, als löse den gepanzerten Reiter mit der Lanze der Bogenschütze ab, tatsächlich setzen sich aber schließlich Kanoniere, Musketiere (mit „Muskete" genannten Handfeuerwaffen) und Pikeniere durch. Die Zeit der Artillerie und der Infanterie hebt an – und der alte, edle Einzelstreiter mit seiner edlen, teuren Rüstung findet in der neuzeitlichen Kavallerie (also der berittenen Abteilung eines Söldnerheeres) nur noch einen matten Abglanz. Denn diese Kavallerie ist in ein großes, vielgliedriges Heer eingebunden, ein Heeresteil neben anderen geworden und nicht mehr das glanzvolle Zentrum des Kriegsgeschehens – im 16. Jahrhundert wird ein Landsknechtsheer etwa fünfmal so viele Fußsoldaten aufbieten als Reiter, im 17. Jahrhundert ‚erholt' sich die Kavallerie wieder etwas, Verhältnis zur Infanterie etwa 1:3; wobei zu beachten ist, dass nur noch Teile dieser Kavallerie überhaupt gepanzert sind und gewisse andere Teile (nämlich die Dragoner) eher von Pferden begleitete Fußtruppen. Alle Einzelheiten sind entbehrlich, wir können diesen wichtigen Zwischenstand festhalten: Der neuzeitliche Krieg braucht massenhaft Fußtruppen.

3.1.3 Wie bringt man massenhaft Infanterie auf?

Wie bringt man Fußsoldaten in großen Mengen auf? Da wir Heutigen auf eine zweihundert Jahre währende Ära der Volksheere zurückblicken, sind wir versucht zu sagen: Indem man die Bevölkerung des Territoriums oder doch einen Teil derselben zum Kriegsdienst verpflichtet. Tatsächlich hat es im ausgehenden Mittelalter, in der anhebenden Neuzeit immer wieder Ansätze zu solchen Volksaufgeboten gegeben: „Landesdefensionen" und „Landrettungswerke", die auf Aushebungen in den Ämtern (die beispielsweise jeden dreißigsten Mann stellen mussten) basierten. Nur haben sie sich nach Ansicht der Zeitgenossen keinesfalls bewährt. Man kam immer wieder zum Schluss, dass das eine veraltete Art sei, Krieg zu führen. Die Zukunft gehöre allzu offensichtlich dem Söldner, nicht dem Volksaufgebot. Man gab diesen Seitenweg nie ganz auf, auch während des Dreißigjährigen Krieges existierten mancherlei „Landesdefensionen". Aber sie spielten zum Getöse der Zeit nur ein ganz leises, oft jämmerliches Begleitkonzert. Die Melodie gaben Söldnerheere vor. Es ist der Söldner, der häufig landfremde bezahlte Berufskrieger, der den mittelalterlichen Lehnsmann ersetzt.

Volksaufgebote?

Eine Art von Volksaufgebot, und zwar bemerkenswerterweise sogar ein offensiv operierendes, brachte Gustav Adolf nach Mitteleuropa. Das vom König selbst (also nicht etwa Kriegsunternehmern) kommandierte Heer war, als Gustav Adolf in Pommern landete, gemischt aus dienstpflichtigen schwedischen Untertanen und geworbenen Inländern, also schwedischen Söldnern. Der dienstpflichtige Teil war durch Aushebungen zusammengebracht worden, bei denen jedes Kirchspiel eine bestimmte Quote zu stellen hatte: jeder achte, sechste, ja, gar fünfte Mann einer Region. Aber dieses Experiment gelangte rasch an seine Grenzen: Die Verluste waren zu hoch, das extrem dünn besiedelte Land konnte den Ergänzungsbedarf nicht aufbringen. Eine recht gute Quellenlage erlaubt die begründete Annahme, dass die einheitlich schwedischen Regimenter zwischen 1631 und 1633 fast zwei Drittel ihres Personalbestands verloren. Das konnte die menschenarme Heimat einfach nicht ersetzen, auch Gustav Adolf ging zu den üblichen Söldnerheeren über, sah zu, wo er in Mitteleuropa zu erträglichen Kosten solche übernehmen konnte. Schon bei der

Schlacht von Breitenfeld (vgl. Kap. 4.1.1) waren nur noch gut 20 Prozent seiner Soldaten Schweden.

Söldner! Kurz, der Dreißigjährige Krieg wurde von Söldnertruppen ausgefochten. Landesaufgebote haben, wo überhaupt vorhanden, kleine Nebenrollen gespielt oder sind vollends verfallen. Dennoch wird man nach 1648 vielerorts wieder Milizen einrichten – als Heimatschutztruppe, Notnagel, Randerscheinung neben den allein kriegsentscheidenden stehenden Söldnertruppen des „Absolutismus". Ihnen gehört ganz einseitig die Vorliebe des Landesherrn, mit ihnen kann er sein Prestige aufmöbeln, Gloire ernten, während er die Landfahnen gar nicht außer Landes einsetzen darf. Außerdem befürchtet er, dass die Bauernlackel seines Aufgebots spätestens dann, wenn die Erntezeit naht, ohnedies nicht mehr bei der Fahne zu halten sind. Im Zentrum der Kriegführung stehen weiterhin Söldnerheere.

Das bleibt so bis zum Aufkommen der allgemeinen Wehrpflicht, die sich keinesfalls organisch aus einem immer weiter um sich greifenden Ausschusswesen entwickelt hat. Als um 1800 mit der Französischen Revolution, dann im Widerstand gegen Napoleon die Ära der allgemeinen Wehrpflicht anhub, war das Landesaufgebot schon Jahrhunderte alt, nur hatte es sich eben nach Auffassung der Herrscher des Ancien Régime nie so recht bewährt, es galt als randständige, veraltete Einrichtung, das Söldnerheer als viel moderner. So lehrt uns sogar die Militärgeschichte, was jeder Geschichtsstudent nach zwei Semestern ohnehin gemerkt hat: dass der Historiker die Charakterisierung „fortschrittlich" schon deshalb wertfrei verwenden sollte, weil sich die Richtung vermeintlichen „Fortschritts" im Verlauf der Geschichte immer wieder erheblich, manchmal abrupt ändern kann. Derzeit gelten wieder Heere aus besoldeten Berufssoldaten als „fortschrittlich".

Wir können diesen Zwischenstand festhalten: Die Landesaufgebote haben in der Frühen Neuzeit nur ein Schattendasein gefristet; waren im 16. Jahrhundert punktuell und episodal, danach flächendeckender, aber randständig. Den mittelalterlichen Lehnsmann lösen nicht ausgehobene Untertanen, sondern angemietete Söldner ab.

3.1.4 Sozioökonomische Voraussetzungen des Söldnerwesens

Söldnerheere haben auch eine wirtschaftsgeschichtliche Voraussetzung, die das Schlagwort von der „Commercial Revolution of the Thirteenth Century" andeutet: den Übergang von einem fast rein naturalwirtschaftlichen zu einem zunehmend geldwirtschaftlichen Zeitalter nämlich. Der Krieg vom Rittergut aus passt zur Naturalwirtschaft, das Anwerben von Söldnern zur Geldwirtschaft.

Dann gab es im ausgehenden Mittelalter und der anhebenden Neuzeit ein spürbares Bevölkerungswachstum. Die Verluste an die spätmittelalterlichen Pestseuchen wurden im Verlauf des 16. Jahrhunderts wieder ausgeglichen, zuletzt deutlich überkompensiert; die Bevölkerung Europas dürfte von 1470 bis 1618 von 60 auf 90 Millionen Menschen angewachsen sein, die „Deutschlands" von knapp 10 auf wohl gut 16 Millionen. (Warum steht hier „Deutschland" anstatt „Reich"? Demografen verstehen selten viel von allgemeiner, sozusagen außerdemografischer Geschichte, und so sprechen ihre Schätzungen denn leider durchgehend – es hat sich dort so eingebürgert – im Hinblick auf ältere Zeiten von den Zahlen „für Deutschland in den Grenzen von 1914".) Es gab immer mehr Menschen, die kaum ein Auskommen fanden: ein Reservoir der Deklassierten, für die das Berufskriegertum seine anziehenden Seiten hatte.

Geldwirtschaft, Bevölkerungsüberschuss

Zu lang wollen wir uns bei den Wurzeln des neuzeitlichen Söldnerwesens nicht aufhalten. Zumal die Sache bei näherem Hinschauen komplizierter wird, als wir uns die Vorgeschichte der uns ja eigentlich interessierenden Söldnerheere des Dreißigjährigen Krieges malen wollen: Denn einerseits kannte ja schon das Mittelalter Söldner, übrigens sogar berittene, denn mit der kostspieligen Aufrüstung der Panzerreiterei nahm die Zahl der besoldeten, landlosen Reiterkämpfer zu; wie umgekehrt das Lehnsaufgebot nicht schlagartig am Beginn der Neuzeit erlosch. Bekannte Ahnen der neuzeitlichen Söldnerführer sind die italienischen Condottieri, deren Privattruppen man bereits als Kapitalanlage ansehen kann – auf der Apenninhalbinsel wurde das ganze Kriegswesen viel früher auf Söldnerbasis umgestellt als nördlich der Alpen, und weil Norditalien damals ungewöhnlich urbanisiert und die Heimstatt des neuzeitlichen Bankwesens war, passt das zu den erwähnten wirtschaftsgeschichtlichen Voraussetzungen des

Söldnertums. Auch die deutschen „Landsknechte" des frühen 16. Jahrhunderts waren Privattruppen, der Kriegsherr (also: politische Auftraggeber) gab lediglich ziemlich allgemeine Kriegsziele vor, delegierte die gesamte Organisation (Anwerbung, Unterhalt der Truppe, Kriegstaktik) auf den Landsknechtsführer.

3.2 Welche politischen und militärischen Implikationen haben Söldnerheere?

3.2.1 Wachsender Geldbedarf als Motor des Ausbaus vormoderner Staatlichkeit

Das Aufkommen von Landtagen …

Wir lernten zuletzt Wurzeln und Voraussetzungen des Söldnertums kennen. Es hatte aber auch seinerseits wiederum Implikationen, zeitigte Folgeerscheinungen. So diese: Der Landesherr brauchte fortan zum Kriegführen viel Geld. Kostspielige Kriegführung: Das war sicher nicht *der*, aber neben und nach dem kostspieligen Aufbau territorialer Staatlichkeit, einer effektiven Landesverwaltung *ein* weiterer Grund dafür, dass die landesherrliche Schatulle (das „Kammergut") nicht mehr hinreichte, dass der Landesherr den Zugriff auf die Ressourcen des Landes suchte, wofür er die Großen des Landes brauchte, den territorialen Adel insbesondere. Dieser ‚erkaufte' sich gewissermaßen politische Mitsprache gegen die Finanzierung der steigenden Regierungskosten. Kostspielige Kriegführung: Das war einer der Gründe für die Etablierung von Landtagen, die dem Herrscher Steuern bewilligten, überhaupt für die in vielen Reichsterritorien rege ständische Partizipation an Regierung und Verwaltung.

… und ihre Zurückdrängung im Zeitalter „stehender" Heere

Wohl sogar mit einem höheren Grad an Stringenz sind die Kosten der Kriegführung später ein wesentlicher Grund dafür, dass der Landesherr die Zustimmung der Stände zu Steuererhebungen (und damit am besten gleich das ganze Ständewesen) wieder auszuhebeln sucht, als er, nach 1648, zu dem Schluss kommt, dass die Söldnerheere „stehend" werden müssen. Ein stehendes Heer, also eines, bei dem die Offiziere sowie eine Kerntruppe beisammenbleiben, wenn der Krieg zu Ende ist, um sich in der Kaserne für den nächsten fit zu halten (vgl. genauer Kap. 3.6.4): so ein stehendes Heer bedarf permanenter

Finanzierung. Das passt nicht zu den jedesmal neu auszuhandelnden Ad-hoc-Bewilligungen der unregelmäßig zusammentretenden Landtage. Ein stehendes Heer bedarf permanenten Mittelzuflusses aus dem Land, zum Beispiel über indirekte Steuern, die ohne ständische Bewilligung fließen und ohne ständische Mitwirkung beim Einsammeln: So haben die vermeintlichen militärischen Notwendigkeiten immer auch innenpolitische Auswirkungen. Man kann es natürlich auch andersherum aufziehen: Es dauert bis zur zweiten Hälfte des 17. Jahrhunderts, bis die Herrscher ihre Territorien und deren Ressourcen so fest im Griff haben, dass sie ein stehendes Heer unterhalten, dieses auch in Friedenszeiten bezahlen können. Von den Reichsständen werden es nur die größeren schaffen – sodass die Territorien des Reiches im Zeitalter des „Absolutismus", in der Sprache der Zeit ausgedrückt, in „armierte" und „nicht armierte" zerfallen: solche mit stehenden Truppen und solche ohne.

3.2.2 Die dem Söldnertum entsprechende Art der Kriegführung

Söldnerheere haben also ihre politischen Begleiterscheinungen. Und das Söldnertum beeinflusst die Kampfesweise. Noch in der Zeit des Dreißigjährigen Krieges, also ehe der absolutistische Herrscher die Truppen in seine Kasernen holt, ist das Söldnertum eine Geschäftsbranche. Wer solche Heere finanziert, will das investierte Geld mehren, die Kompanie ist Kapitalanlage. Man schont das teure Material, auch das teure ‚Menschenmaterial'.

Der Kriegsunternehmer hat hierfür viele Spielräume, weil der politische Auftraggeber ja nur die großen Linien vorgibt: „A field commander exercised full tactical command in battle and other engagements, but rulers retained the final decision over strategy" (Peter H. Wilson). Brachte der Söldnerführer schon soundsoviele Fähnlein mit, wechselte er einfach den Kriegsherrn, war sowieso klar, wem die Loyalität des Regiments gehörte. Wurde neu angeworben, geschah das zwar im Namen des Kriegsherrn, der auch die Werbepatente ausgestellt hatte. „Doch da es aus der Perspektive der Söldner in erster Linie der Oberst war, der mit seinem Geld das Regiment aufgebaut hatte, entwickelte sich primär ihm gegenüber ein Gefühl der Verpflichtung" (Michael Kaiser). Faktisch war es auch der Regimentsobrist, der darüber entschied, wer unter ihm die anderen Leitungsämter in ‚seinem' Regiment innehatte, er stand deshalb an der Spitze eines ihm verpflichteten Führungskaders. In der Regel führte der Kriegsunternehmer ‚sein' Regiment selbst in die Schlacht: Er war also Heereslieferant, risikobereiter Investor, Verwaltungschef und Offizier in einem.

Professionelle Vorsicht …

Die in solchen Heeren marschierten, waren Profis, sie lebten vom Krieg, waren schon deshalb nicht an einem abrupten Ende desselben interessiert, und sie wollten leben vom Krieg, nicht sterben. Man ging mit professioneller Vorsicht an alles heran, suchte den Gegner eher zu zermürben, zu ermatten als in einer großen, verlustreichen Entscheidungsschlacht zu stellen. Hemmungslos zerschlissenes Kanonenfutter, das sind die Wehrpflichtigen einer späteren Zeit; gigantische Massenschlachten, wie sie nicht zufällig zuerst die napoleonische Ära sieht, riskieren Generäle nur, wenn sie wissen, dass zu Hause schon der nächste Jahrgang auf seine Musterung wartet. Söldner waren dafür zu teuer. Selbst im Dreißigjährigen Krieg haben sie deshalb gar nicht so oft gekämpft – zwei, drei Schlachten pro Saison, vielleicht auch nur eine, die gar nicht lang dauern musste (denken wir an den Weißen Berg!). Zumeist ist man herumgezogen – addieren wir die Marschstrecken, die ein Tagebuch führender Söldner zwischen 1625 und 1649 zurückgelegt hat, kommen wir auf rund 25.000 Kilometer.

… und was raschen Entscheidungen in wenigen Schlachten noch entgegenwirkt

Seit den späten 1620er-Jahren sollte etwas hinzukommen, was rasche, flexible Manöver, überhaupt zügige Entscheidungen noch mehr erschwert hat: Quartiermangel, Nachschubprobleme. Militärhistoriker haben ausgerechnet, dass ein Heer von vierzigtausend Mann (das dürfte der Istbestand der kaiserlichen Truppen, aber auch der schwedisch-sächsischen in der Schlacht bei Breitenfeld gewesen sein, vgl. zu ihr Kap. 4.1.1) täglich vierzig Tonnen Brot, zwanzig Tonnen Fleisch und 150.000 Liter Bier benötigte. Der Krieg wurde immer mehr einer auch um Lebensmittel, die Versorgungslage dirigierte die Heeresströme. Immer größere Teile des Reiches waren fast kahl gefressen, trugen nur noch relativ wenige Soldaten, und was noch an Ressourcen da war, das gab die geplagte Bevölkerung nur, wenn sie durch vor Ort präsenten militärischen Druck dazu gezwungen wurde. Deshalb musste man die Regimenter großräumig – oder gar, verzettelt, auf mehrere Großräume verteilen. Da lagen sie denn weit verstreut, marschierten sie denn getrennt. Sie zu einem großen Schlag zusammenzuziehen, war eine logistische Kraftanstrengung, übrigens zog man damit auch die Krankheitserreger aus allen Regionen des Operationsgebietes zusammen, weshalb dann Seuchen grassierten – so, wie im schlimmen fränkischen Sommer 1632, den wir (in Kap. 4.1.3) noch kennenlernen werden. Ansteckende Krankheiten haben mehr Söldnerleben gekostet als offene Feldschlachten.

Wir können zusammenfassen: Söldner sind teuer, ein geschlagenes Heer ist danach nur schwer zu reorganisieren, wieder auf die Beine zu bringen; Quartier- und Nahrungsmangel zwingen zu immer großräumigerer Verteilung. Das alles wirkt raschen Entscheidungen in einigen wenigen großen Schlachten entgegen. Solche werden denn auch nur selten geschlagen. Es ist eher als ein Ringen auf dem Schlachtfeld eines um ergiebige oder strategisch günstige Landstriche. Viel häufiger zieht man nebeneinander her oder einander nach, als dass sich die Wege zur Schlacht kreuzten. Es erinnert an ein Schachspiel, mehr noch an Go – großräumige Bewegungen, Taktieren, Finassieren, Schein- und Überrumpelungsmanöver, das Spielfeld ist ständig in Bewegung, doch selten wird eine Figur geschlagen. Das war keine unter den damaligen Militärs grassierende Marotte, gar psychologisch aufgefasst Entscheidungsschwäche (Wallenstein wird sie ja oft vorgeworfen) oder Ängstlichkeit, sondern strukturell bedingt.

3.3 Die Lebensweise des Söldners (sowie der Seinen)

3.3.1 Wer wird warum Söldner?

Söldner zu sein, war ein Beruf. Auf die, die da herumzogen, warteten, wenn der Krieg aus war, kein attraktiver anderer Beruf und kein gemütliches Zuhause – wie auf den mittelalterlichen Ritter, der sich im Frieden auf seine stattlichen Besitzungen zurückzog und es sich dort gut gehen ließ. Söldnern ging es im Frieden nicht gut. Sie brauchten den Krieg. Die Kompanie (con pane, ‚Brotgemeinschaft') war ihre eigentliche Heimat. Rekrutierten sich die Landsknechte um 1500 noch aus dem süddeutschen Kleinadel und seinen Gefolgsleuten, kam es im Lauf des 16. Jahrhunderts zu einer geografischen Expansion und zu einer sozialen. Der Beruf zog nicht mehr nur Norditaliener, Schweizer,

Süddeutsche an, sondern Männer aus aller Herren Länder. Und mit dem Anschwellen der Söldnerheere nahm der Anteil des Adels an ihnen drastisch ab. Soldtruppen zogen schließlich Menschen fast aller sozialen Schattierungen an.

Nachgeborene, Abenteurer, Deklassierte

Gerhard Papke hat es einmal so formuliert: Ein Söldnerheer „rekrutierte sich aus allen Schichten und Ständen des Landes, spiegelte daher die allgemeine Sozialstruktur regelrecht wider, allerdings als ausgeprägt redundante Erscheinungen". Wie meint er das? Wir finden dort Vertreter *aller* großen gesellschaftlichen Gruppen, aber *die* Glieder derselben, auf die die jeweilige Gruppe „ohne Substanzeinbuße" verzichten kann: sozusagen das überschüssige ‚Menschenmaterial' eines immer dichter besiedelten Kontinents. In diesem Sinne ‚überflüssig' waren in den feineren Kreisen fast nur Zweitgeborene, nicht Erbberechtigte, oder aber Abenteurernaturen. Anders dort, wo das nackte Überleben angesichts der klimatischen und demografischen Rahmenbedingungen immer anstrengender wurde. Neuere Untersuchungen konnten zeigen, dass Lebensphasen in Soldtruppen „für unterbürgerliche Schichten" offenbar eine „akzeptierte Form der Daseinssicherung" (Bernhard R. Kroener) gewesen sind. Dass Söldnerheere vor allem die Mühseligen und Beladenen oder doch anderswo nicht wirklich Gebrauchten anzogen, bestärkte die vormodernen Politiker übrigens in ihrer Überzeugung, das Söldnertum sei zukunftsweisender als Volksaufgebote. Denn die Söldnerheere banden ja einen andernfalls unproduktiven Bevölkerungsteil.

Was lockt?

Was lockte da diejenigen, die außerhalb der Kompanie keinen kommoden Platz im Leben fanden? Nicht regelmäßiger Sold, damit konnte man nicht rechnen, konnte man immer weniger rechnen. Aber manchmal – wenn man denn in prosperierenden Landstrichen weilte – ein komfortables Quartier; in Lebensaufzeichnungen von Söldnern ist das eines der immer wiederkehrenden, durchaus wichtigen Motive, sie bewerten die Qualität der Unterkunft, kennen den „guten" oder aber „schlechten Wirt". Zu Ersterem konnten sich sporadisch sogar Freundschaften entwickeln, man blieb dann auch nach dem Weiterziehen in brieflichem Kontakt. Letzterem hat man es spätestens beim Aufbruch heimgezahlt, durch Erpressung und Raub, womit wir bei dem sind, was mehr lockte als der recht unregelmäßig tröpfelnde Sold: Möglichkeiten zum Plündern, Kriegsbeute, Lösegelder.

Davon hat man gehört oder man hat es selbst gesehen, weil man im Tross groß geworden ist, als Kind eines Söldners oder als sein „Junge", Gehilfe – die Söldnerheere rekrutierten sich in wachsendem Ausmaß auch aus sich selbst.

Wer neu dazustieß, hatte sich in seiner Heimat anwerben lassen: hatte also ein Werbepatent gelesen oder sich vorlesen lassen, oder einer der die Werbeoffiziere begleitenden Musiker hatte erfolgreich „die Werbetrommel gerührt". Man wird in eine Werbeliste eingetragen und erhält „Laufgeld" – mit dem muss man sich, auf eigene Faust und eigene Verantwortung, zu jenem oft viele Hundert Kilometer entfernten Musterplatz durchschlagen, an dem man sich mitsamt seiner Ausrüstung, seiner Waffe zu einem bestimmten Termin beim Musteroffizier zu melden hat. Die Musterplätze lagen in *der* Gegend, in der auch der Krieg geführt werden sollte (oder schon tobte). Dort werden die Kompanien und Fähnlein gebildet, mit denen man in den Kampf zieht. Und man ist Söldner geworden, oft für lange Zeit, manchmal für ein Leben – denn wenn der Krieg aus ist, steht man irgendwo in Europa fern der Heimat, einer Heimat, die einen nicht braucht, nicht vermisst; Bindungen, die den langen Heimweg motivieren könnten, existieren oft nicht mehr.

3.3.2 Das Regiment und seine Binnengliederung

Anders als der spätere Wehrpflichtige, anders auch als der frühere Lehnskrieger sah der Söldner im Kriegführen seinen Beruf. Er verstand sein Tun als eine Art Handwerk; das Brauchtum in der Kompanie erinnerte daran und lange Zeit auch ein (nach 1618 ziemlich heruntergekommenes) spezifisches Berufsethos. Nur auf der Basis dieses professionellen Kriegshandwerkertums konnte „Kriegskunst" gedeihen: Erst jetzt, mit einer geschulten Truppe, in der regelmäßig „gedrillt" wurde, in der jeder seine spezifische Waffe durch und durch beherrschte, konnte der Feldherr wirklich „operieren", seine strategischen Konzeptionen und taktischen Einfälle realisieren. Man erwartete nun aber auch von ihm, dass er, im Besitz so form- und berechenbaren ‚Kriegsmaterials', kriegstheoretische Schriften las und alte Schlachtenberichte. Es wurden viele Lehrbücher gedruckt, die sogenannten „Kriegswissenschaften" florierten.

Ein Abbild der ständischen Gesellschaft

Also, Kriegführen war eine Art Handwerk. Die Binnengliederung dieses ‚Handwerks' war ausgeprägt und sehr hierarchisch – wir sehen im Grunde ein Abbild der ständischen Gesellschaft des Ancien Régime. Die Obersten waren zumeist adelig, nicht selten hochadelig. Umgekehrt schafften nur wenige Sprösslinge des Bauernstands den Aufstieg in die höchsten Ränge; wer sich in Reformationsgeschichte auskennt, wird sich vielleicht an den Landsknechtsführer Sebastian Schertlin von Burtenbach erinnern, und eine andere Ausnahme zur Regel, Johann von Werth, werden wir (in Kap. 4.5.4) noch kurz kennenlernen. Die Ebene darunter, der Hauptmann bzw. Rittmeister, ihr Stellvertreter, der Leutnant: oft aus dem gehobenen Bürgerstand, nicht selten Adelige auch hier. Aufstieg *nur* wegen militärischer Tüchtigkeit erreichte selbst diese Ebene in der Regel nicht mehr, denn der Hauptmann musste kreditwürdig, besser noch vermögend sein – wegen der Haftung dem Regimentschef gegenüber, für die Ausrüstung der Truppe, etwa während der Werbung auch für erhebliche Barmittel.

Ganz unten dann stand der einfache Kriegsknecht: Er konnte, wenn er besonders tüchtig war, bestimmte Ämter ergattern, die für die Ordnung innerhalb des Regiments zuständig waren, konnte Rottmeister, gar Wachtmeister werden. Mehr in der Regel nicht. Schon die untere Verwaltungsebene (also der Regimentsschreiber, der Pfennigmeister, der Fourir) setzte eine gewisse Schulbildung voraus, allemal aber musste man lesen und schreiben können. Hier saßen gescheiterte bürgerliche Existenzen, beispielsweise, modern gesagt, „Schulabbrecher".

Das Regiment, ein eigener Rechtsraum

Galt unter den Knechten so etwas wie Korpsgeist, war das Verhältnis zwischen den Knechten und all denen, die von Amts wegen für ein Mindestmaß an Ordnung im Heer oder im Tross zuständig waren, die mit drakonischer Strenge (und trotzdem unzulänglichen Resultaten) den schlimmsten Exzessen beim Saufen oder Plündern zu steuern suchten, chronisch angespannt. Regiment – das Wort heißt denn auch ursprünglich Lenkungsgewalt: Das Regiment (lat. regimen = Lenkung, Leitung) unterstand der militärischen Befehlsgewalt wie der richterlichen, legislativen, exekutiven Zwinggewalt des Regimentschefs. Schon das Wort, mit dem man diese militärischen Verbände bezeichnet hat, deutet an, dass sie ein rechtliches Sonderdasein führten, nicht den ‚normalen' Hoheitsrechten des Territoriums unterworfen waren, in dem sie sich gerade aufhielten. Die Söldner fielen vielmehr – eine Gemeinschaft eigenen Rechts, eigenen Brauchtums, eigenen Selbstverständnisses – aus dem Rechts- und Wirtschaftsverband des Gebiets, in dem sie standen, heraus.

3.3.3 Der Tross

Das galt auch für ihre Familien, so vorhanden. Im Lager lebten sie mit den Söldnern zusammen, beim Marsch (und natürlich während der Schlacht) waren sie von ihnen getrennt und bildeten den „Trosszug". Ehefrau oder „Buhle" (Geliebte), womöglich eine ganze Schar von Kindern: Sie alle nämlich zogen mit den ambulanten Armeen der Kriegsunternehmer kreuz und quer über Europas Kriegstheater. Ehe, Familie – unter den Bedingungen der mobilen Söldnerexistenz „hieß das in erster Linie Hilfs-, Not-, Versorgungs- und nicht zuletzt auch Beutegemeinschaft" (Peter Burschel).

Wer weilt im Tross?

Der Tross war zur Landsknechtszeit, im 16. Jahrhundert, etwa gleich groß wie das eigentliche Heer, während des Dreißigjährigen Krieges etwa doppelt so groß – wenn es heißt, dieser oder jener Offizier sei mit viertausend Mann da- und dorthingezogen, müssen wir also weitere achttausend Personen dazuzählen. Darunter auch zahlreiche Prostituierte: Dass derjenige, der für die Ordnung im Tross zuständig war, ganz offiziell die Amtsbezeichnung „Hurenweibel" trug, mag das Ausmaß des Phänomens illustrieren. Der Hurenweibel war zumeist ein verdienter Söldner, der aus physischen Gründen, etwa einer im Gefecht erlittenen Verletzung wegen, nicht mehr kämpfen konnte, ein alter Haudegen also. Bei der Aufrechterhaltung der Ordnung im Gewimmel des Trosses half ihm ein Profoss (die Profossen bildeten, modern gesprochen, die „Militärpolizei"), der beispielsweise für die Nachtruhe im Lager sorgte, indem er mit seinem Stab auf einen Zapfhahn schlug – der Zapfenstreich.

Der Tross (von französisch la trousse = Bündel, Gepäckstück) ist in der Forschung lange Zeit als Auswuchs, Übel, Indiz für mangelnde Professionalität der vormodernen Kriegführung diffamiert worden. Aber unter den damaligen Umständen war er unverzichtbar – er übernahm Funktionen, für die man später eigene Truppenteile und Verwaltungszweige bilden wird, die aber zur Zeit des Dreißigjährigen Krieges noch

Warum ist der Tross unverzichtbar?

fehlten. Die Mitglieder des Trosses und die Söldner „lebten in einer symbiotischen Beziehung" (Jan Willem Huntebrinker). Die Söldner beschützten jenen Tross, der ihnen eine breite Palette von Dienstleistungen anbot, von denen wiederum viele Mitglieder des Trosses ihren Lebensunterhalt bestritten.

Nicht zuletzt versorgte der Tross die Söldner mit Lebensmitteln – eine wichtige logistische Hilfe, zumal, wenn die Männer im Lager weilten, also nicht auf Quartiere verteilt waren. In langen Kampfpausen, so natürlich insbesondere den Winter über, wurden die Truppen ja in irgendeinem Reichsterritorium der dortigen Bevölkerung aufgehalst, in ihre Gebäude einquartiert. Sonst aber lebte man, gewissermaßen ambulant, im Lager. Jedenfalls theoretisch wurde dem Söldner dann eine gewisse Brotration von der Truppe gestellt. Sein „Zubrot", so er größeren Hunger hatte, musste er freilich auf dem Lagermarkt kaufen, was ohnehin für Fleisch, Bier, Wein und Most (anderes wurde selten gegessen oder getrunken) galt. Im Tross waren eigens bestellte Metzger, die schlachteten, Sudler, die aus dem Schlachtgut Würste zusammenrührten und einfache Eintopfkost feilboten – wie gesagt sogar für den Söldner, so der nicht gerade im Quartier lag und dort versorgt wurde, vor allem aber mussten ja viele Frauen und ganze Kinderscharen ernährt werden.

Metzger und Sudler gehörten zum regulären Tross, unterstanden Militärrecht. Auf eigene Rechnung arbeiteten die dem Heer folgenden Marketender(innen). Ging gerade einmal Sold ein oder kämpfte die Truppe erfolgreich, machten sie gute Geschäfte, andernfalls machten sie sich eben – wieder davon zu anderen, lukrativeren Heeresteilen. Es gab große Unternehmungen mit mehren Wagen und es gab den Kleinhändler, der dem Heer mit Bauchladen oder Rucksack folgte. Auch die Marketender boten oft Lebensmittel feil, aber nicht nur – alle Gegenstände des täglichen Gebrauchs besorgten sich die Söldner, ihre Familien, ihre Lebenspartnerinnen bei diesen fahrenden Kiosken. Umgekehrt landete das Beutegut der Söldner zumeist bei den Händlern im Tross, gegen einen Bruchteil des Wertes, der (theoretisch) anderswo zu erzielen gewesen wäre.

3.3.4 Eine riskante Lebensform: „gartende Knechte", „Marodeure" und „ungeschützte Frauen"

Nicht nur Lebensmittel und Kram aller Art bezog die Truppe aus dem Tross, sondern auch ihr allerwichtigstes Gut, die Gesundheit. Für die Offiziere zogen Wundärzte mit, für alle anderen sorgten im Bedarfsfall ihre Ehefrauen oder Lebenspartnerinnen, vielleicht auch andere Frauen, die sich auf Sanitätsdienste besonders gut verstanden, jedenfalls aber nicht studierte Mediziner; allerhöchstens, in gravierenden Fällen, Feldscherer oder Knochensäger, die ebenfalls nie Medizin studiert hatten. Im Tross wurde gelebt, geboren, auch viel gestorben – für kleine Kinder war der Tross keine dem Gedeihen förderliche Umgebung.

Es waren ja „wandernde Großstädte", die sich da über das Theatrum Europaeum bewegten! Viele Tausend Menschen unterschiedlichster Herkunft, Sprache, Kultur und Bildung waren im Lager zusammengepfercht. ‚Lagerromantik' kam da selten auf. Lebten die höheren Ränge in wetterfesten, oft innen gefütterten, manchmal beheizten Zelten recht kommod, schützten die klapprigen Stoffzelte, winzigen Strohhütten oder Bretterverschläge der einfachen Soldaten und ihrer Familien kaum vor Kälte oder Hitze, unzulänglich vor Regen. Man schlief auf Laub oder Stroh, aß vom Boden. Es gab keine Toiletten, rings um die Hütten oder Zelte standen zahlreiche Pferde, stand Schlachtvieh. Den Gestank, der bereits nach wenigen Tagen über einem Lager lastete, mag man sich ungern vorstellen. Gesund war dieses Leben nicht! Man hat aus den nahezu vollständig erhaltenen schwedischen Musterrollen und Gefallenenlisten errechnet, dass ein einfacher Soldat seine Musterung um durchschnittlich drei Jahre und vier Monate überlebte, übrigens unabhängig davon, ob er in Schlachten mitkämpfte oder nicht – was zeigt, dass nicht nur unter Zivilisten (vgl. Kap. 3.7) Bakterien und Viren, nicht etwa Schwert oder Muskete die meisten Opfer kosteten. Militärhistoriker schätzen, dass in den Armeen des Dreißigjährigen Krieges pro Jahr durchschnittlich dreißig Prozent der Söldner umkamen.

Keine Lagerromantik

Das ambulante Heer, der ihm folgende Tross: es war eine Welt für sich – die Verbindungen zu jener Heimat, in der man überflüssig, überzählig war, gekappt, im jeweiligen Gastland ein Fremdkörper. Aber auch gegenüber dem Kriegsherrn, also dem politischen Auftraggeber,

Frieden als Unglück: „gartende Knechte"

für dessen Ziele man kämpfte, bestanden nur sehr eingeschränkte Bindungen – nichts, was über den Dienstvertrag hinausging. Ihm zufolge hatte der Söldner gewisse militärische Dienstleistungen zu erbringen, der Kriegsherr Sold zu bezahlen; und sonst nichts. Der Kriegsherr sah gegenüber jenen Söldnern, die da für seine Ziele kämpften, keinerlei soziale oder politische Verpflichtungen. War der Krieg zu Ende, der Soldvertrag abgelaufen, interessierten ihn seine seitherigen Mietsoldaten keinen Deut mehr. Die befanden sich nun mitsamt ihren Kranken und Verwundeten irgendwo in einer womöglich ganz heimatfernen Gegend, die sie nicht brauchte, nicht mochte. Wer noch kampffähig und -lustig war, schlug sich als Gartknecht (von frz. garder = warten: auf den nächsten Krieg warten!) irgendwie durch, oft im Dunstkreis anderer Vagantengruppen, gar mit Raub und Diebstahl – ehe hoffentlich möglichst bald wieder irgendein Kriegsherr irgendwo in Europa Söldner anwerben ließ.

Krankheit als Katastrophe: „Marodeure"

Dass der Krieg da, wo man zuletzt gelegen hatte, zu Ende ging, war also für den Söldner ein Unglück: Frieden als Lebensrisiko! Eine biografische Katastrophe war es, das eigene Kapital zu verlieren: die körperliche Gesundheit. Wer die Kampfkraft verlor, „invalide" wurde (lat. validus = kräftig, gesund), war für Kriegsunternehmer wie politischen Auftraggeber wertlos geworden. Man verkroch sich dann zunächst im Tross, wurde da auch eine Zeit lang mitgeschleppt, die Angehörigen zogen ja mit und kümmerten sich. War man indes auf die Dauer nicht mehr in der Lage, der Truppe zu folgen, wurde man hinauskomplimentiert, mit einem kleinen Zehrgeld der Obsorge irgendeines städtischen Spitals übergeben. Das hatte meist kein besonderes Interesse an dem landfremden Invaliden. War das Bargeld verzehrt, entließ man ihn in ein widriges Schicksal. Der Invalide, der „marode" gewordene einstige Söldner, oft noch im Besitz seiner Waffe, musste sich irgendwie durchschlagen, als „Marodeur". Auf strikt gesetzlichen Wegen ging das nicht.

„Ungeschützte Frauen"

Die Söldnerexistenz war riskant. Und riskant, sich als Frau mit einem Söldner einzulassen! Häufige Ortswechsel, immer wieder wechselnde Lebensumstände und Krankheitserreger, Entbindungen unter primitivsten Umständen – im Tross herumzuziehen, war für Frauen und Kinder keine behagliche Lebensform. Wir dürfen selbst abgebrühten Berufssoldaten nicht unterstellen, dass es sie ungerührt ließ, wenn sie immer wieder Kinder begraben mussten oder auch die Lebensgefährtin. Besonders schlimm freilich war es, wenn die Frau den Mann verlor, sei es durch Schlachten- oder Seuchentod, sei es, weil er gefangen genommen wurde. Sie gehörte dann mitsamt der Kinderschar nicht mehr zum regulären Tross, schlug sich zwar in der Regel weiterhin im Dunstkreis des Heeres durch, aber wie! Betteln blieb übrig, Prostitution. Wie die ‚normale' Gesellschaft ihre unterständischen Gruppen und ihre „unehrlichen Berufe" kannte, so lebte am Rand des regulären Trosses eine Schar der Verlorenen und Verzweifelten – Gaukler, Spieler, Kleinsthändler und eben die „ungeschützten Frauen", die den Lebensgefährten im Krieg verloren hatten. Soviel zur Lebensweise!

3.4 Das Allernötigste aus dem Arsenal der „Militaria"

Kampftechniken, Waffengattungen – da wollen wir nur das Allernötigste erfahren, das ist etwas für Liebhaber, für Militariafans. Die schon ältere Trias Infanterie-Kavallerie-Artillerie kennzeichnet auch die Heere des Dreißigjährigen Krieges. Artillerie, also Kanonen, sie bedienende Kanoniere: das war vor allem für die Belagerung befestigter Städte wichtig. Logistischer Aufwand und Kosten waren erheblich. Die 18 Kanonen, die der Herzog von Mailand 1442 stolz in die Schlacht führte, sollen 522 Paar Ochsen auf 227 Karren transportiert haben. Den Ochsen folgten später Pferde, die steinernen Kanonenkugeln ersetzten eiserne, aber um 1600 waren für ein einziges Belagerungsgeschütz immer noch zwanzig bis dreißig Zugpferde erforderlich. Dazu kamen dann noch die Munitionskarren. Feldgeschütze, die zumal bei der Eröffnung von Schlachten Lücken in die gegnerischen Kampfformationen reißen sollten, waren leichter, aber über ihre Mobilität bei nassem Wetter im Schlamm reden wir lieber nicht.

Zur Artillerie: wichtig bei Belagerungen

Nun waren im Dreißigjährigen Krieg Belagerungen viel häufiger als große offene Feldschlachten, und hierfür spielten Kanonen, wie gesagt, schon eine wichtige Rolle, haben sie neue Bedingungen geschaffen. Eine mittelalterliche Burg hatte vor allem hoch zu sein, steil aufragend, unbesteigbar. Aber einer Kanone boten sich diese Burgmauern als wunderbare Angriffsflächen dar. Man musste die

Basteibauweise

Befestigungsmauern jetzt viel niedriger bauen, dafür sehr, sehr dick und möglichst noch von hinten durch Erdwälle verstärkt: die sogenannte „Basteibauweise". Ihr vorgelagert erstreckte sich ein ebenes, kahl geschlagenes „Glacis", das die auf der Bastei aufgestellten Geschütze mit ihren Kugeln bestrichen.

Grabenkampf Die Antwort auf den Basteigrundriss war der Grabenkampf. Man legte um die Festungswerke herum einen Einschließungsgraben, etwas außerhalb der Reichweite der Abwehrbatterien. Von ihm aus trieb man Gräben in Richtung auf die belagerte Stadt oder Festung hin, natürlich nicht schnurstracks, sodass die Verteidiger nur noch ihre Kanonen entsprechend hinstellen mussten, sondern im Zickzack mit spitzen Winkeln. Zweierlei sollten diese Gräben bewirken. Erstens stellte man in ihnen Geschütze auf, zunächst gut versteckt. Zweitens trieb man von den Gräben aus hin zur Stadtmauer Stollen, die man mit Sprengstoff füllte. Wenn die Vorbereitungen so weit gediehen waren, fuhren die Belagerer ihre Kanonen offen auf, sie beschossen die Festungsmauern konzentriert an einem Punkt, eben da, wo man in die Stadt, die Festung eindringen wollte und wo außerdem die vorbereiteten Minen hochgehen würden. Kanonade plus Sprengstoff sollten eine Bresche in die Abwehrwerke schlagen. Oder man trieb seine Stollen unter die Bastionen, sprengte sich dann dort ins Freie, um die Besatzung von hinten niederzumachen. Das war übrigens einmal die ganz konkrete Bedeutung des heute nur noch im übertragenen Sinne verwendeten Wortes „unterminieren".

Zur Infanterie: Musketiere, Pikeniere Beim Belagerungskampf waren also auch Kanonen nicht unwichtig. Die Schlachtfelder aber beherrschte die Infanterie. Sie bestand aus zwei Untergruppen, die sich in Bewaffnung und Kleidung unterschieden. Einerseits Pikeniere: benannt nach ihrer wichtigsten Waffe, der rund fünf Meter langen Pike. Sie trugen einen in billiger Massenproduktion aus dünnem Metall gefertigten Brust- und Halsschutz, einen Blechschurz, eine eiserne „Sturmhaube" (wie Infanteristen ihren Helm nannten). Zweitens Musketiere – benannt nach der für sie wichtigsten Waffe, der schweren, auf eine Stützgabel gelehnten Handfeuerwaffe namens Muskete. Die Schweden führten Musketen ein, die mit knapp fünf Kilo so leicht geworden waren, dass sie ohne Stützgabel abgefeuert werden konnten. Wurden die Pikeniere recht unzulänglich von ihrer Kleidung geschützt, verzichteten die Musketiere zumeist auf jegliche

Schutzausrüstung, selbst ihre Sturmhaube war oft nur aus Leder oder gar Filz. Ihr Prestige war höher als das der Pikeniere, deshalb reihte man frisch geworbene Anfänger unter Letztere ein – noch unerfahren, hatten sie das Söldnerhandwerk „von der Pike auf" zu erlernen.

Uniformiert waren die Infanteristen zur Zeit des Dreißigjährigen Krieges noch in den seltensten Fällen – es gab einige Anläufe dazu, die rasch wieder versandeten: Kapazitätsengpässe, logistische Probleme. Musketiere wie Pikeniere kauften sich ihre Kleidung beim Marketender oder sie trugen Plündergut; manche bedienten sich auch auf dem Schlachtfeld, indem sie gefallene Gegner auszogen. Schuhe besaßen die wenigsten. Übrigens, woran erkannte man denn auf dem Schlachtfeld Freund oder Feind? Manchmal nur schwer; Federn, Arm- oder Brustbinden in bestimmten Farben, auch Schlachtruf und Feldgeschrei halfen, daneben Fahnen mit den Feldzeichen: Man scharte sich also „um seine Fahne".

Zur Zeit des Dreißigjährigen Krieges gab es bereits etwas mehr Musketiere als Pikeniere. Wofür waren diese, wofür jene zuständig? Die Musketiere sollten einerseits die gegnerischen Pferde erschrecken, andererseits und hauptsächlich aber Unordnung in die gegnerische Infanterie bringen, ehe die Schlacht so recht begann. Vor dem eigentlichen Schlachtengetümmel zogen sie sich hinter die Pikeniere zurück, die dann, zum Schlag der Trommel, Schritt für Schritt vorrückten und alles niedermähten, was sich ihnen in den Weg stellte. Sie führten neben der Pike auch andere Nahkampfwaffen mit sich. Stießen sie auf gegnerische Reiterei, kam eine diabolische Trias zum Einsatz – die spitzen Piken brachten die Pferde zum Stehen, die Reiter holten die Pikeniere mit den Haken ihrer Hellebarden herunter, um ihnen anschließend mit einem großen Schwert den Rest zu geben. Wir brauchen solche grausigen Details aber nicht näher kennenzulernen.

Schon früh, im 16. Jahrhundert, haben die Spanier mehr auf Handfeuerwaffen als auf Piken gesetzt. Und weil Spanien in der zweiten Hälfte des 16. Jahrhunderts als Leitmacht Europas galt, brachte das auch andere Krieg führende Nationen zum Nachdenken. Es setzte ein (uns schon bekannter) Prozess ein, an dessen Ende nicht mehr die Feuerwaffe Zierrat des Pikenierkampfs war, sondern umgekehrt – oder, wie man es in wenig elegantem, aber merkfähigem Deutsch in Militärgeschichten finden kann: Zur Hauptaufgabe der Pikeniere wurde

Wachsende Bedeutung der Handfeuerwaffen

es, „die Schützen zu schützen". Und ganz am Ende dieses Prozesses verkümmerte die Pike zum Bajonett, das man aufs Gewehr draufsteckte.

Zur Kavallerie: Kürassiere, Arkebusiere, Dragoner

Ein Wort noch zur Kavallerie! Zur Zeit des Dreißigjährigen Krieges zerfiel sie in drei Untergruppen. Erstens waren da die Kürassiere (französisch la cuirasse = Panzer): schwere Reiterei, den alten Panzerreitern noch am nächsten stehend; Kürassiere waren geharnischt, ihre Offensivwaffen waren Pistole und Degen. Die leichten Reiter nannte man Arkebusiere, auch nach einem französischen Wort (arquebuse = Armbrust); zur Zeit des Dreißigjährigen Krieges schossen sie indes bereits mit Gewehren, den sogenannten Karabinern. Auch im Prestige zwischen Kavallerie und Infanterie standen, drittens, die Dragoner, im Grunde (meist auch der Rekrutierung nach) Infanteristen, die ein Pferd mitführten, entweder handstreichartige Überfälle versuchten oder auch zur Schlacht abstiegen und zu Fuß kämpften. Als Feldzeichen trugen sie oft einen Drachen (französisch le dragon).

Zur Schlachtaufstellung

Wir wissen schon, dass es nur selten zu großen Feldschlachten kam. Wenn doch einmal: Wie stellten sich die Söldner dann auf? Anfangs in tief gestaffelten, fast quadratisch angeordneten Vierecken – mittendrin zahlreiche Pikeniere, sie vorn und seitlich wie eine Hecke umgebend Musketiere. Mit solchen „Tercios" aus bis zu 2500 Mann hatte sich Spanien, die Leitmacht der Gegenreformation, in den Jahrzehnten um 1600 eindrucksvoll geschlagen. Tilly ging dazu über, die taktischen Grundeinheiten auf Kosten der Tiefe etwas breiter aufzustellen, aber die „spanische" Kriegsschule blieb doch unverkennbar auch für ihn maßgeblich. Freilich glänzten dann die Schwedischen mit einer neuen, beweglicheren Taktik, die sie den separatistischen niederländischen Nordprovinzen abgeschaut hatten: kleinere Einheiten von bis zu 170 Söldnern, die sich in einer Tiefe von manchmal nur sechs, höchstens von zehn Mann aufstellten. Das Schlachtfeld wurde wesentlich breiter, viel mehr Söldner befanden sich gleichzeitig, Mann gegen Mann oder doch (bei den Musketieren) Auge in Auge im Kampf mit ihrem Gegner, Feldgeschütze bestrichen die vorderste Linie. Diese Aufstellung erwies sich als die überlegene, der Triumph Gustav Adolfs bei Breitenfeld 1631 (vgl. Kap. 4.1.1) markiert das Ende der Carrés der katholischen Liga, das Desaster der spanischen Infanterie bei Rocroi zwölf Jahre später (vgl. Kap. 4.5.3) das der lange Zeit so gefürchteten Tercios.

3.5 Lasten für die Zivilbevölkerung

Mehr militärgeschichtliche Einzelheiten brauchen wir nicht kennenzulernen, zumal es an der Zeit ist, die Blickrichtung zu ändern: nämlich zu fragen, was für Kriegslasten die Zivilbevölkerung zu tragen hatte. Doch bleiben wir vorerst einmal sozusagen nah bei der Truppe. Allgemeiner zu fragen, was für psychische und physische Belastungen, welche Sorgen, wie viel Leid der Krieg über Land und Leute gebracht hat und wie die damaligen Menschen versuchten, all das mental zu bewältigen: Das holen wir weiter unten nach, wenn ein Zwischenschritt dorthin getan ist; wenn wir gesehen haben, wie Wallenstein das kommerzielle Söldnertum (je nach Bewertung) auf seinen Gipfelpunkt getrieben oder aber schon pervertiert hat. Denn die wallensteinsche Art, Krieg zu führen, hat das Leid der Zivilbevölkerung noch einmal gesteigert.

3.5.1 Der Kriegsalltag: Quartiere, Kontributionen

Welche Lasten und Belästigungen brachte der Söldnerkrieg denn schon vor Wallensteins Innovationen mit sich? Egal, ob die Truppen gerade im Land des Kriegsherrn, in neutralem oder in Feindesland standen: Die Menschen mussten erstens Quartiere stellen. Traditionell gehörte dazu das sogenannte „Servis": Licht, Brennholz, Salz, später auch manchmal mehr. Die Hauptlast der eigentlichen Verpflegung beinhaltete indes nicht das Servis, denn die für die Versorgung der Truppe zuständigen Regimentsstellen legten, zweitens, Vorratssammlungen an: Speisen und Getränke für die Söldner, Futter fürs Vieh. Man nannte eine derartige Vorratssammlung eine „Commiss" (mancher wird „Kommissbrot" kennen). Die Vorräte wurden nach bestimmten, genau festgelegten „Rationen" ausgeteilt. Oft bekam ein einfacher Kriegsknecht, wenn er einquartiert war (von den Zeiten im Lager und dem Lagermarkt haben wir schon erfahren), pro Tag ein Pfund Fleisch, zwei Pfund Brot und drei Kannen Bier.

Einzusammeln hatten die Vorräte die regulären Landesbehörden, die dafür theoretisch Geld vom Regiment bekamen und dieses theoretisch der liefernden Bevölkerung weiterreichten. Wirklich auf ihre Kosten kam diese dabei nie, zumal erst nach dem Friedensschluss

Quartier, Servis, Commiss

abgerechnet wurde, wenn sich die abgedankte Truppe längst in alle Winde zerstreute. Die skizzierten Zustände galten, wie gesagt, auf eigenem wie feindlichem Gebiet – nur dass in Letzterem eine tatsächlich faire Bezahlung natürlich erst recht zur Ausnahme wurde.

Kontribution   In Feindesland kam man zu seinen Vorratslagern oft auf dem Wege der „Kontribution": Fehlte es der Truppe an Sold, um die tägliche Nahrung zu kaufen, oder fehlte es an den Quartierorten an entsprechendem Nahrungsangebot, überzog der Feldherr im Auftrag des Kriegsherrn das feindliche Land mit einer „Kontribution" genannten Kriegsschatzung, die, ehe sie Wallenstein auf Geldzahlungen umstellen wird, hauptsächlich in Naturalien entrichtet wurde – die Untertanen des feindlichen Landesherrn hatten eben die Vorratslager aufzufüllen.

3.5.2 Fast alltäglich: Plündern, Brandschatzen

Insoweit trug die betroffene Bevölkerung die Last der täglichen Verpflegung der Truppe. Daneben suchten sich die Söldner bei Gelegenheit zu bereichern, wobei die Möglichkeiten hierfür mit dem Dienstgrad anwuchsen.

„Freies Plündern"   Der einfache Soldat unterstand ja im Normalfall, als Glied einer vielhundertköpfigen Truppe, strikter disziplinarischer Aufsicht. Der konnte er sich entwinden, wenn er allein oder im kleinen Grüppchen mit irgendwelchen Spezialaufträgen unterwegs war (oder sich nächtens mit einigen Spießgesellen auf eigene Faust unbemerkt von der Truppe entfernte). „Nicht die Einquartierung von tausend Angehörigen regulärer Truppen war das schlimmste Problem für die gequälte Landbevölkerung, sondern der Trupp von 20 bis 30 Reitern" (Johannes Arndt). Obwohl auf das „freie Plündern" (meint: ohne, dass es ausdrücklich von der Regimentsleitung gestattet worden wäre) die Todesstrafe stand, wurde es von herumstreifenden Grüppchen dauernd und vielerorts versucht. Man überfiel Höfe und Dörfer, raubte, was immer nicht niet- und nagelfest war; vermutete man versteckte Köstlichkeiten oder Wertsachen, peinigte man die Familien, um sie gesprächig zu machen; oder, man drohte damit, das Haus abzubrennen. War man enttäuscht über seine Funde, hat man es aus Frust hierüber nicht selten tatsächlich angezündet.

Diese Grausamkeit im Umgang mit der Landbevölkerung ist heute kaum mehr verständlich zu machen. Sicher ist hier die Verrohung von Menschen einzurechnen, die jahrein, jahraus viel Gewalt miterlebten und als Experten für Gewaltausübung ihr Geld verdienten. Eine Atmosphäre der Angst war für die Durchsetzung der materiellen Interessen der Söldner der Zivilbevölkerung gegenüber auch schlichtweg nützlich. Dann waren die Lebensumstände der Söldner extrem wechselhaft, Wochen des Überflusses wechselten mit solchen der Entbehrung, des Hungers gar. Mitleid mit der geplagten Landbevölkerung konnte sich unter diesen Umständen offenbar nicht einstellen. Eine gleichmäßig hinreichende Versorgung von Truppe und Tross war bei den damaligen logistischen Möglichkeiten nicht zu leisten; organisatorische Fortschritte im Verlauf der dreißig Kriegsjahre sind schwer dagegen zu verrechnen, dass eben auch nach langen Kriegsjahren immer mehr Landstriche ausgemergelt waren; eine Humanisierung der Kriegführung stellte sich jedenfalls nicht ein.

Eine beliebte Methode, zu Geld zu kommen, war das „Brandschatzen": Man erpresste von einer feindlichen Siedlung, sogar von befestigten Städten Geld dafür, dass man sie – nicht anzündete. Schließlich das Plündern: Es war an sich, auch in Feindesland, strikt verboten, wie wir gerade sahen. Doch gab es eine wichtige Ausnahme: Nach (nicht während, aber nach) einer gewonnenen Schlacht war zu plündern in aller Form gestattet, in zeitgenössischer Anschauung legitim. Das konnte nach offenen Feldschlachten in Leichenfledderei ausarten, nach der Erstürmung einer Stadt in deren regelrechte Entleerung und oft genug auch Verwüstung. Auf die Entscheidungsträger in Festungen oder befestigten Städten konnte deshalb diese quälend schwierige Wahl zwischen Pest und Cholera zukommen: Überlassen wir den Platz einfach so dem Gegner, wenig ehrenvoll, aber ohne, dass wir anschließend ausgeplündert werden? Oder lassen wir es auf eine Belagerung ankommen – an deren unglücklichem Ende die regelrechte Ausplünderung durch den erfolgreichen Feind steht?

Das waren die Höhepunkte einer Söldnerexistenz: Wenn eine Stadtbefestigung geknackt, der Ort erstürmt war – dann hieß es plündern, was das Zeug hielt, dafür hatte man schließlich all die Mühen der Söldnerexistenz auf sich genommen, und nicht jede Saison bot einen solchen Höhepunkt. Dann wurde geraubt, gerafft, in Privathäusern,

„Brandschatzen"; erlaubtes Plündern

in Kirchen, oft half dabei noch die im Tross mitziehende Ehefrau, denn vier Arme konnten mehr aus der Stadt schleppen als zwei. Wer sich dem in den Weg stellte, wurde niedergemacht, außer, wenn er wohlhabend aussah, dann nämlich schleppte man ihn lieber mit, des Lösegelds wegen. Ein zeitgenössischer Bericht über die Erstürmung Heidelbergs durch tillysche Truppen 1622 hält fest:

> Darin es dann ein jämmerlich Zetergeschrei und Wehklagen, durch Niederhauen, Plündern und Geldherausmartern, mit Däumeln, Prügeln, Nägelbohren und dergleichen, gegeben, und ist solches Wüten und Toben des Kriegsvolkes bis in den dritten Tag kontinuieret worden.

Die Saison hatte sich gelohnt! Eroberte Städte bekamen die ‚Segnungen' des Söldnerkriegs besonders zu spüren.

3.5.3 „Magdeburgisieren"

Schon zeitgenössisch berüchtigt war die Eroberung Magdeburgs durch Tilly im Mai 1631. Der Rückblick eines Augenzeugen, der das Inferno als Knabe erlebt hatte, schildert zuerst, wie ein Söldner mit der Spitzhacke auf den Vater losgeht. Frau und Kinder rennen aufgeregt durcheinander, rufen, er solle doch Gnade walten lassen.

> Christian, mein vierdter Bruder, so damahls ein kleines Kind, das nährlich ein wenig lauffen und lallen kunte, spricht in der großen Angst zu dem Soldaten: ach last doch nur den Vater leben, ich will euch gerne meinen Dreyer, den ich auf den Sonntag bekomme, geben ... Welches ... vielleicht durch Gottes gnädige Schickung sein Hertz bewegte, dass er alsobald sich änderte und aus einem grausamen ein freundliches Gemüthe zu uns wendete. Er sahe uns Kinder an, wie wir da um ihn stunden, und sagte: ey das seynd feine Bübel ... und sagte hernach zu dem Vater: Wiltu mit denen Kindern heraus kommen, so gehe alsbald fort, denn die Croaten werden über eine Stunde herein kommen, so wirst du mit deinen Kindern schwerlich leben bleiben.

Wilde Flucht also aus der sich mit Söldnern füllenden Stadt. „Als wir nun ... durch ein paar Gassen gangen waren, sahen wir unterschiedliche

Todten an einander liegen, mussten offt im großen Gedräng über die toten Cörper lauffen und schreiten." Sie bemerken, dass jemand „einen Bauer oben aus einem Giebel" herabwirft, „welcher mit heissem Wasser verbrennet war, und gewaltig rauchte. Dieser lag auf der Gasse, weltzte sich und schrie erbärmlich. Ferner lag eine Magd auf der Gasse, welche Fleisch in einem Handkorbe getragen, die war also erschossen worden, und stund ein Hund darbey, welcher das Fleisch fraß". So etwas brennt sich in die Erinnerung eines Kindes ein. Apropos brennen – derselbe Bericht: „Diese Nacht ungefähr um 11 Uhr, stunde die gantze Stadt Magdeburg im Feuer, und führte uns der Vater seelig aus der Hütten" – sie haben sich aus der Stadt ins Umland gerettet – „damit wir die Zeit unsers Lebens davon sagen könten. Es war im Lager, welches doch eine große Weite von der Stadt gelegen, alles helle, dass man einen Brieff darbey lesen kunte, von der großen Feuers-Gluth." Zum deutschen Wortschatz gehörte nun für einige Zeit das Verb „magdeburgisieren".

Kenner der vormodernen Söldnerheere betonen, dass den scheinbar sinnlosen Gewaltexzessen und Zerstörungsorgien nach der Eroberung befestigter Plätze ein sozialer Sinn eben doch, genau besehen, nicht abzusprechen sei. Jene Überzähligen, anderswo nicht Gebrauchten, die in Söldnerheeren Zuflucht gefunden hatten, ‚bewiesen' nun einer Zivilgesellschaft, die auf Söldner mit wachsender Verachtung herabsah, die Überlegenheit der eigenen Lebensform. „In der Stunde des militärischen Erfolgs zelebrierte sich die militärische Gesellschaft selbst, und sie tat es, indem sie ihre Macht und Stärke auslebte." (Michael Kaiser).

Heidelberg, Magdeburg – nicht singulär, aber doch Exzesse, und insofern nicht Kriegsalltag. Diesen kennzeichneten gewiss nicht *nur* Konflikte zwischen Söldnern und Zivilisten. Unsere Quellen mögen ein einseitiges Bild malen, denn Akten wurden dann angelegt, wenn es Probleme gab, die amtliche Aufmerksamkeit fanden, nicht, wenn der einquartierte Söldner mit seinem Wirt gut auskam. Das hat es zweifelsohne (und in Einzelfällen nachweislich) gegeben, aber hundert- und tausendfach künden die Quellen doch von Konflikt und Gewalt.

Der heute vergessene, damals als Militärexperte geschätzte Publizist Johann Jacobi von Wallhausen hielt 1621 so eigene Beobachtungen fest:

Die Behelligung der Zivilisten in zeitgenössischer Schilderung

> Hab ichs mit meinen Augen vor wenig Monaten Zeit angesehen: wann … sie ins Quartier kommen, da tribulieren sie die Underthanen. So baldt er zum Bauren eingehet: Hola Baur, fahr Essen auf. Strax ihr Gewehr nidergelegt, die Huren ihren Pack, und gestohlene Sachen in des Bauren Stuben werffen. Laufen dann mit Brügelen hinder den Hünern her, da erschlagen sie alle mit einander, welches manchen Mann ein ganzes Jahr sein Auffenthalt ist. Da heißt es: Baur, gib Schinken, Gelt, Fleisch heraus, so ists, lang herfür oder ich suche es. Wann sie dann mit Träwworten [Drohungen] den armen Mann aus dem Hause gejagt, da gehet es ahn ein Mausen und Durchsuchen, da brechen sie alle Thüren, alle Kisten, Kasten, Keller, Schlösser auff.

Wenn einer nicht genug hat oder herbeizuschaffen weiß:

> stracks mit einem Brügel oder Rappier über den armen Mann herschlagen und stoßen, dass mancher auch (und viel so ich mit Augen gesehen) von solchem Tractiren gestorben. Ja die Kesselen, und was anders mehr sie nicht mit tragen können, alles entzwey und trettens ein (habe vor wenig Monathen Zeit mit meinen Augen also angesehen und rede die Wahrheit) under dessen die Hur alles entzwey schlägt.

Kein Wunder, dass es offenbar ein damals verbreiteter – uns durch Grimmelshausen überlieferter – Ausspruch war, dass der Soldat drei Bauern brauche: einen, der ihn ernähre, einen, der ihm seine Frau gebe, einen Dritten, der für ihn zur Hölle fahre.

Schon viele Zeitgenossen machten also manche Züge des Söldnerkriegs nachdenklich. Publizistisch gab es eine lebhafte Reformdebatte. Aber praktisch hat sich lange Zeit wenig geändert, ja, schlimmer als im Dreißigjährigen Krieg sind die Exzesse der Soldateska vielleicht nie gewesen. Es liegt an strukturellen Defiziten der Armeen von Kriegsunternehmern, auf die wir weiter unten (am Schluss von Kap. 3.6.4) noch zurückkommen müssen.

3.6 Höhepunkt oder Perversion des kommerziellen Söldnertums? Wallenstein als Kriegsunternehmer

3.6.1 Ein Krisen- und Kriegsgewinnler

Was wir auf den letzten Seiten über Söldnerheere erfahren haben, kennzeichnet einen Abschnitt der Militärgeschichte, der sich vom ausgehenden Mittelalter bis in die zweite Hälfte des 17. Jahrhunderts hinein erstreckt. Der Dreißigjährige Krieg liegt innerhalb dieses Zeitabschnitts, dieser Epoche der Militärgeschichte (die ihre eigenen Zäsuren hat und haben darf). Er brachte manche Entwicklungen, wie die Kommerzialisierung des Söldnerwesens, aber auch die Ausbeutung des ‚gastgebenden' Landes, auf ihren glanzvollen oder traurigen Höhepunkt; doch war zuletzt selten gezielt und konzentriert nur von den dreißig Jahren seit 1618 die Rede. Der berühmteste Söldnerführer des Dreißigjährigen Krieges war Albrecht von Wallenstein. Worin liegt seine militärgeschichtliche Bedeutung?

Das soll uns im Folgenden vor allem interessieren, doch lohnen hier auch einmal ausnahmsweise einige sparsame Bemerkungen zum Lebenslauf – dass dieser verkrachte böhmische Landadelige, der mit dreizehn Lebensjahren als Vollwaise dastand, als Student nach kurzer Zeit wegen unguten Benehmens von der Universität Altdorf relegiert wurde, als Reichsfürst, nämlich als Herzog von Mecklenburg, endet, zeigt, wie auch schwierigste Zeitläufte ihre Profiteure haben.

Zum Lebenslauf: Auch schwierige Zeiten haben ihre Profiteure

Wallenstein stammte aus einer alten, angesehenen, aber keinesfalls wohlhabenden böhmischen Familie. Was machte den minderbemittelten böhmischen Landadeligen zu einem der einflussreichsten Männer der Markgrafschaft Mähren? Er erkannte, dass praktische militärische Erfahrungen ein seiner Karriere förderliches Kriterium sein konnten, modern gesprochen: ein „Alleinstellungsmerkmal" – denn die meisten jener vornehmen Herrschaften, die sich zu den Landtagen Böhmens oder Mährens trafen, kannten den soldatischen Alltag nicht. Doch sollten ständische Positionen lediglich als Sprungbretter für eine Karriere in herrschaftlichen Diensten fungieren – weshalb es zu Zeiten des „Bruderzwists in Habsburg" wichtig war, vorauszusehen, welchem der verfeindeten Brüder die Zukunft gehören würde. Unerlässlich für eine herausragende Karriere in habsburgischen Diensten war außerdem

Katholizität. Wallenstein setzte auf Erzherzog Matthias und konvertierte zum Katholizismus. Erst diese Konversion ermöglichte es, die einem Adeligen gleichsam in die Wiege gelegten persönlichen Netzwerke bis in höchste gesellschaftliche Kreise Wiens und in die Nähe des Kaisers zu knüpfen; und erst sie ermöglichte die strategisch eingefädelte Heirat mit der wohlhabenden Witwe Lukretia von Witschkow, die programmgemäß bald danach starb. Wallenstein, der begabte Waisenknabe, war wohlhabender mährischer Grundherr geworden. Er hatte nun, außer gewissen militärischen Kenntnissen, ein stattliches Vermögen und ein dichtes Beziehungsnetzwerk sowie den enormen Ehrgeiz, daraus risikobereit etwas Herausragendes zu machen.

Beim böhmischen Aufstand 1618 setzte er alles auf eine, die richtige Karte: den Triumph Ferdinands. Indem Wallenstein die mährische Ständekasse an sich riss und mit ihr sowie seinen Offizieren nach Wien flüchtete, brach er alle Brücken zum Ständetum ab, aber in so aufsehenerregender Weise, dass das in Wien einfach Eindruck machen musste. Dass von Ferdinand bereitgestellte Bestechungsgelder bei dem Coup halfen, lässt sich nicht beweisen, ist aber wahrscheinlich. Insofern brach Wallenstein die Brücken zu seiner seitherigen Existenz erst ab, als der Brückenkopf an neuen Ufern schon errichtet war. Er konnte in Wien auf eine finanzielle und soziale Honorierung seines Verrats hoffen. Dass den auch seine Offiziere mitmachten, zeigt, wie sehr der Feldherr bereits damals seine wichtigsten Mitarbeiter an sich zu binden vermochte – das wird man in Wien am Ende so fürchten, dass man die Tötung Wallensteins anordnet.

An der Schlacht am Weißen Berg hat Wallenstein nicht teilgenommen; doch hat er von ihr profitiert wie vielleicht kein Zweiter. Er war ein begnadeter Kriegs- und Krisengewinnler, griff einfach schamloser als andere zu, als die ersten Unglücklichen Haus und Hof verlassen mussten – die Inflation herrenlos gewordenen Landes, von interessierten Kreisen geschürte Münzverschlechterungen ermöglichten es ihm, ein Gebiet zusammenzuraffen, das an die hundert Quadratmeilen umfasste, mehrere Städte, zahlreiche Ansiedlungen. Er avancierte in den frühen 1620er-Jahren geradezu zum Immobilienhändler und -spekulanten, weit mehr als hundert Güter und Herrschaften gingen durch seine Hände, wurden gekauft, eingetauscht, wieder abgestoßen, im Ganzen mit riesigem Gewinn. Dem finanziellen Aufstieg korrespondierten der gesellschaftliche und der militärische: 1623 wurde Wallenstein zum Fürsten von Friedland erhoben (wo er übrigens gut wirtschaftete, in damals ‚fortschrittlicher', nämlich frühabsolutistischer Manier) und zum Generalwachtmeister befördert; er war nun der dritthöchste Offizier Ferdinands.

Erstmals 1623 unterbreitete Wallenstein dem Kaiser eine erstaunliche Offerte: Er werde ihm auf eigene Kosten eine große Armee aufbringen, die er freilich selbst zu kommandieren gedenke. Warum war das Angebot so erstaunlich? Befinden wir uns nicht sowieso in der Ära des freien Kriegsunternehmertums? Nun, üblicherweise investierten Kriegsunternehmer in ein einzelnes Regiment, das sie, gegen entsprechende Bezahlung, für die Ziele eines Politikers kämpfen ließen; es ist bezeichnend, dass man sie gern als „Obrist-Regimentsinhaber" titulierte. War ein großer Krieg zu führen, schloss der Kriegsherr (also ein regierender Politiker) mit mehreren oder vielen solcher Regimentsobristen Verträge. Wallenstein aber offerierte dem Kaiser, allein eine ganze Armee aufzustellen. Ferdinand hatte also lediglich einen einzigen Vertrag zu signieren, eben mit Wallenstein; der nahm seinerseits die Regimentsobristen unter Vertrag.

Wallenstein macht dem Kaiser ein erstaunliches Angebot ...

Angesichts unvermutet im Norden (Dänemark) wie Osten (Ungarn) auftauchender Gefahren glaubte Ferdinand 1625, keine andere Wahl mehr zu haben. Er ernannte Wallenstein zum „Capo", zum Oberbefehlshaber über alle auf Reichsboden operierenden kaiserlichen Truppen – er hatte im Augenblick praktisch gar keine anderen als die von Wallenstein in Aussicht gestellten. Der Friedländer machte sich ans Werk, binnen weniger Wochen, bis zum Spätsommer 1625, stand ein Heer von 24.000 Mann in Waffen. Auf „Verlag", also als Vorschuss stellte Wallenstein das Lauf- bzw. Anrittgeld und zumeist wohl auch den ersten Monatssold, er erbrachte also sozusagen die Anschubfinanzierung – freilich auf Pump, es war für Wallenstein im Grunde ein großes Kreditgeschäft. Schlau ließ er einen Teil des Vorschusses durch die Obersten, ja, noch einmal eine Ebene darunter, die Hauptleute übernehmen, er selbst garantierte nur die Deckung – so waren sie alle Gläubiger Ferdinands, vor allem aber in ihrem materiellen Eigeninteresse fest an die Person des Feldherrn, Wallenstein, gefesselt.

... der geht 1625 darauf ein

Wenn Wallenstein schon die Anschubfinanzierung auslegen musste – wie sollte da der Unterhalt des Heeres über eine ganze Saison hinweg oder gar über mehrere funktionieren? Hier nun griff die Maxime „der Krieg ernährt den Krieg" – wie ein geflügeltes Wort der Zeit lautete, das Wallenstein ganz wörtlich nahm und konsequent umsetzte. Einmal aufgestellt und kampfbereit durfte die Truppe weder ihren Kriegsherrn noch ihren Feldherrn etwas kosten. Dafür sorgte Wallensteins Kontributionssystem, das wir gleich kennenlernen, wenn wir Wallensteins militärgeschichtliche Bedeutung analysieren. Die Offerte, dem Kaiser auf Vorschuss eine Armee aufzustellen, war ökonomisch betrachtet nichts anderes als die Investition in künftige Kontributionen.

Der Parvenü wird Reichsfürst

Zunächst aber rasch weiter im Lebenslauf! Bekanntlich kämpften Wallensteins Soldaten neben denen Tillys im Niedersächsisch-Dänischen Krieg – Sieg bei Dessau; Mansfeld nach, ins Schlesische hinein, nach Mansfelds Tod werden dessen Resttruppen dort aufgerieben; zurück nach Norddeutschland, ein kaum behinderter Siegeslauf, dann freilich auch eine peinliche Schlappe vor Stralsund …: wir haben von alledem schon gehört. Es ist militärisch eine gemischte Bilanz, ökonomisch und politisch höchst profitabel für Wallenstein: Friedland, ein Teil seines böhmischen Besitzes, bekanntlich schon 1623 zum Fürstentum erklärt, wird zum Herzogtum aufgewertet; er erhält das schlesische Herzogtum Sagan als Lehen; und schließlich auch noch Mecklenburg, womit der Parvenü Reichsfürst geworden ist.

Das erregt Neid und Missgunst. Nicht nur das – Wallensteins Truppen behelligen Freund und Feind, fressen Deutschland leer. Der Mann selbst ist auch den Zeitgenossen – wie seitdem all seinen Biografen – im Grunde ein Rätsel. Eiskalt berechnend und doch noch über das Zeitübliche hinaus in astrologischem Aberglauben befangen; verschlagen, verschlossen, und doch wird die chronische Wortkargheit immer wieder durch jähe Ausbrüche eines fürchterlichen Zorns unterbrochen. Er schmiedet Pläne über Pläne, kann den höchsten und ambitioniertesten Zielen (Kreuzzug einer vom Kaiser geeinten Christenheit gegen den Islam im Osten, Habsburg als maritime Weltmacht …) nachhängen und ist doch im militärischen Alltag ausgesprochen zögerlich, entscheidungsscheu: ein Rätsel schon für seine Mitwelt. Er weckt nicht nur Hass, auch zwielichtigere Gefühle wie Scheu und Ehrfurcht, doch gewiss keine Zuneigung.

Der Sturz 1630

Erklärt das den ersten Sturz, den von 1630? Wichtiger als alles Psychologisieren sind hierfür die verfassungspolitischen Vorstellungen

Wallensteins – gern würden wir sie noch genauer kennen, doch klar ist, dass er kein Freund der teutschen Libertät war, schon gar keiner der deutschen Kurfürsten, dass für ihn Monarchie Erbmonarchie hieß und straffer Zentralismus. Genauso wollte er die militärischen Triumphe 1629 in Politik umgesetzt sehen; dass sich Ferdinand für die konfessionelle anstatt der verfassungspolitischen Nutzbarmachung entschied (Restitutionsedikt), hielt er für einen Fehler.

Die letzten Jahre, 1630 bis 1634, lernen wir noch näher kennen, wenn gleich vom Schwedischen Krieg die Rede sein wird. Hier jetzt deshalb nicht, wie zuletzt, geraffte Wiederholung, sondern knapper Ausblick: Wiewohl unter dem Druck der in Regensburg versammelten Kurfürsten entlassen, wird Wallenstein doch, angesichts des schwedischen Siegeslaufs, erneut zum General über alle kaiserlichen Truppen ernannt; Sieg bei Lützen, lange Monate in Böhmen; wachsende Missstimmung in Wien wegen der militärischen Passivität, der diplomatischen Aktivitäten Wallensteins; Tötung in Eger.

Ausblick ins zweite Generalat

3.6.2 Der Krieg ernährt den Krieg

Wir kennen jetzt wichtige Stationen des Lebenslaufs. Aber vor allem interessiert uns ja der Feldherr. Passt diese Formulierung? Wallenstein gilt als der Söldnerführer schlechthin und ist sicher einer der berühmtesten Militärs der Weltgeschichte. Aber nicht wegen seiner Leistungen als Feldherr im engeren Sinne, wegen Strategie und Taktik der Kampfgestaltung, genialer Leistungen in offener Feldschlacht: Da nämlich stellen Experten selbst während des Dreißigjährigen Krieges andere über Wallenstein – Gustav Adolf allemal, auch einige andere, beispielsweise Bernhard von Weimar. Wallenstein war kein genialer Schlachtenlenker, sondern ein überragender Organisator und Administrator. Wie er große Truppenmassen aufbrachte und dann, mithilfe einer konkurrenzlos leistungsfähigen Heeresverwaltung, unterhielt – darin liegt seine Bedeutung. Hilfreich war ihm dabei zweierlei, beides hat es so vor ihm nicht gegeben: sein Kontributionssystem und sein Kriegswirtschaftssystem.

Kontributionen gab es schon vor Wallenstein, wir lernten sie ja bereits kennen. Sie standen neben dem vom Kriegsherrn aufzubringenden, also von externer (politischer) Seite zufließenden Sold und

Konsequente Kommerzialisierung

bestanden in Naturalien, die den täglichen Nahrungsbedarf der Truppe sicherstellen sollten. Zwar war, beispielsweise, schon Tilly bisweilen dazu übergegangen, anstatt Proviantlieferungen Geldzahlungen zu verlangen, aber man konnte Letztere doch noch als (zwar reichlich überhöhte) Umrechnung sonst fälliger Naturallieferungen ansehen. Dem war bei Wallenstein von vornherein nicht so. Der Schwerpunkt verschob sich von Sachforderungen hin zu Geldforderungen. Die Gebiete, in denen Wallensteins Truppen standen, hatten die Kosten seiner Kriegführung komplett zu tragen.

Mehr Kontributionen als vorher

Zweierlei erregte bei den Betroffenen Anstoß: die Höhe der Kontribution sowie die Art und Weise der Eintreibung. Zunächst zur Höhe! Alle bei der Truppe anfallenden Kosten, nicht nur die der Verpflegung, waren vom betroffenen Gebiet aufzubringen. Tatsächlich im Kampfgebiet eintreffende Soldzahlungen des Kriegsherrn (also des Kaisers) daneben waren nicht mehr vorgesehen. Wallenstein war ohnehin klar, dass Ferdinand sich das gar nicht leisten konnte.

Nun gab es für diese kriegsbedingt anfallenden Kosten an sich, theoretisch, schon einen Maßstab: die „Ordonanzen", Listen, die die Ansprüche jeder Rangklasse im Heer sowohl in Geld als auch in Naturalien festsetzten – zumal in den höheren Rängen übrigens sehr großzügig. Das mit der Heeresstärke multipliziert, ergab theoretisch die Kontributionsforderung. Aber kontrollieren konnte es praktisch niemand – weil niemand über realistische Zahlen zum Istbestand der Truppe verfügte, diese oft am Um- und Weiterziehen war, dabei sowohl vom alten wie auch vom Zielgebiet Kontributionen eintrieb. Es musste also viel mehr aufgebracht werden als früher, als man ‚nur' die Vorratslager hatte wohlgefüllt halten müssen – meistens gerade so viel, wie das Gebiet aushielt, ohne dass die Wirtschaft vollständig zusammengebrochen wäre. Denn daran, am völligen Ruin der Gastgebiete, konnte Wallenstein nicht gelegen sein. Übrigens interessierte ihn kaum, ob die kontribuierenden Gebiete überhaupt Feindesland waren oder aber selbst ernannten „Neutralen" unterstanden, Alliierten des Kaisers gar. Ihrer Abhängigkeit von Wallenstein wegen musste es die Hofburg hinnehmen, dass der Feldherr auch die (deshalb immer vernehmlich murrenden) Verbündeten ausbeutete.

Profitiert hat von diesem System jedermann im Heer, aber je höher der Rang, desto größer die Bereicherungsmöglichkeiten. Sie waren systemimmanent eingebaut. So sollte die Kontribution von vornherein auch vorgeschossene Leistungen der Obristen abgelten, etwa von ihnen bereitgestellte Werbegelder (Handgeld, Laufgeld). Dafür durften sie später im Zielgebiet selbstständig Kontributionen festsetzen und sich so schadlos halten – freilich ohne darüber etwa zu vergessen, recht erkleckliche Summen für Wallenstein persönlich abzuzweigen. Der bereicherte sich am allermeisten. Das gewissermaßen nach zwei Seiten hin: Von seinen Obristen, also den nächsten Untergebenen, ließ er sich ja Anteile aus der Kontribution bezahlen; und dem Kriegsherrn, dem Kaiser, stellte er penibel die Kosten für jeden einzelnen Söldner in Rechnung, so, als trüge der Krieg gar nicht den Krieg, als gäbe es gar kein Kontributionssystem. Wallenstein betrachtete es freilich großzügig als Kredit, denn flüssig war Ferdinand bekanntlich nicht. Bezahlt wurde dann, beispielsweise, mit Mecklenburg.

Eine üppig sprudelnde Einnahmequelle für Wallenstein war übrigens auch die Besteuerung der Gebiete, in denen seine Truppen gerade *nicht* standen. Damit das so bleibe, um sich von drohenden Musterungen oder Einquartierungen quasi freizukaufen, entrichtete so manches Gebiet, insbesondere so manche Reichsstadt gern immer wieder eine große Geldsumme an den kaiserlichen Generalissimus. Man wusste so ungefähr, was er erwartet hat, insofern gab es gleichsam einen inoffiziellen Tarif.

Soweit die Höhe des Geforderten, Eingetriebenen, Abgepressten – nun zum Wie! Hatten sich Söldnerheere vor Wallenstein beim Aufbringen und Verteilen ihrer Naturalkontribution der regulären Landesverwaltung bedient, wurde diese jetzt beim Aufbringen der Geldkontribution einfach ausgeschaltet. Wallensteins Leute trieben das Geld ein, Wallensteins Leute entschieden über die Verwendung, Wallensteins Leute verteilten das Geld wieder. Es kam zu einer Umverteilung der Ressourcen zugunsten der Kriegführung unter Ausschaltung der regulären Zivilverwaltung. Nicht nur das Wieviel, auch, wenn nicht vor allem das Wie verärgerte die Politiker. Der abseitsstehende Amtmann bangte um seine Autorität, damit aber war auch sein Chef, der Landesherr, düpiert. Er fühlte sich ein Stück weit entmachtet – daher die Sorge, man sei drauf und dran, einer Militärdiktatur unterworfen zu werden. Auch daher rührte die Missstimmung, die 1630 zur Entlassung Wallensteins geführt hat.

Wie die Kontributionen eingetrieben werden

Politische und militärische Kosten

Die wallensteinsche Methode, den Krieg zu finanzieren, hatte aber nicht nur politische Kosten, auch militärische. Weil die anderen Söldnerführer genau hinschauen und vieles weitgehend kopieren werden, gilt das bald für alle Seiten. Die Art der Kriegführung bleibt von der Heeresfinanzierung nicht unbeeinflusst. Einmal, weil möglichst weite Landstriche besetzt, mit Musterplätzen, Garnisonen usw. überzogen sein müssen – damit das kontribuierende Gebiet ausreichend groß ist. Trotzdem muss man die Schauplätze im Kriegstheater zweitens immer wieder verlagern, von erschöpften, ausgesaugten Gebieten in noch prosperierende, weil bislang unbehelligte, friedliche Gegenden. Dass sich Wallensteins Truppen in den späten 1620er-Jahren über ganz Norddeutschland ergossen, liegt in der Logik des Systems. Dieses war für eine Eingrenzung, gar Regionalisierung des Konflikts nicht günstig.

Was auf der Habenseite steht

Das alles waren unangenehme Folgen, die die Profiteure des Systems für lästige, aber unvermeidliche Randerscheinungen, gewissermaßen (so würde man neudeutsch formulieren) für Kollateralschäden hielten. Auf der Habenseite verbuchten sie: gigantische Gewinnchancen für sich selbst; und ein über Jahre hinweg in Waffen stehendes Söldnerheer von – nach damaligen Maßstäben – gigantischen Ausmaßen. Galt es bis dahin als durchaus schwierig, ein Heer von zwanzig- oder dreißigtausend Mann über eine ganze Kriegssaison zu erhalten, verstand es Wallenstein, mehrere Jahre lang ein Heer der Sollstärke von 130.000 bis 150.000 Mann unter Waffen zu halten; 1632 sollen es gar 250.000 Mann gewesen sein. Warum die vorsichtige Formulierung? Wie viele es tatsächlich gewesen sind, das festzustellen ist eben wegen der schon erwähnten Manipulationen im Hinblick auf die Kontributionssumme unmöglich. Peter H. Wilson, ein hervorragender Kenner der Militärgeschichte im engeren Sinne, vermutete 2009, am Ende des ersten Generalats hätten auf dem Papier 150.000 Mann, im Feldlager aber vierzigtausend Mann weniger gestanden.

Für damalige Verhältnisse war ein Heer von ungefähr oder gut hunderttausend Mann riesig genug. Genauso bemerkenswert ist, dass solch riesige Truppenmassen nun jahrelang beisammenblieben! Im Rückblick aus der Zeit der „stehenden" Heere der zweiten Hälfte der Frühen Neuzeit ist man während des Dreißigjährigen Krieges schon auf dem Weg dahin gewesen. Schon die Heere Wallensteins und seiner Kopisten waren auf kontinuierliche Einnahmen angewiesen.

Anders als später beschafften sie sich solche Einnahmen selbst, an den regulären Verwaltungsstrukturen vorbei: Das freilich wird der Absolutismus ändern.

Viel größere Heere, das jahrelang – und das Ganze kostete den Söldnerführer keinen Groschen, im Gegenteil! Jedenfalls solange er militärische Macht und politischen Einfluss besaß – als Letzterer gegen Ende des ersten Generalats ins Wanken geriet, als deshalb immer mehr Reichsstände wagten, die Kontributionszahlungen zu verschleppen, weil sie Wallensteins Sturz erwarteten, geriet die Heeresfinanzierung selbst eines Wallenstein ins Wanken; sein Bankier, Hans de Witte, ertränkte sich 1630 im Brunnen vor seinem Haus.

Ist Wallensteins Heer nun ein Höhepunkt des Söldnertums, oder doch schon seine Pervertierung, die Übersteigerung des Kriegsunternehmertums ins Groteske? Inwiefern auch Übersteigerung? Schon wegen der Mittellosigkeit des Kriegsherrn, Ferdinands, war die Macht des Söldnerführers, des Condottiere, nie größer. Auch, weil dieser weniger Feldherr denn Organisator und Ökonom war, war der privatwirtschaftliche Charakter, die Ausrichtung auf Gewinnmaximierung hin nie deutlicher gewesen. Der Söldner war endgültig zum Spekulationsobjekt geworden. Er stand einer in sich gestaffelten Phalanx von Unternehmern und Subunternehmern gegenüber, die nicht nur ein Vielfaches an Sold erhielten (ein einfacher Infanterist im Monat neun Gulden, ein Hauptmann vierhundert), sondern auch aus Finanz- und Sachspekulationen Gewinne erzielten und die alle Geld vorgeschossen, sozusagen Kapital in den Betrieb investiert hatten, was viel wahrscheinlicher machte, dass sie aus wirtschaftlichen Eigeninteressen und nicht mehr vorrangig nach militärischen Maßstäben agierten.

Soweit Wallensteins Kontributionssystem! Wir sahen, dass es weniger Neuschöpfung war denn Weiterentwicklung und konsequente Effizienzsteigerung. Schon, weil auch Wallensteins Kriegswirtschaftssystem geeignet war, seine Profite zu erhöhen, hängt es mit Ersterem zusammen. Es gibt freilich einen Unterschied: Während die anderen Kriegsunternehmer Wallensteins Methoden der Heeresfinanzierung bis 1648 vielfach kopieren werden, fehlen ihnen für den Aufbau eines eigenen Kriegswirtschaftssystems schlicht die territorialen Ressourcen, „this innovation found no imitators" (John Theibault).

Höhepunkt oder Pervertierung des Söldnertums?

3.6.3 Wallensteins Kriegswirtschaftssystem

Wallenstein ist sein eigener Heereslieferant

Kriegswirtschaftssystem: Was meinen die Militärgeschichten mit diesem Ausdruck? Wallenstein machte seine im Nordosten Böhmens gelegenen Güter, ein Konglomerat gekaufter und vom Kaiser zu Lehen genommener Ländereien, Städte und Dörfer, die er mit dem Titel eines „Fürsten", dann „Herzogs von Friedland" faktisch wie ein Landesherr regierte, bewusst und systematisch zum Nachschubgebiet für den Heeresbedarf: Der Rüstungsbedarf vom Geschütz bis zum Hufnagel, von der Uniform bis zum Zwieback wurde, wo immer möglich, dort, auf Wallensteins Besitztümern, von Wallensteins Schmieden, Schustern, Schneidern und Bäckern fabriziert – weil das Heer groß war, selbstverständlich in großem, avantgardistisch anmutendem Maßstab, die Schuhe zu Tausenden, die Brote fuhrenweise ... Um nur einmal, exemplarisch, kurz auf eine einzige Ware einzugehen, das Getreide: Alles, was über den Eigengebrauch hinausging, musste in öffentliche Speicher geliefert werden, wurde dort gemahlen und auf Abruf gelagert (es ist die Vorwegnahme des Magazinsystems einer späteren, der „absolutistischen" Epoche). Jede größere Stadt besaß eine Sammelstelle, bei der die Lieferbefehle der Armee eintrafen. Nach einem genau ausgetüftelten Plan hatte dann jeder Speicher Mahlgut an die Sammelstelle zu liefern, dort wurde, zentral und in großem Maßstab, gebacken – zumeist Biskoten, wie man damals sagte, eine Art Zwieback. Die Backware wurde an ein zentrales Auslieferungslager (in Reichenberg) geliefert und dort der Armee übergeben. Recht typische Liefermengen waren beispielsweise drei Millionen Liter Mehl oder zwei Millionen Portionen Biskoten.

Riesige Liefermengen

Eisengruben und -hämmer arbeiteten nahezu ausschließlich für die Kriegswirtschaft, ebenso Friedlands Tuchmacher. Wallenstein richtete Manufakturen ein, in denen bis zu 80 Schneider pro Raum tagein, tagaus Jacken, Hosen und Socken (eine Bestellung lautete einmal auf zehntausend Paar) für Wallensteins Söldner herstellten. Wegen des gewaltigen Bedarfs musste Heimarbeit flankierend helfen, noch jede Kuhmagd hatte die Auflage, den Winter über soundsoviel zu spinnen und abzuliefern. Man hat ausgerechnet, dass das Herzogtum Friedland der Armee über zehntausend Zentner Lunte geliefert hat.

Blicken wir zurück! Was war neu an Wallensteins Art der Heeresorganisation? Erstens schöpfte er mehr Sozialprodukt für den Heeresbedarf ab als die Feldherrn vor ihm – hatten bislang nur die Vorratslager gefüllt sein müssen, womöglich sogar gegen Bezahlung, hatte der Krieg für Wallenstein den Krieg vollständig zu tragen: Ernährung der Truppe, Sold, von den Offizieren verauslagte Gelder; tatsächlich aus Wien eintreffende Soldzahlungen wurden erst gar nicht einkalkuliert, die gesamten Unkosten hatten vom Gastland aufgebracht zu werden. Mehr also erstens und zweitens in Geld; drittens zogen dieses Geld die Wallensteinschen selbst ein, unter weitgehender Missachtung der regulären Landesbehörden.

Resümee: die militärgeschichtliche Bedeutung Wallensteins

Inwiefern profitierte Wallenstein davon? Er profitierte erstens als größter Lieferant seines eigenen Heeres, übrigens auch in seiner Rolle als Landesherr von Friedland, dessen Steuerkraft der Armeeaufträge wegen wuchs. Er profitierte zweitens vom Kontributionssystem, und auch das gleich doppelt: Wallensteins Obristen lieferten gewisse Anteile der vor Ort aufgebrachten Kontribution an ihren obersten Chef ab – einen Teil jenes Überschusses, der wegen allerlei Tricks (etwa überzogener Sollstärken weit über der Iststärke) anfiel, floss in Wallensteins Taschen. Sodann stellte der Generalissimus Wien fein säuberlich seine Truppen – die ihn ja tatsächlich gar nichts kosteten – in Rechnung, er listete also die Monatssolde auf, als trüge der Krieg gar nicht den Krieg. Die Schulden der Hofburg stiegen und stiegen und wurden am Ende, beispielsweise, durch Mecklenburg abgegolten. Alles war durch und durch kommerzialisiert: je nach Blickwinkel Höhepunkt oder schon Pervertierung des Kriegsunternehmertums.

3.6.4 Und die „Lehren der Geschichte"?

Abschöpfung von genügend Sozialprodukt plus Magazinalwesen und Großhandelslieferungen, mit anderen Worten: Kontributionssystem plus Kriegswirtschaft – das ermöglichte den Unterhalt größerer Truppenmassen als vordem üblich. Wallenstein profitierte davon, seine Offiziere profitierten davon. Und die Politik?

Von den Ohnmachtsgefühlen der regionalen Herrschaftsträger war schon die Rede. Aber auch der eigentliche Kriegsherr, der Kaiser, geriet völlig an den Rand. Das System funktionierte, weil Wallenstein als Finanzier und als Großunternehmer dahinterstand, er rückte faktisch in die Position des Kriegsherrn ein, schaltete und waltete fast nach Gutdünken, schmiedete die Feldzugspläne – und schließlich auch solche für den Frieden. Damit aber okkupierte Wallenstein, der böhmische Waisenknabe, der Parvenü und Schieber Hoheitsrechte, die seinesgleichen nicht jeder gern einräumte. Am Ende wollte man es schon damals, 1634, nicht mehr hinnehmen. Es war ein Menetekel: Fast hätte sich dieser kleine Streber nur mithilfe seiner Truppen einen Platz in der großen Politik erobert. Funktioniert haben seine Truppen ja ganz gut, die Logistik war vorbildlich. Aber das durfte sich nicht gegen den Staat richten, musste vielmehr in ihn eingebaut werden.

Auf die Epoche der Kriegsunternehmer …

Diese Integration wird der „absolutistische" Staat nach 1648 vollziehen: Aus dem territorial ungebundenen, lediglich für den Kriegsfall, für einen bestimmten Kriegsfall angemieteten Unternehmerheer wird ein nur dem Landesherrn verpflichtetes, im Kern dauerhaft beisammenbleibendes, auch in Friedenszeiten (dann in den Kasernen des Territoriums) stehendes Heer. Auf die Epoche des Kriegsunternehmertums folgt die Ära der stehenden Fürstenheere.

… folgt die Ära der stehenden Fürstenheere

Blieb in den Jahrzehnten um und nach 1700 wirklich jeder einzelne Soldat immer in der Kaserne? Nein, so ist es nicht gewesen. Wenn gerade kein Feldzug anstand und außerhalb der zwei- bis dreimonatigen Exerzierzeit blieben nur so viele Soldaten in Waffen, wie für die Wachdienste benötigt wurden, die anderen hat man beurlaubt oder sie gingen als sogenannte „Freiwächter" zivilen Arbeiten nach. Entscheidend und neu war, dass sie danach eben wieder in ihre Kaserne, zu ihrem Regiment zurückkehrten. „Stehend" meint also: Kontinuität der Kontingente, der Regimenter, nicht jedes einzelnen Soldaten. Was blieb, waren die Kommandostäbe, war die Logistik, die Heeresstruktur, es blieb nicht jeder einzelne Mann. Und es blieben noch nicht einmal alle Regimenter! Denn natürlich hat man, wenn weit und breit kein Konflikt in Sicht war, auch entlassen, in Erwartung großer und langwieriger Kriege neu geworben. Soweit gewisse Abstriche am „stehenden" Charakter der absolutistischen Heere! Grundsätzlich hatte sich freilich eben doch etwas Wichtiges geändert gegenüber jenen Zeiten, da man Truppen für punktuelle Zwecke rasch anwerben ließ, um sie danach komplett wieder abdanken oder zu einem anderen kriegslustigen Politiker weiterziehen zu lassen.

Warum aber „stehende Fürstenheere"? Die Militärgeschichten nennen es anders, sprechen von den „stehenden Söldnerheeren des Absolutismus". Aber dieser Ausdruck ist problematisch, weil er Innovation (die Truppe wird „stehend") und Kontinuität (es gibt weiterhin Söldner) in eine Formel zusammenzwängt. In gewisser Weise waren die Truppen des „Absolutismus" sogar weniger Söldnerheere als die der ersten Hälfte der Frühen Neuzeit, weil viele absolutistische Herrscher auch Zwangsrekrutierungen bei ihren Untertanen veranstalteten und weil manche der weiterhin begegnenden landfremden Söldner gar nicht freiwillig dienten, sondern mit List, Tücke und vielleicht sogar Gewalt in die Truppe „gepresst" worden waren. Die Formel „stehendes Fürstenheer" ist treffender, weil sie die beiden Innovationen der absolutistischen Herrscher zum Ausdruck bringt: Im Kern bleiben die Truppen dauerhaft beisammen, und die Regimenter sind nicht mehr bewegliches Kapital eines Privatmannes, der anstatt in Salzheringe oder Textilien in Söldner investiert hat, sie unterstehen jetzt direkt dem Fürsten. Das stehende Heer ist ein Instrument in der alleinigen Verfügungsgewalt des Monarchen. Die führenden Militärs sind nicht mehr seine Vertragspartner, sind ihm wie alle Soldaten per Dienstvertrag unterstellt.

Verstetigung und Verstaatlichung: So könnte man das Ganze auf den Begriff bringen – wenn der Ausdruck „Verstaatlichung" nicht missverständlich wäre, denn in den ‚normalen' Staatsaufbau, sozusagen als „Bürger in Uniform" eingefügt wurden die Soldaten noch nicht, sie waren das Herrschaftsmittel par excellence des Herrschers, also einer einzigen Person – Verstetigung und Verherrschaftlichung, das klingt leider nicht so gut, trifft die Sache aber besser.

Verstetigung und Verherrschaftlichung

Die Verherrschaftlichung und Verstetigung der Truppe in der zweiten Hälfte des 17. Jahrhunderts, als man die Soldaten dauerhaft in die Kasernen steckt, ihre Obristen entmachtet, den Primat der Politik durchdrückt: All das ist auch und nicht zuletzt eine Antwort auf Entwicklungen des Söldnertums in der Ära der Konfessionskriege, auf Wallenstein und seine Kopisten, auf das oft selbstherrliche Auftreten von für die Politik gefährlich werdenden Söldnerführern.

Wir fragten weiter oben, am Ende von Kapitel 3.5, ob es strukturelle Gründe für die schlimmen Exzesse der Ära des Kriegsunternehmertums gab. Eine umfassende Antwort ist erst jetzt möglich. Der vorabsolutistische Staat schöpfte, modern gesprochen, einfach zu wenig vom Sozialprodukt ab, um sich kontinuierlich, auch in Friedenszeiten, eine – so natürlich besser geschulte und disziplinierte – Armee leisten zu können. Diese strukturellen Defizite bekam ja sogar das Spanien Philipps II. (1556–1598) zu spüren: Dass der so viele Kriege führte, provozierte trotz der aus den amerikanischen Kolonien herüberströmenden Edelmetalle mehrfach den Staatsbankrott. Deshalb das „hire and fire", das rasche Anwerben und zügige Abdanken, sobald die letzte Schlacht geschlagen war.

Nun waren viele Heere in der Spätphase des Dreißigjährigen Krieges ja faktisch zu „stehenden" geworden. Schon Wallenstein und seine Kopisten waren deshalb auf kontinuierliche Einnahmen angewiesen. Die freilich flossen nicht oder kaum aus dem Staatshaushalt des Kriegsherrn. Vielmehr beschafften sich die Armeen ihre Finanzmittel über Kontributionen selbst, nach ihren eigenen Bedürfnissen (statt nach den Kräften des ‚gastgebenden' Landes) und zunehmend an der regulären Administration vorbei. Man hat errechnet, dass die ‚normalen' Staatseinnahmen der Stifte Bremen und Verden von 1645 bis 1648 jährlich zwanzigtausend Reichstaler betrugen; die Kontributionen, die man für die dort stationierten Truppen einzog, summierten sich auf jährlich zweihunderttausend Reichstaler.

Kontinuierlich ein Heer zu unterhalten, zu pflegen, zu disziplinieren ist ein Merkmal erst des „absolutistischen" Staates. Dessen stehende Heere erleichterten gewiss einerseits die Durchsetzung der innenpolitischen Zielvorstellungen absolutistischer Herrscher. Andererseits setzten sie aber absolutistische Ansätze ihrerseits voraus: kontinuierlich und zuverlässig fließende Staatseinkünfte, jenen Steuerstaat, der auf Kosten der Landstände errichtet wurde und die Stellung der Krone stärkte. Einfach gesagt: Erst in der zweiten Hälfte der Frühen Neuzeit bekamen die Herrscher das Militärwesen so gut in den Griff, dass sie auch eine Abstellung ungehemmter Exzesse gegenüber der Zivilgesellschaft erzwingen konnten.

3.7 Wie schlimm war der Dreißigjährige Krieg?

Wie sehr die Armeen der Kriegsunternehmer auch Zivilisten behelligten, wissen wir ja schon – es war bereits vom „Servis" die Rede, von den „Kontributionen", vom Plündern und Brandschatzen. Doch blieben wir dabei stets nah bei der Truppe. Wir haben die Kriegführung der Vormoderne allgemein, des frühen 17. Jahrhunderts im Besonderen bislang vor allem aus ihrer, aus der Perspektive der Söldnerheere kennengelernt. Die Bevölkerung erlitt das alles – ob sie nun von regulären Truppen geplagt wurde oder aber von Trosseuren oder von selbst schwer geschädigten, verzweifelten Marodeuren. Für die Betroffenen waren sie alle landfremde Schädlinge, reproduzierten sie alle ziemlich unterschiedslos die Schrecken des Kriegstheaters.

Die meisten zivilen Todesopfer haben freilich nicht unmittelbar Gewalttätigkeiten der Soldateska verschuldet, sondern Krankheitserreger – traurige Gemeinsamkeit zwischen Zivilisten und Söldnern, denn von Letzteren rafften ja auch Bakterien und Viren mehr dahin als glorreiche Schlachten. Aber wie hängen Kriegseinwirkungen auf eine Region mit deren „Mortalität" (wie das in Demografendeutsch heißt; lat. mortalitas = Sterblichkeit) zusammen?

3.7.1 Die ökonomischen und klimatischen Rahmenbedingungen

Einer angemessenen Antwort müssen Hinweise auf den weiteren und einen enger gesteckten Rahmen vorangehen. Der weitere Kontext ist dieser: Die meisten frühneuzeitlichen Menschen lebten in guten Zeiten so gerade über dem Existenzminimum. Wir dürfen uns unser Bild von der vorindustriellen „guten, alten Zeit" nicht nach den Bildern Breughels malen. Dass man dort so exzessiv – ja, man kann schon sagen: frisst und säuft, ist der für einen Moment entlastende Ausbruch aus einem Alltag, der von Ressourcenknappheit geprägt war. Ernten, heute kaum eine Meldung auf der Seite „Vermischtes" wert, waren damals zentral wichtig, lebensprägend, einigermaßen gute Ernten überlebensnotwendig. Klimatisch bedingte Missernten verschuldeten Hungerkrisen, und den Begriff müssen wir wörtlich nehmen. Solche Hungerkrisen konnten regional sein, das machte sie kaum weniger schlimm bei den damaligen Transportkapazitäten – man konnte ja

Der weitere Kontext: die Vormoderne, Zeit der Ressourcenknappheit nicht eben mal rasch ein paar Tonnen Getreide von anderswoher einfliegen. Die Lebensmittelpreise, insbesondere die für Getreide, konnten dann prompt auf das Drei- oder Vierfache ansteigen, was die meisten Menschen nur auffangen konnten, indem sie minderwertiger und weniger aßen. Die Sterberaten schnellten in die Höhe.

Blicken wir nach dieser für die ganze Vormoderne zutreffenden Beobachtung zweitens in die Jahrzehnte um 1600! Ihnen wurde das Wetter zum Problem. Denn der Dreißigjährige Krieg fällt in die Kernphase der „Kleinen Eiszeit".

Ein engerer Rahmen: Kernphase der Kleinen Eiszeit

Kleine Eiszeit: So nennt die Klimageschichte eine Jahrhunderte während Kaltwetterperiode vom beginnenden 14. bis zum Ende des 19. Jahrhunderts. Im frühen 14. Jahrhundert, in Nordeuropa sogar einige Jahrzehnte früher, begann eine Abkühlung des sozusagen normalen, durchschnittlichen Klimas, die im ausgehenden 19. Jahrhundert wieder wettgemacht war. Es war ein Longue-durée-Trend, an den sich die meisten Menschen undramatisch gewöhnt haben dürften. Anders in den 1560er-Jahren, als die Kleine Eiszeit in ihre Kernphase eintrat: Die damals lebende Generation sah sich mit einer von ihr als rapide empfundenen weiteren Verschlechterung des Klimas konfrontiert, die sie als bedrohlich wahrnahm. Das Wetter wurde (noch) instabiler, tendenziell nasskalt, sturmreich, stabilisierte sich seit den 1630er-Jahren auf niedrigem – also weiterhin ziemlich kaltem – Niveau. Erst gegen 1700 wird eine noch zögerliche, ganz langsame Erholung einsetzen.

Die Folgen für die Natur, für Pflanzenwelt, Tier und Mensch waren gravierend. Seen und Flüsse waren über lange Perioden hinweg zugefroren. Sogar den Bodensee suchte häufig die „Seegfrörni" heim, man konnte ihn dann mit Pferdefuhrwerken befahren, beispielsweise um von Schwaben in die Schweiz zu galoppieren. Italienische Historiker konnten zeigen, dass selbst die Lagune von Venedig immer wieder komplett zugefroren war. Das Getreide wurde häufig nicht reif, es kam zu einer Häufung von Missernten. Die Anbaufläche für Wein schrumpfte; viele der damals aufgegebenen Flächen wurden nie mehr mit Weinstöcken bepflanzt. Nach langen schneereichen Wintern überfielen immer wieder ausgehungerte Wölfe Gehöfte, ja selbst größere Siedlungen. Sogar die Insekten waren betroffen. Die Malaria übertragende Anophelesmücke verschwand, dafür breiteten sich Läuse und Flöhe aus – die dickere Kleidung und ein Weniger an Hygiene (weil es an nicht zugefrorenem Wasser mangelte) boten ideale Ausbreitungsmöglichkeiten. Verschiedene Chroniken berichten, dass die Vögel „tot vom Himmel" fielen.

Nicht nur Vögel starben, auch Kühe erfroren in ihren Ställen – und Menschen in ihren Betten. In den langen Eisperioden standen die Mühlen still. In den Kellern gefror der Wein, die Fässer zerbarsten. Weil man neue Äcker fast nur auf Kosten der Weide gewinnen konnte (und Fleisch natürlich ohnehin eine teure Art und Weise war, genügend Kalorien zu sich zu nehmen), sank der Fleischkonsum, vermutlich verdanken sich schwäbische Spätzlekultur, fränkische Kloßteller und bayerische Knödelküche dieser blanken Notwendigkeit. Man versuchte sich auch sonst zu arrangieren, den Widrigkeiten das Beste abzugewinnen, errichtete auf dem Eis Buden, veranstaltete Spiele, die wir den Vorformen von Eisstockschießen oder Eishockey zurechnen dürfen. In den Niederlanden wurde die Winterlandschaft zum typischen Sujet der Malerei, vielleicht sind auch ihre düsteren, dramatisch bewölkten Himmel Reflex auf eine Zeit, in der das Klima nicht menschenfreundlich gewesen ist. Stürme häuften sich, in nur einer von vielen damaligen Sturmfluten ging im Oktober 1634 die bewohnte Insel Nordstrand in der Nordsee unter.

Wir dürfen die Phänomenologie des Schreckens abbrechen und resümieren: In den Jahrzehnten um und nach 1600 war das Klima so wenig menschenfreundlich, dass es sich nun auch für den Historiker lohnt, über das Wetter zu reden – nicht, weil es die Konfessionskriege verschuldet haben könnte; aber im Hinblick auf die Hexenverfolgungen (es gehörte stets zu den Vorwürfen an vermeintliche „Hexen", sie hätten Unwetter, Hagel und Frost herbeigezaubert) und auf unser jetziges Thema, die Mortalität während des Dreißigjährigen Krieges.

Lohnt es, über das Wetter zu reden?

3.7.2 „Alles gar nicht so schlimm"? Der Forschungsmythos

Wir sahen: Auch ohne Kriegseinwirkungen waren die ökonomischen und klimatischen Rahmenbedingungen für die Menschen der Jahre um 1600 oder um 1620 schwierig. Die Folgen der dreißigjährigen Kriegskatastrophe kamen nun freilich noch hinzu. Wenn die Ernährungslage wegen der Kriegserfordernisse, der Kontributionen, verwüsteter oder gar nicht erst bestellter Felder noch schlechter wurde, wurde es auch die Immunabwehr. Dabei war sie gerade jetzt in besonderer Weise herausgefordert. Denn der Dreißigjährige Krieg brachte in Mitteleuropa in bis dahin nicht gekanntem Ausmaß und Tempo Menschen aus den verschiedensten Winkeln des Kontinents zusammen. Sie brachten Krankheitserreger mit, gegen die sie selbst längst immun waren, nicht aber die Einwohner von Dörfern und Städten, die diese Erreger noch nie heimgesucht hatten. Eines kam zum anderen. Die Folgen waren schlimm.

Waren die Folgen schlimm? Oder waren die Kriegserlebnisse für Frau Jedermann gar nicht so einschneidend? Die wirtschaftlichen, sozialen und demografischen Auswirkungen des Dreißigjährigen Krieges auf Mitteleuropa wurden in den letzten zweihundert Jahren sehr unterschiedlich beurteilt. Es begann mit Überzeichnungen. Manche Pioniere der Geschichtswissenschaft malten Schreckensbilder von flächendeckender Verwüstung und menschenleerer Ödnis – Vorstellungen, denen der just jetzt wiederentdeckte „Abenteuerliche Simplicissimus" Grimmelshausens außerfachlichen Auftrieb gab. Diese Übertreibungen wurden noch im 19. Jahrhundert korrigiert. Experten für Wirtschaftsgeschichte und Kenner des Dreißigjährigen Krieges trafen sich Generationen lang in der Einschätzung, dass die Einwohnerzahl „Deutschlands" (vgl. Kap. 3.1.4) der Kriegseinwirkungen wegen von gut 16 auf ungefähr 10 Millionen Menschen abgesunken sei. Manche Liebhaber der sich anschließenden „absolutistischen" Epoche zwar schrieben, mit rascher Erholung und neuem Glanz konfrontiert, in ihren Rückblicken deutlich nüchterner von den anscheinend gar nicht so desaströsen Kriegsjahren. Die Experten wussten es besser.

Folgenreiche Verharmlosungen

Doch richteten dann zwei angelsächsische Monografien, und das bis heute, einiges Unheil an. Robert Ergang titelte 1956: „The Myth of the All-Destructive Fury of the Thirty Years' War". Blieb diese skurrile Monografie, die sich einfach weigert, Seuchentote als Kriegsopfer mitzuzählen, glücklicherweise ohne allzu große Breitenwirkung, kann man das von der 1966 vorgelegten Gesamtdarstellung „The Thirty Years' War" aus der Hand von Sigfried H. Steinberg wahrlich nicht sagen; sie reüssierte, wurde übrigens schon im Jahr darauf auch ins Deutsche übersetzt. Steinberg äußerte die exquisite Ansicht, die Bevölkerung des Reiches sei in dreißig Kriegsjahren wohl sogar leicht angestiegen. Alles in allem sei es den Deutschen 1650 besser gegangen als um 1600. Unbegreiflicherweise präsentierte die Deutsche Gesellschaftsgeschichte von Hans-Ulrich Wehler 1987 diesen Forschungsmythos als gesichertes Wissen. Man habe da früher „übermäßig dramatisiert", schwadronierte der schlecht informierte Autor, „das muß zurechtgerückt werden". Die Einwohnerzahl des Reiches sei 1650 höher gewesen als 1620. So hat eine Frage, die unter Experten grundsätzlich gar nicht sehr umstritten ist, den Handbuchmarkt durcheinandergebracht.

3.7.3 Das Quellenproblem

Nun muss man zugeben, dass wir nie exakte Summen werden ziehen können. Es gibt ein Quellenproblem: Tragfähige Zahlen besitzen wir nur für einzelne Siedlungen oder Landstriche für einzelne Zeitpunkte. Solche Zahlen lassen sich in großer Fülle aufbieten, aber wir bräuchten sie flächendeckender, nicht nur hinsichtlich der räumlichen, auch der zeitlichen Erstreckung: Denn selbst, wenn wir für ein bestimmtes Kriegsjahr feststellen können, dass die Einwohnerzahl einer Kommune gegenüber einem bestimmten Vorkriegsjahr wohl um, beispielsweise, fünfzig Prozent abgesunken ist, wissen wir nicht, ob wirklich die Hälfte umkam – wer war kurzfristig in die Wälder oder hinter die Mauern der nächsten größeren Stadt geflüchtet, mittelfristig bei Verwandten in einer weniger gezeichneten Region untergekommen (um irgendwann zurückzukehren), hatte überhaupt anderswo ein neues Auskommen gefunden (sodass er nicht mehr zurückkehrte)? Auch mag der eine und andere Quellentext an Schreckensbildern ‚interessiert' gewesen sein, weil er die Regierung in der fernen Hauptstadt beeindrucken wollte, beispielsweise, um sie zu Steuererleichterungen zu animieren.

Viele Zahlen – aber sie sind zu punktuell

Deshalb werden wir nie völlig unstrittiges Zahlenmaterial besitzen. Selbst der Autor der einzigen, erstmals 1943 vorgelegten Monografie zu den demografischen Folgen des Dreißigjährigen Krieges, Günther Franz, wollte sich sichtlich nicht dadurch angreifbar machen, dass er sich mit einer demografischen Summe exponierte; gut versteckt mitten in einem Allerweltsabsatz mitten im Buch äußert er die Überzeugung, in befestigten Städten sei die Einwohnerzahl während der

Plausible Durchschnittswerte

Kriegsjahre um durchschnittlich ein Drittel abgesunken, außerhalb der Stadtmauern aber um vierzig Prozent. Das sind plausible Werte. Franz hätte sie im Lichte neuerer Regional- und Lokalstudien nicht so verschämt verstecken müssen. Er hat die demografischen Folgen der dreißigjährigen Kriegskatastrophe vor 75 Jahren in den großen Linien schon erstaunlich gut erfasst. Dabei sind unsere Merksätze für Prüfungszwecke (noch einmal: „Deutschland" bevölkerten 1650 anstatt gut 16 nur noch zehn Millionen Menschen; Verluste in befestigten Städten ein Drittel, außerhalb von ihnen vierzig Prozent) Durchschnittswerte! Manche Regionen, zumal in Nordwestdeutschland, hat es weniger getroffen, andere viel schlimmer. Das Herzogtum Württemberg bewohnten vor Kriegsausbruch 450.000 Menschen, 1634 noch hunderttausend. Im Jahr 1750 wird man die Vorkriegszahl wieder erreicht haben. Nürnbergs Einwohnerzahl wird 1850 wieder ungefähr so groß sein wie 1618.

3.7.4 Zeitgenössische Versuche, das unbeschreibliche Leid in Worte zu fassen

Wir dürfen uns von Verharmlosern wie Steinberg oder Wehler nicht in die Irre führen lassen! Es hat viele gute Gründe, wenn der Dreißigjährige Krieg bis ins 20. Jahrhundert hinein im kulturellen Gedächtnis Europas als Urbild einer Kriegskatastrophe firmierte.

Schon die Zeitgenossen empfinden das Kriegsleid als exzeptionell

Schon die Zeitgenossen sahen sich als Opfer eines ganz ungewöhnlichen Kriegsexzesses, wie ihn „fürwahr unsere Voreltern in das zehnde und mehr Glieder hinaufwerts nicht erfahren haben" (so hat es 1636 der nassauische Pfarrer Johannes Plebanus festgehalten). Die Miterlebenden empfanden einen „Erfahrungsbruch" (Hans Medick). Früh begann man die Kriegsjahre seit 1618 zu zählen, und so bürgerte sich denn auch gleich nach dem Friedensschluss neben der Rubrik „Teutscher Krieg" die Überschrift vom „dreißigjährigen teutschen krieg" ein, vom „bellum tricennale". Die Bezeichnung „Dreißigjähriger Krieg" verdankt sich also nicht der ordnenden Arbeit des rückblickenden Historikers. Übrigens belegt das auch eines von vielen eindrucksvollen dichterischen Zeugnissen vom Kriegsleid seit 1618, das Sonett „Tränen des Vaterlandes, anno 1636" aus der Feder des zwanzigjährigen Andreas Gryphius. Um nur die beiden Mittelstrophen zu zitieren:

Die Türme stehn in Glut, die Kirch ist umgekehret,/ Das Rathaus liegt im Graus, die Starken sind zerhaun,/ Die Jungfraun sind geschänd't, und wo wir hin nur schaun,/ Ist Feuer, Pest und Tod, der Herz und Geist durchfähret.
  Hier durch die Schanz und Stadt rinnt allzeit frisches Blut./ Dreimal sind schon sechs Jahr, als unser Ströme Flut,/ Von Leichen fast verstopft, sich langsam fort gedrungen.

Dieser seit 1618 tobende Krieg hat fast unbeschreibliches Leid über Mitteleuropa gebracht. Es doch zu beschreiben, versuchen viele Lebensaufzeichnungen von mehr oder weniger einfachen Menschen, die alle nicht für die Druckerei, sondern für Freunde und Nachkommen (oder zur Selbstvergewisserung und Krisenbewältigung) geschrieben worden sind. Alle wissen sie von fast unaussprechlichen Schrecknissen und Exzessen zu berichten. Es ist nur ein wirklich beliebiges Beispiel für tausend ähnliche, wenn die Dominikanernonne Anna Maria Junius die Einäscherung Höchstadts durch schwedische Truppen im März 1633 so beschreibt:

Als sie nun die Stadt gehabt, da haben sie alles nidter gemacht und die Stadt hinweg gebrent bis auff die Kirgen [die Kirche] und das Schloß, auch etliche kleine Häuslein seint stehn blieben, dan es ist ein mechtiges Mörtten [Morden] und Blutbatt da gewesen, dan Weiber so ihre Kinder an dem Arm gehabt hat man samt den Kindern nidter gemacht.

Es soll gar kein zweites Beispiel folgen, uns interessiert jetzt nicht dieses oder jenes spektakuläre Einzelereignis, sondern die Grundstimmung solcher Aufzeichnungen. Sie alle künden vom Gefühl ständiger Unsicherheit, dauernder Angst. „Es war Jamer, Angst, Noth und Hertzenleyd mit den armen Leuthen", hielt der hessische Bauer Caspar Preis fest, „wir waren so gar geängstiget und verzaget, das uns auch ein rauschendes Blat verjaget". Die amerikanische Historikerin Sigrun Haude resümierte 2014 trefflich:

Gefühl der Unsicherheit

One experience runs constant throughout these accounts: fear. Fear permeated everything … A second prevalent experience was a profound sense of vulnerability … A third experience of the war was that of life's vicissitude … Incessant change seemed the only certainty.

Das Leben wurde (noch) unvorhersehbarer. Klara Staiger, die die Kriegsjahre im Kloster Mariastein bei Eichstätt durchlitt, hielt rückblickend als Essenz des Krieges fest: „Diese erbärmliche Kriegsunruhe, Fliehen und Flehen". Man war auf der Flucht, beispielsweise hinter die Mauern der nächsten größeren Stadt, oder musste irgendwelche Söldner aus irgendwelchen fremden Ländern um Verschonung anflehen. Man hatte sein Schicksal nicht in der Hand.

Machen wir noch die Gegenprobe, in den Reiseaufzeichnungen von William Crowne, der sich als Mitglied einer nahezu hundertköpfigen englischen Gesandtschaft keine existenziellen Sorgen machen musste, als er 1636 durch Deutschland zog. Was berichtet dieser gleichsam außenstehende, jedenfalls distanzierte Beobachter? „Von Köln bis Frankfurt waren alle Städte, Dörfer und Schlösser geschleift, ausgeplündert oder niedergebrannt." Mehrmals notierte Crowne, dass die Einwohner der durchreisten Orte „fast verhungert" seien, „fast zu Tode gehungert". In Mainz beobachtete er, dass die „armen Menschen, die fast verhungert auf Misthaufen lagen ... kaum in der Lage waren sich nach vorne zu schleppen, um die Almosen" der englischen Gäste „entgegenzunehmen". Er durchzog eine Szenerie des Schreckens. Ein mit „Gebett" überschriebener Zettel im Hessischen Staatsarchiv Darmstadt bittet darum, dass

> unser geliebtes Vatterland, das Reich teutscher Nation und alle Länder und Völker darinnen, welche bishero wie ein ungestummes Meer von großen Winden getrieben, und von einer Unruh in die andere gejagt worden, wider gänzlich gestillet und zu bestendigem Frieden gebracht werden mögen.

Der Krieg habe lange Jahre das Land zerrüttet, die Menschen gepeinigt, habe „die justitia geschwecht, die policey gedruckt".

3.7.5 Zeitgenössische Verlusterfahrungen und Bewältigungsstrategien

Der Krieg wird nie Normalfall

Ein „ungestümes Meer", gepeitscht von „großen Winden"; „von einer Unruhe in die andere gejagt": der Krieg war auch deshalb eine beklagenswerte Katastrophe, weil er in Unordnung stürzte, die „justitia" (Recht, Gerechtigkeit) zerrüttete, die „policey" (der Begriff war damals, weiter als heute, Inbegriff öffentlicher Ordnung, eines geregelten Gemeinwesens) störte. Daran gewöhnte man sich nicht. Krieg war so ‚normal' wie ein Sturm, ein Unwetter. In einer Regionalstudie über Kriegserfahrungen in der Grafschaft Hohenlohe aus der Hand Frank Kleinehagenbrocks wird deutlich, dass sich alle näher untersuchten „Erfahrungsgruppen" (neben der gräflichen Familie sind das Amtleute und Pfarrer) deshalb besonders hart getroffen sahen, weil sie ihr Los nicht synchron mit dem der einfachen „undertonen" verglichen, sondern diachron mit ihrem eigenen Vorkriegszustand kontrastierten: Er war der Bezugspunkt, an ihm wurde alles gemessen, selbst nach langen Kriegsjahren.

Flugschriften künden ebenfalls davon. Auch die mitten im Krieg oder in seiner Spätphase geschriebenen hielten diesen Krieg nicht etwa für mittlerweile ‚normal', für emotionslos einfach hinnehmbar. Zwanzig Jahre nach Kriegsausbruch schrie „Randolphus Duysburgk": „O Fried, O edler Fried! ein jeder muß bekennen, Daß man dich kan mit recht des Reichthums Mutter nennen. Wers nicht glauben wil, der frage Teutschland drumb, was es vor diesem vnseligen Kriege gewesen, vnd was es jetzo leyder ist." Der Krieg war ein Einbruch in den gewohnten Ordo, mit dem man sich nie abfinden wollte, der insofern nie Normalfall wurde. Da konnte selbst Gräfin Dorothea Sophie von Hohenlohe-Schillingsfürst lamentieren, sie sei „erger geplagt als der Ioeb", als Hiob, wiewohl dessen Gram, recht besehen, doch nicht zurückgehender Kreditwürdigkeit und deshalb frech werdenden Handwerkern gegolten hatte. Die Gräflichen sorgten sich nicht ums tägliche Brot, aber ums tägliche Fleisch, und aus ihrer Warte war das drückend, weil nicht standesgemäß, es verstieß gegen ihren Ordo, ihre Vorstellung von der gottgewollten Ordnung des Lebens.

Übrigens ist der Krieg in fast allen Lebensaufzeichnungen von Zivilisten dezidiert ein Konfessionskrieg. Die Sympathien, das mit den Kriegswindungen wechselnde Hoffen und Bangen sortieren sich entlang der konfessionellen Trennlinie. Gustav Adolf von Schweden ist in evangelischen Aufzeichnungen nicht etwa Ausländer, sondern Glaubensgenosse. Als Augsburg, Reichsstadt wie Ulm, von den Schwedischen besetzt wird, hält der Schuster und Kleinbauer Hans Heberle aus dem Dorf Neenstetten bei Ulm in seinen „Zeytregister"

Der Krieg wird als Ringen um Wahrheit erfahren

überschriebenen Lebensaufzeichnungen triumphierend fest, „Gott" habe „der gantze[n] evangälisch[en] religion geholffen durch den hoch und löblichen könig in Schweden". Als Ulm dem Prager Frieden (vgl. dazu Kap. 4.3.1) beitritt, sich damit (nolens volens) gegen Schweden stellen muss, bedauert Heberle das – als braver Untertan der Ulmer Obrigkeit nimmt er es hin, aber er stellt doch zugleich richtig: „Mit deme mundt seyen wir keysserisch gewesen und mit dem hertzen schwedisch. Dan mir haben den Schweden lieber sehen sigen dan den Keysser, von wegen der Religion und deß glaubens halber."

Die Wir-Gruppe solcher Texte ist konfessionell definiert. Man stemmt sich gegen teuflischen Aberglauben, streitet für die Wahrheit der eigenen Weltanschauung. Eigene Niederlagen sind die „Strafe GOttes", bringt der „Zorn GOttes" über die Welt. Wenn jedermann überzeugt war, dass nicht nur final alles dem Jüngsten Gericht zustrebte, sondern dass sich göttliche Weltenlenkung auch unterwegs bisweilen eben (wenn auch nicht immer in einer dem Menschen unmittelbar einsichtigen Weise) auswirkte, dann war der Versuch, durch inbrünstige Gebete Gottes Walten zu beeinflussen, ja nicht naiv, kein Residuum simpler Gemüter, sondern hoch rational, gerade, wenn es um so Elementares wie den Krieg ging. Wir können in nahezu jedes beliebige Lied, nahezu jede Spruchsammlung aus der Zeit des Dreißigjährigen Krieges schauen – Gottes Lenkung ist stets präsent: „Herr Gott, du bist der Kriegesmann,/ Der aller Unruh steuern kann,/ Der Büchsen, Spieß und Schwert zerbricht,/ Du bleibest unser Zuversicht". Selbst und gerade in Zeiten schlimmster Not, grassierender Seuchen versammelte man sich, jedem Gedanken an Quarantäne hohnsprechend, zu Bittgottesdiensten, reihte man sich in lange Prozessionen ein. Bernd Roeck zeigte für Augsburg, dass ausgerechnet zur Zeit der allerschlimmsten Not, mitten im klirrenden Winter 1634/35, als kaum noch jemand sein täglich Brot fand, die Spendensummen in den Kirchen in die Höhe schnellten. Man holte die letzten Kreuzer aus dem Sparstrumpf, um Gottes Zorn durch gesteigerte Caritas zu besänftigen. Aber dieser Frage – worum wurde da in den Augen der Zeitgenossen dreißig Jahre lang gekämpft? – wird sich resümierend ja noch das Schlusskapitel unseres Studienbuchs zuwenden. Wir klammern religiöse Deutungs- wie Bewältigungsstrategien im Folgenden wieder aus.

Auch wenn es sich heutzutage spießig anhören mag – eine zentrale Verlusterfahrung der langen Kriegsjahre scheint das Fehlen jeglicher Ordnung gewesen zu sein. In allen Lebensaufzeichnungen kristallisiert sich die immer aufs Neue gestörte, vom Krieg bedrohte Ordnung als gravierendes Problem heraus: Die öffentliche Hand muss Wege finden, trotz massiver externer Störungen die eingespielten (oder auch, freilich wohldosiert, zu modifizierenden) politischen Verfahren geregelt weiterlaufen zu lassen, fortgesetzte Legitimität zu produzieren, und zu verhindern, dass die Untertanen nach ihrem Empfinden Willkür ausgesetzt sind. Jeder Einzelne muss seine Alltagsroutinen gegen immer neue Verunsicherungen verteidigen und für sich selbst eine Deutung der unseligen Zeitläufte finden, die den mentalen Haushalt einigermaßen im Lot hält.

Wir haben keinen Grund, geringschätzig auf die Belastbarkeit damaliger Systeme, vom Staatswesen bis hinab zur Psyche des einzelnen Menschen, herabzuschauen. Der Historiker weiß ja, dass die angebliche „Beschleunigung" zu den modernen Mythen gehört, dass Menschen aller Epochen über die „geschwinden leufte" geklagt haben und unter Beweis stellen mussten, was wir heute „Flexibilität" nennen – ganz besonders aber im Krieg! Das Kriegsgeschehen wirkte sich, im Hohenlohischen und überall, als fortgesetzte Kette lästiger, manchmal auch gefährlicher, immer aber stressender Störungen eingespielter Gleichgewichte aus, ob wir diese nun, auf staatlicher Ebene, „als legitim empfundene Verfahrensabläufe", oder, auf individueller Ebene, „Seelenfrieden" nennen. Immer aufs Neue mussten Störungen verarbeitet und neue Gleichgewichte gefunden werden, die indes zu Kriegszeiten stets fragil blieben, bleiben mussten.

Alle vom Krieg Geplagten stemmten sich nach Kräften gegen immer neue Unordnung – wird so nicht sogar von einer überraschenden Seite her nachvollziehbar, warum die den Konfessionskriegen nachfolgende Epoche alles in Reih und Glied bringen will, von Park und Stadtbild bis hin zur europäischen Staatenordnung, mit höfischen und militärischen Rangordnungen, gestrafften und systematisierten Instanzenzügen, Geometrie und Uniform? Die Urfurcht der Barockzeit wird Erwartungsunsicherheit sein, das überall zu Überwindende jene Unübersichtlichkeit, der man in schrecklichen Kriegsjahrzehnten ausgesetzt war.

Eine zentrale Verlusterfahrung: der Krieg bedroht die Ordnung

Auch private Rückzugs-räume sind bedroht

Sogar Supplikationen der Untertanen – ob nun im Hohenlohischen oder wo auch immer im 16. und 17. Jahrhundert der Krieg zuschlug – pflegen um den Ordo zu kreisen, der sich in dieser Textsorte „Ordonanz" buchstabiert. Verstöße gegen die Ordonanzen, aber wohl auch das herkömmliche Rechtsempfinden der Zivilisten sind die viel beklagten „exorbitantien". Besonders empörte es die Betroffenen, wenn sich die Einquartierten aufführten, als seien sie die Hausherren, sodass die eigentlichen Besitzer „nicht all Zeit", wenn sie es wünschten, „in die Stueben dörfen". Wir übersetzen, das durchlesend, mit „Störung der Privatsphäre", und fragen uns, ob den damaligen Supplikanten für eine so griffige Formulierung wirklich mehr als der Terminus gefehlt hat. Jedenfalls empfanden sie die Schleifung der letzten Barriere vor den unsicheren „leuften", die Störung des letzten Rückzugsraums als emotional belastend. Nein, Normalfall wurde der Krieg für die Zivilgesellschaft nie. Auch in Aufzeichnungen von Menschen, die fast keine anderen als Kriegsjahre gekannt haben, ist der Bezugspunkt, das Normalmaß dessen, was vom Leben zu erwarten billig ist, die Vorkriegszeit. Mit ihr wird verglichen, an ihr werden die Defizite des eigenen Daseins bemessen.

Zum Beispiel: Mittelfranken

Nein, Steinberg hat nicht recht! Er hat noch nicht einmal recht, wenn wir nicht die besonders schlimm heimgesuchten, sondern gleichsam ‚durchschnittlich' betroffene Regionen aufsuchen. Zu ihnen gehört die Gegend um Nürnberg, gehört, was wir heute als Mittelfranken kennen. Im Herbst 1635 beauftragte der Magistrat der Reichsstadt Nürnberg die Pfleger im Landgebiet, Dorf für Dorf die Kriegsschäden zu inspizieren und festzuhalten. Nur einige Beispiele – Hauptmannschaft Poppenreuth: Muggenhof „verbrennt und in Aschen"; Schniegling, „so nicht abgebrannt, ganz öd und unbewohnt"; im Dorf Kronach „ist auch niemand allda anzutreffen". Hauptmannschaft Gründlach: in Reutles „ist alles abgebrannt bis uf zwei Häuser"; Herboldshof sei „gleichfalls ganz öd"; in Boxdorf sei der einzige Bauer *wieder* ausgeplündert worden, „sonsten steht dieser Ort ganz öd und unbewohnt"; in Mannhof sei bis auf eine Frau „alles gestorben"; in Kleingründlach stehe noch ein einziger Hof, aber „geht zugrund. Sonst ist kein Mensch dar."

Eine gern übersehene Quellengattung kündet von der Misere vor den Stadtmauern: Kirchenbücher, in die schreibfreudige Dorfpfarrer eintrugen, was sich so Tag für Tag, Woche für Woche in ihrer Gemeinde getan hat. Man kann allein mit den Schrecknissen, die mittelfränkische Kirchenbücher erzählen, ein Buch füllen; fast beliebig muss dieses eine Zitat dafür einstehen – Eltersdorf, 24. Januar 1638:

> Von da an hab ich nichts mehr allhie verrichten können, weil die Leute durch die streifende Soldaten gar zerstreuet und das ganze Dorf öde worden und ganz unbewohnt geblieben. Ist den armen Leuten nicht allein das Futter hinweggeführt worden, sondern auch nicht im geringsten nichts in Häusern geblieben, sondern alles entwendet worden: Beil, Hauen, Schaufel, Halmmesser, Rechen, ja sogar der Pflüge und Eggen nicht verschonet worden. Zu Bruck sind wir noch geblieben bis auf die Karwochen. Da ist der Gewalt zu groß worden, den Leuten ist das Futter hinweggeführt, teils die Betten und sonsten, was nur ein wenig gewesen, alles weggenommen worden … Ist also auch ganz Bruck zerstört und die Leut zerstreut worden alsdann.

Weil die Formulierung sprachlich prägnant ist, soll noch der Eltersdorfer Eintrag zum 27. Juni 1638 folgen: „Diese ganze Wochen sind die Reuter und Beuter alle Tag hie gewesen, den Leuten ihr Armut genommen." Nein, Steinberg und Wehler haben nicht recht. Der Dreißigjährige Krieg war der schlimmste Krieg der Weltgeschichte.

4 Ereignisabfolge 2: Mitteleuropa wird zur Bühne von Großmachtrivalitäten (1630–1648)

4.1 Gustav Adolf und der Schwedische Krieg

4.1.1 Kleine Anfänge, große Wirkungen

Am 6. Juli 1630 landete der Schwedenkönig, Gustav II. Adolf, mit rund zehntausend Mann zu Fuß und dreitausend Reitern auf der zu Pommern gehörenden Insel Usedom. Problemlos schaffte er es, aufs Festland überzusetzen und einen schmalen Brückenkopf in Hinterpommern zu bilden. Binnen zweier Wochen standen schwedische Kontingente in Stettin, wo dem Pommernherzog eine Allianz aufgezwungen wurde – er sei außerstande, sein Fürstentum aus eigener Kraft gegen die Kaiserlichen zu schützen, das übernähmen nun eben die Schwedischen. Es war kein freiwilliges, gar gleichgewichtiges Bündnis, war auf Militärpräsenz gestützte Zwangsprotektion. Anfang 1631 gelangen einige, wohl sogar die Schwedischen selbst überraschende Eroberungen, die dem Brückenkopf ein respektables Glacis einbrachten, schwedische Truppen operierten nun auch in Mecklenburg und in Brandenburg – der Kurfürst musste, ohne eine förmliche Allianz einzugehen, seine militärischen Ressourcen, darunter auch die Festungen Spandau und Küstrin, ausliefern.

Die bescheidenen Anfänge: schwedische Truppen in Pommern

Zunächst ganze dreizehntausend Mann (die Truppenstärke wird dann bis Jahresende aufs Dreifache anwachsen) – wie ist erklärbar, dass sich eine derart bescheidene Armee im Reich festsetzen konnte, ja, zur ernsthaften Gefahr für die zuletzt so glänzend siegreichen Kaiserlichen wurde? Der Glanz war eben trügerisch. Beim zweiten Hinsehen wird deutlich: Der Mantuanische Krieg hatte die spanischen Verwandten geschwächt, die Kräfte von der niederländischen Front hatten abziehen müssen und dort denn auch in erhebliche Schwierigkeiten geraten waren. Er hatte aber natürlich ferner die österreichischen

Warum sich die Schwedischen festsetzen können 1: Schwäche der habsburgischen Position

Habsburger geschwächt, nicht nur unmittelbar, weil sie nun eben Truppen nach Oberitalien abzuordnen hatten – die Konfrontation mit Frankreich nährte zudem Sorgen vor einem französischen Zangengriff, also Truppenoperationen auch am Oberrhein, ins Elsass hinein, sodass in Süddeutschland, das seit Jahren befriedet schien, wieder kaiserliche Truppen stationiert werden mussten. Mantua, Oberdeutschland, Ostsee – in der Mitte des Reiches klafften gefährliche Lücken, und die an der Ostsee stationierten Truppen konnten im Bedarfsfall nicht mehr auf raschen Zuzug rechnen. Alle Probleme bündelten sich, als die Spanier im Herbst 1629 wegen ihrer durch Mantua mitverschuldeten Probleme an der niederländischen Front siebentausend Mann von Wallenstein anforderten – und diese bezeichnende Antwort erhielten: „Nit ein Fendlin", kein einziges Fähnlein könne er mehr entbehren.

Soweit die direkten und indirekten Folgen, Wirkungen und Fernwirkungen des Mantuanischen Krieges; ferner musste der Kaiser bekanntlich seinen General entlassen. Da standen die Schwedischen schon auf Usedom. Aber die in Regensburg versammelten Kurfürsten hielten ihren Groll über Wallenstein allemal für wichtiger als diese exotische Expedition des Schwedenkönigs, die sie keinesfalls als Auftakt zu einer dritten Kriegsphase interpretierten; sie ziele wohl darauf ab, die von Wallenstein verjagten Herzöge von Mecklenburg zu restituieren, mutmaßte man – auf Kosten des soeben geschassten Generals, und das schadete nicht.

Zumal es ja noch den militärisch erprobten, aber politisch, im Gegensatz zu Wallenstein, ganz ungefährlichen General Tilly gab. Er hatte den politischen Primat des Kriegsherrn, nämlich des Bayernherzogs, nie infrage gestellt, sogar die einschneidenden Kontrollrechte, die Maximilian – auch hier ganz Protagonist des Frühabsolutismus – für sich beanspruchte und über seine Kriegskommissare praktizierte, ziemlich klaglos hingenommen. Sein bester Kenner, Michael Kaiser, hat deshalb die Frage aufgeworfen, ob man Tilly überhaupt noch als Kriegsunternehmer bezeichnen könne, mit dieser abwägenden Antwort: „bestenfalls als einen gezähmten Kriegsunternehmer". Also, dieser Tilly würde es schon richten. Und es standen an der Ostseeküste immer noch deutlich mehr kaiserliche Truppen, als Gustav Adolf damals übersegeln ließ – nominell rund fünfzigtausend Mann. Freilich, Versorgungslage und Stimmung waren schlecht, und die Truppen

Gustav Adolf und der Schwedische Krieg

verteilten sich über Hunderte von Küstenkilometern. Gustav Adolf konnte sich da oben erst einmal festsetzen.

Nicht nur militärisch ließen sich die Dinge gut an für Schweden, im Januar 1631 gelang ein finanziell und politisch wichtiger diplomatischer Erfolg: Im Vetrag von Bärwalde verpflichtete sich Frankreich zu Subsidienzahlungen. Warum übrigens fiel das ins Gewicht? Haben wir nicht weiter oben gesehen, wie da mehr und mehr „der Krieg den Krieg ernährte"? Wallensteins Methoden der Kriegsfinanzierung wurden von vielen Obristen genau beobachtet und kopiert, ihre Truppen wurden in der Tat hauptsächlich durch die Kontributionen finanziert, die jene Gebiete aufzubringen hatten, in denen die Regimenter gerade lagen – im Fall Schwedens war das zunächst Pommern. Aber für Offensivoperationen mit weiträumigen Feldzügen, fernab der zuletzt ausgebeuteten Quartiergebiete, blieben eigene bzw. von Partnern gestellte Gelder wichtig und für die Anwerbung zusätzlicher Kontingente natürlich auch. Deshalb erhöhten die französischen Subsidien die schwedische Kampfkraft bedeutend.

Warum sich die Schwedischen festsetzen können 2: französische Subsidien

Im Reich indes kam Gustav Adolf diplomatisch zunächst kaum voran. Was sich an freiwilligen Verbündeten fand, fiel machtpolitisch kaum ins Gewicht, gehörte zu den Verstoßenen und Verzweifelten, den Opfern der ersten beiden Kriegsphasen: die pfälzische Exilregierung, Opfer Wallensteins wie die abgesetzten Herzöge von Mecklenburg, Opfer des Restitutionsedikts wie der abgesetzte Administrator von Magdeburg; auch Landgraf Wilhelm V. von Hessen-Kassel, der von seinem Vater Moritz, dem Verlierer des Marburger Erbfolgestreits, ein durch vielfältige Kriegsbelastungen völlig zerrüttetes Land übernommen hatte, befand sich in einer durchaus prekären Situation.

Freilich: zunächst kaum deutsche Verbündete für Schweden

Diejenigen evangelischen Fürsten, auf die es angekommen wäre, blieben auf Distanz. Gustav Adolf war ihnen wohl Glaubensgenosse, aber eben auch ausländischer Eroberer. Einerseits war da endlich eine charismatische Führungsfigur, die geeignet war, das strukturelle Defizit des deutschen Protestantismus zu kompensieren, das sich aus den ideellen wie auch realen Ressourcen des katholischen Kaisertums ergab. Andererseits war dieser König, wie gesagt, Ausländer, und er spielte ein riskantes Spiel – ging seine Sache schief, war er womöglich so plötzlich wieder verschwunden, wie er über die Ostsee gekommen war, und die protestantischen Reichsstände mussten es ausbaden.

Zuflucht zur „neutralitet"

Also schaute man lieber erst einmal zu, unter Berufung auf seine „neutralitet" – eine längst geläufige politische Option, die sich damals aber noch nicht zum Völkerrechtstitel verdichtet hatte (es gab deshalb auch noch kein von allen anderen Akteuren zu respektierendes Recht *auf* Neutralität). So hatte sich Gustav Adolf die Sache nicht vorgestellt – die von ihm angeblich zu Rettenden ließen ihn allein auf der Bühne stehen, verzogen sich in die Kulissen.

Der Schwedenkönig reagierte mit harscher Neutralitätskritik. Einem Emissär des Kurfürsten von Brandenburg schleuderte er das entgegen:

> Ich will von keiner Neutralität nichts wissen noch hören. Seine Liebden muß Freund oder Feind sein. Wenn ich an ihre Grenze komme, so muß sie kalt oder warm sich erklären. Hier streitet Gott und der Teufel. Will Seine Liebden es mit Gott halten, wohl, so trete Sie zu mir; will sie es aber lieber mit dem Teufel halten, so muß Sie fürwahr mit mir fechten, tertium non dabitur [ein ‚Drittes', nämlich Neutralität, wird nicht gewährt werden], das seid gewiß.

Das Zitat zeigt exemplarisch für Hunderte vergleichbare: die „neutrale" Option rieb sich am werthaltigen scholastischen Kriegs- und Friedenskonzept (vgl. hierzu Kap. 4.1.2, auch Kap. 5.2), am Bellum iustum, an der engen Kopplung von Pax an Iustitia. Ein Krieg war entweder gerecht – dann hatte sich jeder engagierte Christ gefälligst für die gerechte Sache einzusetzen –, oder er war ungerecht – dann war es verdammte Pflicht und Schuldigkeit, dem Aggressor die Stirn zu bieten. Tertium non datur: Wer sich heraushielt, stahl sich davon. Sich so in einen faulen Frieden zu flüchten, einen ohne Recht und Gerechtigkeit, war sündhaft und übrigens auch unehrenhaft. „Indignissima, Deo invisa": so ein Notizzettel, auf dem der bayerische Hofrat Johannes Peringer seine Gedanken zur „neutralitas" zu ordnen suchte – Neutralität war Gott im Himmel verhasst, brachte hienieden Schimpf und Schande ein.

Verspätete Versuche, das Reich intern zu befrieden

Ganz besonders wäre es aus schwedischer Warte auf den Dresdner angekommen. Den hatte die katholische Restitutionskampagne zwar endlich dazu gebracht, geradezu dazu gezwungen, den seitherigen, in seiner forcierten Kaisertreue faktisch prokatholischen reichspolitischen Kurs zu überdenken. Aber der Kurfürst setzte nicht auf eine ausländische Karte, wollte sich vielmehr an die Spitze der reichsinternen evangelischen Kräfte stellen. Er lud nach Leipzig zu einem Protestantenkonvent, der von Februar bis April 1631 die Vertreter zahlreicher evangelischer Territorien, auch eine Reihe evangelischer Reichsfürsten an einen Tisch brachte. Der Abschied forderte die katholischen Reichsstände zu Friedensverhandlungen auf, auf dass das Reich nicht Beute ausländischer Mächte werde. Anstatt freilich mit einer solchen auswärtigen Macht, Schweden, zu paktieren, beschloss man eigenständige Rüstungsmaßnahmen, vierzigtausend Mann sollten fortan gegen die Übergriffe der kaiserlichen Soldateska schützen, ein ständiger Ausschuss unter kursächsischer Leitung würde die Verteidigungsbemühungen organisieren; doch beteuerte man zugleich, dem Kaiser gehorsam zu sein und zu bleiben. Knapp zusammengefasst, liefen die Leipziger Beschlüsse auf das Projekt einer bewaffneten Dritten Partei hinaus – die indes in der Folgezeit zwischen Kaiserlichen und Schwedischen zerrieben werden wird.

Der Leipziger Konvent kündet davon, dass der Regensburger Kurfürstentag „ein Machtvakuum hinterlassen" hatte (Joachim Whaley). Es gibt andere Indizien hierfür. So reagierte der frischgebackene Kurfürst von Bayern auf den Vertrag von Bärwalde, der die Restitution der „unterdrückten" Reichsstände vorsah, indem er seinerseits mit Frankreich paktierte: Geheimvertrag von Fontainebleau, ein Verteidigungsbündnis, das für acht Jahre die wechselseitigen Beistandspflichten im Fall der Gefahr fixierte und in dem Frankreich die bayerische Kurwürde, für Maximilian seine wichtigste Kriegstrophäe, anerkannte.

Nutzte ‚das Reich' die vermeintliche kaiserliche Schwäche seit dem Herbst 1630 für eine interne Befriedung ohne Kaiser und auswärtige Könige? Im Herbst 1631 tagte in Frankfurt eine „extraordinari zusammenkunft", bei der Vertreter von 14 katholischen und 21 evangelischen Reichsständen über die beiderseitigen Religionsgravamina sprachen. Dass die katholischen Delegierten den Konvent hauptsächlich aus Furcht vor den heranziehenden schwedischen Truppen unverrichteter Dinge abbrachen, zeigt in aller Deutlichkeit, dass die an sich ja verheißungsvollen Ansätze von Leipzig und Frankfurt einfach zu spät kamen. Die Zeit, da Mitteleuropa reichsintern befriedet werden konnte, war vorbei.

Was Schweden hilft 1: Tilly tut sich schwer

Schweden hatte einen Brückenkopf, den es zur stattlichen Operationsbasis ausbaute; hatte Geld (aus Frankreich); hatte keine reputierlichen Verbündeten. Zum Glück für Gustav Adolf tat sich die Gegenseite gerade jetzt schwer. Es erwies sich für Tilly als nahezu unmöglich, seiner neuen Doppelaufgabe wirklich gerecht zu werden – nicht nur, weil dem tüchtigen Haudegen die überragenden organisatorischen und ökonomischen Talente Wallensteins abgingen (die einst wallensteinschen Truppen verfielen denn auch zusehends), er geriet ferner in kaum lösbare Loyalitätskonflikte. Für Maximilian war Tilly weiterhin sein verlängerter militärischer Arm, er wies ihn zu strikter Defensive an, seine Kernaufgabe sei der Schutz der Ligagebiete und zumal Bayerns. Tilly selbst teilte diese sehr spezielle Münchner Sicht aufs Kriegsgeschehen an sich nicht, und die Hofburg konnte sie ja natürlich gar nicht teilen. Das war das eine. Und dann traten Versorgungsengpässe auf, weil der seitherige Großlieferant Wallenstein ausfiel. Er war als General abgesetzt worden – nun gut, verkaufte er sein Getreide jetzt eben in Hamburg an den Meistbietenden, anstatt die Truppen Tillys zu beliefern.

Was Schweden hilft 2: Einäscherung Magdeburgs

Schon wegen eklatanten Geld- und Nahrungsmangels setzte Tilly große Hoffnungen auf die Eroberung des reichen Magdeburg. Im Mai 1631 Erstürmung, die Stadt gerät in Brand, von den dreißigtausend Einwohnern sind wohl mindestens zwei Drittel umgekommen. Den General tröstete, dass wenigstens der Dom noch stand, den er sogleich der katholischen Kirche restituieren ließ. Tillys Offiziere zogen mit ausgewählter Mannschaft unter fliegenden Fahnen ein zum feierlichen Tedeum, Kanonen schossen von übrig gebliebenen Mauerresten, kündeten davon, dass Magdeburg – nun gut, eigentlich zerstört, aber, viel wichtiger: nicht mehr ketzerisch sei. Übrigens, so Tilly, werde es fortan, nach seiner Schutzpatronin, Marienburg heißen.

Warum wurde die Stadt eingeäschert, von wem? Ob Leichtsinn der Soldateska, ob Akt eines verzweifelten Patriotismus der Verteidiger, die die Vorräte nicht in Feindeshand kommen lassen wollten – es wird sich nie klären lassen. Für Schweden war Tilly schuld, und die schwedische Propagandamaschinerie funktionierte gut. Das evangelische Deutschland glaubte ihr gern. Eine Springflut von Flugblättern und insbesondere Flugschriften berichtete über die Zerstörung

Magdeburgs oder malte sie gar drastisch aus: Das hat Gustav Adolf ideell sehr geholfen.

Ganz real blieb die Verpflegungslage der Ligatruppen nach der Einäscherung des reichen Magdeburg schlimm, Tilly sah sich regelrecht gezwungen, seine Truppen ins Sächsische zu führen, wo noch nicht alle Felder leer gefressen waren. Dresden reagierte durch den Bundesschluss mit Schweden: Zusammenstoßen der Armeen, koordinierte Kriegführung. Es war ein Zweckbündnis, alles andere als eine Liebesheirat, dennoch für Schweden ungemein wichtig – militärisch, politisch, für die Legitimation weiterer Operationen im Reich.

Was Schweden hilft 3: schwedisch-sächsisches Bündnis

Am 17. September 1631 steht Tillys Heer dem schwedisch-sächsischen bei Breitenfeld, nahe Leipzig, gegenüber – Schlacht, Debakel für die Liga, Tilly selbst entkommt verletzt, der Großteil seines Heeres geht zugrunde. Es war eine sensationelle Wende: elf Jahre katholischer Überlegenheit, seit 1620, revidiert. Es machte Furore in ganz Europa, der Zar ließ, als ihn die Nachricht erreichte, in Moskau die Glocken läuten.

Die Schlacht bei Breitenfeld war gewiss auch von ihrer gleichsam physischen Seite her gravierend. Eklatant waren aber offenbar vor allem die psychologischen Folgen (so sehr sich der Historiker ja an sich beim Psychologisieren zurückhalten sollte!). An der erfolgsverwöhnten Hofburg ist irreversibel etwas zerbrochen, was moderne Psychologen wohl „Grundvertrauen" nennen würden. Grundvertrauen in die eigene Stärke (für die Opfer des ferdinandeischen Triumphalismus war es Übermut gewesen) – das verbot sich fortan, diese Lektion wird man bis 1648 nicht vergessen. Man war offenbar jederzeit verwundbar. Für ein weitgehend katholisches Reich wird man sich nie mehr verkämpfen, eine Reprise des Restitutionsedikts wird bis 1648 (und darüber hinaus bis zum Ende des Alten Reiches) nie mehr auf der Agenda der Hofburg stehen.

Schwedischer Triumph bei Breitenfeld

Auch die kurzfristigen – ja: wenn man so will „psychologischen" – Auswirkungen waren für die katholische Seite fatal. Tilly, der nie mehr zu seiner alten Führungsstärke zurückfinden wird, war wie gelähmt. Sein Oberbefehlshaber sei „ganz perplex, in consiliis irresolut ... concludirt nichts" (sei, mit anderen Worten, nicht mehr entscheidungsfähig), hielt Maximilian von Bayern intern fest. „Ghott müess guden rath und mittel eingeben ... die augen gehn ihm uber, wen er von disen sachen red". Für Maximilian selbst stand fortan nur noch die Rettung Bayerns auf der Agenda, was die Schwedischen anderswo so trieben, konnte nicht mehr interessieren, wehren wollte er ihnen da sowieso nichts mehr – im Gegenteil, monatelang bemühte er sich um einen Neutralitätsvertrag mit Gustav Adolf. Die anderen Ligamitglieder konnten keinesfalls auf bayerische Hilfe hoffen, wurden so fast wehrlose Opfer des scheinbar unaufhaltsamen schwedischen Siegeslaufs.

Die Liga wird sich davon nicht mehr erholen, auch wenn sie auf dem Papier erst 1635 aufgelöst wird. In – ein letztes Mal sei dieses Adjektiv gewagt – psychologischer Hinsicht bedeutete Breitenfeld für die Liga, was der Weiße Berg der Union beschert hatte: die faktische Bedeutungslosigkeit. Man hatte sich in Monaten existenzieller Gefährdung auseinandergelebt und wird nicht mehr zusammenfinden. Die Führung des katholischen Lagers lag seit 1631 dauerhaft, und allemal bis zur Einleitung der westfälischen Friedensverhandlungen, bei der Hofburg. Dass die katholische Liga nur mehr auf dem Papier bestand, fügt sich ins Bild einer merklichen Entkonfessionalisierung des großen deutschen Glaubenskriegs seit den frühen 1630er-Jahren.

Ein scheinbar unaufhaltsamer Siegeslauf: Mainz, Nürnberg, München

Die Monate nach der Schlacht bei Breitenfeld sehen Gustav Adolf auf einem regelrechten Triumphzug durchs Reich; noch im Winter Vorstoß in südwestlicher Richtung, kurz vor Weihnachten Einnahme von Mainz, der Kurfürst flieht nach Köln – und wird dort jahrelang bleiben, Gustav Adolf macht die Stadt des Erzkanzlers zur Verwaltungszentrale der nun schwedischen und schwedisch beherrschten Teile des Reiches. Man muss sich den Kontrast vor Augen halten: Weihnachten 1630 – ein schmaler Brückenkopf in Pommern, am nordöstlichen Saum Mitteleuropas; Weihnachten 1631 – man logiert in der Stadt des Erzkanzlers, mitten im Reich. Es geht rasend schnell weiter: im März 1632 Vorstoß nach Süden, Nürnberg, Donauwörth. Den Lechübergang nach Bayern hinein versucht der alte Tilly vergeblich aufzuhalten, er wird selbst dabei tödlich verwundet. Im Mai zieht Gustav Adolf in München ein, in die inoffizielle Kapitale der Liga. Prag, die zweitwichtigste Stadt des Kaisers, ist schon seit November 1631 von sächsischen Truppen besetzt. Sind die kaiserlichen Kernlande, Österreich zum Beispiel, Gustav Adolfs nächstes Ziel? Im Winter 1631/32 schien nichts und niemand den Schwedenkönig noch aufhalten zu können.

4.1.2 Zur Massenresonanz; Flugschriften, Flugblätter

Wie reagierte denn die einheimische Bevölkerung? Ganz entlang der konfessionellen Trennlinie! In katholischen Gebieten wurden Gustav Adolf und die Seinen als feindliche ausländische Eroberer angesehen und entsprechend gehasst. Zumal die bayerischen Bauern setzten den schwedischen Truppen in einer Art von Guerillakrieg zu. Die rächten sich brutal, hieben viele Bauern nieder, praktizierten insbesondere in Niederbayern eine Taktik der verbrannten Erde. Es entstand ein lang nachhallendes Feindbild – noch in bayerischen Schulbüchern des 19. Jahrhunderts begegnet es in den schrillsten Farben. Auch sprachliche Überreste künden davon, so der „Schwedentrunk". Der Terminus bezeichnet eine Foltermethode, die tatsächlich keinesfalls eine schwedische Spezialität war: das Einfüllen von Jauche in die Speiseröhre, um Auskünfte oder Geständnisse zu erzwingen.

Hass der katholischen Bevölkerung

In den evangelischen Gebieten Frankens und Schwabens bejubelte man Gustav Adolf als Befreier, am Straßenrand, in Dankgottesdiensten, in Bild, Publizistik und Dichtung. In Nürnberg, wo der König im Frühjahr 1632 einzog, sollen manche Bürger ein aus Silber gegossenes Bildnis Gustav Adolfs um den Hals getragen haben. Ja, es wird sogar berichtet, dass vielerorts Menschen vor Stichen mit seinem Antlitz betend niedergekniet seien. Es war eine zweifelsohne „religiös motivierte und mancherorts auch schwärmerische Massenbewegung" (Herbert Langer). Gewiss, die aufwendige Propagandamaschinerie Gustav Adolfs half wirksam nach, und für deutsche Ohren, deutsche Augen betonte sie den Aspekt der Rettung des deutschen Protestantismus ganz einseitig. Gustav Adolf machte es seinen Propagandisten aber auch leicht, er hatte eben ‚Ausstrahlung' (so etwas müssen wir den Zeitgenossen abnehmen, können wir heute nicht mehr überprüfen). Er war ein meisterhafter Redner vor großem Publikum, übrigens in flüssigem Deutsch.

Schwärmerische Verehrung in evangelischen Landstrichen

Noch massenwirksamer waren gedruckte Texte. Die deutsche Expedition des Schwedenkönigs wurde publizistisch sorgfältig vorbereitet und begleitet, durch Flugschriften und Flugblätter.

Das ganze dreißigjährige Kriegsgeschehen kommentierten und bewerteten unzählige (größtenteils noch nie von Historikern analysierte) Flugschriften. Mustern wir die Flugschriftenliteratur der

Flugschriften

ersten 15 Kriegsjahre, fällt uns eine eminente Resakralisierung des Kriegsbegriffs unter Rückgriff auf den Jahwe-Krieg des Alten Testaments ins Auge. Das Neue Testament lehrte ja, bei Aggressionen die andere Wange hinzuhalten. Die christliche Spätantike und die mittelalterliche Scholastik erarbeiteten Kriterien, die es einem Christen nach sorgfältiger Prüfung aller Umstände doch erlaubten, zu den Waffen zu greifen. Er durfte es, wenn ein Krieg „gerecht" war (lateinisch: „bellum iustum").

In Flugschriftenliteratur zwischen 1618 und 1632 mutiert der „gerechte" zum „notwendigen" Krieg, das Bellum iustum wird zum Bellum necessarium. Gott selbst rief nun zu den Waffen, zog den Seinen voran in den Endkampf gegen die Mächte der Finsternis: „Gott selbsten erlegt die Feind". „Gott ists der da streitet, wir sampt allem was wir darzu bringen, mögen nur Instrument vnd Mittel seyn, dadurch Gott vnsere widerpart darnider wirfft." Glaubenskampf wurde solchen Schriften zur Christenpflicht, und jene Neutralität, die (wie wir schon sahen) ohnehin in einem Spannungsverhältnis zur Lehre vom Gerechten Krieg stand, vollends verteufelt. Wenn man vom Heiligen Geist „ein scharpffen befelch" zum Zuschlagen erhalten hatte, war jede Zögerlichkeit, war erst recht Neutralität sündhaft, „weil Gott dergleichen Neutralitet zwischen dero Christlichen Kirchen, vnd dem Antichrist, das ist zwischen GOTT vnd dem Teuffel höher hasset vnd anfeindet, als einen rechten pur lautern Abfall zum Teuffel". „Die H. Schrifft nennet solche nothwendige Heerfahrten, bella Domini", also Kriege des Herrn, „vnd man wird GOtt versuchen, wenn man daheimen faulentzen wolte". Freilich nimmt die Emphase seit 1633, vollends 1634 deutlich ab: publikationsgeschichtliches Pendant zur Entkonfessionalisierung des Dreißigjährigen Krieges nach Gustav Adolfs Schlachtentod.

Zuvor gab es zwei Siedepunkte religiöser Emphase: 1618 bis 1620, bis zum Fiasko des „Winterkönigs", und eben die frühen 1630er-Jahre, während des Siegeslaufs Gustav Adolfs. Dieser Triumphzug wurde Einlösung biblischer Verheißung. Wie einst Friedrich von der Pfalz („der König, durch welchen Christus grosse schlachten thun wirt", „dann er hats von Gott befelch, durch ein Löwen gebrüll wird Rom verstört werden") wurde nun Gustav Adolf zum militärischen Werkzeug Gottes in der Endschlacht zwischen Licht und Finsternis: „Wer greifft nuhn nicht daß der thewre König auß Schweden, der getrewe Knecht Gottes Gvstaphvs Adolphvs, Gottes vnd des gantzen Heyligen Römischen Reiches Liecht-Butzer ist", „auf Gottes gnädigster Verordnung vnd Befelch" wird er Europa „von den Päpstischen trangsahlen, Nacht-Liechtern vnd Abgöttischen Irwischen wol butzen". Wie einst Friedrich von der Pfalz rückte man nun Gustav Adolf in die Nähe Christi oder, häufiger, von alttestamentarischen Feldherrn: „Wir alle, die Gott mehr, denn den Menschen folgen, halten ihn für unsern Josuam, für unsern Gideon, für unsern David" – Namen, die damals jedermann geläufig waren, weil man bibelfest gewesen ist.

> Mit Freuden zieh Er ein, des Gideons Nachkommen/ In Siegreicher Gestalt Maccabäi des Frommen,/ Der ander Josua, ein teur und streitbar Held/ Dass uns bezeugt der Sieg, bekannt in aller Welt./ Mit Freuden zieh Er ein, der's Herrn Krieg geführt/ Zu Trotz dem Goliath, mit Davids Sieg gezieret.

Wie Gustav Adolf „s'Herrn Krieg" führte, „zum Krieg des HErrn erkohren" war, verdankten sich auch seine Siege „Gottes Wundermacht", mehr als einmal hatte ein „Göttlichs Mirakel" seinen Siegeslauf befördert: „Veni et vidi, Deus autem vicit". Gustav Adolf war „Pfeil des Heils", der „Gottesstreiter".

> Gegrüßet seyd o Held! den GOtt auß Mitternacht/ Zur Rettung seines Volks anhero hat gebracht/ ... Gegrüßet seyd o Held! den GOtt uns zu thut schicken/ Dass er sein arme Herd soll in der Noht erquicken.

Soweit die Flugschriften dieser Tage! Die noch einfacher gestrickten Flugblätter begnügten sich häufig damit, den Siegeslauf Gustav Adolfs einfach als unwiderstehlich zu bejubeln, jegliche Gegenwehr war von vornherein zwecklos: „Triumpff! Victoria! Der Lew aus Mitternacht/ Hat endlich Rach geübt, und euch in Lauff gebracht,/ Ihr feistes Klostervolck ..." Die solche Flugblätter dominierenden Stiche lassen Gustav Adolf über bewaffnete Mönchskohorten (manchmal ziehen auch Habsburger oder reitet der Papst mit) siegen, die der gehörnte Teufel selbst anführt.

Flugblätter

4.1.3 Noch einmal, jetzt exemplarisch für Mittelfranken: Wie schlimm war dieser Krieg?

Zweites Generalat Wallensteins

Im Winter 1631/32 schien nichts und niemand den Schwedenkönig noch aufhalten zu können. Gab es doch einen: Wallenstein? Ferdinand drängte ihn, erneut das Kommando über die kaiserlichen Truppen zu übernehmen, er tat es befristet im Dezember 1631, definitiv mit den Vereinbarungen von Göllersdorf im April 1632. Der Inhalt der mündlichen Verabredungen ist nicht zweifelsfrei bekannt, klar ist, dass Wallenstein das Kommando „in absolutissima forma" erhielt, dazu weitreichende weitere Zusagen, beispielsweise wohl sogar der Kurwürde. Ferdinand schien nichts anderes mehr helfen zu können, nichts anderes als dieses letzte verzweifelte Mittel – hatten doch nicht einmal die Bittprozessionen mitten im tiefsten Winter in Wien geholfen, bei denen man den Kaiser persönlich regenüberströmt zu Fuß durch den Straßenschlamm hatte waten sehen. Wallensteins zweites Generalat begann wieder mit einer organisatorischen Meisterleistung: So rasch wie dieses Planungsgenie konnte niemand so viele so gut ausgestattete Truppen aufbringen.

Schon die Tatsache als solche wirkte: Im Sommer 1632 argwöhnte Gustav Adolf, als er erfuhr, dass sich Wallenstein Prags bemächtigt hatte, nächstes Angriffsziel des Generalissimus werde Sachsen sein – sein so wichtiger Verbündeter, militärisch gesehen aber auch sein Schwachpunkt (nach Süden ziehend, hatte Gustav Adolf nur relativ kleine Kontingente zurückgelassen). Er brach aus München nordwärts auf, zog erneut in Nürnberg ein. Derweil marschierten Wallensteins Truppen, nachdem sie die sächsische Armee vollends aus Böhmen vertrieben hatten, von dort her westwärts denen Maximilians zu, bei Schwabach die Vereinigung; man verschanzt sich bei Zirndorf in einem bestens befestigten Großlager. Fast aus ganz Süddeutschland strömen derweil weisungsgemäß die schwedischen Truppen nach Nürnberg und Fürth – Süddeutschland leert sich gewissermaßen wieder von den allfälligen schwedischen Kontingenten, alles massiert sich im Nürnberger Becken.

Truppenmassen in und bei Nürnberg

Es ist ein feuchter Sommer, Seuchen, immer katastrophalere Versorgungsbedingungen raffen die einquartierten Truppenmassen (insgesamt rund hunderttausend Soldaten stehen in und um Nürnberg) geradezu dahin – schlimm für Gustav Adolf, schlimm eigentlich auch für Maximilian von Bayern. Wallenstein weiß, dass er von den dreien am leichtesten Ersatz wird organisieren und bezahlen können. Also harrt er unerschütterlich aus, während Gustav Adolf mehrmals, doch ganz erfolglos und unter immensen Verlusten das gegnerische Lager berennt. Die Schwedischen werden von Wallensteins Artillerie regelrecht zusammengeschossen, besonders von der „Alten Veste" aus, wo Wallenstein selbst das Kommando führt. Es ist ein schlimmer Sommer für alle – die Soldaten, die Einheimischen. Der Nürnberger Lukas Behaim notierte lakonisch: „Vom Feinde [Wallenstein] drei Monat belagert, vom Freund vier Monat ausgefressen."

Das ist mokant, klingt aber doch auch amüsant. Und deshalb darf es nicht das letzte Zitat bleiben, denn lustig war dieser Sommer ganz gewiss nicht für die Gegenden, die wir heute als „Mittelfranken" kennen. Die Probleme unterschieden sich grundlegend zwischen Nürnberg und dem Rest der Region. Jener Rest war unbefestigt, ungeschützt, wurde schlimm von der Soldateska aus aller Herren Länder heimgesucht. Deshalb nahm die Landbevölkerung immer wieder Zuflucht hinter die Nürnberger Stadtmauern, und eben das wurde nun auch für die Reichsstadt zum Problem: bis zu hunderttausend Flüchtlinge, entsprechende hygienische Verhältnisse, Hunger, Seuchen, Massensterblichkeit unter Soldaten wie Zivilisten. Die Vorsorgemaßnahmen des Magistrats waren aus heutiger Sicht unterschiedlich sinnvoll, beispielsweise wollte man der Ansteckungsgefahr auch dadurch Herr werden, dass man die Länge der Predigten auf eine halbe Stunde limitierte. Im Hof des Lazaretts schichtete man die Toten, einer zeitgenössischen Aufzeichnung zufolge, „wie Holtz auff einander".

Probleme in großen Städten

Die sich rechtzeitig nach Nürnberg hatten retten können und dort überlebten (wie der Pfarrer von Vach), konnten von den Stadtmauern oder der Burg aus mit ansehen, wie ringsum die Heimatdörfer in Schutt und Asche sanken. Im Kirchenbuch der Gemeinde Vach können wir die Szenerie des Schreckens verfolgen, Tag für Tag werden die offenbar brennenden Orte aufgelistet, bis zu diesem resignierenden Finale: „Diesmals haben wir uff der Vesten zu Nürnberg in die 20 Dörfer sehen brennen" – es sei „so ein jämmerlich spektacul gewesen".

Natürlich, das Elend war außerhalb der Stadtmauern nicht kleiner! Plünderungen, Brandschatzungen, auch unbeherrschte Gewaltaus-

Probleme außerhalb der Stadtmauern

brüche; mehr Menschenleben dürfte gekostet haben, dass sich die Landbevölkerung nicht mehr gesund ernähren konnte, die Abwehrkräfte gegen Krankheitserreger schwanden – und die Söldner aus aller Herren Länder brachten genau solche, auch aus aller Herren Länder, zuhauf nach Mittelfranken. Das Kirchenbuch der Gemeinde Vach bei Nürnberg enthält diese traurige Jahresabschlussrechnung:

> Summa aller Verstorbenen in dieser ganzen Pfarr sind 215 Personen. Von diesen haben wir in Nürnberg hinter uns verlassen müssen, welche doselbst begraben sein worden, 72 Personen; im Gegenteil sind auf unserm Kirchhof von Fremden und nicht Eingepfarrten eingescharret worden 43 Personen. Und hat der grimmige Tod nur im hiesigen Dorf Vach 59 Ehen teils getrennt, teils Mann und Weib ganz hinweggenommen. Hat nicht mehr als 24 ganzer Ehen übergelassen.

Der Pfarrer von Bruck hat am 19. September 1632 das im Kirchenbuch festgehalten:

> Umb diese Zeit ist allhie gesehen worden, dass gewisse Weichselbäume [also Bäume, die Weichselkirschen tragen], so durch die Brunst auch sind versehret worden, wieder ausgeschlagen und geblühet haben, Gott gebe, dass es was Gutes bedeute, daß wir an diesem verderbten Ort auch wieder grünen, blühen und zunehmen. NB. Auch Birnbäume, Rosen und Hol[un]der haben geblühet.

Ohne Hoffnung kann der Mensch nicht überleben, offenbar versuchte man damals, auch aus dem größten Elend noch Fünklein von Hoffnung zu schlagen.

Schwer genug war es – der Sommer 1632 war für Mittelfranken so verheerend, dass der Dreißigjährige Krieg in die fränkische Memoria als „Schwedenzeit" einging. Und bis in die 1960er-Jahre hinein firmierten alte Häuser in der Region als „Schwedenhäuser": Häuser, die so alt waren, dass sie schon zur „Schwedenzeit" standen! Das war eben offenkundig eine Seltenheit, außerhalb der Stadtmauern dürfte praktisch kein Gebäude die dreißig Kriegsjahre überstanden haben. Die wenigen Ausnahmen waren „Schwedenhäuser".

4.1.4 Die Schlacht bei Lützen

Ende August zieht Gustav Adolf ab, die ihm verbliebenen, nicht durch Hunger und Krankheit oder bei den Sturmversuchen dahingerafften Truppen sind demoralisiert und geschunden. Waren bislang nur die politischen Ziele Gustav Adolfs (hierzu Kap. 4.2) rätselhaft, seine militärischen Operationen aber plausibel und schlüssig, wird ab jetzt alles noch rätselhafter – er lässt seine zusammengeschmolzenen Haufen südwestwärts abdrehen, ins Schwäbische hinein: geheimen, heute nicht mehr nachvollziehbaren Planungen folgend? Aus schierer Ratlosigkeit? Wallenstein aber tut nun das, was ihm Gustav Adolf, vermutlich voreilig, von Anfang an unterstellt hatte: Er marschiert tatsächlich nach Sachsen; Gustav Adolf – sein wichtigster Verbündeter in Dresden ist in akuter Gefahr – nolens volens hinterher.

Am 16. November 1632, ganz am Ende einer wechselvollen Saison, steht man sich bei Lützen gegenüber: wieder eine denkwürdige Schlacht, eine der schlimmsten des ganzen Krieges und eine der wichtigsten. Sie gebar viele Legenden, bietet viele Bilder und Motive. So das vom gichtgeplagten Generalissimus, der sich von der Sänfte herab auf ein Pferd quält, in die vorderste Linie reitet – und unversehens mitten in der schwedischen Infanterie steht, auf den Pferderücken gepresst die Musketensalven überlebt und wieder von den Seinen herausgehauen wird. Oder das Schicksal des Reitergenerals Pappenheim (der, den Schiller bekannt gemacht hat): Er schlug die Schlacht nicht von Anfang an mit, tauchte indes um die Mittagszeit mit seinen Reitern vor Lützen auf, stürzte sich sogleich, persönlich voranreitend, ins Getümmel. Wenig später soll man aus seinem blutigen Rock einen Zettel gezogen haben mit diesen drei Worten in Wallensteins Handschrift: „cito, cito, citissime!" – schnell, schnell, ganz rasch! Noch in der Nacht hatte Wallenstein, die Schlacht voraussehend, seinen alten Kämpen angefordert, der von Halle her die ganze Nacht durchgeritten war – gerade rechtzeitig, um vor Lützen zu fallen.

Auch über Gustav Adolf lässt sich eine Geschichte erzählen. Ein Musketenschuss zerschmettert den linken Arm des Königs. Er verliert die Gewalt über sein Pferd, das ihn in eine Gruppe kaiserlicher Reiter hineinträgt – weitere Schussverletzungen an Kopf und Rücken, der König fällt aus dem Sattel. Die Kaiserlichen schleifen

Gustav Adolf fällt

den Zerschundenen über den Boden, Leichenfledderei bis aufs blutdurchtränkte Hemd. Doch facht die Nachricht vom nackt und zerhauen daliegenden toten König den schwedischen Widerstandsgeist derart an, dass sich das Schlachtenglück ausgerechnet jetzt wieder wendet. Die Schwedischen, fast schon besiegt, rappeln sich wieder auf, angetrieben von fanatischem Rachedurst, erst die Nacht trennt die Kämpfenden.

Es ist bis heute strittig, welche (und ob überhaupt eine) Seite die Schlacht mit militärischen Vorteilen für sich hat beenden können. Und doch steht der Verlierer fest: Denn Schweden hat seine große, charismatische Führungsfigur verloren. Es wird sich wieder einmal herausstellen, was uns schon der Tod Heinrichs IV. 1610 gelehrt hat: So eine charismatische Führungsfigur ist unersetzlich. Mit Gustav Adolfs Tod ist alles ganz anders geworden. Die schwedischen Kriegsziele, wie ambitioniert sie auch gewesen sein mögen, werden nun auf jeden Fall zurückgeschraubt.

4.1.5 Gustav Adolf: der Mann, sein Land, seine Kriegsziele

Das Nordeuropa des frühen 17. Jahrhunderts inspizierten wir, als der Niedersächsisch-Dänische Krieg ausbrach. Wir wissen deshalb bereits, dass Schweden-Finnland riesige Gebiete umfasste, aber noch dünner besiedelt war als Dänemark-Norwegen. Welche Motivation hat den Herrscher über diese weiten Landstriche denn über die Ostsee geführt und dann immer weiter, bis nach München getrieben? Das ist seit Langem strittig und heutzutage ein Konsens der Forschung weniger in Sicht denn je. Kaum bestreitbar ist, dass sowohl religiöse Solidarität (Gustav Adolf war tief gläubiger Lutheraner) als auch machtpolitische Motive eine Rolle gespielt haben, aber in welchem Mischungsverhältnis?

Die Motive: Glaubensheld …

In der Erinnerung frommer Lutheraner lebt Gustav Adolf bis heute als Retter des deutschen Protestantismus fort. Der Kirchenrechtler und -funktionär Martin Heckel wurde in einem erstmals 1983 vorgelegten Handbuch über „Deutschland im konfessionellen Zeitalter" fast lyrisch: „Sieghaft, gewaltig, herrisch, heldenhaft, zugleich tief fromm, demütig, einfach, klar".

Von starker Strahlkraft und innerer Geschlossenheit, geradlinig in seinem Tun und Denken, voll ungestümen Temperamentes, gewinnend offen und ganz ohne die gewundene Geziertheit des Jahrhunderts, auch frei von jener bindungslosen, lauernd-verschlagenen Berechnung, mit welcher Wallenstein sein hohes Spiel getrieben hatte und bald wieder trieb.

Ein echter Glaubensheld eben!

Aber hatte nun Stockholm nicht einerseits jahrelang ungerührt den Bedrängnissen der deutschen Protestanten zugeschaut, um andererseits just seit jenen Monaten, da Wallenstein Herzog von Mecklenburg wurde und wenig später die habsburgischen Ostseeambitionen im Titel eines „Generals des oceanischen und baltischen Meeres" vor sich hertrug, also seit dem Spätwinter oder Frühjahr 1628, ernsthafte Pläne für ein militärisches Eingreifen südlich der Ostsee zu ventilieren? Den definitiven Kriegsbeschluss fällte der Stockholmer Reichsrat im Januar 1629, also einige Wochen, *ehe* das Restitutionsedikt publiziert wurde. Auch, wenn Kenner betonen, „daß das religiöse Motiv für das seelische Gleichgewicht des Königs von großer Bedeutung war" (Marcus Junkelmann): Offenkundig gaben den politischen Planungen in Stockholm doch Großmachtrivalitäten – die Kriegsniederlage der anderen skandinavischen Macht Dänemark, der eigene Waffenstillstand mit Polen, insbesondere aber die weit ausgreifenden habsburgischen Ostseepläne –, nicht Ängste an den Residenzen der evangelischen Mittel- und Kleinterritorien des Reiches den Takt vor.

... oder Machtpolitiker?

Nein, es waren *eigene* Ängste, die zu einem Krieg trieben, den man in Stockholm als aufgezwungenen Präventivschlag ansah. So „tyrannisch", wie Kaiser und Gegenreformation aus Stockholmer Warte in Norddeutschland das Unterste zuoberst kehrten, würden sie danach in Skandinavien weitermachen (Ferdinand als „Tyrannen" zu charakterisieren, „had become common in domestic debates" der Stockholmer: Pärtel Piirimäe). Also führte man einen für à la longue unausweichlich gehaltenen Krieg lieber fern der eigenen Grenzen, in Deutschland, zumal ein Wiedererstarken des deutschen Protestantismus die beste Gewähr gegen habsburgischen Übermut biete. Schwedens Sicherheit, so Gustav Adolf am 8. Oktober 1630 in einem Brief an Reichskanzler Axel Oxenstierna, beruhte auf der Sicherheit der deutschen Protestanten. Also, maßgeblich war die schwedische Staatsräson. Aber diese war mit dem Wohlergehen von Deutschlands Protestanten kongruent.

Wieder einmal sahen sich beide Kriegsparteien in Bedrängnis, zur Gegenwehr genötigt, mit dem Rücken an der Wand. Jene Truppenpräsenz in Norddeutschland, die aus Wiener Warte bis auf Weiteres das politisch zerfurchte Reich militärisch zusammenhalten musste, verletzte aus Stockholmer Sicht eigene Sicherheitsinteressen. Dasselbe galt für jene Flottenpläne, die aus Madrider Warte den niederländischen Sezessionisten wichtige merkantile Lebensadern abschneiden sollten (pointiert gesagt, provozierte Habsburg in der Absicht, dem Achtzigjährigen Krieg eine neue Wendung zu geben, unbeabsichtigt eine Fortsetzung des Dreißigjährigen Krieges!). Was in habsburgischer Perspektive Vorwärtsverteidigung aus durchaus fragiler Lage heraus war, wertete man in Stockholm als „tyrannischen" Furor, empfand man dort als aggressiv. Gustav Adolf und seine Berater rangen sich dazu durch, lieber jetzt einen Präventivschlag zu wagen als ruhig abzuwarten, bis die kaiserliche Position an der Ostsee für Schweden wirklich gefährlich wurde (was aktuell, schon weil eine imposante Flotte fehlte, noch nicht der Fall war).

Glaubensheld, Machtpolitiker? Es dürfte aussichtslos sein, hier genau abmessen zu wollen, zumal Derartiges bei instinktsicheren Politikern wie Gustav Adolf subjektiv in eins schmilzt, er selbst hier sehr wahrscheinlich weder einen Gegensatz gesehen noch auch nur zwischen beidem geschieden hat. Entlastung für den bedrängten deutschen Protestantismus, Absicherung der schwedischen Hegemonie über den Ostseeraum, dann auch, mit den ersten, so nicht erwarteten Erfolgen Ruhm und Machtzuwachs für sich und Schweden – gut und schön, wenig konkret! Geht es nicht ein wenig genauer?

Die Ziele: anfangs wohl recht bescheiden

Vermutlich muss man dann zeitlich differenzieren. Wahrscheinlich landete Gustav Adolf in Pommern mit einer so schlichten wie bescheidenen Konzeption: dem Vorsatz nämlich, die Truppen Wallensteins von der Küste zu vertreiben und dafür zu sorgen, dass sie sich dort nicht so bald wieder festsetzen würden. Dann überraschende, so auch von Gustav Adolf nicht vorhersehbare Siege – und sicherlich eine Ausweitung seiner Kriegsziele; dass Gustav Adolf noch in München nur die Ostseeküste von Wallensteins Truppen säubern wollte, das ist fast so unwahrscheinlich wie die bis heute von der französischen Historiografie hochgehaltene Sottise, Napoleon habe noch in Moskau nur die „natürlichen Grenzen" Frankreichs verteidigt. Ganz sicher wollte der Gustav Adolf von 1631, 1632 mehr als der, der von Schweden nach Usedom gesegelt ist.

Aber was? Wenn man die verworrene Forschungsdiskussion zu sichten sucht und den Mut hat, stark zu vereinfachen, zu schematisieren, schälen sich drei Grundannahmen heraus, die alle ihre Anhänger haben. Erstens: Gustav Adolf ging es bis zuletzt primär um den Ostseeraum, dort wollte er sein Dominium Maris auf Kosten Dänemarks und Polen-Litauens ausbauen, wollte er sich, auch auf Kosten des Reiches, vergrößern – die Gegenküste gewinnen samt einem schmalen Küstenstreifen mit den dortigen Häfen und Flussmündungen. Zweitens: er hegte gewagte Nordreichspläne, träumte von einem großen, evangelischen, der Krone Schweden unterstellten; oder, Variante 2b, doch stark von ihr abhängigen skandinavisch-norddeutschen Reich, womöglich bis zur Mainlinie. Drittens: Gustav Adolf wollte den Reichsverband prinzipiell schon erhalten, doch zugunsten des Protestantismus modifizieren und selbst als führender evangelischer Reichsstand (er würde ja dann Pommern und sicher noch mehr regieren) das große Wort führen, beziehungsweise, Variante 3b, nach der Kaiserkrone greifen.

Später ambitioniertere Kriegsziele – aber welche?

Explizit gemacht hat Gustav Adolf seine eventuellen Pläne nicht – so müssen wir uns an die Fakten halten, und die sind auslegungsfähig. Vier Sachverhalte lassen sich auf ihre Aussagekraft für etwaige Kriegsziele hin abklopfen: die Bündnisse des Schwedenkönigs, seine „Donationen" (also Schenkungen) an die Verbündeten, das Gerede von einem „corpus Evangelicorum" sowie sein Wunsch nach „satisfactio" und „assecuratio".

Nehmen wir uns zunächst die Bündnisse vor! Wie verfuhr der Schwede denn mit jenen deutschen Alliierten, die ihn in unterschiedlichen Graden an Freiwilligkeit unterstützten? Mit Pommern so, dass deutlich wird: das wollte sich Gustav Adolf einverleiben. Vermutlich sollte ein Küstenstreifen südlich der Ostsee schwedisch werden. Die Welfenherzogtümer suchte Gustav Adolf sichtlich aus dem Reichsverband herauszulösen – Puffer zwischen einem vergrößerten Schweden und einem verkleinerten Reich? Es ist denkbar, wir wissen es nicht.

Indiziensuche – die Bündnisse

Aber bei den anderen Zwangsverbündeten wissen wir noch weniger. Sie wurden zunächst einmal einfach für Schwedens militärische Ziele eingespannt: mussten befristet oder für die ganze Dauer des Krieges mit gemessener Hilfe oder aber aller Kraft das schwedische Heer unterstützen. Stockholm behielt sich durchweg die „absolute Direktion" des Kriegswesens vor, separate Friedensverhandlungen der Alliierten wurden verboten.

Waren das militärische Notwendigkeiten, oder wollte Gustav Adolf diese Alliierten auch politisch dauerhaft gefügig machen? Klar ist, dass die Allianzen in die bestehende Reichsstruktur eingriffen – wenn die Bündner Gustav Adolfs diesem das „absolutum directorium" einräumten, grenzte das an Reichsaustritt (allerdings gelang es den meisten Reichsständen, einen Treuevorbehalt gegenüber dem Kaiser einzubauen). Was aber anstelle der bestehenden Reichsstruktur? Sollte das Reich zertrümmert werden, Konkursmasse für einen neu aufzurichtenden Staatenbund? Sollte es nur umgepolt werden, zugunsten der evangelischen Gehalte und natürlich Schwedens?

Sah sich Gustav Adolf als künftigen Kaiser? Gespielt hat er wohl schon bisweilen mit diesem Gedanken, so drohte er einmal dem (mit den siegreichen schwedischen Truppen in sein Land zurückgekehrten) Herzog von Mecklenburg-Schwerin nach einer unerquicklichen Auseinandersetzung: Sollte er „Kaiser werden, so sind Euer Liebden mein Fürst". Anderseits, war das Kaiseramt so, wie es sich nun einmal seit der „Reichsreform" an der Schwelle zur Neuzeit entwickelt hatte, wirklich attraktiv für einen skandinavischen König, band es ihm nicht nur Hände und Füße, sogar bei der Durchsetzung schwedischer Interessen? Sollte der Schwedenkönig wirklich Lust verspürt haben, sich an die Wahlkapitulation und an Reichstagsbeschlüsse zu halten? Nun hatten Habsburgs Kaiser zuletzt recht selbstherrlich regiert, ohne Reichstag, gegen diverse Bestimmungen der Wahlkapitulation, auf Kosten der teutschen Libertät, freilich: Gerade um jene Libertät hochzuhalten, war Gustav Adolf ja, seinen eigenen Verlautbarungen zufolge, unter anderem in den Krieg gezogen! Reine Propaganda?

Indizien 2: die „Donationen"

Dass Gustav Adolf vor den bestehenden Reichsstrukturen wohl wenig Respekt besaß, legen seine „Donationen" (lat. donare = schenken) nah: Zu Schenkungszwecken wurden, insbesondere aus eroberten geistlichen Territorien, über 250 Stücke herausgeschnitten, zugunsten verdienter Offiziere, auch zugunsten wichtiger politischer Partner (wie beispielsweise des Kasseler Landgrafen Wilhelm), die dadurch für Hilfsleistungen an die Schwedischen entschädigt, insbesondere aber zu weiteren Gefälligkeiten ermuntert und finanziell befähigt werden sollten. Wie einst die Hofburg bei ihren Konfiskationen kaum rechtliche Skrupel an den Tag gelegt, eben einfach pauschal notorische „untrew" und „ungehorsamb" der Opfer vorgeschützt hatte, nahm nun der Schwedenkönig pauschal ein vorgebliches Kriegsrecht in Anspruch, das dem Eroberer die Verfügungsgewalt über das okkupierte Land zuspreche. Die legitimatorischen Versatzstücke buchstabierten sich anders, glaubwürdig waren sie in beiden Fällen schon für die Zeitgenossen nicht, und die Motive, die tatsächlich hinter den Vermögensumschichtungen standen, waren ja auch hie wie da dieselben.

Wir sehen erneut, wie der Krieg immer weiter in den Krieg trieb, nun auch auf evangelischer Seite – so, wie Wallenstein einst immer neue Gebiete zur Ernährung seiner riesigen Truppenkörper gebraucht hatte, benötigte nun der Schwede immer weiteres, möglichst katholisches Land, um seine Kriegskosten auf dem Schenkungsweg zu ‚begleichen'. Natürlich wurden die Restitutionen von 1629 rückgängig gemacht; doch mehr: Weitere Klöster, aber auch geistliche Territorien wurden evangelischen Besitzern zugewiesen, als Lehen der Krone Schweden verschenkt, wobei sich der König die Oberhoheit über das verschenkte (wohlgemerkt aus Reichsgrund herausgeschnittene) Gebiet vorbehielt.

Also, Gustav Adolf begann schon, die Landkarte des Reiches umzugestalten und in kaiserliche Rechte einzutreten. Seit dem Frühsommer 1631 sind Überlegungen nachweisbar, die um die Formel „corpus Evangelicorum" kreisen; in Nürnberg weilend, vor den mörderischen Auseinandersetzungen mit Wallenstein im Fränkischen, spielte der Schwede solche Planungen durch, die Nürnberger sagten schon einmal beflissen zu, in besagtes Corpus eintreten zu wollen. Aber was genau wurde damit bezweckt? Zweierlei ist unklar: Provisorium oder Dauerlösung? Organisation des evangelischen Reichsteils unter dem fortbestehenden Dach des Reiches oder Auflösung dieses Reiches? Anders formuliert: Waren die ums „corpus Evangelicorum" kreisenden Szenarien noch militärische Planung oder schon Friedensziel,

Indizien 3: das „corpus Evangelicorum"

Programmpunkt für bevorstehende Friedensverhandlungen? Und wollte der Schwede den Lehnsverband des Reiches auflösen (wie es dann später Napoleon tat), die Fürsten vom Kaiser trennen, um viele von ihnen, sicher alle evangelischen seiner Leitung zu unterstellen? Oder ging es ‚nur' um ein Corpus in Corpore, sozusagen eine vergrößerte, gewichtigere Union nicht unter pfälzischer, sondern nun unter schwedischer Leitung?

Dass vielleicht gar nicht *mehr* dahinter steckte, dafür sprechen sehr unterschiedliche Überlegungen: zum Beispiel die, dass sich Schweden andernfalls fast alle derzeitigen Alliierten zu erbitterten Feinden gemacht hätte, oder die, dass Gustav Adolf Wert darauf legte, Pommern als Reichslehen zu erhalten – was nur Sinn macht, wenn der Schwede von einem fortbestehenden Reich ausging. Rätsel über Rätsel, fest steht, dass das „corpus Evangelicorum" immer wieder in den Akten auftaucht. Am 3. November 1632 beauftragte der Schwedenkönig seinen Kanzler, Axel Oxenstierna, mit der Organisation eines straffen, mit quasistaatlichen Strukturen ausgestatteten Bundes in Süd- und Südwestdeutschland; Schweden würde „directorium och protection" übernehmen. Das mag man nun interpretieren, wie man will, die Fantasie regt es schon an – doch ist Gustav Adolf zwei Wochen später nicht mehr am Leben.

Gibt es den einen Generalschlüssel zum Verständnis all der von ihm ventilierten Ideen überhaupt? Ist es nicht eher so, dass er einfach verschiedene Versuchsballons steigen ließ, um Reaktionen auszuloten, Realisierungschancen zu testen, weil er in irgendwann anstehende Friedensverhandlungen nicht mit nur einer realistischen Option gehen wollte? Weil er etwaige Planungen nicht mehr umsetzen konnte, tappen wir im Dunkeln wie einst bei Heinrich IV. Wollte der die europäischen Kräfteverhältnisse im Zuge groß angelegter Kriegsoperationen umstülpen? Wollte Gustav Adolf nicht nur eine territoriale Abrundung seiner schwedischen Stammlande, auch die mehr oder weniger direkte Herrschaft über weite Teile Mitteleuropas? In beiden Fällen hat der frühe Tod die Probe aufs Exempel ausfallen lassen, was Mystifizierungen begünstigt.

Indizien 4: „satisfactio" und „assecuratio"

Hilft es, viertens, über die Begriffe „satisfactio" und „assecuratio" nachzudenken? So buchstabierten die Schwedischen selbst immer wieder ihre Kriegsziele: Sie bestünden auf Satisfactio und Assecuratio.

Satisfactio: Das meint wörtlich übersetzt Genugtuung – also einen Ersatz dafür, dass man sich so kosten- und verlustreich im Reich engagiert hat. Assecuratio: wörtlich Absicherung – also Sicherungen dagegen, dass sich Habsburg in Zukunft je wieder so bedrohlich an der Ostsee breitmachen könnte wie Ende der 1620er-Jahre. Soweit, so gut, Gustav Adolf habe Satisfactio und Assecuratio verlangt, können wir allenthalben nachlesen. Aber was besagt das konkret?

Die beiden Begriffe haben im Verlauf des Schwedischen Krieges offenbar sehr Unterschiedliches gemeint. Anfangs scheint sich Gustav Adolf unter Satisfactio eine Geldzahlung für seinen Kriegsaufwand vorgestellt zu haben, zur Sicherung tatsächlich erfolgender Zahlungen brauche er vorläufig Land, als Pfand sozusagen. Dann nahm Assecuratio den soeben schon erläuterten Sinn, ihren Bezug zur Ostseeherrschaft an: Wegen der Assecuratio seiner Position an der Ostsee brauche der Schwedenkönig definitiv, dauerhaft Land, deutsches Land, als Glacis oder Puffer oder wie auch immer begründet. Schließlich scheint schon Satisfactio Land gemeint zu haben: ein Küstenstreifen an der Ostsee, sicher mit Pommern, als Entschädigung für erlittene Kriegsunbill, und zur Absicherung ein wie auch immer umgemodeltes Reich, umgebaut zugunsten der Protestanten, auf Kosten der Katholiken und Habsburgs, mit einem starken, in mehreren Reichskreisen verankerten und somit maßgeblich in der Reichspolitik mitredenden Schweden. Wenn nicht mehr ...: Aber über ein eventuelles schwedisches Kaisertum müssen wir nicht noch einmal nachdenken. Wir kennen Gustav Adolfs Planungen nicht, vermutlich waren sie recht hochfliegend, aber dann fiel der Mann. Mit ihm musste man seine weitgreifenden Kriegsplanungen begraben.

4.2 Der Schwedische Krieg nach Gustav Adolfs Tod

4.2.1 Axel Oxenstierna

Gustav Adolf war nicht adäquat zu ersetzen. Nachfolger in politischer Hinsicht wurde der schwedische Reichskanzler Axel Oxenstierna. Der Stockholmer Reichsrat stattete ihn mit weitreichenden Vollmachten für den mitteleuropäischen Kriegsschauplatz aus, und er besaß auch zu Hause, als Mitglied des fünfköpfigen Regentschaftsrats für die Zeit der Minderjährigkeit der sechsjährigen Thronfolgerin Christine, eine starke Machtbastion. („Reichskanzler", „Reichsrat": Das sind Übersetzungen schwedischer Titulaturen, mit dem Heiligen Römischen Reich deutscher Nation haben sie nichts zu tun.) Anders als die politische wurde die im engeren Sinne militärische Last nach Gustav Adolfs Tod auf verschiedene Schultern gelegt, zunächst auf die der Generäle Bernhard von Weimar und Gustav Horn. Es sollte sich bald als problematisch herausstellen, denn die Uneinigkeit der verschiedenen evangelischen Heerführer im Reich wird der Gegenseite 1633, 1634 sehr in die Hände spielen.

Die große charismatische Führungsfigur also war tot. Dazu Grenzen, an die auch Gustav Adolf bald gestoßen wäre: etwa das, was manche schwedische Historiker die „demografische Katastrophe" ihres Landes nennen. Gustav Adolfs beste, anfangs überhaupt die meisten Kämpfer waren ja schwedisch (vgl. Kap. 3.1.3). Der immensen Verluste auf Reichsboden wegen drohte das ohnehin extrem dünn besiedelte Königreich fast männerfrei zu werden. Es ging aus verschiedenen Gründen so nicht weiter.

Reduktion der Kriegsziele

Oxenstierna fand zwei Antworten auf das Dilemma: Zum einen setzte er die Kriegsziele herunter. Bei diesem Mann müssen wir nicht mehr über Zertrümmerung des Reichsverbandes oder schwedisches Kaisertum herumrätseln, diesem Mann ging es darum, reputierlich wieder aus der ganzen Sache herauszukommen. Das hieß nicht, dass man die Schwedischen zum Nulltarif wieder würde loswerden können. Die „sjökante" („Seekante"), also die Südküste der Ostsee, zumindest aber und insbesondere Pommern mussten als Satisfactio schwedisch werden, daran würde der Reichskanzler bis 1648 nicht rütteln lassen. Aber als europäischen Hegemon oder künftigen Kaiser hat sich Axel Oxenstierna sicherlich nicht gesehen.

Reduktion des schwedischen Einsatzes

Nicht nur die Kriegsziele setzte Oxenstierna herab; erst recht reduzierte er den schwedischen Einsatz für sie. Der Reichskanzler war darauf aus, ganz vorrangig seine deutschen Verbündeten für ihre eigenen, aber auch die schwedischen Kriegsziele weiterkämpfen zu lassen. Diesem Zweck diente die Konstruktion des (nach seinem Gründungsort sogenannten) Heilbronner Bundes: einer „Confoederation" Schwedens mit den meisten evangelischen Reichsständen der vier sogenannten

"Oberen" Reichskreise – das waren der fränkische und der schwäbische, der ober- und der kurrheinische.

Die Vertragspartner Schwedens verpflichteten sich, den Krieg auf eigene Kosten fortzuführen, und doch unterstand der Heilbronner Bund eindeutig dem schwedischen Reichskanzler. Zwar wurde dem Bundesdirektor ein Bundesrat zur Seite gestellt, in dem neben drei schwedischen sieben reichsständische Vertreter saßen. Aber die Letztentscheidung in militärischen Angelegenheiten lag beim Bundesdirektor. Friedensverhandlungen ohne seinen Konsens waren unzulässig. Der Heilbronner Bund war fortan Schwedens mitteleuropäischer Degen, ein Instrument, um Schwedens Krieg mit deutschen Mitteln zu führen; doch kaschierte Oxenstierna das geschickt, indem er an gewisse Elemente der Reichsverfassung anknüpfte, die quasi als Fassade aufgestellt, doch mit neuen Inhalten gefüllt wurden. So baute das Militärwesen auf die Kreisdefensionen auf – Kreiskontingente, Bezahlung nach den herkömmlichen Kreismatrikeln. Man könnte vielleicht, schematisierend, sagen, dass bei Gustav Adolf unklar ist, ob der das politische System des Reiches zerschlagen oder aber auf Schweden hin umpolen wollte, während die Konstruktion des oxenstiernaschen Bundes eindeutig auf Letzteres hinausläuft.

Der Heilbronner Bund

Als Bundeszwecke firmierten: erstens die Wiederherstellung der „Teutschen Libertät", zweitens die „Restitution" der verloren gegangenen evangelischen Besitzungen – das waren die sozusagen „deutschen" Kriegsziele, sie entsprechen den beiden zentralen Themen des Dreißigjährigen Krieges (wir analysieren das noch rückblickend): Zentralismus versus Föderalismus, konfessionelle Besitzstandsverteilung. Man wünsche, so die Satzung, einen „richtigen und sicheren Frieden" in „Religions- und Profansachen". Drittens wurde aber auch ausdrücklich als Kriegsziel genannt: „gebührendte Satisfaction" für Schweden!

Damit wurden die süddeutschen Partner Schwedens für dessen norddeutsche Kriegsziele, insbesondere Pommern, eingespannt, was zugleich eine Ausdehnung des Heilbronner Bundes nach Norden hin vereitelt hat; zumal Brandenburg gab sich dem Bund gegenüber feindselig, denn der Kurfürst erhob eigene Erbansprüche auf dieses Reichsterritorium, Pommern, in dem ein Aussterben der regierenden Dynastie absehbar war. Das Pommernproblem wird fortan, bis 1648, auf der Tagesordnung bleiben, als einer von vielen Stolpersteinen auf

Norddeutschland bleibt abseits

dem Weg zu einem eventuellen Frieden. Denn das große norddeutsche Kurfürstentum ist nie bereit, auf seine Ansprüche zu verzichten, Schweden aber pocht auf seine „satisfaction", und zwar an der südlichen „Seekante" der Ostsee.

Der Berliner Kurfürst blieb also wegen seiner eigenen Pommernpläne auf Distanz zum Heilbronner Bündnis. Andere norddeutsche Fürsten hielt Johann Georg von Sachsen von einem Beitritt ab: jener Dresdner also, der sich zwar nicht klar und eindeutig von Schweden distanzierte, aber auch nicht bereit war, sich unter die Heilbronner einreihen zu lassen; das Bündnis mit Stockholm hatte Dresden nach Gustav Adolfs Tod für beendet erklärt. Der Heilbronner Bund blieb eine süd- und westdeutsche Angelegenheit.

Zu diesem Manko gesellten sich große finanzielle Probleme. Die Zahlungen der Bundesmitglieder reichten bei Weitem nicht zum Heeresunterhalt, die Soldrückstände türmten sich immer höher. Um wichtige Offiziere trotzdem bei der Stange zu halten, stattete sie Oxenstierna mit deutschem Land aus. Manche plünderten die ihnen zugesprochenen Gebiete schamlos aus, große Geldsummen und auch Kunstschätze wurden in die schwedische Heimat transferiert. Übrigens wollte auch Oxenstierna selbst nicht leer ausgehen, „das Kurfürstentum Mainz reservierte er für sich selbst: der schwedische Reichskanzler als Nachfolger des deutschen Kurerzkanzlers – Symbol und Programm zugleich" (Georg Schmidt). Oxenstierna installierte eine neue, von evangelischen Reichsrittern getragene Regierung für das seitherige Erzstift in Mainz, das überhaupt als Zentrum des schwedischen Satellitensystems ausersehen war. Die Vergabe von „Donationen", von Gustav Adolf noch mit Bedacht als Mittel politischer Patronage betrieben, verkam zum Mittel hemmungsloser Selbstbereicherung und zur – schon deshalb von vornherein prekären – Methode der Heeresfinanzierung. Die Heilbronner Truppen blieben unterfinanziert.

Dennoch gehörten die Schlachtfelder des Jahres 1633 überwiegend ihnen. Bernhard von Weimar stieß zweimal nach Bayern vor, im November 1633 eroberte er Regensburg. Das bescheidene Ligaheer unter Johann von Aldringen war kein ernsthafter Gegner; Wallenstein aber vernachlässigte den süddeutschen Kriegsschauplatz geradezu demonstrativ. Maximilian von Bayern hatte 1630 mehr als alle anderen seine Absetzung betrieben, jetzt hatte er das im eigenen Land auszubaden. Freunde wurden die beiden nimmer. Aber Wallenstein hatte überhaupt immer weniger Freunde.

4.2.2 Wallensteins Ende

Der kaiserliche Generalissimus hatte nach der Schlacht bei Lützen böhmische Winterquartiere bezogen – so weit, so gut (und zeitüblich). Nur blieb er auch das ganze Jahr 1633 hindurch in Böhmen stehen, angeblich musste er seine mitgenommenen Truppen erst einmal wieder auf Vordermann bringen. Die Beteuerung glauben ihm manche Historiker (weil Kriegsunternehmer eben überhaupt großen Wert darauf legten, ihr „Betriebskapital" zu hegen und zu schonen), andere nicht; die Hofburg beobachtete es mit Unverständnis: Hatte man die im Ganzen ja auch recht erfolgreiche Defensivstrategie Wallensteins zu Lebzeiten Gustav Adolfs goutiert, erwartete man jetzt von ihm, dass er energisch nachstoße. Das tat er nicht, nicht als Heerführer; hauptsächlich war er diplomatisch aktiv.

Warum? Offenbar, weil er am Sinn weiterer Kampfhandlungen zweifelte. Er war damit nicht der Einzige; auch einige der in Wien maßgeblichen Ratgeber Ferdinands (Stralendorff, Trauttmansdorff, Liechtenstein) hatten mittlerweile eingesehen, dass das Restitutionsedikt fallen musste. Es verschlechterte die Position des Kaisers im Krieg, weil es ihm eine Welt von Feinden eintrug; und würde sich Habsburg doch noch militärisch durchsetzen, würde der Frieden von kurzer Dauer sein. Solang das Restitutionsedikt in Kraft war, würden es seine Opfer immer wieder aufs Neue versuchen, und immer wieder aufs Neue würde sich das Ausland gern einklinken. Wallenstein sah das genauso und hatte übrigens von Anfang an nichts vom Restitutionsedikt gehalten.

Kaum militärische Aktivitäten, aber diplomatische

So verlegte sich der oberste Militär des Kaisers also auf Diplomatie. Erstens verhandelte er mit den Dresdnern. Er schonte auffällig die sächsische Armee, schloss mit ihrem Befehlshaber, Arnim, zwei Waffenstillstände und hätte daraus lieber heute als morgen einen definitiven Frieden gemacht, somit Dresden vollends von den Schwedischen getrennt. Zu diesen Verhandlungen war Wallenstein bevollmächtigt, nicht aber zu einem Zugeständnis, das er schließlich ins Spiel brachte: Verzicht auf alle katholischen Restitutionsgewinne, Rückkehr zu den

Wallenstein verhandelt mit den Dresdnern

Besitzständen von 1618. Nicht nur, dass Wallenstein nicht ermächtigt war, das zuzusagen; schlimmer noch, er wusste selbstverständlich, dass der fromme Ferdinand in Wien niemals zu so etwas bereit war. Wallenstein gab sich wohl der Utopie hin, die Politiker durch einen Schulterschluss der Generäle gleichsam zum Frieden zwingen zu können – innere Aussöhnung der Deutschen, die dann endlich mit vereinten Kräften die Schwedischen aus dem Reich verjagen könnten.

Weitere Gesprächspartner

Gänzlich unermächtigt verhandelte Wallenstein mit Schweden, mit französischen Emissären, mit diversen böhmischen Exilanten. Dass dafür Vollmachten fehlten, hatte zwei unterschiedliche Folgen: am Ende den Sturz Wallensteins; und zunächst einmal sein Scheitern am Verhandlungstisch. Warum sollten sich seine Verhandlungspartner auf gewagte diplomatische Konstruktionen einlassen, hinter denen und also *zu* denen der Kriegsherr, Ferdinand in Wien, gar nicht stand? So verlangte Oxenstierna klipp und klar entweder eine kaiserliche Vollmacht zum Friedensschluss oder aber die offene Rebellion Wallensteins gegen seinen Kriegsherrn, wozu sich dieser nicht bereit fand – obwohl ihm Schweden (und übrigens auch Frankreich) für diesen Fall sogar durch böhmische Emigranten die Wenzelskrone anbieten ließ. Wallenstein griff *nicht* zu, versuchte sich weiterhin im Finassieren und Taktieren, im Tarnen und Täuschen, wurde schließlich bei allen seinen Verhandlungspartnern unglaubwürdig.

Warum die Verhandlungen nicht zum Ziel führen

Aus Wallensteins Perspektive kam zum Glaubwürdigkeitsdefizit ein zweites Problem: Die Vorstellungen seiner verschiedenen Gesprächspartner waren inkompatibel. Die Sächsischen griffen bei der Offerte einer Waffenruhe gern zu, um Land und Leute zu schützen, verlangten aber bei einer definitiven, einer Friedensregelung die Einbeziehung Schwedens – warum das nicht ging, sahen wir soeben schon, Schweden forderte kaiserliche Verhandlungsvollmacht oder offene Rebellion. Erstere wurde, selbstverständlich, nicht erteilt (nicht einmal erbeten), Letztere nicht gewagt. Sachsen war also nicht zu gewinnen. Das katholische Frankreich musste natürlich den konfessionellen Faktor niedrig hängen, den der Libertät hoch, propagierte den Schulterschluss aller Reichsstände, der evangelischen mit den katholischen und sogar mit Bayern, um die teutsche Libertät vor habsburgischer Tyrannei zu retten. Von teutscher Libertät sprachen die Schwedischen auch gern, aber sie behaupteten, sie ohne den katholischen Reichsteil wiedererringen zu können und wollten von einem Schulterschluss mit der Liga nichts hören.

Es kam also nichts heraus. Die Verhandlungspartner hatten selbst je unterschiedliche Vorstellungen; forderten von Wallenstein Klarheit, die dieser nicht verschaffen konnte und wollte, und vermissten Vollmachten der politischen Seite, also aus Wien. Diese fehlten – streng genommen, beging Wallenstein also Verrat an seinem Auftraggeber.

Über das Warum sind in den letzten 150 Jahren zahlreiche oft wortreiche Texte geschrieben worden, mit allen möglichen Resultaten. Es ist auch ein Quellenproblem. Bei den vielen mehr oder weniger konspirativen Gesprächen liefen keine Tonbandgeräte mit, lauschten keine vom Geheimdienst verlegten Wanzen, wir sind auf Hinterherbehauptungen Dritter von fast immer fraglicher Authentizität angewiesen. In der Forschung ist kein Konsens in Sicht, über sehr allgemeine ‚Einsichten' hinaus wie die, dass Wallenstein „kriegsmüde" gewesen sei – liegt es an den Forschern, die Offenkundiges einfach übersehen? Liegt des Rätsels Lösung darin, dass es Wallenstein selbst gar nicht so genau gewusst hat? Allen Ernstes ist das die These des vielleicht intellektuell bedeutendsten seiner zahlreichen Biografen, Golo Manns, der betont, dass Wallenstein krank und verbraucht gewesen sei, unfähig zu konsequentem, durchdachtem Handeln. So wäre denn womöglich gar nicht die Forschung schuld daran, dass die Re-Konstruktion der Motive des Generalissimus nicht konsensfähig gelingen will, schon die ursprünglichen Konstruktionen könnten wirr gewesen sein.

Wir kennen Wallensteins Motive nicht

Wie dem auch sei, in Wien jedenfalls wuchs die Verstimmung, das (fast von Anfang an vorhandene) Lager der Wallenstein-Skeptiker gewann an Boden. Zweierlei nahm man dem Generalissimus übel: die soeben skizzierten Verhandlungen – selbstverständlich blieben sie den Wienern nicht verborgen – und seine dazu passende militärische Passivität. Nach dem Treffen bei Lützen im November 1632 hatte Wallenstein fast ein Jahr lang nicht gekämpft, dann eine rasche Aktion in Schlesien, danach lagen die Truppen wieder untätig in den habsburgischen Erbländern herum und fraßen sie leer. Warum zog er nicht wenigstens nach Bayern, wo sich die Schwedischen einnisteten? Wallenstein versuchte es kurz im Winter 1633/34, brach die Aktion dann als zu verlustreich rasch wieder ab. Schon unmutig, befahl der

In Wien wächst die Verärgerung

Kaiser in aller Form die erneute Winterkampagne nach Bayern hinein. Wallenstein erließ Gegenbefehle. Die Truppe folgte ihrem General. Aber seitdem war Kaiser Ferdinand II. entschlossen, einzuschreiten, Wallenstein unschädlich zu machen.

Das 1. Pilsener Revers

Das bekam der schließlich mit, motivierte seinen finalen Fehltritt: Im sogenannten „1. Pilsener Revers", am 13. Januar 1634, ließ er, unter Rücktrittsdrohungen, 49 für maßgeblich gehaltene Truppenführer schriftlich ihre unbedingte Ergebenheit, ihre Treue bis zum letzten Blutstropfen versichern. Von einem Treuevorbehalt dem Kaiser gegenüber war so wenig die Rede wie von den Verpflichtungen Wallensteins auf Interessen und Vorgaben seines politischen Auftraggebers, des Kriegsherrn in der Hofburg. (Das 1. Pilsener Revers heißt so, weil es wenig später ein Zweites geben wird, mit viel weniger Offizieren und von geringerer Bedeutung.) Vom 1. Pilsener Revers erfuhr man in Wien – und sollte man erfahren, denn es sollte dort ja Eindruck machen –, man hat es als Vorbereitung zum Aufstand, zum offenen Abfall von Kaiser und Reich interpretiert, als hochverräterische Verschwörung. Immer ungeheuerlicher klangen die Neuigkeiten aus dem Feldlager, die da kolportiert (und von einem ersten Überläufer, Piccolomini, bestätigt) wurden: Wallenstein wolle seine Truppen dem Feind zuführen, den Kaiser gefangen nehmen, die Habsburgerlande neu austeilen…

Die Hofburg erklärt Wallenstein zum „Rebellen"

Die Hofburg reagierte, indem sie Wallenstein umstandslos, also ohne Gerichtsverfahren oder auch nur Gehör, zum „Rebellen" erklärte (hierfür lag die Schwelle in Wien unter Ferdinand sehr niedrig, wie wir schon wiederholt sahen) und fortan als Feind behandelte. Ein kaiserliches Mandat vom 18. Februar entband alle Befehlshaber von ihrem Gehorsam dem seitherigen General gegenüber, ordnete an, dass sie sich den von Wien ernannten Nachfolgern in der Heeresleitung zu unterstellen hätten. Wahrscheinlich hätte Ferdinand auch ohne ökonomische Nebengedanken so gehandelt. Aber solche gab es, naiv, wer sie leugnen wollte: War Wallenstein beseitigt (ob gefangen nach Wien geschleppt oder getötet), waren es auch mit einem Schlag die immensen kaiserlichen Schulden beim Generalissimus. Anstatt Wallenstein Ersatz für das schwedisch besetzte Mecklenburg beschaffen zu müssen, gewann man sogar noch Land: Wallensteins stattliche Besitzungen in Böhmen nämlich.

Aber waren die Wiener Beschlüsse gegen den mächtigen Generalissimus exekutierbar? Erstaunlich, wie leicht das ging! Die soeben noch hoch und heilig ihre Treue auf Leben und Tod geschworen hatten, setzten sich rasch ab – von wegen Soldatenehre, die alten Kameraden machten sich aus dem Staub. Nur kümmerliche Truppenreste blieben in Pilsen stehen. Ob Wallenstein bis dahin wirklich eine „Rebellion" geplant, über „Verrat" nachgedacht hatte, ist sehr fraglich – nun aber blieb wirklich nur noch die Flucht! Er versuchte, sich mit seinen letzten, treu gebliebenen Resten nach Westen, zu Bernhard von Weimar durchzuschlagen. Es war nicht mehr der Marsch des kaiserlichen Generals, war schon die Flucht eines Geächteten vor den kaiserlichen Häschern. Vergebens – Wallenstein wurde am 25. Februar 1634 in Eger von einem Dragonerhauptmann getötet. „Getötet": das klingt blass, legt aber nicht auf einen Parteistandpunkt fest; wer von „Ermorden" spricht, bezichtigt damit die Kaiserlichen unrechtmäßigen Vorgehens, wer sagt „hingerichtet" oder „exekutiert", nimmt damit den kaiserlichen Rechtsstandpunkt ein.

Übrigens hätte man Wallenstein selbst dann, wenn alle sich mittlerweile ins Monströse auswachsenden Vorwürfe gegen ihn gestimmt hätten, keinesfalls töten müssen, man hätte den Mann leicht gefangen nehmen können. Die vor Ort zuschlugen, wollten ganz offensichtlich nicht; sollten sie auch nicht? Das ist eine Frage, die bis heute nicht geklärt ist. Selbst in knapper Zusammenfassung der Ereignisse von Eger wird deutlich, dass es eine ziemlich unappetitliche Angelegenheit war. Strippenzieher vor Ort waren der Platzkommandant von Eger, ein Oberstleutnant namens Gordon, sein Oberstwachtmeister Leslie und ein irischer Oberst namens Butler, der Wallensteins verlorenem Haufen vor Eger begegnet war. Die drei Briten in habsburgischen Diensten begingen gleich doppelten Verrat. Sie wollten es mit Wallenstein halten, schworen sie, nieder mit den verruchten Politikern in Wien, zur Verbrüderung luden sie die letzten Vertrauten Wallensteins zum Gelage aufs Schloss, wo sie unversehens von Butlers Dragonern niedergemacht wurden.

Wallenstein selbst war in seinem Quartier geblieben, schlief dort – man hätte ihn nun, nach dem Tod der letzten Getreuen, wie gesagt leicht gefangen setzen können. Indes kamen die butlerschen Dragoner in finsterer Absicht. Einer drang ins Schlafgemach ein, stach den noch

Wallenstein wird in Eger getötet

Schlaftrunkenen in der Nähe des Bettes nieder. War es Eigenmächtigkeit, existierte ein heimlicher kaiserlicher Tötungsbefehl? Der fromme Ferdinand ließ für die Seelen der „Rebellen" dreitausend Messen lesen.

4.2.3 Die evangelische Seite verliert auch die dritte Kriegsphase

Weiten wir den Blick wieder! Wer gewann denn die dritte, die „schwedische" Phase des Dreißigjährigen Krieges? Die Waagschale senkte sich zugunsten der kaiserlich-katholischen Kriegspartei. Sie fand 1634 zu neuer Geschlossenheit, während das evangelische Lager zerklüftet blieb.

Der zuletzt nur noch irritierende Generalissimus Wallenstein konnte nicht mehr stören. Das verwaiste Generalat über die kaiserlichen Truppen übernahm nominell der älteste Sohn des Kaisers, Ferdinand Ernst, der König von Ungarn (er wird ab 1637 ferner, als Kaiser Ferdinand III., Reichsoberhaupt sein). Tatsächlich leitete die Armee der seitherige Stellvertreter Wallensteins, Matthias Gallas. Er hatte sich rechtzeitig abgesetzt, was ihm zum Beispiel durch Friedland entgolten wurde. Ihr Wallenstein-Problem also hat die Hofburg robust ‚gelöst'.

Wieder einmal: spanische Unterstützung für die Hofburg

Und auch Spannungen zu den Verwandten in Madrid, deren Aufmerksamkeit eigentlich durch die notorischen Probleme mit den separatistischen niederländischen Nordprovinzen absorbiert war und die zuletzt mehr denn je genörgelt hatten, an dieser Front von der Hofburg im Stich gelassen zu werden, ließen sich ein letztes Mal überbrücken. Die Hofburg blieb bei ihrer Maxime, sich tunlichst nicht in die spanisch-niederländischen Kämpfe verwickeln zu lassen – und erhielt 1634 dennoch ihrerseits durchschlagende Hilfe von den spanischen Verwandten. Erfolgreich baten die Wiener um eine stattliche spanische Armee unter dem Kommando des Kardinalinfanten Fernando. Sie war aus Italien herangezogen, gerade rheinaufwärts nach den Niederlanden hin unterwegs, sollte eigentlich dem Achtzigjährigen Krieg eine Wende geben, wurde nun aber auf die süddeutschen Schauplätze des Dreißigjährigen Krieges umdirigiert. Wieder einmal werden die Madrider die Wiener retten, wie wir gleich sehen werden – ein letztes Mal.

Das evangelische Lager hingegen ist uneins

Auf evangelischer Seite war und blieb nach dem Tod Gustav Adolfs, dessen Charisma viele Brüche hatte überdecken können, Uneinigkeit das hervorstechende Merkmal: unter den schwedischen Generälen, zwischen Schweden und den Heilbronnern, zwischen diesen beiden und Kursachsen; und wer immer nur konnte, suchte sich sowieso in die „neutralitet" zurückzuziehen. Auch wenn sich die Schwedischen militärisch zunächst noch behaupteten – es bröckelte die politische Basis. Die Heilbronner Verbündeten waren kriegsmüde und, auch deshalb, immer zahlungsunwilliger. Die erst gar nicht in den Heilbronner Bund zu zwängenden Dresdner und Berliner näherten sich mehr und mehr der Gegenseite an, mit der sie längst Geheimverhandlungen führten. Die Pariser fragten sich zusehends, ob die nach Stockholm fließenden Gelder denn gut angelegt seien; ob es klug sei, sich weiterhin vom fragilen Glück der schwedischen Waffen abhängig zu machen. Dass Schweden im September 1634 bei Nördlingen dann auch ein militärisches Debakel erlebte, kam nicht aus heiterem Himmel.

Auf nach Nördlingen also! Die Kriegsschauplätze des Jahres 1634 lagen in Süddeutschland, dort suchten Wien und Madrid sowie München in enger Absprache die Entscheidung. Die Heilbronner vereinigten im Juli, nach erfolglosen, getrennten, ja, zerfahrenen Operationen in der Oberpfalz (unter Bernhard von Weimar) und um den Bodensee (unter Gustav Horn) endlich ihre Streitkräfte, und zwar, wieder einmal, zu einem Vorstoß nach Bayern hinein. Sie eroberten zuletzt wieder katholisch beherrschte Orte, die Kaiserlichen noch schwedisch okkupierte – es soll uns im Einzelnen nicht interessieren.

Seit dem 18. August belagerte das kaiserliche Heer unter König Ferdinand und Matthias Gallas das schwedisch besetzte Nördlingen. Anfang September stieß die spanische Flandernarmee unter Kardinalinfant Fernando zu den Belagerern; Bernhard von Weimar und Horn zogen mit den Heilbronner Truppen zum Entsatz heran – zweitägiges Ringen am 5. und 6. September, glänzender kaiserlicher Sieg, Horn wird gefangen. (Wenn man eine belagerte Festung X dadurch retten will, dass man Truppen heranführt, die ihrerseits die Belagerer angreifen, sprechen Militärs vom Versuch, „Festung X zu entsetzen".) Es ist unstrittig, dass für den kaiserlichen Triumph vor Nördlingen die spanische Unterstützung ausschlaggebend war. Die 25.000 Heilbronner sahen sich einem nahezu doppelt so starken Feind gegenüber. Mehr als ein Drittel, rund zehntausend Mann, sollen die Heilbronner vor Nördlingen verloren haben, bei geringen kaiserlichen Verlusten. Es war kriegsentscheidend: Ferdinand holt danach rasch nahezu ganz Süddeutschland zurück, der Heilbronner Bund zerfällt.

Kriegsentscheidend: die Schlacht bei Nördlingen

4.3 Warum geht der Krieg weiter?

4.3.1 Der Prager „Frieden" – was drinsteht

Seit der Schlacht bei Nördlingen wird Süddeutschland von den kaiserlichen Truppen kontrolliert. Und der wichtigste Verbündete Schwedens in Norddeutschland – der paktiert mit dem Kaiser. Unter dem Eindruck des rapiden Verfalls der schwedischen Position in Mitteleuropa hatten die Dresdner das Heft des Verhandelns in die eigenen Hände genommen. Schon im November 1634 steht ein kaiserlich-sächsischer Vorfrieden (die „Pirnaer Noteln"), ihm folgt der erneut ohne schwedische Diplomaten, nur zwischen Wien und Dresden ausgehandelte Prager Vertrag vom 30. Mai 1635.

Schweden geschlagen, Kursachsen beim Kaiser – nolens volens schließen sich fast alle Reichsstände dem Prager „Frieden" an. Zumal dessen zentrale Verheißungen, Amnestie (in den Worten des Vertrages: eine „amnistia alles deßen, so bei dießer letzten kriegsübung von anno 1630 an im Hl. Röm. Reich ... vorgegangen" – also „Vergeben und Vergessen", keine Schuldzuweisungen, ihnen entsprechende Bestrafungen) und Restitution (Rückerstattung, also Wiederherstellung der territorialen Verhältnisse zur Zeit der Landung Gustav Adolfs in Pommern), nur denen zuteilwurden, die sich zum Anschluss ans Vertragswerk „alßbaldt nach deßelben publication", „und also ohn einige verzögerung würklich bequemen". Fritz Dickmann hat den derart aufgebauten enormen Entscheidungsdruck treffend so umrissen:

> Nur wer beitrat, kam in den Genuß des Friedens und der Amnestie, wer ablehnte, galt als Rebell. Ein Drittes gab es nicht, und die Frist zur Erklärung war so kurz bemessen, daß es den Ständen unmöglich war, sich untereinander zu verständigen oder über ihre Bedingungen zu verhandeln.

Der Prager Frieden enthält – wie übrigens dreizehn Jahre später der Westfälische – Bestimmungen aus drei Themenbereichen: territoriale Fragen, also neue Grenzziehungen und Besitzzuschreibungen (die uns jetzt nicht interessieren sollen); die Kompetenzverteilung im Reichsverband; sowie konfessionspolitische Bestimmungen.

Beginnen wir mit dem dritten Aspekt! Man hält prinzipiell an jenem Religionsfrieden fest, der doch so viel Auslegungsstreit verschuldet hat, verschiebt aber die endgültige Entscheidung über die sich seit 1555 auftürmenden Streitfragen um bis zu 40 Jahre; so lang soll provisorisch die konfessionelle Besitzstandsverteilung vom 12. November 1627 gelten. Wir würden das heute ein „Stichdatum" nennen, es bürgerte sich aber damals die Rede vom „Normaljahr 1627" ein: einem Jahr (eben 1627), das bis auf Weiteres als Norm gelten sollte. Dem ‚nichtkonfessionellen' Stichdatum „Landung Gustav Adolfs in Pommern" wurde also eines für die konfessionellen Besitzstände zur Seite gestellt. Würde man binnen vierzig Jahren keine gütliche Einigung über eine andere Lösung der konfessionellen Streitigkeiten finden, und zwar – dieses Prozedere gibt der Prager Vertrag ausdrücklich vor – in einem konfessionsparitätisch besetzten Gremium, sollte „jeder theil in demjenigen rechten stehen, welches er" am Stichdatum „gehabt hat, sich deßelbigen, so gutt oder schwach es damals gewesen, güttlich oder rechtlich zu gebrauchen". Schutz vor dann womöglich wieder einsetzenden Reichshofratsprozessen verhieß das nicht, die Protestanten gewannen keine wirkliche Rechtssicherheit – die katholischen Rechtsansprüche wurden nicht annulliert, aber suspendiert.

Eine Normaljahrsregelung (wenngleich mit einem anderen Stichdatum) werden wir im Westfälischen Frieden wiederfinden; dort wie schon 1635 gilt sie für die kaiserlichen Erbländer nicht, in ihnen bleibt das landesherrliche Ius reformandi uneingeschränkt. Auch auf den konfessionsparitätischen Lösungsansatz für interkonfessionelle Streitfragen werden wir 1648 erneut stoßen.

Übrigens, ganz pragmatisch betrachtet: Für welche Seite war das Stichdatum von 1635 denn günstig? Für die katholische – im November 1627 hatten Tilly und Wallenstein ihren Siegeszug fast schon beendet, war mancher strittiger Besitz bereits rekatholisiert worden, hatte andererseits Gustav Adolf seinen Siegeslauf noch nicht angetreten. So hat das evangelische Debakel von Nördlingen auch in den Prager Vertrag seine Spuren eingegraben – seitdem waren die Kaiserlichen nicht mehr bereit gewesen, mit ihrem Stichdatum weiter zurückzugehen (Kursachsen hatte eigentlich fürs Jahr 1620 plädiert), bestanden sie auf der Befristung. Das „Normaljahr 1627" bekundet die militärische Stärke der katholischen Seite seit Nördlingen. Immerhin wurden aber

Konfessionspolitische Bestimmungen: das „Normaljahr" …

die vom Restitutionsedikt ausgelösten Besitzumschichtungen rückgängig gemacht. Auch das signalisierte das Stichdatum für gut informierte Zeitgenossen unübersehbar – denn am 12. November 1627 hatten die katholischen Teilnehmer am Kurfürstentag von Mühlhausen ein Separatgutachten für die Hofburg verfasst, das man mit guten Gründen als Initialzündung für das Restitutionsedikt erachtet hat. Das Stichdatum bekundet insofern nicht nur das Übergewicht der kaiserlichen Waffen, demonstriert ferner den Vorsatz, hinsichtlich der kirchlichen Besitzstände vor das so verhängnisvolle Restitutionsedikt zurückzugehen.

Es war ein Sieg der Politik über konfessionelle Rechthaberei. Ein Schreiben aus dem Vorfeld, aus der Hand des Reichsvizekanzlers Stralendorff, hatte geurteilt, es sei jetzt „besser und sicherer", wenn die Politiker die Sache in ihre Hände nähmen, die Frage der konfessionellen Besitzstandsverteilung gehöre nämlich „mehr" vor Kaiser und Reichsstände sowie „derselben politische räth alß für die theologos". Die Priorität politischer Ordnungsstiftung: So weit war man 1555 schon einmal gewesen. Es verschuldete die schlimmste vormoderne Katastrophe der deutschen Geschichte, dass man hinter dieses Modernitätslevel danach wieder zurückfiel. Die (freilich provisorische) Lösung von 1635 avisierte die Rückkehr zu einem dezidiert politischen Friedenskonzept. Auch insofern gehört der Prager „Frieden", wiewohl er Frieden ja gerade nicht bringen wird, in die lange Vorgeschichte der westfälischen Friedensinstrumente, spezieller: des Zweiten Religionsfriedens von 1648.

... und warum es ein Indikator für die Entkonfessionalisierung des Krieges ist

Ein Vergleich jener beiden Texte, die die zweite bzw. die dritte Kriegsphase abschließen sollten, ist aufschlussreich. Was ist das Tertium Comparationis? Nun, 1629 hatte sich die kaiserliche Seite scheinbar auf der ganzen Linie durchgesetzt, jetzt hatte sie es. Wie hat man die militärischen Triumphe jeweils in Politik umzusetzen versucht? 1629 nutzt man die schönen Waffensiege für ein konfessionspolitisches Maximalprogramm, den Oktroi der eigenen Interpretation des Religionsfriedens mit allen konkreten, nämlich territorialen oder vermögensrechtlichen Konsequenzen. 1635 hingegen wird die konfessionspolitische Frage geradezu ausgeklammert – Vertagung des Streits um bis zu 40 Jahre. Man vertagt etwas, das man momentan nicht für vordringlich hält.

Was aber hielt die siegreiche Seite nun für vordringlich? Die politische Einigung des Reiches und die Beendigung des Krieges – den Prager Vertrag durchweht reichspatriotisches Pathos: Wir müssen den Reichsboden von fremden Truppen, fremder Einmischung befreien. Dafür wird zweierlei für notwendig gehalten: Einigung aller patriotischen, friedliebenden Reichsstände und Stärkung der kaiserlichen Macht, jedenfalls (das ist in der Forschung konsensfähig) auf militärischem Gebiet. 1629: Waffenerfolge werden für ein konfessionelles Rollback genutzt, man erfüllt sich seine lang gehegten frommen Träume; 1635: nach Waffenerfolgen werden konfessionspolitische Fragen hintangestellt, weil die Träume von 1629 zu Albträumen geworden sind. Auch das zeigt uns, wie sehr sich die Auseinandersetzung zwischen 1629 und 1635 entkonfessionalisiert hat.

Einigung aller patriotischen Kräfte, um das Ausland in die Schranken zu weisen und einen tragfähigen Reichsfrieden zu gewinnen – warum ist nichts daraus geworden? Nicht nur, aber doch auch wegen vertragsimmanenter Mängel. Die Prager Ordnung war nicht fair, wies bedenkliche Schlagseiten auf. Die kaiserliche Seite hatte eben im Felde triumphiert, sie münzte das nun zwar nicht in konfessionspolitische Gewinne um, aber offenkundig in andere.

Wir merken das, wenn wir uns nun endlich näher der Regelung von Kompetenzfragen zuwenden. Das schon sehr lange – im Grunde ja bereits im letzten Vorkriegsjahrzehnt – nicht mehr handlungsfähige Reich sollte wieder funktionstüchtig gemacht werden, aber nicht etwa dadurch, dass man die alte „forma Imperii" wiederherzustellen, verfassungspolitisch in die Zeiten vor der Deformation des Reiches im Zuge der konfessionellen Polarisierung seit den 1580er-Jahren zurückzukehren versuchte (das wird die Leitlinie von 1648 sein). Nein, das Reich sollte im engen Schulterschluss Kaiser-Kurfürsten wieder handlungsfähig werden. Es wirkte sich aus, dass der Prager „Frieden" als bilaterale Vereinbarung eines Kurfürsten mit dem Kaiser entstand; mit einem Kaiser zudem, der seit Jahren vergeblich darauf hoffte, dass die Kurfürsten endlich seinen Sohn zum Römischen König wählten, und das, nachdem eine Generation nur noch Kurfürsten-, aber keine Reichstage mehr gesehen hatte. Es sticht geradezu ins Auge des Lesers, wie der Prager Vertrag die Stellung des Reichsoberhaupts zu stärken sucht; aber die nichtkurfürstlichen Zeitgenossen rieben sich

Verfassungspolitische Bestimmungen: Stärkung des Kaisers und der Kurfürsten auch an vielen kleinen und einigen gravierenden Bevorzugungen der Kurfürsten im Prager Text, oder, anders gesagt: registrierten verstört ihre eigene Marginalisierung.

Beispielsweise erklärt die Prager Vereinbarung alle reichsständischen Bündnisse für aufgelöst – mit der bezeichnenden Ausnahme des Kurvereins! Er also war gar nicht gemeint, der Heilbronner Bund faktisch längst zerfallen, und auch die Liga befand sich ja schon seit geraumer Zeit im Niedergang, als der Prager Vertrag ihr Ende förmlich besiegelte. Insofern könnte man die einschlägige Passage einerseits für wenig wichtig halten; andererseits ließ sie sich doch auch als Infragestellung des reichsständischen Ius foederis, des – nirgendwo schwarz auf weiß festgehaltenen, eben traditionell praktizierten – Bündnisrechts der Reichsstände lesen.

Kaiserliches Militärmonopol

Und das traditionelle Ius armorum, das Recht auf eigenständige Rüstungen? Der Prager Vertrag postuliert, dass „auß allen Armaden eine Haupt-Armada gemacht" werde, eine rund achtzigtausend Mann umfassende Reichsarmee unter dem nominellen Oberkommando des Kaisers. Alle – wie wir gleich sehen werden: von den Reichsständen zu finanzierenden – Truppen seien auf den Kaiser zu vereidigen. Zwar wurden dann sozusagen zwei Unterabteilungen mit beschränkter Selbstständigkeit ausgegliedert: Der Kurfürst von Sachsen durfte für gewisse Teile der Reichsarmee einen ihm genehmen General ernennen, kurz nach Vertragsabschluss räumte der Kaiser dieses Vorrecht auch dem Kurfürsten von Bayern ein. Aber wenn der kaiserliche Oberkommandierende (also zunächst der Kaisersohn Ferdinand) persönlich vor Ort war, hatte sich der sächsische bzw. der bayerische General dessen Befehlsgewalt unterzuordnen. (Zu den lateinischen Begriffen: ius = Recht, hier: Anrecht auf; foedus, im Genitiv foederis = Bündnis; arma, Genitiv: armorum = Waffen.)

Kaiserliches Militärmonopol, (als Infragestellung des reichsständischen Bündnisrechts interpretierbare) Aufhebung der Liga – waren das nur militärische Notwendigkeiten, waren das reine Organisationsfragen ohne machtpolitischen Hintersinn? Die einzige monografische Behandlung des Themas (Heiner Haan) kommt zu diesem Schluss – es stecke nichts weiter dahinter. Viele Zeitgenossen haben es anders gesehen, und das mit guten Gründen. Einige wichtige Bestimmungen des Westfälischen Friedens 13 Jahre später wären anders gar nicht verständlich, sollten Sicherungen einbauen gegen eine Deformation der herkömmlichen Reichsverfassung, der traditionellen teutschen Libertät, wie sie für viele Zeitgenossen der Prager Vertrag verkörpert hat, sind insofern als Kommentar und Korrektur der Vereinbarungen von 1635 zu lesen. Wir werden deshalb 1648 auf den Prager „Frieden" zurückkommen müssen.

Stärkung des Kaisertums auf Kosten der reichsständischen Libertät: So also konnte man die zentrale Stoßrichtung des Prager Vertrags durchaus sehen. Wenn sich die Reichsstände nicht mehr zusammentun, wenn sie ohne kaiserliche Erlaubnis keine Truppen mehr aufstellen durften, waren kaiserlicher Selbstherrlichkeit Tür und Tor geöffnet, weil keine Gegenwehr mehr organisiert werden konnte. Bedenklich auch, dass der Prager Vertrag Gesetzesgeltung für alle Reichsstände beanspruchte, sobald sich ihm eine Mehrheit derselben unterworfen habe! Reichsgesetze konnte eigentlich nur ein Reichstag verabschieden. Nun gut, ein solcher hatte seit 1613 nicht mehr stattgefunden, die siegreiche Seite berief sich auf so etwas wie ein Notrecht. Oder sollte die Versammlung aller Reichsstände ausgehebelt, sollte eine Regierungspraxis ohne Reichstag begründet werden? Diesen Verdacht bestärkt ein Sachverhalt, der von der Forschung bislang regelmäßig übersehen wurde: Der Prager Frieden ist auch Steuerbewilligung!

Reichsgesetze ohne Reichstag?

Ein ganz unpolitischer Kopf könnte sogar das den Militaria subsumieren. Der Prager Vertrag verurteilt das zeitgenössische Kontributionswesen, die Reichsarmee sollten Reichssteuern finanzieren. Aber Steuerfragen waren auch in der Vormoderne nicht unpolitisch, damals erst recht nicht. Die Steuerbewilligung war nämlich das Fundament der ständischen Macht – der Landstände am Landtag, der Reichsstände, wenn es um Reichspolitik ging. Vormoderne Herrschaft beruhte auf dem Prinzip des „do ut des" (wörtlich übersetzt: „ich gebe, auf dass Du gibst"). Was die Stände hergaben, war Geld, und dabei konnten sie nachdrücklich (eben mit dem Nachdruck der fürstlichen oder kaiserlichen Geldnot) ihre Gegenforderungen erheben.

Steuern ohne Reichstag!

Der Prager Vertrag aber behauptet nicht nur, sobald er mehrheitlich angenommen sei, als „eine gemeine Reichs-Bewilligung" zu „gelten", er postuliert außerdem, dass sich jeder, der dem Vertrag beitrete, damit auch zur Zahlung von 120 Römermonaten verpflichte. („Römermonat" – ursprünglich: was ein bewaffneter Romzug zwecks päpstlicher

Kaiserkrönung, wie sie neuzeitliche Reichsoberhäupter gar nicht mehr suchten, monatlich gekostet hatte –: das war die Rechnungseinheit für Reichssteuern; Kaiser forderten und bekamen am Reichstag nicht soundsoviele Gulden, sondern soundsoviele Römermonate – die man natürlich in Gulden oder Taler umrechnen konnte.) Damit war man wahrlich in den Kernbereich der Kompetenzen eines Reichstags vorgestoßen! In den Anfangsjahren des Dreißigjährigen Krieges hatte es das Engagement der Liga dem Kaiser einigermaßen leicht gemacht, ohne Steuerbewilligung eines Reichstags auszukommen, zu bestehen; später waren jene ausufernden Kontributionen Wallensteins hinzugekommen, die viele bereits als ernsthafte Gefährdung der „teutschen Libertät" werteten. Hatte man in Wien nun einen neuen Kniff gefunden, wie sich der Reichstag aushebeln ließ? Bald sollte man es an manchen Residenzen so sehen.

Übrigens wiederholte sich der Vorgang im Folgejahr unter etwas modifizierten Umständen; auch das hat in der Forschung traditionell keine Beachtung gefunden, wohl bei besorgten Zeitgenossen. Nun war es – nein, erneut kein Reichstag, sondern diesmal ein Kurfürstentag, der dem Kaiser weitere 120 Römermonate ‚bewilligte'. Dem kurfürstlichen Plazet folgte ein Patent des neu gewählten Römischen Königs, Ferdinands (der hierin seinen Vater, den bereits abgereisten Kaiser, vertrat). Es verkündete, dass sich Kurfürsten und Kaiser „im Nahmen und zue behueff des gantzen Reichs[!] dahin vereinbahret und verglichen" hätten, dass die im Prager Vertrag vorgesehenen 120 Römermonate „vollends ein[ge]bracht" und dass „abermahls" 120 Monate „eingefordert werden" sollten. Ferdinand befehle („gebiethen demnach"!) allen Reichsständen und Bewohnern des Reiches, dass sie „solchem gemachten Schluß allerdings nachkommen".

In der Geschichte des Kurkollegs markiert die ‚Steuerbewilligung' von 1636 eine wichtige Zäsur. Salopp gesagt wird es von da an mit der kurfürstlichen „Präeminenz", dem von den Kurfürsten für sich beanspruchten Vorrang in der Reichspolitik, bergab gehen. Der (1636 gar nicht so empfundenen) Anmaßung wird der tiefe Fall auf dem Fuße folgen. Neben dem Kaiser stehen nämlich von nun an für alle freiheitsliebenden Patrioten, alle Vorkämpfer der teutschen Libertät die Kurfürsten mit am Pranger. Wir werden auch das noch merken, wenn wir den Westfälischen Frieden betrachten.

4.3.2 Warum der Prager Vertrag keinen Frieden bringt

Wieder hat sich eine, die kaiserlich-katholische Seite durchgesetzt, wieder geht der Krieg weiter. Aber warum? Dass die dritte Kriegsphase, der Schwedische Krieg, neue Friedenshindernisse generierte, sahen wir schon – so stießen wir auf diesen gravierenden Sachverhalt: Die Schwedischen pochen jetzt und bis 1648 auf „Satisfaction", also mindestens eine Bezahlung ihrer Truppen und Land an der „sjökante" südlich der Ostsee. Der Friedensschluss mit ihnen würde teuer. Ließ er sich überhaupt bezahlen? Auf Pommern erhob ja auch Kurbrandenburg Anspruch! So trieb der Krieg immer weiter in den Krieg, tauchten immer wieder neue Stolpersteine auf dem Weg zum Frieden auf.

Friedenshindernis „Satisfaction" – das Pommernproblem

Wollte nun nicht bereits der Prager Vertrag „Frieden" sein? Er wurde es nicht, aus zwei Gründen. Zum einen war das Prager System eine *schlechte* Ordnung für das Reich. Sie war so günstig für die zum dritten Mal siegreiche kaiserliche Seite, dass das Widerstand geradezu provozieren musste. Unabhängig davon, ob man das an der Hofburg vor lauter chronischen Bedrohungs- und Überlastungsgefühlen *subjektiv* überhaupt so wahrgenommen und gezielt angesteuert hat (was in der Forschung strittig ist), war für aufmerksame Zeitgenossen doch klar, dass die Prager Vereinbarungen *objektiv* geeignet waren, das Kaisertum bedenklich zu stärken – es genügt, in knapper Andeutung an diese drei Bestimmungen zu erinnern: kaiserliches Rüstungsmonopol, kaiserliches Bündnismonopol, Steuern ohne Zustimmung der zum Reichstag versammelten Standegesamtheit.

Der Prager Vertrag schafft keine stabile, da ausgewogene Ordnung fürs Reich

Zu den verhängnisvollen Defiziten des Prager „Friedens" gehört auch, dass er keinen konstruktiven Lösungsansatz für die beiden Altlasten (und Friedenshindernisse!) aus der ersten Kriegsphase – nämlich die Pfalzfrage und das Los der böhmischen Exilanten – bereithielt. Der Vertrag schließt „von dießer amnistia per expressum auß die Böhmische und Pfältzische händel und sachen und waß denenselben anhengt". Wegen ihrer „ungebührnuß", ja, des „verbrechens", sich im Schwedischen Krieg gegen ihn positioniert zu haben, wollte Ferdinand ferner eine lange Reihe von Territorialherren „von dieser amnisti außgezogen wissen". Zwei der wichtigeren Reichsfürsten befanden sich darunter: nämlich der Herzog von Württemberg (der infolge des Restitutionsedikts ein Drittel seines Territoriums verloren hatte) und der Markgraf von Baden-Durlach. Sie kamen deshalb, wie alle ungebührlichen ‚Verbrecher', auch nicht in den Genuss von Amnestie und Restitution. So musste zwar weniger restituiert werden – aber diese recht willkürlich anmutenden Ausnahmen wirkten kriegsverlängernd. Warum? Nun, die „nondum reconciliati", wie die zeitgenössischen Akten rubrizieren, die „noch nicht Versöhnten" (meint: noch nicht mit dem Kaiser Ausgesöhnten) suchten zwangsläufig weiterhin rastlos nach immer neuen Anknüpfungen für antihabsburgische Allianzen, weil sie ja sowieso fast nichts mehr zu verlieren hatten. Man hat wieder einmal solche Verlierer geschaffen!

Der Prager Vertrag ist eine Ordnung nur fürs Reich

Also, aus mancherlei Gründen war das Prager System keine faire, deshalb auch keine stabile Ordnung für das Reich. Mit der gleichen Berechtigung ließe sich sagen: Der Krieg ging weiter, weil das Prager System eine Ordnung *nur* für das Reich war. Es war illusorisch, anzunehmen, ein nach den Prager Vorgaben geeintes Reich – so es sich derart überhaupt vollständig hätte einigen lassen – sei in der Lage, Schweden und Frankreich in die Schranken zu weisen. Man kann es auch so ausdrücken: Der Vorsatz, sich endlich über Konfessionsgrenzen hinweg zusammenzuraufen, um nach diesem Schulterschluss aller reichspatriotischen Deutschen die ausländischen Truppen aus dem Reich hinauszukomplimentieren, er wurde nicht nur halbherzig umgesetzt (wie wir soeben sahen), er kam auch zu spät.

Zwar traten fast alle Reichsstände, die man nicht von vornherein davon ausgeschlossen hatte, noch 1635 den Prager Vereinbarungen bei – was hätten sie auch anderes tun sollen? Die Machtverhältnisse seit Nördlingen machten jede andere Option hochriskant. Die Friedenssehnsucht nach 17 verheerenden Kriegsjahren und der reichspatriotische Wunsch, Mitteleuropa nicht vollends zur Bühne für europäische Großmachtrivalitäten verkommen zu lassen, ließen fast alle Reichsglieder ihre verfassungspolitischen Bedenken hintanstellen – so, wie ja auch der konfessionelle Furor im Zeichen eines nun allenthalben spürbaren, neu erwachten Reichspatriotismus zurückgetreten, etwa aus der Flugschriftenliteratur seit Gustav Adolfs Tod fast gänzlich verschwunden war. In den Flugschriften der späten 1630er-Jahre ringen nicht mehr „GOtt" und „Teuffel" miteinander, geht es um die „Freiheit" – nur wovon? Während Schweden und Frankreich lancieren, man müsse die teutsche Libertät gegen einen „tyrannischen" Kaiser verteidigen, schwelgen viele dezidiert patriotische Flugschriftenautoren von „teutschem geblüet und gemüet", um danach zum Freiheitskampf gegen drohende Fremdherrschaft aufzurufen.

Konfessioneller Hader überwunden, die Stunde der Patrioten? Ersteres ein Stück weit ja, aber der angedeutete neue Reichspatriotismus musste ins Leere laufen. Denn der deutsche Konfessionskrieg war in den sechs Jahren seit dem Restitutionsedikt zum europäischen Hegemonialkampf mutiert, reichsintern war dieser Krieg gar nicht mehr beizulegen.

Georg Schmidt hat pointiert behauptet: „Gescheitert ist der Prager Friede im Norden des Reiches, und damit in einem Raum, der in Wien noch immer zu wenig beachtet wurde." Wie meint er das? Nun, die Schwedischen kontrollierten noch immer Pommern und Teile Mecklenburgs. Schmidt wirft der Hofburg vor, nicht einmal versucht zu haben, Oxenstierna mit stattlichen Entschädigungszahlungen den Abzug der schwedischen Truppen schmackhaft zu machen; seines Erachtens wäre der Reichskanzler damals wohl zu einem Verzichtfrieden bereit gewesen, so man ihm einen Teil der Kriegskosten erstattet hätte. Leichtsinnig habe die Hofburg darauf gesetzt, dass die Schwedischen bald schon wieder mit Polen beschäftigt sein würden, dass sie es ferner mit kurbrandenburgischen Truppen zu tun bekämen – denn der Kurfürst werde versuchen, sich jenes Pommern zu holen, das ihm der Prager Vertrag zusprach.

Das alles ist nicht von der Hand zu weisen, solche um taktische und prognostische Defizite an der Hofburg kreisende Gedankenspiele sind allemal legitim und interessant; aber die wichtigste Antwort auf die Frage, warum der Krieg 1635 nicht an sein Ende kam, finden wir nicht in Norddeutschland. Der Krieg konnte im Sommer 1635 nicht mehr reichsintern beendet werden, weil das Reich just seitdem nur noch wichtiger Nebenkriegsschauplatz gewesen ist: Nebenbühne im Ringen zwischen einer west- und einer südeuropäischen Großmacht. Das Frankreich Richelieus, das dem mitteleuropäischen Kampfgeschehen fortan seinen Stempel aufdrücken wird: Dieses Frankreich ist vor allem an einer Eindämmung der Macht der *spanischen* Habsburger interessiert. Knapp zwei Wochen vor der Siegelung des Prager Vertrags, am 19. Mai 1635, hatte Paris Madrid den Krieg erklärt – Auftakt zur letzten und längsten Phase des Dreißigjährigen Krieges, zum Französisch-Schwedischen Krieg.

4.4 Der Französisch-Schwedische Krieg – Konstellationen zu Kriegsbeginn

4.4.1 Das darstellerische Problem: „Verwerfungen"

Den Dreißigjährigen Krieg in seiner überbordenden Faktenfülle anschaulich zu machen und doch auch übersichtlich darzustellen, will nicht recht gelingen. Soll man versuchen, den Stoff von einigen zentralen Knotenpunkten aus in den Griff zu bekommen und deshalb gleichsam grob gerastert präsentieren? Soll man einen gleichmäßig dicht gewebten Teppich ausbreiten? Dann droht man sich in ein Gewimmel von Scharmützeln, Belagerungen, Heereszügen hierhin und dorthin und überallhin zu verstricken. Also lieber doch der Verzicht auf chronologische Fülle – Konzentration auf die je und je typische Konfliktkonstellation und die zwei, höchstens drei berühmtesten Schlachten jeder der vier Kriegsphasen? So brächte man zwar Übersichtlichkeit in einen ziemlich systematisierungsresistenten Stoff, freilich evozierte man damit ferner den Eindruck, als seien einige spektakuläre offene Feldschlachten die Essenz dieses Krieges gewesen, das, was ihn eigentlich ausgemacht habe – was grundverkehrt wäre.

Dieses Studienbuch versucht es mit einer Kombination, es eilt über manche Monate rasch hinweg, verlangsamt den Erzählfluss gelegentlich, um beispielhaft etwas Farbe und Leben hineinzubringen. Hoffentlich kam mehr dabei heraus als nur ein fauler Kompromiss.

Die vierte Kriegsphase: ein sperriger und lang vernachlässigter Stoff

Sich der vierten und letzten Kriegsphase zuwendend, steht jeder Autor vor einem vollends unübersteigbaren darstellerischen Problem, salopp gesagt: Es wird alles noch schlimmer! Der Französisch-Schwedische Krieg ist fast undarstellbar. Viele Handbuchautoren mogelten sich denn auch um die ihnen eigentlich gestellte Aufgabe herum; sogar die epochale, in ihrer Zeit maßstabsetzende Darstellung des Konfessionellen Zeitalters aus der Hand Moriz Ritters versickert nach 1635 gleichsam. In vielen Handbüchern geht der Schwedische Krieg fast nahtlos in den Westfälischen Frieden über. Tatsächlich lagen dazwischen freilich 13 Jahre!

Der Hauptgrund: Mitteleuropa wird zur Nebenbühne

Zwei Probleme erschweren es, umfassend und doch einen Roten Faden entlang zu berichten. Zum einen hatte sich der deutsche Konfessionskrieg ja internationalisiert – wir konnten das bereits für die frühen 1630er-Jahre konstatieren; nach 1635 aber war Deutschland oft nicht einmal mehr der Hauptkampfplatz. Frankreich, die für diese Kriegsphase namensgebende Macht, wollte vor allem Spanien treffen: Madrid, nicht unmittelbar Wien. Im Zentrum der französischen Aufmerksamkeit lag dabei zumeist Flandern (Achtzigjähriger Krieg – ihn also müsste man eigentlich parallel zur französisch-schwedischen Phase des Dreißigjährigen Krieges schildern); die Pyrenäen, die Westalpen, Oberitalien, dann schon auch Süddeutschland waren mit im Blick, das waren für Paris wichtige Nebenbühnen. Konsequent das mitteleuropäische Kriegstheater fokussierend müsste man elementar wichtige außerdeutsche Entwicklungen ausblenden – die dann doch wieder irgendwie zum Verständnis der Handlung auf der deutschen Bühne fehlten. Aber selbst wenn man all diese Fäden zu außerdeutschen Ereignissen gewaltsam kappen würde, wäre, was übrig bleibt, verworren genug. Warum?

Konrad Repgen, der große Kenner des Westfälischen Friedens, hat einmal so auf die letzte Kriegsphase zurückgeblickt:

> Es gibt geschichtliche Komplexe, zu deren Verständnis sich als Modell der geologische Begriff der ‚Verwerfung' anbietet: ältere Formationen (Probleme, Strukturen, Konstellationen) werden vertikal verschoben; sie kommen dadurch in Verbindung mit und Berührung von anderen (neueren) Formationen, die sich darüber- und danebenlegen und so die Lage und Richtung der älteren (mit-)bestimmen. So war der Krieg 1635 bis 1648 in Deutschland.

Was für Formationen meint Repgen wohl? Man wird drei Schichten unterscheiden müssen. Die erste Formation, das sind die Altlasten aus den 1620er-Jahren. Also zum einen die notorischen konfessionspolitischen Querelen, ohne die der Krieg nicht ausgebrochen wäre (präziser formuliert: ohne die die regionale böhmische Krise nicht zum großen Krieg eskaliert wäre), sodann die Pfalzfrage, der Motor des Kriegsgeschehens der 1620er-Jahre – der danach natürlich nicht völlig verstummt ist. Die zweite Formation, das sind die Altlasten aus dem Schwedischen Krieg – das Problem einer hinreichenden „Satisfactio" für Stockholm, also der Entlohnung der schwedischen Truppen und einer territorialen ‚Entschädigung' Schwedens für sein

Ein weiterer Grund: Man schleppt viele Altlasten weiter

Engagement in Mitteleuropa; ferner das Abseitsstehen der feindseligen oder doch jedenfalls verbitterten „nondum reconciliati". All das ist ungelöst, weiter virulent, als sich, drittens, seit 1635 etwas Neues abzeichnet: nämlich dass das Reich in einen großen, an Schauplätzen reichen Krieg zwischen Frankreich und Spanien verwickelt wird. Das ist nach drei wenig griffigen Übergangsjahren 1638 besiegelt, prägt das letzte Jahrzehnt des Dreißigjährigen Krieges.

4.4.2 Was wir über Richelieu und über Frankreich wissen müssen

Wie kam denn Frankreich im Reich ins Spiel? Das Fiasko von Nördlingen hat den Gustav Adolfs Tod überdauernden Nimbus der schwedischen Armee zerstört. Die frustrierten Verbündeten sahen sich anderswo um. Schon im Zerfall begriffen, sandte der Heilbronner Bund hinter Oxenstiernas Rücken eine Delegation nach Paris, um Frankreich zur Kriegserklärung an den Kaiser zu drängen. Rief das Scheitern Schwedens den nächsten externen Verbündeten auf den deutschen Kriegsschauplatz?

1635: die Stunde des Kaisers, damit Habsburgs

Zunächst schien ja, mit dem Prager Vertrag, im Gegenteil ein reichsinterner Kompromissfrieden gefunden: die Stunde des Kaisers also, nicht die Richelieus. Der Kardinal argwöhnte schon länger, dass die Hofburg daran arbeite, das Reich in eine „monarchie absolue" zu verwandeln; den Prager Vertrag wertete er als Beweis hierfür. Das Gutachten eines Mitarbeiters urteilte, das Prager System sei „entièrement tirannique" (zit. nach Klaus Malettke), ganz und gar tyrannisch, also mit der teutschen Libertät unvereinbar. Dass die Hofburg auch in den Augen vieler deutscher Beobachter den Bogen überspannte, das politische System des Reiches deformierte und zur Gefahr für die „teutsche Libertät" wurde, wissen wir bereits. Aber nolens volens ordneten sich nun eben doch fast alle Reichsstände ins Prager System ein – dem Konflikt zwischen der Hofburg und den katholischen Reichsständen einerseits, Schweden und seinen evangelischen Verbündeten andererseits schien ein Konflikt des ganzen Reiches mit Schweden zu erwachsen.

Auch nach 1635 Ansatzpunkte für externe Feinde Habsburgs?

Vorerst gab es nur zwei einigermaßen erhebliche Ausnahmen: den Herrscher über eines der größeren Reichsterritorien und einen befähigten Söldnerführer ohne eigenes Land. Bernhard von Sachsen-Weimar, nachgeborener Prinz eines Zwergenterritoriums, hatte blutjung auf eine militärische Karriere gesetzt, schon beim Wimpfener Debakel des badischen Markgrafen Georg Friedrich war er dabei gewesen; nun hoffte er, als Parteigänger Schwedens, dann Frankreichs doch noch ein Territorium ergattern zu können. Landgraf Wilhelm von Hessen-Kassel hatte sich zunächst auf Verhandlungen über einen Beitritt zum Prager Vertrag eingelassen – die zogen sich freilich hin, und dann paktierte der Landgraf im Juni 1636 mit Frankreich. Er verfiel deshalb der Reichsacht, sein Territorium wurde dem Darmstädter Landgrafen zur Verwaltung überstellt und von kaiserlichen Truppen furchtbar verwüstet. Wilhelm starb 1637 im Exil, doch seine mutige Witwe, Amalie Elisabeth, kämpfte fortan als „neue Penthesilea" – wie ein zeitgenössischer Ausdruck für die tatkräftige Regentin über oft nicht mehr als ein Heerlager lautete – mit dem Mut der Verzweifelten, derer, die einfach nichts mehr zu verlieren hatte, gegen das Prager Zwangssystem an. (Penthesilea: das ist jene sagenhafte Amazonenführerin, die Kleist berühmt machen wird.) Diese heute wenig bekannte Frau wird in den letzten zehn Kriegsjahren ein eminent wichtiger Faktor im Kriegsgeschehen, Motor der antihabsburgischen Opposition im Reich. Wer als externe Macht zugreifen wollte, fand hier einen Ansatzpunkt, deutsche Verbündete, eine Kriegslegitimation.

Aber wollte eine externe Macht zugreifen? Und wieso ausgerechnet Frankreich? Wir wissen bereits, dass der notorische Interessengegensatz zwischen Frankreichs Königen und den Habsburgern ungefähr so alt ist wie die Neuzeit (vgl. Kap. 1.3.5). Karl V. hatte vier Kriege gegen Frankreich geführt, einen fünften begonnen. Das Land versank danach in den Wirren der Hugenottenkriege. Die Konsolidierung gelang Heinrich IV., und prompt stand 1610, wie wir sahen, ein französisch-habsburgischer Krieg vor der Tür. Dann erneut eine Latenzphase: schwache Regentschaftsregierung, letzte Auseinandersetzungen mit den Hugenotten, Frankreich ist wieder mit sich selbst beschäftigt.

Frankreichs Staatsräson: kein allzu starkes Habsburg

Was wird danach anders? Die Hugenottengefahr ist gebannt; und nach einer Phase häufig wechselnder, unterschiedlich fähiger Minister wird 1624 für lange Jahre ein unstritten außerordentlich fähiger Stratege für die Außenpolitik zuständig: Armand Jean du Plessis, Herzog von Richelieu. Nicht, dass er die französische Außenpolitik bis 1642 allein bestimmt und gesteuert hätte – Ludwig XIII. ließ nie einen

Richelieu wird für die Pariser Außenpolitik maßgeblich

Zweifel daran, dass er seine Autorität zu wahren gewillt war. Nur, in der Außenpolitik gab es fast nie nennenswerte Differenzen zwischen den beiden Männern. Richelieu beendete eine Phase einerseits zerfahrener, zum anderen konfessionell aufgeladener, deshalb tendenziell prohabsburgischer Außenpolitik Frankreichs. Der Kardinal beurteilte die europäische Großwetterlage wieder so, wie es viele Vorgänger im 16. Jahrhundert getan hatten: Habsburg umschließe Frankreich und drohe in Europa übermächtig zu werden; der gefährlichere, weil wesentlich stärkere Zweig der Dynastie sei der spanische. Spanien wolle eine Monarchia universalis errichten, modern ausgedrückt: die Hegemonie über Europa erringen. Das sei die zentrale Herausforderung der französischen Außenpolitik, und also ihr Grundaxiom die Schwächung Spaniens.

Die konfessionelle Besitzstandsverteilung in Mitteleuropa interessierte den Kardinal wenig. Ein Memorandum zur Deutschlandpolitik aus der Hand eines engen Mitarbeiters Richelieus, wohl vom November 1633, beginnt so: „Évitons, au nom de Dieu, une guerre de religion" (vermeiden wir, um Gottes willen, einen Religionskrieg)! Das Gutachten führt aus: „Le principe ejus religio cujus regio vient du diable; on ne doit pas obtenir les conversions par la violence, mais laisser Dieu opérer par le Saint-Esprit". Also, frei übersetzt: „Der Grundsatz (man ergänze: des Augsburger Religionsfriedens), dass der Landesherr den Glauben seines Territoriums festlegt, ist teuflisch; Konversionen braucht man nicht zu erzwingen, Glaubensfragen sind dem Wirken Gottes zu überlassen." Da also ließ man den Heiligen Geist walten, die Staatsinteressen musste der Politiker in seine Hand nehmen. Unter Richelieu traten konfessionelle, ja, man wird sagen dürfen: überhaupt religiöse Postulate in den Pariser Außenbeziehungen wieder gänzlich zurück.

Warum das Reich ins Visier Richelieus gerät

Welche Rolle spielte das Reich in Richelieus außenpolitischen Szenarios? Ein Protokoll vom 24. November 1624, also aus Richelieus Anfangszeit, zitiert den Kardinal wie folgt: „Les affaires d'Allemagne sont en tel état que si le roi les abandonne, la maison d'Autriche se rendra maîtresse de toute l'Allemagne et ainsi assiégera la France de tous côtés." Es stehe so in Deutschland, dass dieses, wenn sich Frankreich nicht einmische (wörtlich: wenn Paris Deutschland aufgebe, preisgebe), von Habsburg unterjocht werde, infolgedessen werde

Habsburg Frankreich von allen Seiten umlagern. Die habsburgische Umklammerung also – um Habsburg geht es, nicht so sehr ums Reich als solches, aber diesem Habsburg wird unterstellt, dass es das Reich für seine Hausmachtinteressen instrumentalisiere, deutsche Ressourcen für seine europäischen Hegemonialgelüste missbrauchend. Wie fast alle Zeitgenossen hielt Richelieu den spanischen Zweig des Hauses für den wesentlich stärkeren.

Mit anderen Worten: Die eigentliche Gefahrenquelle verortete Richelieu in Madrid; die Hofburg kam, salopp und überpointiert gesagt, als Filiale der Madrider mit ins Blickfeld, das Reich, drittens, als Vorhof dieser Filialregierung. Die französisch-spanische Konfrontation spielte sich zunächst nicht auf Reichsboden, sondern anderswo ab: in Oberitalien. Dorthin blickte Richelieu in den 1620er-Jahren vor allem. Welche Ziele verfolgte er dort? Wohl die folgenden drei: Minderung des spanischen Einflusses auf Oberitalien (wir erinnern uns an Mantua und Montferrat); Sperrung strategisch wichtiger Alpenpässe für Spanien, auf dass die Verbindung von und nach Italien erschwert werde (wir erinnern uns ans Veltlin); hinzukommen sollten, drittens, eigene, französische Einfallspforten und Einflusszonen (wir erinnern uns an Savoyen).

Frankreichs Engagement im Mantuanischen Erbfolgekrieg passt einerseits zu den soeben konstatierten Prioritäten; aber dieser Konflikt lenkte den Blick des Kardinals doch auch nach Norden. In Mantua selbst (anders als in der Markgrafschaft Montferrat) standen schließlich keine spanischen Truppen, sondern kaiserliche – Richelieu musste mit Befremden registrieren, wie leicht sich die österreichischen Habsburger vor den Karren der spanischen Verwandten spannen ließen. Das war sicher *ein* Grund für die sich nun abzeichnende Schwerpunktverlagerung der französischen Außenpolitik nach Norden. Den Zweiten kennen wir auch schon: eklatant starke kaiserliche Stellung im Reich am Ende der Zwanzigerjahre. In seinen Memoiren argwöhnt Richelieu sogar, der Kaiser arbeite daran, das Reich „in eine absolute Monarchie umzugestalten". Also gelte es, die deutsche Libertät hochzuhalten, im Interesse der Reichsstände und natürlich auch ihres französischen Nachbarn.

Auf die oberitalienische Phase von Richelieus Außenpolitik folgte deshalb eine, in der das Reich schon stärker im Pariser Blickfeld

Reichspolitik vor 1635 – Paris finanziert Schwedens Krieg mit stand – wenn auch noch nicht als Schauplatz *un*mittelbaren militärischen Engagements. Vielmehr finanzierte Paris den Krieg Schwedens im Reich mit (der Vertrag von Bärwalde wurde schon erwähnt). Schweden sollte also, gegen Subsidien, quasi für die französischen Interessen mitkämpfen. Das funktionierte nicht so gut, wie es sich Richelieu erhofft hatte, denn statt nach Wien zu ziehen, machten sich die schwedischen Truppen in Süddeutschland und auch am Oberrhein breit, der Verbündete wurde unversehens zum potenziellen Konkurrenten um Einflusszonen: zweifelsohne einer der Gründe dafür, dass sich Frankreich schließlich selbst engagieren wird (wenn auch nicht der auslösende Faktor).

Reichspolitik vor 1635 – Protektionsverträge

Die Phase indirekten, hauptsächlich finanziellen Engagements in Mitteleuropa dauerte von 1631 bis 1635. Die Geldüberweisungen an die schwedische Adresse wurden flankiert von vorerst zwei Protektionsverträgen mit im östlichen Vorfeld Frankreichs regierenden Reichsfürsten. Dabei zeigte sich Richelieu zunächst durchaus wählerisch, eigentlich lud nämlich das katholische Deutschland Paris geradezu zu solchen Verträgen ein. Schockiert vom rasanten Siegeslauf Gustav Adolfs hätten sich viele katholische Reichsstände nur allzu gern in ein Schutzverhältnis zur Krone Frankreich geflüchtet. Aber noch *wollte* sich Paris gar nicht allzu sehr selbst im Reich engagieren; noch glaubte man, so kurze Zeit nach dem Ende des zehnten Hugenottenkriegs, mit seinen Kräften haushalten zu müssen.

Aber ins räumliche Vorfeld Frankreichs streckte man schon einmal Fühler aus. Zum einen wurde 1632 französische Protektion über Lothringen vertraglich vereinbart. Nach diversen Querelen mit Karl IV. von Lothringen, die an sich mit den großen Themen des Dreißigjährigen Krieges nichts zu tun hatten, besetzten französische Truppen im Jahr darauf, 1633, das Herzogtum. Das war keine Bagatelle aus habsburgischer Sicht – wegen der „Spanish Road", der Verbindung zwischen den verschiedenen Teilen des habsburgischen Großmachtkomplexes. Außerdem hatte man Lothringen traditionell für ein Territorium des Reiches gehalten. Freilich hatten sich „seine verfassungsmäßigen Bande dorthin schon im 16. Jahrhundert … weitgehend gelockert" (Rainer Babel), Lothringens Herzöge erachteten sich seitdem als souverän.

Ganz unstrittig regierte Philipp Christoph von Sötern über zwei Reichsterritorien: nämlich das Erzstift Trier und das Hochstift Speyer.

Wegen der schwedischen Gefahr Rückhalt suchend, räumte Philipp Christoph gegen französische „custodia" („Schutz" – ein freundliches Wort für Protektion) Paris die strategisch wichtige Kontrolle über die rechtsrheinischen Festungen Ehrenbreitstein (bei Koblenz, im Erzstift) und Philippsburg (im Hochstift) ein. Den Protektionsvertrag mit Frankreich ergänzte ein Neutralitätsvertrag mit Schweden; die dort postulierte „syncera Neutralitas" bedeutete praktisch, wie meistens im Dreißigjährigen Krieg, keine Äquidistanz zu beiden Kriegsparteien. Der Neutralfreund hatte Richelieu ja das Recht eingeräumt, französische Truppen in die beiden genannten Festungen zu legen, damit war eine wohlwollende Politik auch gegenüber jenen Schwedischen, die ja mit französischen Geldern Krieg führten, gewährleistet. Übrigens wird die Gefangensetzung Philipp Christophs durch spanische Soldaten der Anlass (nicht der tiefere Grund) für die Kriegserklärung Frankreichs an Spanien sein.

Lothringen also, Trier und Speyer; nach dem Nördlinger Debakel unterstellten sich ferner eine ganze Reihe kleinerer evangelischer Territorialherren vor allem im Elsass Frankreichs Schutz; angeblich, um ihm vor Ort Nachdruck zu verschaffen, wurden französische Garnisonen bei den Pariser Schützlingen stationiert. Das räumliche Vorfeld Frankreichs (militärisch ausgedrückt: sein Glacis) wurde also durch Schutz- und Anlehnungsverhältnisse abgesichert.

Kurz, die Subsidienpolitik wurde flankiert von einer (vorerst noch zurückhaltenden, selektiven) Protektionspolitik – wie wir sie früher schon in Oberitalien kennengelernt haben. Sollte sie territorialen Annexionen vorarbeiten? Damals sehr wahrscheinlich noch nicht; wir dürfen diese Vorgänge nicht im Lichte der Reunionspolitik Ludwigs XIV. interpretieren. Dass Frankreich Einflusszonen zum Rhein hin suchte, ja, einige rechtsrheinische Brückenköpfe wie Ehrenbreitstein, Philippsburg, später Breisach, war zunächst einmal, militärisch gesehen, defensiv motiviert, sollte einen Sperrriegel gegen kaiserliche, zu Zeiten auch schwedische Truppen vor die französische Ostgrenze legen.

Neben solchen militärischen standen freilich auch politische Überlegungen, die um das von Richelieu in entsprechenden Memoranden gern verwendete Wort „Passagen" kreisen. Man könnte also statt Protektionspolitik auch Passagenpolitik sagen. Was ist gemeint?

„Passagen"

Ausfallspforten sind gemeint, nach Italien und ins Reich hinein, Einflussschneisen, die Interventionsmöglichkeiten eröffnen: Basis der anvisierten Rolle eines Protektors der verfolgten Unschuld, etwa kleiner, von Habsburg drangsalierter Reichsstände; ein Fundament für die anvisierte Rolle des Schiedsrichters eines nach französischer Fasson befriedeten Europa, der Pax Gallicana. An größere territoriale Annexionen hat Richelieu wohl nicht gedacht; seinen Nachfolger Mazarin mögen solche Aussichten schon eher gereizt haben; in großem Stil eine Ostverschiebung der französischen Staatsgrenze betreiben wird dann aber erst Ludwig XIV. Wir dürfen Richelieus Reichspolitik, wie gesagt, nicht im Lichte dieser späteren Ereignisse interpretieren; gar an die girondistische Revolutionsparole von den vorgeblich „natürlichen Grenzen" denken: Die meinten, als angeblich besonders sichere, geschlossene, das Gegenteil der von Richelieu intendierten offenen. Richelieu wollte nicht den deutschen Rhein französisch machen, sondern Voraussetzungen dafür schaffen, dass der König von Frankreich über seine Passagen auch rechts des Rheins mitmischen konnte, dass er sich wohlfeil diplomatisch, eventuell auch militärisch wie in die oberitalienischen, so ferner in die deutschen Angelegenheiten einmischen (oder, in Richelieus Diktion: sie schlichten) konnte.

Blicken wir zurück! Richelieu suchte Habsburg schon vor 1635, vor der Kriegserklärung an Spanien, zu schwächen, freilich vorerst durch gezielte Nadelstiche und zumeist indirekt. Bis 1631 spielte das Reich dabei fast keine Rolle, danach eine schon etwas größere: Paris zahlte Habsburgs Erzfeinden im Reich, den Schwedischen, Geld, und es suchte im östlichen Vorfeld des französischen Staatsgebiets über Protektionsverhältnisse mit einzelnen Reichsständen „Passagen" ins Reich hinein zu gewinnen.

Ein expansives Programm? Wir können noch eine Bewertungsfrage anfügen: War Richelieus Politik der „Passagen" in außerfranzösische Gebiete hinein nicht anmaßend? Hatte er sich nicht doch, geschickter diplomatischer Verbrämung unerachtet, jedenfalls auf den zweiten Blick einem expansiven außenpolitischen Programm verschrieben? So kann man das schon beurteilen, so hat es aber Richelieu subjektiv wohl nicht empfunden. Richelieus Angstgegner war das vermeintlich übermächtige Spanien. Richelieus Urfurcht war es, von diesem gefährlichen Feind isoliert erwischt zu werden. Dem musste umtriebige Diplomatie vorbauen, zumal die Madrider ihrerseits ja nie allein dastanden. Nicht zuletzt hatten sie in den Augen des Kardinals mannigfachen Zugriff auf mitteleuropäische Ressourcen: über ihre Wiener Filiale nämlich. Also musste Frankreich, so Richelieus Sichtweise, auch in der Mitte Europas dagegenhalten, war Frankreich darauf angewiesen, Einflusskanäle ins Reich hinein zu behaupten.

4.4.3 Frankreich erklärt Spanien den Krieg

Soviel zur Vorgeschichte der „französisch-schwedischen" Phase des Dreißigjährigen Krieges – schreiten wir zu ihrem Auftakt weiter! Wir lernten, ehe wir uns Frankreich zuwandten, mitteleuropäische Entwicklungen kennen, die die vor Nördlingen siegreiche Seite hätten beunruhigen können. Wir sahen auch Reprisen kaiserlicher Fehler (wie der rückblickende Historiker neunmalklug konstatieren darf) – erneut versuchte die Hofburg nämlich unvorsichtig und unklug, weil in überzogenem Ausmaß, militärische Siege politisch nutzbar zu machen, wenn auch nicht mehr *konfessions*politisch; vielleicht hätte sie sich ferner unmittelbar (anstatt über ihren sächsischen Juniorpartner) und generöser Axel Oxenstiernas annehmen sollen. Das alles wird für den Fortgang der Kampfhandlungen nicht unwichtig sein.

Entscheidend war aber im Sommer 1635 etwas anderes: die Eröffnung des bis 1659 währenden Französisch-Spanischen Krieges nämlich. Mitteleuropa ist fortan wichtiger Nebenkriegsschauplatz. Im Jahr 1648 wird es gelingen, das Reich (und übrigens auch die niederländischen Nordprovinzen) vom französisch-spanischen Hegemonialkrieg abzukoppeln, beide Räume zu befrieden; bis dahin sind nun die Kämpfe zwischen Paris und Madrid, das Ringen um die künftige politische Physiognomie Mitteleuropas wie auch Nordwesteuropas ineinander verknäuelt.

Dass der traditionelle französisch-spanische Grundantagonismus 1635, wieder einmal, virulent wurde, ist keine unmittelbare Folge des kaiserlichen Triumphs vor Nördlingen. Anlass war vielmehr ein erfolgreicher Schlag der Spanier gegen Richelieus Protektionspolitik im Trierischen (also immerhin auf Reichsboden). Christoph Kampmann hat, intensive Forschungen zur französischen Außenpolitik der letzten vierzig Jahre zusammenfassend, zu Recht betont, dass der Ausgang

Bis 1648 sind nun drei Konflikte ineinander verknäuelt

der Nördlinger Schlacht Richelieu „in gewisser Hinsicht gar nicht unwillkommen war". Natürlich goutierte er nicht den kaiserlichen Machtzuwachs, aber, auf den ersten Blick vielleicht überraschend, die Schwächung Schwedens. Die Malaise der schwedischen Kriegführung von 1634 erhöhte die Chancen, die Stockholmer und ihre verbliebene deutsche Klientel zu französischen Vorstellungen als Bündnispartner einzufangen. Erste diplomatische Sondierungen, beispielsweise mit dem zerfallenden Heilbronner Bund, verliefen erfreulich. Richelieu hielt den nächsten Krieg Frankreichs mit den Habsburgern à la longue sowieso für kaum vermeidbar, nur hatte er es, wenige Jahre nach dem letzten Hugenottenkrieg, damit nicht eilig, und er wollte auf keinen Fall isoliert in den Konflikt mit der Weltmacht Spanien gehen.

Das gilt spiegelbildlich für das jenseits der Pyrenäen so gefürchtete Königreich Spanien. Auch der für die spanische Außenpolitik maßgebliche Mann, der Graf von Olivares, hielt die Aussicht für realistisch, dass man früher oder später im nächsten Krieg gegen Frankreich stecken werde, zumal die französische Vorfeldsicherung durch Protektionsverträge die Stabilität der „Spanish Road" (vgl. Karte 1) infrage stellen konnte; und auch die Madrider verhandelten erfolgreich. Waren bislang alle Pläne, Wien in eine umfassende „Habsburger-Liga" einzubinden, ins Leere gelaufen, weil sich die Hofburg nicht in die vielen Konflikte der Weltmacht Spanien hineinziehen lassen wollte und insbesondere an der niederländischen Front „neutral" zu bleiben wünschte, führten nun gesteigerte spanische Pressionen zu einem ersten Erfolg.

Madrid stellte 1634 seine Subsidienzahlungen an die Wiener Verwandten komplett ein; Geld werde erst wieder fließen, wenn sich die Hofburg bindend auf eine Unterstützung der europäischen Kriegsziele Spaniens verpflichte. In Wien begann man, nachgiebiger zu werden. Die geheime Zusatzklausel zu einem spanisch-österreichischen Vertrag vom Oktober 1634 akzeptiert grundsätzlich, wenn auch etwas gewunden, dass dem König von Spanien als Mitglied des Burgundischen Reichskreises die Hilfe von Kaiser und Reich gegen die unbotmäßigen niederländischen Rebellen zustehe. Erster Schritt zur so lange schon gesuchten „Habsburger-Liga"? Der Madrider Staatsrat hat es zuversichtlich so bewertet. Man könne nun am Rhein wieder energischer auftreten.

Aus der Position vermeintlicher neuer Stärke heraus besetzten spanische Truppen Trier, sie führten Richelieus Protegé, Kurfürst Philipp Christoph, gefangen ab. Was Richelieus Protektionspolitik desavouieren sollte, wurde der heftigen französischen Reaktion wegen zum Auftakt eines 24 Jahre währenden Kriegs zwischen Frankreich und Spanien. Paris nämlich antwortete auf die spanische Provokation am 19. Mai 1635 mit der Kriegserklärung. Ludwig XIII. konnte eine Auseinandersetzung, die man in Paris ja ohnehin für allenfalls aufschiebbar hielt, nun unschwer als „gerechten" Krieg führen, als Protektor des von spanischen Aggressoren arrestierten Kurfürsten.

Der Anlass: Spanische Truppen nehmen einen Protegé Richelieus gefangen

4.4.4 Das Reich wird in den Französisch-Spanischen Krieg hineingerissen

Offener Krieg also zwischen Frankreich und den spanischen Habsburgern – und die österreichischen Habsburger? Ganz unvermeidlich machte die französische Kriegserklärung an Madrid Kampfhandlungen auch zwischen Wien und Paris an sich nicht. Indes, die Verhältnisse entwickelten sich in Mitteleuropa aus französischer Sicht ziemlich unerquicklich. Mit dem Prager Vertrag schien die politische Position des Kaisers aus dem Hause Habsburg stärker zu sein denn je. Nur die politische? Kaiserliche Truppen waren Herren der Lage in Süddeutschland und auch am Oberrhein, wo die französischen Interessen im Elsass und in Lothringen gefährdet schienen. Dass sich Frankreich unter diesen Umständen, anstatt weiterhin die zuletzt erfolglosen Schwedischen finanziell zu unterstützen, schließlich dauerhaft selbst im Reich engagierte, muss nicht verwundern. Wir werden im nächsten Kapitel, wenn es um einen Abriss des Kampfgeschehens gehen wird, sehen, dass gleich im Spätsommer 1635 französische Truppen Württemberg verwüsten und dass im Jahr darauf neben spanischen auch kaiserliche Truppen in Nordfrankreich stehen.

Irreversibel wurde ein kontinuierliches militärisches Engagement Frankreichs im Reich indes erst 1638. Auf den Prager „Frieden" folgten drei wenig prägnante Übergangsjahre, die man eben traditionell nicht mehr dem „Schwedischen Krieg", sondern bereits der „französisch-schwedischen" Phase des Dreißigjährigen Krieges subsumiert – lassen wir es dabei! Es wurden in besagten Jahren wichtige Weichen hin zu

1635–1638: wenig prägnante Übergangsphase

einem kontinuierlichen französischen Militärengagement östlich des Rheins gestellt, ohne dass ein kaiserlich-französischer Krieg vor 1638 schon unausweichlich geworden wäre. Dass die Pariser unmittelbar gar nicht Wien, sondern Madrid treffen wollten (es gab auch nie eine förmliche Kriegserklärung Frankreichs an den Kaiser) und dass der Hofburg nicht daran gelegen sein konnte, Frankreich gleichsam ins Reich hineinzuziehen: Das ist nur eine Teilerklärung hierfür. Einen weiteren Grund müssen wir in Stockholm suchen. Die Schwedischen nämlich hätten es gern vermieden, ihren mitteleuropäischen Krieg im festen Schulterschluss mit Frankreich führen zu müssen. Einerseits zwar benötigten sie französische Unterstützung, mindestens finanzielle, wenn sie im Reich endlich wieder Erfolge einheimsen wollten. Andererseits konnten solche Erfolge ja vielleicht ein einigermaßen reputierliches Ende des Stockholm längst unleidlichen Kriegsengagements ermöglichen. Diesen Ausweg wollten sich die Schwedischen nicht dadurch versperren, dass sie ihre Kriegführung irreversibel an die Frankreichs banden, durch ein Bündnis, das separate Friedensverhandlungen verunmöglichte. Oxenstierna hielt die Franzosen deshalb erst einmal hin. Seiner Hinhaltetaktik erwuchsen gleich zwei schwedisch-französische Verträge – die Stockholm danach einfach nicht ratifiziert hat.

Erste Schritte zum Hamburger Vertrag: Compiègne, Wismar

Bereits kurz vor dem Prager „Frieden", im April 1635, hatten sich Frankreich und Schweden in Compiègne ihrer gemeinsamen Überzeugung versichert, eine Unterdrückung der deutschen Freiheiten nicht hinnehmen zu dürfen. Frankreich werde Schweden finanziell unterstützen und auch militärisch rechts des Rheins aktiv werden. Auf Separatfrieden mit der Hofburg verzichte man. Stockholm ratifizierte nicht, Frankreich bezahlte nicht die vereinbarten Subsidien. Im März 1636 schien man sich erneut handelseinig zu werden. Im Vertrag von Wismar verpflichteten sich beide Seiten auf eine koordinierte Kriegführung, bis jeder gebührende „Satisfaktion" erhalten habe. Frieden mit der Hofburg – erneut diese für Stockholm so prekäre, für Paris unabdingbare Festlegung! – dürfe nur in gegenseitigem Einvernehmen geschlossen werden. Frankreich helfe Schweden nicht nur militärisch, auch durch erhebliche Hilfsgelder. Noch aber ließ sich Stockholm nicht einfangen – erneut keine Ratifikation!

Trotz der Absichtserklärung von Compiègne nahm Oxenstierna Verhandlungen mit kursächsischen Diplomaten auf. Weil an ihrem Ende eigentlich der Frieden stehen sollte, widersprachen die Gespräche dem Geist der Vereinbarungen mit Richelieu. Natürlich, eben deshalb hatte man sie ja nicht ratifiziert! Oxenstierna setzte auf „Verzögerungstaktik" (Jenny Öhman), versuchte einstweilen, „auf beiden Hochzeiten zu tanzen" (Michael Roberts). Eigentlich war es eine Dreifachstrategie: weiterkämpfen, über einen ‚ehrenvollen' Frieden verhandeln, Paris hinhalten. Noch wollte sich Stockholm nicht fest an die Pariser Politik binden.

Warum führten die schwedisch-sächsischen Verhandlungen nicht zum Ziel? Wiewohl recht kriegsmüde, glaubten die Stockholmer eben doch, ihr Gesicht wahren zu müssen, nicht ohne „ähra och reputation" aus dem opferreichen Krieg ausscheiden zu dürfen. Der Frieden musste ein ‚ehrenvoller' sein, also: territoriale „satisfactio" sowie reichlich Geld für die Ausbezahlung und anschließende Abdankung der schwedischen Truppen – das waren nicht verhandelbare Kernforderungen. Außerdem pochte Stockholm auf eine Amnestie für seine deutschen Verbündeten, die „nondum reconciliati", ja, es wünschte die Wiederherstellung des territorialen und konfessionellen Vorkriegszustands. Hierauf gingen Oxenstiernas Gesprächspartner nicht ein. Man kann es auch problematisch finden, dass der siegreiche Kaiser die Verhandlungen mit den so auf ihre „reputation" erpichten Schwedischen, wenig feinfühlig, seinem ‚Juniorpartner' dieser Jahre, Kursachsen, überlassen hatte. Der Friedensschluss habe auf der Basis des Prager Vertrags zu erfolgen, so die Dresdner, allenfalls eine kleinere Geldzahlung nach Stockholm komme in Betracht. Die Schwedischen wollten nicht ihre „reputation" preisgeben und die Dresdner nicht den Prager Vertrag – man fand diplomatisch nicht ansatzweise zueinander.

Auf dem Weg zum Hamburger Vertrag 2: Schwedische Separatverhandlungen scheitern

Würde der Regensburger Kurfürstentag im Winter 1636/37 den Schwedischen einen reputierlichen Frieden bringen? Der Kaiser und die katholischen Kurfürsten erklärten sich für gar nicht zuständig, sie seien nicht die geeigneten Adressaten für Schwedens Satisfaktionswünsche. Stockholm habe Deutschlands Protestanten helfen wollen, sollten die dafür in ihre Schatullen greifen. Auch die Dresdner beharrten darauf, die Schwedischen nicht gerufen zu haben. Musste am Ende der Kurfürst von Brandenburg die ganze Zeche

Auf dem Weg zum Hamburger Vertrag 3: der Regensburger Kurfürstentag

bezahlen? Wir wissen schon, dass er nach jenem Pommern schielte, das nun fest in der Hand schwedischer Truppen war. Im März 1637 starb tatsächlich der letzte Greifenherzog – der Berliner sah sich als legitimen Erben, doch wünschten sich ja auch die Schwedischen bekanntlich ausgerechnet hier, südlich der Ostseeküste, dauerhaft festzusetzen: wieder ein gravierendes Friedenshindernis! Wie die viel ältere „Pfalzfrage" erschwerte fortan auch das (schon länger absehbare, seit 1637 virulente) „Pommernproblem" eine rasche Beendigung des Krieges.

Der Regensburger Kurfürstentag weckte in Paris nicht weniger Verdruss als in Stockholm. Den Schulterschluss zwischen Kaiser, katholischen Kurfürsten und Kursachsen konnten französische Beobachter so wenig übersehen wie den großen Einfluss der Madrider Diplomatie. Weil Spanien weiterhin – der „Spanish road" wegen strategisch wertvolle – rheinpfälzische Territorien besetzt zu halten wünschte, verweigerte die Hofburg den Erben des unglücklichen „Winterkönigs" jegliches Entgegenkommen. Offen erklärte der Kaiser am Kurfürstentag, auch den Emissären der Generalstaaten gegenüber, die niederländischen Nordprovinzen gehörten weiterhin zum Reichsverband, dem König von Spanien stehe Reichshilfe gegen die niederländischen „Rebellen" zu. Entsprach diese enge Anlehnung an die europäische Großmacht Spanien noch dem Geist der Prager Vereinbarungen? Provozierte diese demonstrative Annäherung an den westeuropäischen Kriegsgegner der Pariser nicht deren Zusammenarbeit mit dem mitteleuropäischen Kriegsgegner der Hofburg, also Schweden?

Diese Schlussfolgerung drängt sich, rückschauend betrachtet, eigentlich geradezu auf. Man könnte den Trägern des Prager Systems vorwerfen, am Ende selbst die 1635 gesuchte Abkoppelung des Reiches von den westeuropäischen Kriegen (dem notorischen Spanisch-Niederländischen, dem neuerdings erklärten Französisch-Spanischen) torpediert zu haben. Hiergegen könnte man freilich wiederum einwenden, dass Richelieu den festen Schulterschluss mit Schweden ja schon länger suchte und dass er am Ende nicht so sehr des Regensburger Kurfürstentags wegen tatsächlich zustande kam als gleichzeitiger militärischer Misserfolge der Schwedischen wegen. Wir lernen die wichtigsten militärischen Entwicklungen zwischen 1635 und 1648 gleich noch kennen, hier genügt, zu wissen, dass die Kriegssaison 1637 aus schwedischer Warte katastrophal begann und misslich blieb. Seit dem Herbst 1637 stand in Stockholm fest, dass man die eigene Kriegführung eben doch fest an die französische binden müsse.

Im März 1638 wurde man handelseinig, mit dem Hamburger Vertrag. Zunächst für drei Jahre abgeschlossen, 1641 ohne erneute Befristung verlängert, prägte er das letzte Kriegsjahrzehnt bis zum westfälischen Friedensschluss. Er schrieb die französischen Subsidien für Schweden fest, aber auch die gemeinsamen Kriegsziele (Status quo ante sowie stattliche „Satisfaktionen" für die beiden Interventionsmächte) und, dass nur gemeinsam, in enger gegenseitiger Absprache, mit dem Kaiser über einen Frieden verhandelt werden dürfe. Es blieb beim Wismarer Vorsatz einer koordinierten Kriegführung, also abgestimmter militärischer Operationen, mit denen die Franzosen Habsburg von Westen her in Bedrängnis bringen sollten, die Schwedischen aber von Norden und Nordosten aus.

Der Hamburger Vertrag 1638

Soweit die großen Linien! Drei der Hamburger Vereinbarungen sollten noch kurz erläutert werden: Subsidien sagte Frankreich zu, also „Hilfsgelder"; und zwar rückwirkend für 1637 sowie künftig für jedes weitere Kriegsjahr jeweils vierhunderttausend Reichstaler. Als Kriegsziel wurde der Status quo ante bellum vereinbart: also die Wiederherstellung des (territorialen, konfessionellen) Vorkriegszustands im Reich – das setzte eine umfassende Amnestie voraus sowie, als materielle Entsprechung fürs „Vergeben und Vergessen", viele Revisionen territorialer Veränderungen seit Kriegsbeginn. Tagungsorte für etwaige Friedensverhandlungen mit der Hofburg sollten, so man sich nicht auf einen gemeinsamen Ort verständigen könne, für die Schwedischen Hamburg, für die Franzosen Köln sein. Beide Verhandlungsrunden sollten zum selben Zeitpunkt beginnen und enden; in Hamburg würde ein Pariser Emissär anwesend sein, in Köln einer aus Stockholm.

Auf dieser Basis gingen die Kämpfe noch lange zehn Jahre weiter. Der Hamburger Vertrag besiegelte, dass der nun europäische Krieg nicht mehr nur von Deutschen, beispielsweise nach den Vorgaben des Prager Vertrags, beendet werden konnte. Und er besiegelte jene Staatenkonfiguration, die der letzten Kriegsdekade ihren Stempel aufdrücken wird: Schweden ist fest in Frankreichs europaweiten Kampf gegen Spanien eingebunden; weshalb auch die Gegenseite auf

Blockbildung setzt, den engen Schulterschluss Madrid-Wien sucht. Was als deutscher Konfessionskrieg begonnen hatte, war endgültig zum europäischen Machtkampf mutiert.

4.5 Der Französisch-Schwedische Krieg – zum Kriegsverlauf

4.5.1 1635–1638: erfolgloses Frankreich, frustrierte Schwedische

Über die jeweiligen Erfolgschancen am Beginn des Ringens zwischen Frankreich und Spanien räsonierend, kommen verschiedene Autoren zu unterschiedlichen Schlussfolgerungen. Sehen die einen in Frankreichs spätem Kriegseintritt fast schon die Siegesgarantie, da es, gewissermaßen noch unverbraucht, zu einem Zeitpunkt aktiv geworden sei, da alle anderen Kriegsparteien schon zermürbt waren, betonen andere den schlechten Zustand des unerfahrenen französischen Heeres, das dem seit Generationen fast pausenlos irgendwo in Europa eingesetzten, überaus kampferprobten spanischen deutlich unterlegen gewesen sei.

Französische Schlappen Die ersten Jahre nach der französischen Kriegserklärung liefern vor allem für die zuletzt geäußerte Ansicht Indizien. Weder erbrachte die im Mai 1635 begonnene Kampagne gegen die spanischen Niederlande bedeutende Resultate, noch waren im Reich bis 1638 nennenswerte Erfolge zu verzeichnen. Zwar waren schon im September 1635 französische Truppen in Süddeutschland eingefallen, aber der kaiserliche Befehlshaber Gallas bedrängte ihre Verbindungslinien und erzwang den raschen Rückzug nach Lothringen. Immerhin, Bernhard von Weimar konnte die Grenze am Oberrhein halten. Auf dem mitteleuropäischen Kriegsschauplatz hatte sich rasch, schon 1635, eine Aufgabenteilung ergeben. Während sich Schweden, nolens volens, nach Norddeutschland zurückzog, übernahm Frankreich sukzessive einige der von den Schwedischen geräumten Positionen – Festungen und befestigte Plätze am Mittel- und Oberrhein, schließlich, im Oktober 1635, die seitherige schwedische Südarmee: also die Bernhard von Weimar unterstellten Truppen mitsamt dem Feldherrn und Kriegsunternehmer selbst. Er kämpfte nun für die französischen Kriegsziele, hatte sich dafür ein Territorium im Elsass versprechen lassen.

Im Sommer 1636 überschritten kaiserliche und bayerische Truppen westwärts den Mittelrhein; sie unterstützten spanische, von den südlichen Niederlanden anziehende Kontingente bei einem weit ins Landesinnere führenden Invasionsversuch, der bis zur Somme-Linie, dem letzten Verteidigungsriegel vor Paris, führte. Als Corbie (etwa 120 Kilometer nördlich der Hauptstadt) fiel, griff in der Kapitale Panik um sich, Massenflucht in den Süden, die Straße nach Orléans war verstopft vom Gewimmel der Lastkarren und Kutschen. Richelieu scheint einen Nervenzusammenbruch erlitten zu haben, der König selbst musste die Lage retten. Persönlich erschien er vor Corbie – Belagerung, ehrenvoller Abzug der spanischen Garnison, langsam müssen die feindlichen Truppen wieder zurückweichen.

„Année de Corbie"

In der „année de Corbie" wankte Frankreich bedenklich. „Die Franzosen verbanden eine überehrgeizige Strategie mit einer unterentwickelten Kriegskunst" (Richard Bonney). Militärische Einzelheiten lassen wir auf sich beruhen, fest steht: Für Frankreich verliefen die Jahre 1635 bis 1638 in militärischer Hinsicht ziemlich enttäuschend.

Und ausgesprochen frustrierend für Schweden. Nehmen wir für einige Momente die Stockholmer Perspektive ein! Die einstigen deutschen Verbündeten, die Heilbronner, machten sich davon, unterzeichneten schließlich den Prager Vertrag. Bernhard von Weimar war mitsamt seinen Truppen – wenn man so will: der Südarmee – in französische Dienste übergetreten; blieben nur noch einige in Mitteldeutschland und an der Elbe stationierte Kontingente unter Johan Banér. Die Soldaten waren unruhig, der Prager Frieden schien sie um die versprochenen Entschädigungen zu bringen, auch die höheren Ränge argwöhnten Friedensverhandlungen über ihre Köpfe hinweg. Oxenstierna persönlich suchte zu beruhigen, doch stand das Heer nach der Nördlinger Schlacht monatelang am Rande einer offenen Meuterei. Einige tatsächlich meuternde Splitter hielten Oxenstierna im August 1635 als Geisel fest, im September setzte sich der Reichskanzler heimlich nächtens von der Truppe ab, weil er um sein Leben fürchtete.

Schwedische Schlappen

Einige militärische Erfolge der Kriegssaison 1636 mit dem Höhepunkt des Siegs bei Wittstock (hundert Kilometer nordwestlich von Berlin) über kaiserliche und kursächsische Truppen im Oktober des

Die Schlacht bei Wittstock stabilisiert etwas

Jahres beruhigten die Lage wieder, dieselbe beschwichtigende Wirkung hatten erhebliche Versprechungen ans schwedische Heer für den Fall künftiger Friedensverhandlungen: ein Friedenshindernis bis 1648, sogar darüber hinaus (tatsächlich wird Deutschland ja die schwedischen Truppen erst nach dem Nürnberger Exekutionstag von 1649/50 wieder los).

Immerhin konnte man sich nach der Schlacht bei Wittstock wieder fest im Brandenburgischen einnisten. Doch begann die Kriegssaison 1637 sehr misslich – Rückzug aus allen mitteldeutschen Positionen, fast waren die Schwedischen wieder auf die Ostseeküste zurückgeworfen. Offenkundig waren sie auf militärische Unterstützung in Mitteleuropa angewiesen, darüber hinaus mehr denn je auf finanzielle – denn mit den preisgegebenen Stellungen waren ja auch Quartierreserven und Kontributionsmöglichkeiten perdu. Seit dem Herbst 1637 stand in Stockholm fest, dass man die eigene Kriegführung eben doch fest an die französische binden müsse, im März 1638 wurde der uns schon bekannte Hamburger Vertrag signiert. Nun flossen jene französischen Gelder, ohne die zuvor alle Versuche zum Scheitern verurteilt waren, durch neue Offensiven aus den Bastionen an der Ostsee, an der Elbe hinaus wieder in die Mitte Deutschlands vorzustoßen.

4.5.2 Wachsender Kriegsüberdruss allenthalben

Der Hamburger Vertrag antwortete auf drei Kriegsjahre, in denen Frankreich wie Schweden manche Frustrationen zu verwinden hatten. Aber ein stabiles militärisches Übergewicht der beiden Alliierten in Mitteleuropa stellte sich auch danach keinesfalls ein. Hatte sich der Krieg in den späten Dreißigerjahren festgefressen? Hatte sich ein Patt eingependelt? Wozu eigentlich weiter- und immer weiterkämpfen, wenn doch der Sieg einer Seite in immer weitere Fernen entschwand? Fast jedermann im Reich sah das offenbar so, hatte diesen Krieg längst satt. Immer mehr Landstriche waren auch unter noch so massivem Druck schlechterdings einfach nicht mehr in der Lage, große Armeen zu ernähren, waren demografisch und ökonomisch dem Zusammenbruch nah. „The years of 1636 and 1637 were probably the nadir for the civilian economy" (John Theibault). Die kaum vorstellbaren Verwüstungen nach über zwanzig Jahren Krieg hatten übrigens auch eine im engeren Sinne militärgeschichtliche Folge: Der „Bewegungsradius der Fußsoldaten" reichte immer weniger aus, „um ihre Ernährungslage sicherzustellen" (Bernhard R. Kroener). Am Ende des Dreißigjährigen Krieges bestanden die Heere zu zwei Dritteln aus Kavalleristen und Dragonern.

Aber uns soll jetzt etwas anderes mehr interessieren: Volkes Stimme nach einer Generation voller Krieg, nichts als Krieg. Wo immer wir sie erhaschen können, kündet sie von Kriegsüberdruss und oft auch nackter Verzweiflung. Natürlich ist sie nur schwer zu erhaschen, ungebrochen nie, aber manche Archivalien sind doch recht aufschlussreich und auch manche Druckwerke.

Um mit einem archivalischen Beispiel zu beginnen – eine Handschrift im Hessischen Staatsarchiv Darmstadt, ein mit „Gebett" überschriebener Zettel, setzt so ein: „Allmechtiger Gott, barmherziger Vatter, es ist heutigs Tags im Römischen Reich und allenthalben bekannt, in was betrübte Zeiten wir gerathen …", endet mit dieser Bitte:

Friedenssehnsucht in Druckwerken und Archivalien

> Du wöllest die Herzen und Gemüter der großen Potentaten (welche alle in deiner Hand seind, wie Wasserbäche) durch deine Güte und vätterliche Regirung zum Frieden lenken und führen, auch dazu durch deine Weisheit heylsame Mittel und Wege zeigen, damit unser geliebtes Vatterland, das Reich teutscher Nation und alle Länder und Völker darinnen, welche bishero wie ein ungestummes Meer von großen Winden getrieben, und von einer Unruh in die andere gejagt worden, wider gänzlich gestillet und zu bestendigem Frieden gebracht werden mögen.

Das Gebet lernten wir schon kennen, als wir uns fragten, ob man sich an den Krieg gewöhnt hat, ob Krieg je zum ‚Normalfall' menschlicher Existenz wurde. Er wurde es nicht, Krieg wurde auch nach langen Jahren als so wenig ‚normal' empfunden, wie ein Unwetter den Normalfall üblicher Witterung verkörperte. Jetzt interessiert uns etwas anderes: Wie sieht es, nach Ausweis unseres Gebets, im Reich aus? Es sind „viel Stätt und Orthe durch Brandt und sonsten elendiglich verwüstet, viel Leute unbarmherzlich erwürgt, und darbey sehr viel zu Witwen und Waisen gemacht, uber dass auch viel durch Rauben ins äußerste Armut gesetzt", können wir da nachlesen. Es sind „die Dorfe und Flecken weit und breit geplündert, die Unterthanen auf unerhörte weise gemartert, Weiber und Jungfrauen aufs greulichst geschendet", ist „dass Vieh allenthalben hinweggetrieben" und „die Frucht auf dem Felde verwüstet". Die Truppen hausen im Lande „nicht wie Menschen, sondern wie Türken, ja, wie wilte Bestien" – nebenbei lernen wie so das frühneuzeitliche Feindbild schlechthin kennen: „der Türke", kein Mensch, sondern zwischen Mensch und „Bestie" stehend, die vormoderne Version des Untermenschen. Aber hier ist wichtiger, dass man von diesem Krieg nur noch genug hatte. Schon im Januar 1635 hatte eine Wiener Denkschrift festgehalten: „Es begert und wünscht den friden das ganze Römische Reich."

Druckwerke – ein Einblattdruck ist so überschrieben: „Abbildung des unbarmherzigen, abscheulichen, grausam- und grewlichen Thiers, welches in wenig Jahren den größten Theil Teutschlandes erbärm- und jämmerlichen verheeret, aufgezehret und verderbet." Das Untier stopft mit einer Löwenpranke Reichtümer in sein Wolfsmaul, im Hintergrund sieht man verheerte Felder und brennende Dörfer. „Was nun diß Thier ergreiffen thut, Städt Dörfe Land vnd Leut/ Ja die Menschen mit Leib vnd Gut, macht es jhm zur Beut." Es gibt viele vergleichbare Texte, viele ähnliche Bilder aus der zweiten Hälfte des Dreißigjährigen Krieges. Sie künden von wachsendem Überdruss, ja, wachsender Verzweiflung. Freilich, realistische Therapien wissen sie allesamt nicht zu nennen, nicht unser Gebet, nicht unser Druck – er empfiehlt, „Gott umb Gnad" anzuflehen, nennt als Abhilfen gegen die Kriegsgräuel „wahre Rew und Buß".

1640: endlich wieder ein Reichstag

Ob das half? Eher war die Kunst der Politiker gefragt, und auch die Reichsfürsten hatten vom Krieg genug. Immer weniger von ihnen wollten einsehen, wozu noch weitergekämpft werden sollte, man suchte die Neutralität, suchte Separatvereinbarungen mit den großen Kriegsparteien. Im Herbst 1640 kamen die Reichsstände endlich wieder einmal, nach eineinhalb Generationen, zu einem Reichstag zusammen. Wenn auch ohne durchschlagende Resultate, diskutierte man dort doch monatelang vor allem über ein Thema: wie der Krieg beendet werden könne. Den Reichsabschied lehnten nur die Kurpfalz, Braunschweig-Lüneburg und Hessen-Kassel ab: Fast das ganze Reich schien also wieder beisammen und um einen Kaiser geschart, der sich immerhin (etwa was den Umfang der Restitutionen betraf) diverse kleinere Zugeständnisse hatte abringen lassen. Griff das Prager System doch? Würde der Kaiser gestärkt aus jenem Krieg hervorgehen, der sich gleichsam totgelaufen hatte, seinem Ende nah schien?

4.5.3 Das Ende des Spanischen Zeitalters

Nein, und auch der Krieg ging weiter. Es erschloss sich den Zeitgenossen nicht sogleich, ist in rückschauender Analyse aber evident, dass 1640 nicht nur etwaige Chancen für eine Beendigung des Kriegs nach den Prager Vorgaben längst passé waren; es begannen die Grundlagen für einen der Hofburg genehmen Kriegsausgang überhaupt wegzubrechen. Seit den späten Dreißigerjahren wendete sich nämlich in ganz Europa das Kriegsglück zugunsten der Feinde Habsburgs.

Die ersten kräftigen Warnzeichen gab es schon 1637 am Niederrhein: Die separatistischen Nordprovinzen nahmen Breda und andere zuletzt spanische Plätze ein; Madrid hatte seine Kräfte ganz auf die niederländische Front zu konzentrieren, anderswo abzuziehen. Das musste auch auf Kosten der österreichischen Habsburger gehen. Einfach gesagt: Auf Madrid konnten sie immer weniger bauen – ein zweites Nördlingen würde es nicht geben.

Warnzeichen am Niederrhein

Es geht nun schnell bergab mit den spanischen Truppen: 1637 schon die schlimme Wende des Kriegsverlaufs am Niederrhein; 1638 und 1639 zwei Schläge, die den Nachschub für die Spanischen Niederlande zuerst zu Lande, dann zur See bedrohen: Eroberung Breisachs durch Bernhard von Weimar; Vernichtung der spanischen Flotte vor Dover durch den Admiral der Generalstaaten, Marten Tromp. Weder auf dem Landweg noch maritim gab es nun noch sichere Verbindungslinien von der Iberischen Halbinsel oder von Oberitalien hin zu den nordwesteuropäischen Kriegsschauplätzen. Die sich häufenden Übergriffe der Holländer auf Spaniens südamerikanische Besitzungen banden Kräfte und beeinträchtigten den spanischen Atlantikhandel schwer.

Im Jahr 1640 destabilisierten gleich zwei Erhebungen die Iberische Halbinsel: Die Grafschaft Katalonien und das Königreich Portugal suchten die Herrschaft der spanischen Krone abzuschütteln. Katalonien ist eine historische Landschaft im Nordosten Spaniens. Es war ein Kampf für regionale und ständische Spielräume, gegen den Madrider Zentralismus und das Übergewicht Kastiliens; konfessionelle Gegensätze, wie 1618 in Böhmen, gab es nicht – die Iberische Halbinsel war

Erhebungen auf der Iberischen Halbinsel

geschlossen katholisch. Natürlich nutzte Richelieu sogleich die Gunst der Stunde, er unterstützte die Aufständischen, unterstellte Katalonien französischem Protektorat und nützte die spanischen Kalamitäten in den Pyrenäen außerdem für die militärische Okkupation von Perpignan: Das sich Katalonien nördlich anschließende Roussillon, bislang spanisch, ging an Frankreich über (nun faktisch, 1659 im Pyrenäenfrieden völkerrechtlich; Katalonien wird 1652 unter die Madrider Herrschaft zurückkehren).

Die Herrschaft der spanischen Krone über Portugal war von Anfang an strittig. Im Jahr 1580 erlosch die portugiesische Königsfamilie Avis im Mannesstamm, als einer von mehreren Thronprätendenten annektierte Philipp II. das westlich an Spanien grenzende Land. Die Portugiesen bleiben innerlich auf Distanz, nutzen die nächstbeste Gelegenheit, um sich wieder abzusetzen. Die kommt 1640. Einerseits ist Madrid noch mit den Unruhen im Nordosten beschäftigt, andererseits hatte Richelieu militärische Rückendeckung zugesagt. Es geht ganz schnell, Ausrufung des Herzogs von Braganza zum König von Portugal, Krönung. Die spanische Herrschaft über das westliche Nachbarland ist für immer vorbei, womit übrigens auch Brasilien verloren geht. Man kann es bezeichnend finden, wie die verschiedenen Schauplätze auch jetzt miteinander zusammenhingen: Als sie von der Unabhängigkeit Portugals erfuhren, liefen an der niederländischen Front scharenweise Soldaten portugiesischer Herkunft in den spanischen Regimentern zum Feind über, in der Hoffnung, über Amsterdam in die befreite Heimat zurücksegeln zu können (was die Holländer mit ihren Schiffen auch besorgten).

Die Schlacht bei Rocroi

Die spanische Position in den Niederlanden wurde also weiter geschwächt; schließlich erlebten die miserabel versorgten Truppen 1643 bei Rocroi ihr Fiasko, die spanische Position am Niederrhein würde sich davon nie mehr erholen, der Krieg Spaniens mit seinen separatistischen Nordprovinzen war im Grunde entschieden.

Es ist eine heute vergessene (in den meisten Darstellungen des Dreißigjährigen Krieges nicht einmal erwähnte), aber denkwürdige Schlacht! Rocroi lag an der Südgrenze der Spanischen Niederlande, der zu Frankreich hin, und zwar auf der französischen Seite. Ein französisches Grenzstädtchen also, es wurde – wir erinnern uns: seit 1635 befanden sich Frankreich und Spanien im Kriegszustand – von spanischen Truppen belagert. Franzosen unter Enghien kamen zum Entsatz herangeeilt, erbittertes Ringen, die Franzosen scheinen die Oberhand zu gewinnen, die spanischen Offiziere bitten durch Signale um Waffenstillstand.

Enghien will darüber verhandeln, reitet in der Abenddämmerung mit einigen Begleitern dem Feind zu; spanische Soldaten, einen neuen Angriff wähnend, beginnen zu feuern. Entrüstet und ungeordnet, offenbar spontan machen sich die Franzosen auf, um ihren Anführer zu schützen, von allen Richtungen wimmelt es nur so heran, die schon beendete Schlacht brandet wieder auf, und während Enghien um sich geschrien haben soll, man möge doch Pardon geben, säbeln seine Leute, erbittert über die ‚spanische Falschheit', nieder, was ihnen unter die Finger gerät. Die Fama will, Enghien selbst habe einige Feinde gerettet, die sich im Handgemenge an seine Steigbügel klammerten und ihn um seinen persönlichen Schutz anriefen. Die Soldateska aber, wie gesagt, im Blutrausch: als die Nacht einbricht, sind von 18.000 spanischen Fußsoldaten achttausend getötet, siebentausend gefangen. Die Infanterie, der ganze Stolz der spanischen Militärmacht, ist zerstört, kurzfristig gar nicht mehr aufzubauen – zu viele der kampferprobten, kriegserfahrenen Haudegen ließen ihr Leben bei Rocroi. Sollte es ein „Spanisches Zeitalter" gegeben haben (viele Überblickswerke bringen ja so Ordnung in die Frühe Neuzeit, kennen ein solches Jahrhundert seit 1550, dem sich ab 1650 ein „Französisches Zeitalter" angeschlossen habe): In einem kleinen französischen Städtchen namens Rocroi hat man es zusammen mit achttausend spanischen Infanteristen zu Grabe getragen.

4.5.4 Stationen des Niedergangs auch der österreichischen Habsburger

Was hat die sich zuspitzende Krise Spaniens mit dem mitteleuropäischen Kriegstheater zu tun? Zum einen sah sich Madrid nicht mehr in der Lage, die Hofburg finanziell zu stützen, natürlich schwächte das die kaiserliche Kampfkraft. Und Wien konnte fortan nicht mehr auf spanische Rettungsaktionen rechnen, wenn es im Reich schwierig würde – so, wie insbesondere 1619, 1620 (nach dem Fenstersturz) und 1634 (zumal vor Nördlingen).

Weil sich Madrid nach den erwähnten holländischen Erfolgen der Kriegssaison 1637 ganz auf die Front am Niederrhein konzentrieren musste, bekam Frankreich anderswo Luft – Bernhard von Weimar überschritt den Oberrhein ostwärts, womit der große, langwierige Kampf um die Schlüsselstellung Breisach anhob. Breisach war eine massiv fortifizierte Festung, zugleich Sitz der vorderösterreichischen Regierung ("Vorderösterreich" hieß der habsburgische Streubesitz im Süden und Südwesten des Reiches: Teile dessen, was wir heute als Oberschwaben kennen, sowie der Breisgau). Lucien Bély hat die geostrategische Bedeutung Breisachs so charakterisiert: "Brisach opened the door to the empire, enabling France permanently to intervene in German affairs." Nach der anderen Richtung hin galt, was die Aufzeichnungen eines Söldners so formulieren: "preisach Ist vberaus sehr feste, vndt Ist der schlussel zum elsas." Bernhard von Weimar konzentrierte alle Kraft darauf, die Schlüsselstellung auszuhungern, der Kaiser bot alles zur Rettung auf, doch wurden nacheinander drei Entsatzheere zurückgeschlagen.

Der Fall Breisachs   Es gab wieder einmal, wie so oft, ergreifende Szenen, nach Legendenbildung klingend, doch gut belegt – nur weniger bekannt als andere, wie alles aus dieser letzten, in der Literatur vernachlässigten Kriegsphase. Die Stadt hungerte immer schlimmer, man beobachtete, wie die Frauen der feinen Gesellschaft auf dem Markt ihren Schmuck gegen ein wenig Mehl eintauschten. Pferde wurden gegessen, dann Katzen, Hunde und Mäuse, Rinds- und Schafshäute wurden gesotten. Ein Söldner aus Bernhards Belagerungstruppe wurde gefangen genommen und starb in Haft; noch ehe er hätte bestattet werden können, sollen ihn die verzweifelten, ausgehungerten Mitgefangenen aufgegessen haben. An einem einzigen Morgen sollen auf dem Marktplatz zehn Leichen gefunden worden sein, vor Hunger zusammengebrochene Breisacher. Nach über einem halben Jahr, am 17. Dezember 1638, ergab sich die Stadt.

Der Fall Breisachs war für die Hofburg ein schwerer Schlag; Frankreich besaß nun mit Ehrenbreitstein, Philippsburg sowie neuerdings Breisach drei stark befestigte rechtsrheinische Brückenköpfe. Dass sich Wien (vergeblich) auf die Verteidigung Breisachs konzentrieren musste, hat aber auch den Schwedischen in Norddeutschland geholfen: Sie konnten ihre Position in Pommern und Mecklenburg wieder konsolidieren und, seit 1639, zu Gegenstößen in die habsburgischen Erbländer übergehen. Die reichsinternen Feinde der Hofburg haben aufmerksam registriert, wie die Übermacht der kaiserlichen Waffen dahinschwand. Amalie Elisabeth von Hessen-Kassel brach Verhandlungen über einen Beitritt zum Prager Frieden brüsk ab, schloss im Spätsommer 1639 ein Bündnis mit Frankreich; die in den Prager Frieden einbezogenen Welfenherzöge von Wolfenbüttel und Lüneburg paktierten mit Schweden.

Nehmen wir kurz die schwedische Perspektive ein! Entlastung durch die französischen Truppen in Süddeutschland, die französischen Geldzahlungen und neue schwedische Kommandostrukturen wirkten bei der Überwindung der seit 1634 notorischen Schwächephase zusammen. In den Jahren 1638 bis 1641 waren sowohl die militärischen als auch die politischen Interessen Schwedens in Mitteleuropa einem politisch und menschlich umstrittenen, zweifelsohne aber militärstrategisch sehr fähigen General anvertraut: Johan Banér nämlich. Schon 1638 zwang er die kaiserlichen Truppen, sich in die Erblande zurückzuziehen. Es folgten fast jährliche, fast immer gefährliche schwedische Vorstöße dorthin. So hatte es der Vertrag von Wismar vorgesehen: Frankreich sollte die Kaiserlichen und ihren bayerischen Verbündeten von Süddeutschland aus unter Druck setzen, Schweden aber durch Brandenburg und Sachsen, quasi von Norden und Nordosten her, in die habsburgischen Erbländer vorstoßen. Lediglich in der Kriegssaison des Jahres 1646 und in der allerletzten, der von 1648, operierten die französischen und schwedischen Truppen vereint; 1641 verhinderten Auflösungserscheinungen im schwedischen Heer nach Banérs Tod Offensivoperationen, 1643 lenkte ein schwedischer Feldzug nach Dänemark vom südöstlichen Kriegsschauplatz ab, ja, nun unternahmen die Kaiserlichen (gänzlich erfolglos) einen Vorstoß in den Norden, bis nach Jütland. Für die Mehrzahl der Jahre der letzten Kriegsdekade aber gaben die Wismarer Vereinbarungen das Grundmuster vor.

Schwedische Vorstöße in die habsburgischen Erblande

Was, mit anderen Worten, hieß: Wieder und wieder fielen die Schwedischen in die Erbländer des Kaisers ein – zuerst unter Banér, nach dessen Tod 1641 unter Lennart Torstensson, schließlich, seit 1645, unter Karl Gustav Wrangel. Alle drei waren sie den kaiserlichen Befehlshabern deutlich überlegen: Erzherzog Leopold Wilhelm, Ottavio

Piccolomini – und Matthias Gallas sowieso. Dieser Trunkenbold, den schon die Zeitgenossen den „Heerverderber" nannten, hatte ungefähr während der Hälfte der Jahre des Französisch-Schwedischen Krieges das Oberkommando über die kaiserlichen Truppen inne, zweimal unrühmlich davongejagt, zweimal als Einäugiger unter Blinden wieder berufen. „Der Mangel an hervorragenden Führern" lag „wie ein Fluch auf dem kaiserlichen Heerwesen" (Moriz Ritter). Lediglich der Tod Banérs im Mai 1641 und die allzu lange, halbjährige Vakanz, ehe Torstensson die Befehlsgewalt übernehmen wird, beschworen 1641 auch auf schwedischer Seite eine erneute, vorübergehende Schwächephase herauf, haben sozusagen die Kriegssaison 1641 verdorben.

Aber wir müssen die einzelnen Kampagnen nicht Jahr für Jahr inspizieren, suchen lediglich, exemplarisch, das Jahr 1642 auf. Mähren war in dieser Saison das Ziel des schwedischen Heeres, es eroberte Olmütz, Reitertrupps streiften bis in die Umgebung Wiens. Kaiserliche Truppen reagierten endlich, marschierten nach Mähren, Torstensson also nach Sachsen zurück; er belagert Leipzig. Die Kaiserlichen ziehen ihm nach, um Leipzig zu entsetzen – und erleben bei Breitenfeld ihr Debakel: Über dreitausend Tote, fünftausend Gefangene, Kriegskasse und Kriegskanzlei sind verloren, fast 50 Geschütze, Leipzig kapituliert (und wird bis 1650 von schwedischen Truppen besetzt bleiben). Das zweite kaiserliche Debakel von Breitenfeld, weil in dieser unterbelichteten Kriegsphase liegend recht unbekannt: Es ist durchaus dem Ersten zehn Jahre zuvor vergleichbar.

Stockungen

Warum war der Krieg nicht 1642 oder 1643 zu Ende? Den alliierten Triumph verzögerten einige retardierende Elemente. Selbst jenes Frankreich, das doch zuletzt aktiv ins Kriegsgeschehen eingetreten war, zeigte Anzeichen von Ermattung; die der Kriegsfinanzierung wegen erhöhte Steuerlast provozierte Unruhen, diese ernst nehmend, entwickelte sich innerhalb der Regierungselite so etwas wie eine Friedenspartei. „Man wird ohne Übertreibung sagen können, dass Richelieu gegen Ende seiner Amtszeit der unbeliebteste Mann des Königreichs war" (Lothar Schilling). Ausbaden musste es der Nachfolger im Amt des Ersten Ministers, Jules Mazarin, zumal er ohne die Rückendeckung einer konsolidierten königlichen Autorität agieren musste: Denn ein halbes Jahr nach Richelieus Tod im Dezember 1642 starb auch noch der König, Ludwig XIII. Letzteren konnte Königinwitwe Anna, eine gebürtige Spanierin, keinesfalls gleichwertig ersetzen – es war eine Regentschaftsregierung mit allen Schwächen, die das im Ancien Régime fast unvermeidlich mit sich brachte. Mit dem gebürtigen Italiener Mazarin hatte Richelieu hingegen schon einen fast gleichwertigen Nachfolger aufgebaut, aber der musste erst einmal vorsichtig beginnen, seine eigene Position in Frankreich konsolidieren und auch deshalb auf die Kriegsmüdigkeit weiter Teile des Volkes sowie gewisser Teile der Elite Rücksicht nehmen.

Dass die Schwedischen seit dem Frühjahr 1643 ihre Truppen aus Schlesien und Mähren abzogen, schließlich im Dezember 1643 in Holstein einfielen, um den alten Ostseerivalen Dänemark zu schwächen (Schwedisch-Dänischer Krieg 1643–1645): Das konnte in Paris nur Verärgerung auslösen, zumal die Kriegssaison 1643 auch in Süddeutschland irritierend ungünstig verlaufen war, mit dem unseligen Finale der Schlacht bei Tuttlingen im November – die Reste der französischen Deutschlandarmee mussten sich über den Rhein zurückziehen.

Stockungen also. Im Grunde hatte sich ja schon seit 1638 ein ungefährer Gleichstand eingependelt. Jede Kriegssaison verlief in allen Einzelheiten wieder etwas anders, aber nachhaltig vermochte sich keine Seite durchzusetzen. Doch dann gelangen sowohl Frankreich als auch Schweden im Jahr 1645 bedeutende Einzelsiege, nach denen ein Gesamtsieg Habsburgs, auch nur ein für die kaiserliche Seite besonders vorteilhafter Ausgang des ganzen Krieges jedenfalls aus heutiger Sicht (die Hofburg wollte ihre Hoffnungen bis ins Jahr 1648 hinein nicht gänzlich fahren lassen) nicht mehr wahrscheinlich anmuten konnten.

Schlüsseljahr 1645

Beginnen wir mit Frankreich! Den Wismarer Vereinbarungen zufolge hatte es sich ja Süddeutschland vorzunehmen. Mit Breisach kontrollierte es die Oberrheingegend, doch weiter im Osten war Bayern im Weg. Wie einst, vor der Einnahme von Breisach, der holländische Vormarsch zum Beispiel nach Breda hilfreich war, so nun das spanische Debakel von Rocroi. Frankreich konnte seine Kräfte von der Nordfront abziehen und die Rheinarmee verstärken. Zwei Effekte stellten sich ein: Zum einen bekam Frankreich das gesamte linke Rheinufer von Basel bis hinauf nach Koblenz unter seine Kontrolle, sei es durch Okkupationstruppen, sei es über die erwähnten Protektionsverhältnisse mit Rheinanliegern – eine wesentliche Voraussetzung für die große Rolle, die Pariser Politiker an den westfälischen Kongressen spielen werden. Und Frankreich suchte, mit wesentlich verstärkter Kraft vom Oberrheingebiet aus ostwärts vorzustoßen.

Französischer Sieg bei Alerheim

Doch konnten sich die bayerischen Truppen in Süddeutschland 1643, 1644 gut behaupten, auch weil sie bessere Führer hatten als die Kaiserlichen: den Lothringer Franz von Mercy, seinen Reiterführer Johann von Werth. Im August 1645 indes die Wende, in der Schlacht bei Alerheim, nicht weit vom auch schon einmal wichtigen Nördlingen – Mercy fällt. Das Landesamt für Denkmalpflege in München meldete im April 2008 in einer Pressemitteilung, man habe bei Alerheim ein Massengrab mit Skeletten von etwa 50 Menschen geborgen, ferner Rosenkranzperlen, Uniformreste und französische Münzen. Dem Historiker erschließt sich der mutmaßliche Hintergrund sofort. Natürlich waren unter den wohl achttausend Opfern dieser Schlacht auch viele Franzosen, aber verloren hat Frankreich besagte Schlacht wahrlich nicht.

Im Folgejahr dringen die 1646 vereint operierenden alliierten Truppen in Bayern ein, Winterquartiere in Oberschwaben, von wo im Folgejahr neue gefährliche Vorstöße nach Osten drohen – Maximilian trennt sich deshalb vorübergehend vom Kaiser, schließt im März 1647 den Ulmer Waffenstillstand mit Frankreich, Schweden und Hessen-Kassel. Weil der Kurfürst nach einem halben Jahr an die Seite des Kaisers zurückkehrt, werden mit Beginn der Kriegssaison 1648 prompt wieder viele Landstriche Bayerns heimgesucht, teilweise verwüstet, bis zur Unterzeichnung der Friedensverträge stehen Besatzungstruppen im Land.

Eine Kriegskarriere: Johann von Werth

Vom Beruf des Söldners war in Kapitel 3 schon die Rede. Die Laufbahn des soeben erwähnten Johann von Werth illustriert die Karrieremöglichkeiten, die der Krieg jedenfalls manchen doch bot. Er war Sohn einfacher Landleute, als solcher übrigens Analphabet, und endete als Graf; beim Kölner Rosenmontagszug reiten alljährlich als werthsche Dragoner verkleidete Jecken mit, und 1990 brachte die damals noch sogenannte Bundespost anlässlich des mutmaßlichen 400. Geburtstags des Bauernsohns Werth eine Sondermarke heraus.

Gelernt hat Werth das Kriegshandwerk in spanischen Diensten unter dem uns schon bekannten Ambrogio di Spinola. Er war entscheidend am Sieg von Nördlingen beteiligt, stand im Juli 1636 mit 32.000 Mann nicht weit von Paris (wir erinnern uns: die „année de Corbie"), musste sich dann aber ungeschlagen wieder zurückziehen. Spätestens jetzt aber war er auch in Frankreich ein Begriff, weshalb Richelieu, als Werth durch Bernhard von Weimar gefangen gesetzt wurde, die Überstellung nach Paris verlangte. Dort vier Jahre ehrenvolle Haft, dann wird er gegen den vor Nördlingen gefangenen schwedischen General Horn ausgetauscht; König Ludwig XIII. veranstaltet für den Bauernsohn ein Abschiedsbankett. Sofort wieder glänzende Siege, etwa bei Tuttlingen über Bernhard von Weimar, auch weniger glänzende Bubenstücke, so ersticht Werth bei einem Trinkgelage im Streit den Obersten Merode. Er ist an den beiden kriegsentscheidenden Schlachten von 1645 beteiligt: Alerheim, Jankau. Als Bayern 1647 mit Frankreich paktiert, versucht Werth, erstaunliches Beispiel für so etwas wie deutschen Patriotismus, die ihm unterstellten Truppen mit den kaiserlichen zu vereinigen, er wird vom bayerischen Kurfürsten deshalb als Hochverräter verfolgt, sogar ein Kopfgeld wird ausgesetzt; Flucht nach Böhmen, wo ihn Kaiser Ferdinand in den Reichsgrafenstand erhebt. Er kämpft und kämpft, buchstäblich bis in die letzten Tage des Krieges, noch am 4. Oktober 1648 besiegt er Schweden und Franzosen vor Dachau: Inbegriff des Haudegens. Für mutige Abenteurernaturen bot jener Krieg, der der Zivilbevölkerung unermessliches Leid eintrug, beträchtliche Aufstiegs- und Entfaltungsmöglichkeiten.

Wie aber kam es zum zweiten Desaster der kaiserlich-katholischen Seite von 1645? Was passierte bei Jankau? Dass die Franzosen vom Oberrheingebiet aus auf Bayern drückten, sollte an sich nur den schwedischen Hauptstoß flankieren, der den Kernlanden Ferdinands III. galt. Der schwedischen Diplomatie war zuvor ein politischer Triumph gelungen: ein Bündnis mit dem Fürsten von Siebenbürgen, György Rákóczi, dem Nachfolger jenes Gabriel Bethlen, der in den Anfangsjahren des Krieges immer wieder für Unruhe gesorgt hatte. Rácóczi fiel Anfang 1644 in Ungarn ein, der Kaiser beorderte seine in Holstein und Jütland ganz unglücklich operierenden Truppen zurück; der Marsch gen Süden wurde für Gallas zum logistischen Desaster, er verlor unterwegs die Hälfte seiner Infanterie, mehr als ein Drittel der Kavallerie, durch zahllose Desertionen, Seuchen- und Hungertod. Es lag nicht nur am „Heerverderber" – die kaiserlichen Kassen erlaubten einfach keine so kühnen Offensivoperationen weit weg von den Erblanden mehr, Ferdinand hatte sich unübersehbar verhoben.

Schwedischer Sieg bei Jankau

Der verlustreiche Abzug der Kaiserlichen war ein doppelter Triumph für Schweden: Der Krieg mit Dänemark war nun so gut wie entschieden (der für Kopenhagen ungünstige Frieden von Brömsebro wird 1645 die Folge sein) und jene kaiserlichen Truppen, die doch eigentlich die Schwedischen im Norden beschäftigen, so auf Distanz zu den Habsburgerlanden hatten halten sollen, waren erheblich geschwächt.

Torstensson, ein unbedingter Anhänger des Kriegs gegen Dänemark, öffnete nun wieder seine vorher fest verschlossenen Ohren für die Mahnungen und Drohungen aus Paris, wo man kein Gerangel um das Dominium Maris Baltici, sondern weitere Heereszüge in die habsburgischen Erbländer hinein wünschte. Zeitig im Frühjahr 1645 machte sich der General auf den Weg von Sachsen aus nach Böhmen hinein. Am 6. März stehen sich Schwedische und Kaiserliche südöstlich von Prag, bei Jankau gegenüber. Triumphaler Sieg Schwedens, vor allem dank der überlegenen Artillerie, die Kaiserlichen werden regelrecht zusammengeschossen. Der Weg nach Süden steht Torstensson frei, er überschreitet bei Krems die Donau. Wien ist vom Reich abgeschnitten, eilends setzt man die Befestigungsanlagen notdürftig instand, an Bürger und Studenten werden Waffen ausgegeben.

Der Kaiser steht ohne Kleider da: Er hat alles aufgeboten, die letzten Reserven mobilisiert – und verloren. Vernichtende Niederlage für die Kaiserlichen, eine der allerschlimmsten in dreißig Jahren – doch kein Zusammenbruch Habsburgs: Im Dezember 1645 schließt die Hofburg ihren Frieden mit Rákóczi, unter immensen Zugeständnissen an ihn. Damit ist die sonst unvermeidliche gemeinsame schwedisch-siebenbürgische Belagerung Wiens abgewendet. Auch dass Böhmen, wie so viele Landstriche, nach diesem langen Krieg ausgemergelt, praktisch ruiniert ist, hilft, auf den ersten Blick überraschend – Habsburg: Die Schwedischen können sich in Feindesland, obwohl dieser Feind militärisch geschlagen ist, kaum ernähren und deshalb den Triumph von Jankau nicht voll ausnutzen. So macht die Schlacht bei Jankau doch auch deutlich, dass Habsburg nicht militärisch vernichtet werden kann, dass nur eine Verhandlungslösung hilft.

Habsburg beschickt den Friedenskongress aus einer Position der Schwäche heraus

Ein kapitaler Erfolg für die Feinde Habsburgs ist es trotzdem. Schon vor dem Debakel des bayerischen Verbündeten bei Alerheim besiegelte das Treffen von Jankau, dass Habsburg den anberaumten Friedenskongress aus einer Position der Schwäche heraus beschicken musste.

In Münster und Osnabrück, wo längst Vorverhandlungen stattfanden, fiel auf, dass die Kaiserlichen keine großen Töne mehr spuckten – oder, um es vornehmer und in den Worten des schwedischen Primargesandten in Osnabrück, Johan Axelsson Oxenstierna auszudrücken: „Der Feind beginnt courtois [höflich] und humaner zu reden." Wie sehr die militärische, damit natürlich auch die diplomatische Stärke Ferdinands dahingeschmolzen war, zeigt diese (von Antje Oschmann aufgemachte) Rechnung: Es gab am Ende des Dreißigjährigen Krieges zweihundert militärische Plätze auf fremdem Gebiet (militärsprachlich: Garnisonen). Davon waren 42 Prozent in schwedischer, 28 Prozent in französischer Hand sowie 13,5 Prozent in der der Kasseler Landgräfin Amalie Elisabeth. Die Kaiserlichen und Bayern unterhielten zusammen gerade einmal 14,5 Prozent aller Garnisonen.

Die – wie die ganze letzte Kriegsphase – in der historischen Erinnerung kaum präsente Schlacht von Jankau gehört zu den allerwichtigsten des Dreißigjährigen Krieges und hat seinen Ausgang in mancherlei Hinsicht besiegelt. Die letzte Schlacht freilich ist es nicht gewesen: Noch im Oktober 1648 belagern schwedische Truppen Prag; die Kriegssaison 1648 beendet nicht der Wintereinbruch, sondern der Friedensschluss. Man kämpft, bis die Friedensinstrumente unterzeichnet sind.

Kämpfe bis zuletzt

So auch in jenen mittelfränkischen Landstrichen, die wir zuletzt im Sommer 1632 aufgesucht haben. Am 17. März 1648 scharmützelten Kaiserliche und Schwedische bei der Schanze von St. Johannis vor Nürnberg, im Sommer des Jahres war die Reichsstadt, mal wieder, schwedischer Etappenhauptort. Wieder einmal drängte Wrangel gen Böhmen, wieder einmal machte sich in der Region alles zum Einrücken hinter die Mauern von Nürnberg bereit, da begehrten in den frühen Morgenstunden des 31. Oktober vier aus Westfalen kommende Kuriere Einlass in die Reichsstadt – sie hätten Friedensverträge in den Satteltaschen, die sie zum Kaiser nach Wien bringen sollten.

Binnen Kürzestem war alles aus dem Häuschen, übrigens auch im Wortsinn. Ein Zeitgenosse notierte: Es liefen „viel tumme kühne tolle Leut in Nurnperg herumb, als wann sie von Sinnen kommen weren" – man begab sich offenbar auf die Straßen und wollte seine Freude mit den Nachbarn teilen. Würzburg feierte am 11. November mit Prozessionen, großem Glockengeläut, Kanonendonner von der Festung herab und Feuerwerk. Der Schuster und Kleinbauer Hans

Heberle aus dem Dorf Neenstetten bei Ulm hielt in seinem „Zeytregister" das fest: Man habe den Friedensschluss in Ulm „so steiff und fest gefeyret als imer den heiligen Christtag", also wie Weihnachten. Heberle beobachtete das hinter den Mauern der Reichsstadt, wohin er sich wieder einmal geflüchtet hatte, „und Gott lob und danckh, wir seyen dißmall noch gern geflohen, weil es die leste flucht war", nämlich seine 29. oder dreißigste. Schon wagte der Chronist einen ersten Rückblick: „In summa es so ein jämerlicher handel geweßen, das sich einem stein solt erbarmet haben, wüll geschweigen ein menschliches hertz. Dan wir seyen gejagt worden wie das gewildt in wälden." Sollte das dreißigjährige Kriegsleid endlich, endlich ein Ende haben?

5 Der lange Weg zum Frieden

5.1 Rückblicke 1: Worum wurde da dreißig Jahre lang gekämpft?

In einen Satz zusammengedrängt, war der Dreißigjährige Krieg ein Kampf um konfessionelle Besitzstände, über dem sich auch Gewichte im politischen System des Reiches zu verschieben drohten und an den sich ferner europäische Großmachtrivalitäten anlagerten. Ein paar Sätze mehr dürfen es aber schon sein.

5.1.1 Deutungsangebote der Zeitgenossen und der Forschungsgeschichte

Haben die Väter des Westfälischen Friedens Kriegsursachenforschung betrieben, und lässt sich ihre Einschätzung aus den Friedensinstrumenten herauslesen? Wovon vor allem ist denn in ihnen die Rede? Nun, der Westfälische Frieden zirkelt, wie jeder Friedensschluss nach einem großen Krieg, Grenzen neu, es gibt Verlierer, die etwas hergeben müssen, gibt Gewinner. Das ist überhaupt nicht auffällig, nicht erklärungsbedürftig. Zweitens nimmt der Text sehr, sehr wortreich zur Frage der konfessionellen Besitzstandsverteilung im Reich Stellung – in weiten Teilen ist der Westfälische Frieden ein Zweiter Religionsfrieden. Drittens nimmt er, wenn auch mit vergleichsweise wenig Text, zur Kompetenzverteilung im Reichsverband Stellung: Was darf der Kaiser, dürfen die Kurfürsten, steht allen Reichsständen zu?

Wir merken: Die da in Westfalen beisammensaßen, diagnostizierten den Dreißigjährigen Krieg ungefähr so, wie das 370 Jahre später dieses Studienbuch tut. Ursache und lange Zeit auch Hauptthema war der Zank der Konfessionen. Das bekundet nicht nur die wortreiche Sorgfalt, mit der der Zweite Religionsfrieden den Ersten, den von Augsburg, kommentiert und korrigiert, sondern bekundet auch

Die Diagnose der Berufspolitiker in Westfalen

eine Präambel zu diesen Passagen, die wir in Kapitel 5.5.3 noch näher kennenlernen werden – knapp zusammengefasst steht da: Schuld am Dreißigjährigen Krieg war der Streit um die rechte Auslegung des Ersten Religionsfriedens.

Ein Konfessionskrieg also – doch wirbelte dieser Krieg ferner verfassungspolitisches Konfliktpotenzial auf, weil die beiden Ferdinande (zwar offenbar nicht in ihrer Selbsteinschätzung, aber) nach dem Empfinden vieler Zeitgenossen allzu selbstherrlich agierten und weil die Hofburg katholische Siege der ersten drei Kriegsphasen allzu gern zu kaiserlichen Triumphen gemacht hat, während sich das Reich, mangels Reichstag, gleichsam mundtot gemacht sah.

Unhaltbare Deutungsangebote der Forschung

Ist es nicht langweilig, einen Krieg so ziemlich in den Kategorien zu beschreiben, die schon für die rückblickenden Zeitgenossen die zentralen gewesen sind? Das mag sein, und vielleicht wurden auch deshalb in den letzten Jahrzehnten bisweilen andere Ursachen forciert, von Nebengehalten zur Substanz dieses Konflikts überhöht. Natürlich ist es legitim, wenn die moderne Geschichtswissenschaft historische Vorgänge anders einordnet, als das die Miterlebenden tun. Die Diagnose, dass der Dreißigjährige Krieg als Konfessionskrieg ausgebrochen ist, darf man nicht zentral dadurch abstützen, dass das schon die Diagnose der Berufspolitiker in Westfalen gewesen ist. Verdächtig ist diese Kongruenz der Einschätzungen freilich auch wieder nicht, im Gegenteil.

Nicht alle Deutungsangebote der letzten Jahrzehnte müssen uns ernsthaft beschäftigen: so sicher nicht die Annahme, dass „das Großkapital" aggressiv auf eine Krise „des Feudalsystems" reagiert habe oder dass damals die Sonnenfleckenaktivitäten zurückgegangen seien. Zwar fällt der Dreißigjährige Krieg in die Kernphase der Kleinen Eiszeit, aber plausible Zusammenhänge zum Kriegsgeschehen konnten und können nicht aufgewiesen werden – anders als bei den Hexenverfolgungen (die schlimmsten fanden in den Jahrzehnten um und nach 1600 statt, und zu den Vorwürfen an die vermeintlichen Hexen und Trutner gehörte stets die Wettermacherei, sie hätten Frost oder Hagel über die Felder gezaubert) dürfen wir bei der Kriegsursachenforschung das Wetter links liegen lassen.

Ein „Staatsbildungskrieg"?

Ferner wurde vorgeschlagen, den Dreißigjährigen Krieg als „Staatsbildungskrieg" zu interpretieren. War weniger die konfessionelle Besitzstandsverteilung umkämpft als, um es mit Johannes Burkhardt zu sagen, die „Organisationsebene künftiger Staatlichkeit"? Für Burkhardt kämpften auf europäischer Ebene Vormachtambitionen Habsburgs, Frankreichs und Schwedens versus regionale Separatismen (Böhmen, die sezessionistischen niederländischen Nordprovinzen); und auf Reichsebene kaiserlicher „Absolutismus" versus „Souveränität" der Reichsstände. Europäischer Hegemonialkrieg und mitteleuropäischer Verfassungskampf hätten sich zu einem „Staatsbildungskrieg" verschränkt. Daran ist manches richtig und manches schief. Richtig ist, dass der Dreißigjährige Krieg, wiewohl offenkundig aus anderen Gründen ausgebrochen, mit anderen Motiven begonnen, seit den 1630er-Jahren zum mitteleuropäischen Ableger eines europäischen Großmachtkonflikts mutierte. Das Reich mit seinem zerstörerischen konfessionellen Konfliktpotenzial sank schließlich sogar zur Nebenbühne ab.

Das also ist zweifelsohne richtig. Jedenfalls im Rückblick des modernen Historikers. Der wahrnehmungsgeschichtliche Befund ist ein anderer. Schon mit dem für Burkhardts Thesen zentralen Axiom, dass die drei seit 1635 aktiv beteiligten Großmächte mit Waffengewalt „ihren Anspruch auf die A-Position in Europa durchzusetzen suchten", ist das so eine Sache. Wie sich Deutschlands Protestanten und Katholiken seit Jahrzehnten in einem eins waren – nämlich in der beidseitigen Einschätzung, sie stünden mit dem Rücken an der Wand (vgl. Kap. 1.3.3) –, so meinten die um und nach 1630 maßgeblichen Politiker in Paris wie in Madrid, aus einer durchaus bedrohlichen Lage heraus agieren zu müssen.

Es war gleichsam die Urfurcht von Richelieu wie von Olivares, Opfer einer Allianz mächtiger Feinde zu werden. Vom französischen ‚Einkreisungssyndrom' war schon die Rede. Aber auch Olivares peinigte, um mit Christoph Kampmann zu sprechen, die „Furcht vor politischer Isolation". Die spanische Außenpolitik erwuchs einer „self-perception of vulnerability", konstatierte jüngst Gabriel Guarino, und: „Olivares' foreign policy was … essentially defensive". Richelieu wie Olivares ängstigte jener „cauchemar des coalitions" (Albtraum der – man ergänze: feindlichen – Koalitionen), den eine französische Zeitung wenige Jahre nach dem „Staatsbildungskrieg" von 1871 Bismarck attestieren wird. Subjektiv meinten sie keinesfalls, von einer

Der wahrnehmungsgeschichtliche Befund ist ein anderer

konsolidierten, stabil starken Position aus demnächst vollends die Hegemonialstellung in Europa erringen zu können.

Und die Männer um Gustav Adolf? Sie ängstigte der „tyrannische" Furor, mit dem Kaiser und Gegenreformation in Norddeutschland das Unterste zuoberst kehrten, und es ängstigten jene habsburgischen Ostseepläne, die eigentlich dem Achtzigjährigen Krieg erwuchsen. Gustav Adolf sah sich genötigt, einer Gefahr präventiv vorzubauen, ehe sie wirklich bedrohlich wurde. Der Schwedenkönig führte einen Krieg, den man ihm, in seinem subjektiven Erwartungshorizont, demnächst sowieso aufzwingen würde, lieber fern der Heimat, in Deutschland. Nach Gustav Adolfs Tod aber wollten die Schwedischen nur noch einigermaßen reputierlich aus einer längst unleidlich gewordenen Auseinandersetzung wieder herauskommen.

Der *wahrnehmungs*geschichtliche Befund, wonach alle maßgeblichen Akteure – Richelieu, Olivares, die Hofburg, der Stockholmer Reichsrat, Deutschlands Protestanten, die Ligahöfe – von einer prekären, gefährdeten Position aus zu handeln meinten, benimmt der *struktur*geschichtlichen Diagnose „Staatsbildungskrieg" nicht jegliche Evidenz. An manchen Annahmen, die das Konzept eines dreißigjährigen „Staatsbildungskriegs" begründen sollen, könnte man freilich schon herumnörgeln.

Ist das Konzept als strukturgeschichtliche Diagnose brauchbar?

Dass Habsburg mit seinen böhmischen Ständen aneinandergeriet, hat nämlich nichts mit einem europäischen Hegemonialanspruch zu tun – wie wir weiter oben ja schon gesehen haben. Die Magnaten wollten keine Monarchia universalis über Europa abwehren, und Habsburg musste diesen Kampf nicht etwa wegen wienerischer Hegemonialträume annehmen: Denn Böhmen war schon als Faustpfand des traditionell habsburgischen Kaisertums unverzichtbar.

Kurfürstliche Wahlgutachten des 16. und 17. Jahrhunderts betonen durchgehend, geeignete Kandidaten fürs Kaisertum müssten, einer gewissen Durchsetzungsfähigkeit wegen, „land und leut" besitzen; und es sei sehr vorteilhaft, wenn „land und leut" im Osten, an der Grenze zum islamischen Riesenreich der Osmanen lägen. Trage das Reichsoberhaupt außer der Kaiserkrone ferner die Wenzels- und die Stefanskrone, sorge es schon aus Eigeninteresse für eine kraftvolle Verteidigung des christlichen Abendlandes gegen den expansiven Islam. Dieses Argument ist aufs Ganze gesehen das zentrale überhaupt in solchen Memoranden, beispielsweise wiegt es stets viel mehr als etwaige persönliche Qualitäten präsumtiver Kandidaten. Kurz, die Böhmenkrone galt als wichtige Vorstufe zur Kaiserkrone, und: Hätte sich der Winterkönig in Prag etablieren können, wäre es mit der katholischen Mehrheit im Kurkolleg vorbei gewesen! Es mag in Böhmen um alles Mögliche gegangen sein – sicher freilich nicht um die Hegemonie über Europa. Und ob mit, ob ohne Böhmen – die österreichische Linie des Hauses Habsburg galt unstrittig als die schwächere von beiden, wer eine habsburgische Monarchia universalis perhorreszierte, blickte nach Madrid. Wir dürfen resümieren: Der Prager Fenstersturz und seine näheren Folgen hatten nichts mit europäischen Hegemonialgelüsten zu tun.

Soviel zu vermeintlichen österreichischen Supermachtfantasien! Ein kaiserlicher „Absolutismus"? Die beiden Kaiser des Dreißigjährigen Krieges agierten in den Augen vieler Zeitgenossen allzu oft selbstherrlich, aber sie dachten zweifelsohne gar nicht daran, das Reich in eine „absolutistische" Monarchie zu verwandeln: also die Fürsten und Grafen abzuschaffen, alle Deutschen unmittelbar zu regieren wie der König von Schweden seine Schweden und Finnen oder der König von Spanien die Spanier. Und die Reichsstände wollten nicht „souverän" werden, nicht während des Dreißigjährigen Krieges, nicht (wie wir gleich sehen werden) bei den westfälischen Friedensverhandlungen. Auch leuchtet nicht ein, inwiefern das Reich durch die Konkurrenz verschiedener potenzieller europäischer Hegemonialmächte „in einen Verfassungskrieg gerissen" worden sein soll. Die Rivalitäten zwischen Madrid und Paris haben keinesfalls den traditionellen, im Grunde seit der Schwelle zur Neuzeit notorischen Widerstreit zwischen eher zentralistischem und betont föderalistischem Reichsverständnis angefacht. Sieht man ein, dass solche Kausalketten nicht existieren, ist man, auf modische Terminologie verzichtend, wieder beim traditionellen Forschungsstand: im Reich Kampf um konfessionelle Besitzstände sowie zwischen eher zentralistischen Reichskonzeptionen und teutscher Libertät, sich daran anlagernd europäische Großmachtkonflikte, deshalb schließlich eine Internationalisierung des großen deutschen Konfessionskriegs.

Übrigens erfahren wir von Politologen, die moderne Konflikte analysieren, dass die Kriege der letzten Jahrzehnte (die sogenannten

„neuen Kriege" in Afrika, Teilen Lateinamerikas usw., natürlich auch der Jugoslawienkrieg) fast alle „Staatsbildungskriege" gewesen seien – die Kategorie ist dort, in den Politikwissenschaften, völlig geläufig. Das zur Originalität und Prägnanz eines Terminus, der doch die spezifische Bellizität der ersten Hälfte des 17. Jahrhunderts erklären soll! Zugegeben: dass Habsburg, Schweden und Frankreich 1648 auch zurückstecken mussten, sich nicht alle irgendwann einmal während des Krieges gehegten Wünsche erfüllen konnten, ist für die europäische Staatenordnung nach 1648 nicht folgenlos geblieben. Diese Staatenordnung wird freilich kurzlebig sein, beispielsweise, weil Schweden seine Großmachtrolle nicht behaupten kann, beispielsweise, weil Frankreich aus der ihm 1648 zugedachten Rolle fallen und neue Ängste vor einer (nun ludovizianischen) Hegemonie wecken wird. Man kann mit dem Konzept des „Staatsbildungskrieges" die eine und andere *struktur*geschichtliche *Folge* des Dreißigjährigen Krieges in den Blick rücken: nämlich, dass es in den Jahren nach 1648 keine europäische Hegemonialmacht geben wird (eben weil sich in Westfalen alle auch bescheiden, Kompromisse akzeptieren mussten) sowie eine neue europäische Mittelmacht (nach der erfolgreichen Sezession der niederländischen Nordprovinzen). Aber der in der Weltgeschichte fast ubiquitär einsetzbare Terminus „Staatsbildungskrieg" ist doch wenig geeignet, die spezifischen Kriegsursachen von 1618, die spezifischen Motive der Akteure seit 1618 zu erfassen. Dieses Studienbuch hat deshalb nicht mit dem Ausdruck operiert.

5.1.2 Der Konfessionskrieg

Wie präsent bei den Miterlebenden konfessionelle Deutungsmuster und religiöse Bewältigungsstrategien gewesen sind, sahen wir in zahlreichen Passagen dieses Büchleins. In Kapitel 3.7.5 zeigten es unsere Blicke in Lebensaufzeichnungen – da war, aber das ist nur ein Beispiel für viele, Gustav Adolf Glaubensgenosse, nicht Ausländer. Wir merkten es bei unseren wiederholten Seitenblicken auf die Flugschriftenliteratur der Kriegsjahre (hier allerdings nur bis in die 1630er-Jahre hinein), auch auf Spruch- und Liedsammlungen. Nun sind für eine angemessene Rubrizierung des Dreißigjährigen Krieges in diesen vordemokratischen Zeiten nicht die Empfindungen der namenlosen Opfer der Kriegsgräuel und auch nicht so sehr die Einschätzungen von publizierenden Theologen oder Juristen ausschlaggebend (so interessant – und im ersten Fall übrigens auch methodisch anspruchsvoll – es ist, beides herauszubekommen!). Hier muss uns vor allem interessieren, wie die „Macher", die Kriegsherren und ihr diplomatisches Spitzenpersonal, ihr eigenes, so folgenreiches Tun gedeutet haben.

Die Antwort fällt, wenn man die einschlägigen Archivalien, etwa erhaltene Beratungsprotokolle kennt, nicht schwer: Auf der Motivationsebene und im Sinnhorizont der damaligen Entscheidungsträger brach der Dreißigjährige Krieg als Konfessionskrieg aus. Nimmt man die Begrifflichkeit der internen Akten der Liga- wie der Unionshöfe, die ja selbst damit ringen, den Gehalt des aktuellen Konflikts zu bestimmen, nimmt man ihre Sinnzuschreibungen, ihre Rubrizierungsarbeit ernst, kann man jenen mitteleuropäischen Krieg, der 1619 den regionalen böhmischen Querelen erwuchs, aus wahrnehmungsgeschichtlicher Warte gar nicht anders denn als „Konfessionskrieg" charakterisieren. Es war ein Krieg, in dem beide Seiten um konfessionelle Besitzstände kämpften und bangten. In der Sprache der Unionstagsprotokolle verdichtet sich die zeitgenössische Sinnsuche und Sinnzuweisung in einem Topos: Es handle sich um eine „religion sach", versicherten sich die Auhausener inflationär, sei keine „region sach", kein säkularer Machtkampf. Aber auch die bayerischen Akten wissen, die Folgen des Fenstersturzes taxierend, dass man „die catholischen allenthalben unfürsehens überfallen" wolle. Die „undertrickung der cath. religion" in Böhmen musste auch Deutschlands Katholiken alarmieren, denn es drohten „extensiones in extirpationem plenam catholicae religionis", drohte die vollständige Vernichtung des Katholizismus, in Böhmen wie überall.

Ein Konfessionskrieg also: So wurde dieses Ringen intern charakterisiert, derart war die Selbstvergewisserung der meisten politisch maßgeblichen Kriegsakteure, gleichgültig, ob sie sich dazu auch nach außen bekannten – wie, und zwar empathisch, alle Unionshöfe, nur mit gewissen Abstrichen die der Liga.

Die Liga hatte auf die Propaganda der Hofburg Rücksicht zu nehmen. Und die Kaiserlichen wären schön dumm gewesen, hätten sie konfessionelle Kriegsmotive herausgestrichen. Vielmehr gaukelten sie dreißig Jahre lang vor, es gelte, „ungehorsame" Reichsglieder zu

Zeitgenössische Sinnzuschreibungen: Kampf um konfessionelle Besitzstände bekämpfen. Der Kaiser dürfe und müsse den dem Reichsoberhaupt geschuldeten „Gehorsam" reklamieren sowie die vasallitische „Trew". Es war für die beiden Ferdinande ja auch nur vorteilhaft, wenn da nicht zwei Weltanschauungen mit gleichförmigem Absolutheitsanspruch sozusagen auf Augenhöhe miteinander rangen, wenn sich vielmehr jeder ihrer Widersacher gegen das ideelle Oberhaupt des christlichen Abendlandes und außerdem noch gegen den obersten Lehnsherrn stellte. Am Kaiserhof kamen Legitimation und Motivation, Propagandastrategie und Kriegserfahrung nicht zur Deckung.

Die Zeitgenossen hatten recht

An den anderen um 1620 wichtigen Höfen schon. Und die Beteiligten hatten mit ihrer Einschätzung ja aus heutiger Warte recht! Auch in der Analyse des rückblickenden Historikers war für den Ausbruch (und übrigens ferner die erste Dekade) des Dreißigjährigen Krieges der Dissens der Konfessionsparteien, ihrer je exklusiven Wahrheitsmonopole zentral – wir haben das immer wieder gemerkt, so schon in Kapitel 1. Dort sahen wir beispielsweise, dass sich die Eliten Mitteleuropas um und nach 1600 zusehends gar nicht mehr um einen Tisch versammeln, so ihre Feindbilder dem Realitätstest aussetzen wollten. Ein Reichsorgan nach dem anderen fiel mangels Kompromissfähigkeit aus, der Reichsverband war nicht mehr steuerbar und ließ sich in die regionalen böhmischen Querelen hineinziehen. Der Sinnhorizont der zeitgenössischen Entscheidungsträger um 1620 und die Analyse des modernen Historikers, die Rubrizierungsarbeit der Akten und die Kategorisierungsversuche der Wissenschaft kommen im Fall des Dreißigjährigen Krieges zur Deckung: Ursache und lange Zeit Hauptmotiv war der Dissens der Konfessionen. Insofern war dieser Krieg ein Konfessionskrieg.

5.1.3 Das Ringen um die Reichsverfassung

Aber inwiefern war dieser Krieg auch einer um die Reichsverfassung? Die Kompetenzverteilung im Reichsverband wurde strittig. Das entwickelte sich rasch, schon seit den 1620er-Jahren, zu einem wichtigen Nebenmotiv. Nicht, dass Ferdinand II. die Fürsten, Grafen, reichsstädtischen Magistrate, kurz: die vielen regionalen Obrigkeiten abschaffen, sie und alle Bewohner des Reiches als „absolutistischer" Herrscher über einen mitteleuropäischen Zentralstaat regieren wollte! Das wollte an der Hofburg niemand (weshalb einen kaiserlichen „Absolutismus" zu perhorreszieren oder aber – Heiner Haan hat diesen Ausdruck bekannt gemacht – von „Reichsabsolutismus" zu sprechen keinen Sinn macht). Doch beobachteten viele Zeitgenossen sorgenvoll, wie die Hofburg die Reichspolitik ein Stück weit auf sich zentralisierte. Insofern – und nur insofern – drohte eine Stärkung der monarchischen Gehalte in der Mischverfassung des Reiches. Eine kurze, doch gehaltvolle Passage des Westfälischen Friedens (vgl. Kap. 5.5.2) sollte diese Gefahr bannen, wäre anders gar nicht erklärbar.

Das Reich war ja in seinem Grundaufbau der Europäischen Union ähnlicher als den meisten Staatswesen der nationalstaatlichen Ära. Vormoderne deutsche Geschichte spielt sich nicht im dualistischen Miteinander Obrigkeit – homogener Untertanenverband, Regierung – Volk ab (was als ‚normal' anzusehen uns die nationalstaatliche Epoche vererbt hat), spielt vielmehr auf drei Ebenen. Das Reich war ein Dachverband über Territorien, die indes nicht unmittelbar vom Reichsganzen, sondern von ihrer je eigenen Obrigkeit regiert wurden. Um von unten nach oben zu schauen: Der einzelne Einwohner (Ebene 3) eines Reichsterritoriums hatte den Gesetzen und Anordnungen seiner Territorialobrigkeit (Ebene 2), eines Fürsten oder eines reichsstädtischen Magistrats Folge zu leisten; diese regionalen Regierungen wiederum waren den Spielregeln des Reichsverbandes unterworfen, anerkannten den Kaiser als (jedenfalls ideelles) Oberhaupt, waren den Urteilen der beiden obersten Reichsgerichte unterworfen und im Prinzip auch den Beschlüssen des Reichstags (Ebene 1, die der Reichsorgane).

Wo spielen nun im Reichsverband Versuche absolutistischer Herrschaftszentralisierung? Auf Ebene 2, manche der größeren Reichsfürsten haben so etwas in ihrem Territorium versucht, häufiger nach dem Dreißigjährigen Krieg als schon zuvor.

Zurück zum Konzept eines vermeintlichen „Reichsabsolutismus"! Nun, was stimmt: Die Kaiser des Dreißigjährigen Krieges, Ferdinand II. und Ferdinand III., nutzten die Kriegswirren (beispielsweise fand ja eine Generation lang gar kein Reichstag mehr statt), um auf der ersten Ebene manches auf sich hin umzupolen. Sie suchten die Reichspolitik zu straffen, vieles auf dem Verordnungsweg anstatt in Konsultation mit den Reichsorganen (deren wichtigstes ja eben brachlag) zu erledigen. Kurz, auf Ebene 1 spielte sich das Kaisertum in den

Zentralisierung ja, „Reichsabsolutismus" nein

Vordergrund, die anderen Reichsorgane drohten marginalisiert zu werden. Aber die beiden Ferdinande suchten das Drei-Ebenen-Modell nicht in ein Zwei-Ebenen-Modell umzumodeln. Sie versuchten ja erst gar nicht, all die Fürsten und Markgrafen abzuschaffen, unmittelbaren Zugriff auf deren Untertanen zu gewinnen, insofern einen einheitlichen mitteleuropäischen Untertanenverband zu schaffen. Die verfassungspolitischen Ziele der beiden Ferdinande (so es sie gab; dieses Studienbüchlein geht mit wohl doch guten Gründen davon aus) zielten alle auf Ebene 1. Der Reichsverband drohte zentralisiert zu werden, die überaus kräftigen föderativen Gehalte in der Mischverfassung des Reiches drohten zurückzutreten – aber das hat nichts mit Absolutismus zu tun. Zentralisierung ja, „Reichsabsolutismus" nein. So etwas hat es nie gegeben.

Traditionell: eine Mischverfassung

Das politische System des Reiches spielte nicht nur auf drei Ebenen, es hatte ferner traditionell sowohl monarchische Züge (der Kaiser) als auch oligarchische (die herausgehobene Rolle der wenigen kurfürstlichen unter den Reichsständen) sowie aristokratische (der Reichstag als Forum des regierenden Hochadels). Viele Zeitgenossen befürchteten mit diskutablen Gründen eine Verschiebung der Gewichte in Richtung auf die „monarchia", manche auch (mit weniger Anhalt an der Realität) eine Verschiebung hin zur „oligarchia", vor allem wegen der gewichtigen Kurfürstentage in der langen reichstagslosen Zeit seit 1613. ‚Das Reich' sah sich mangels Reichstag mundtot gemacht, allzu viel entscheide der Kaiser allein oder aber nach Rücksprache lediglich mit den Kurfürsten.

Man könnte den Dreißigjährigen Krieg, anstatt nach dem üblichen Viererschema, auch in zwei großen Bögen beschreiben, die eine Stärkung monarchischer Gehalte im politischen System nachzeichnen.

Die erste kaiserliche Hausse

In den 1620er-Jahren irritierten aufmerksame Beobachter eine ganze Reihe von Indizien kaiserlicher Selbstherrlichkeit – das begann schon mit der Ächtung des Winterkönigs ohne Konsens aller anderen Kurfürsten, der „aus Keyserlicher Vollmacht" vorgenommenen Kurtranslation unter recht eigenartigen Begleitumständen (vgl. Kap. 2.4) zugunsten des Bayernherzogs. Von dem machte den Kaiser Wallensteins Heer unabhängig. Während nun sukzessive fast das ganze Reich unter den Quartierlasten dieses riesigen kaiserlichen Heeres litt, suchte Ferdinand selbst Zurüstungen von Reichsterritorien ohne seine, die kaiserliche

Genehmigung als „Ungehorsam" zu diffamieren und zu unterbinden. Er ahndete in harschem Ton fürstliche Rüstungsanstrengungen, in oft enger zeitlicher Abfolge trafen zahllose Werbungsverbote oder aber Anweisungen, die Truppen des Territoriums kaiserlicher Kommandogewalt zu unterstellen, an den Fürstenhöfen ein. Wollte die Hofburg das nirgends verbriefte, aber traditionelle Ius armorum, das Recht der Reichsstände auf eigenständige Rüstungen, aushebeln? Vieles noch könnte man anführen, bedenkliche Gutachten beispielsweise aus dem kaiserlichen Umfeld, die eine Forcierung der „monarchia" als der dem Reich frommenden Staatsform forderten, oder die der teutschen Libertät wenig verträglichen Sprüche, die man über Wallenstein kolportierte.

Auf ihrem Scheitelpunkt war die monarchische Konjunkturkurve 1629 mit dem Restitutionsedikt, das kein Reichstag verabschiedet hatte, das Ferdinand einfach aus angeblicher kaiserlicher Machtvollkommenheit heraus erließ. Selbst die katholischen Fürsten tröstete der konfessionelle Zugewinn nur kurz über den verfassungspolitischen Sündenfall hinweg, auch katholische Reichsstände hatten keine Lust, sich, wie ein bayerisches Gutachten formuliert, „zu Sklaven" der Hofburg machen zu lassen. Wollten die Wiener – so fragte sich der Münchner Herzog Maximilian – „statum Monarchicum ... stabilieren"? Zielte die Hofburg auf den „absolutum dominatum"? Die Kurfürsten sorgten sich um ihre Libertät, hielten am Regensburger Kollegialtag dagegen – indem sie beispielsweise die Entlassung Wallensteins erzwangen.

Die (über dreißig Kriegsjahre hinweg kaum ansatzweise erforschte) Flugschriftenliteratur hat es aufmerksam registriert. „Die Ständ in Teutschlande haben grössere Macht, vnd Plaisir, als eintzige Stände an andern örtern", betont ein 1631 erschienener „Postilion", „darumb nicht muthzumassè, das dem Kayser durch die Wahl das jenige gegeben, was die stände drucken könne", er habe ja „keine absolute potestas". Dem Stolz auf die teutsche Libertät folgt die aktuelle Sorge: Das Reich habe „keinen gefehrlichern Feind, als ein solches fürschleichendes vnd fürbrechendes Oberhaupt" wie Ferdinand, der sei doch „nicht legibus solutus", meint: stehe nicht über dem geschriebenen Recht, sondern sei wie alle anderen an die Reichsverfassung gebunden. „Wann Gesetze gemachet oder abgeschaffet werden sollen, muss solches contracts weise vff allgemeinen Reichsversamlungen" geschehen. Zuletzt sei „schier erfolgt ..., das der Gast den Wirth verdrungen, wann die Herrn Churfürsten nicht bey Jüngsten Collegial tage ... das Blat vmbgewandt, vnd den Kayser in seine Erbländer remittiret hetten". Der Kaiser stand am Pranger, in dieser und vielen anderen Broschüren; neben und nach ihm aber auch, ihrer verfassungspolitischen Standfestigkeit in Regensburg zum Trotz, die Kurfürsten (man frage sich doch, so der Postilion nach seinem Reichstagslob, „in welcher Reichsverfassung der newliche Collegialtag fundirt sey?").

Die zweite kaiserliche Hausse

Mit dem Regensburger Kollegialtag war das Pendel wieder zurückgeschlagen. Die erste der beiden Kurven ist damit durchschritten. Der Siegeslauf Gustav Adolfs erzwang dann den erneuten Schulterschluss zwischen katholischen Reichsständen und katholischem Reichsoberhaupt – die katholischen Territorialobrigkeiten waren mehr denn je auf Wiener Schutz angewiesen und scharten sich um ihren Kaiser. Der habsburgische Sieg von Nördlingen freilich brachte erneut nicht nur eine Konsolidierung des Katholizismus mit sich, auch eine Stärkung der Reichsspitze auf Kosten aller Reichsstände. Die Prager Vereinbarungen von 1635 dokumentieren es ja: Reichssteuern ohne Reichstag, Aufhebung reichsständischer Bündnisse, Vereidigung aller auf Reichsboden operierenden Truppen auf den Kaiser. Das mochten aus Wiener Sicht militärisch motivierte Notmaßnahmen für die hoffentlich bald vorübergehende Kriegszeit sein, subjektiv sahen sich Ferdinand und die meisten seiner Ratgeber nach Ausweis der erhaltenen Akten nicht in einer triumphalen, sondern in einer weiterhin beängstigenden Lage. Aber manche Zeitgenossen bangten doch, aus nachvollziehbaren Gründen, um das herkömmliche politische System, die traditionelle Libertät. Wir wissen schon, dass man der Hofburg sowohl in Paris als auch in Stockholm zentralistische, gar „tyrannische" Absichten unterstellte; „solches ist der rechte Weg zum absoluten Dominat und der Stände Servitut [also: Knechtschaft]", monierte 1643 der schwedische Sekundargesandte in Osnabrück, Johan Adler Salvius, die Kronen würden sich dem entgegenstemmen, denn „Ihre Sekurität besteht in der deutschen Stände Libertät". Diese Libertät sah man auch an vielen mitteleuropäischen Höfen, nicht nur an evangelischen, in Bedrängnis.

Gegenwehr unter libertären Vorzeichen tat sich nun aber schwerer als 1630, und Erfolg stellte sich nicht sogleich ein. Immerhin, der Regensburger Reichstag von 1640 nahm manche Züge der Politik des Kurfürstentags ein Jahrzehnt zuvor wieder auf, forderte, pointiert zusammengefasst, eine Umwandlung des kaiserlichen Heeres in ein ständisches (mit einem aus den Reichskreisen bestellten Kriegsrat) – ohne durchschlagenden Erfolg. So wurde die Prager Ordnung erst im Vorfeld der westfälischen Verhandlungen ausgehebelt, und zwar über die Admissionsfrage: die Frage der „admissio" (lat. admittere = zulassen, Zutritt gewähren; vgl. Kap. 5.3.3) zu den westfälischen Friedenskongressen.

5.1.4 Ein Indikator: die Bündniskonstellationen

Ein Kampf um konfessionelle Besitzstände, über dem sich auch Gewichte im politischen System des Reiches zu verschieben drohten und an den sich ferner europäische Großmachtrivalitäten anlagerten: Zu diesem Befund passen die Bündniskonstellationen, fügen sich Schulterschlüsse und Abstoßungen. Grundsätzlich standen sich zunächst Protestanten und Katholiken gegenüber, in Böhmen wie im Reich.

Zwei konfessionelle Lager, aber ...

Freilich nicht ausnahmslos. Es gibt ‚Ausreißer', die Grenzen des insgesamt fraglos trotzdem zentralen Erklärungsmusters „Konfessionskrieg" markieren und uns zeigen, wie der deutsche Verfassungskampf und europäische Staatsräsonkalküle Fronten aufreißen, die quer zu den konfessionellen Solidaritäten liegen konnten: so, im europäischen Maßstab, insbesondere die Politik Richelieus, dann Mazarins (aber auch die Zurückhaltung der Kurie ist bemerkenswert) und im Reichsverband insbesondere die Haltung Kursachsens, auch Bayerns – diese beiden Grenzfälle bezeugen die verfassungspolitischen Gehalte des Ringens.

Weil man das politische System des Reiches im lutherischen Dresden mit den Augen eines kaisertreuen Katholiken sah („politice seint wir Bäpstisch"), sträubte man sich dort gegen eine dauerhaft antikaiserliche Politik – das evangelische Kursachsen finden wir denn auch phasenweise an der Seite der katholischen Hofburg oder aber in erklärter „neutralitet". Das katholische Bayern hielt es fast durchgehend mit dem katholischen Österreich, aber in wohl kalkulierter Distanz: Denn der Münchner Herzog stilisierte sich nicht nur zum Paladin

... Grenzfälle: Kursachsen, Bayern, die Kurie, Frankreich

des Katholizismus im Reich, sondern auch zum Anwalt „teutscher Libertät". Die Münchner waren tatsächlich davon überzeugt, dass dem Reich ein dezidiert föderalistischer Aufbau am besten fromme, aber mit der Parole von der „teutschen Libertät" wurde auch sag- und begründbar, was schon die Staatsräson des im Vorhof Habsburgs gelegenen Herzogtums nahelegte: dass man nämlich keinen übermächtigen Nachbarn wünschte. Als Anwälte „teutscher Libertät" stemmten sich auch und gerade die Münchner am Kurfürstentag von 1630 gegen zentralistische Deformationen des politischen Systems des Reiches. Um im Schulterschluss mit der Hofburg nicht erdrückt zu werden, suchte man immer wieder die Fühlungnahme zur anderen katholischen Großmacht, Frankreich.

Bayern also war ein schwieriger Partner für die Hofburg, weil man in München zwar einen katholischen, aber keinen übermächtigen Kaiser wünschte. Ganz ähnlich sah man das übrigens in Rom. Die Päpste leiteten nicht nur eine weltumspannende Kirche, sie regierten auch einen Kleinstaat, der traditionell zwischen den katholischen Großmächten Habsburg und Frankreich lavierte. Urban VIII., der während der meisten Kriegsjahre als Papst amtierte (1623–1644), reagierte auf den notorischen habsburgischen Geldbedarf ziemlich knausrig – denn allzu erfolgreich sollte die Hofburg nun auch wieder nicht sein. Damit sind wir schon auf der europäischen Bühne angelangt: Nur anfangs unterstützte das katholische Frankreich die katholische Hofburg, das immerhin mit weitreichenden Folgen. Nachdem Frankreich 1620 zusammen mit Bayern den Großmachtstatus Österreichs gerettet hatte (Ulmer Waffenstillstand, Schlacht am Weißen Berg), besann es sich unter Richelieu wieder seiner antihabsburgischen außenpolitischen Traditionen. Man könnte es auch so ausdrücken: Sobald das katholische Habsburg nicht mehr zu wanken drohte, wurde wieder das alte Einkreisungssyndrom übermächtig, für die Außenpolitik maßgeblich. Und im anderen konfessionellen Lager war ein Schulterschluss der traditionellen Rivalen an der Ostsee, Dänemarks und Schwedens, schlechterdings undenkbar. Sie kamen Deutschlands Protestanten nacheinander zu Hilfe, nicht aber vereint. Europas Staatenordnung sortierte sich eben nicht nur nach konfessionellen Sympathien, auch geostrategische Gegebenheiten und außenpolitische Traditionslinien spielten herein.

So sind wir denn, wenn wir die changierenden Bündnisgeflechte im Verlauf von dreißig Kriegsjahren inspizieren, mit einer beim ersten Hinsehen ziemlich diffusen Gemengelage konfrontiert. Schaut man genauer hin, entfaltet sich aber dieses uns schon bekannte Grundmuster: Ein Ringen um Lesarten des Religionsfriedens, damit um konfessionelle Besitzstände in Mitteleuropa rührt ferner verfassungspolitisches Konfliktpotenzial im Reich auf, und es lagern sich zunehmend europäische Konflikte an. Der Entkonfessionalisierung des Dreißigjährigen Krieges korrespondiert seine Internationalisierung, schließlich ist dieser Krieg reichsintern gar nicht mehr behebbar (wie in den 1620er-Jahren schon noch).

5.2 Rückblicke 2: Warum musste dieser Krieg dreißig Jahre lang währen?

Warum musste der vom Prager Fenstersturz veranlasste Krieg furchtbare, furchtbar lange dreißig Jahre währen? Teilantworten kennen wir schon, denn wir haben uns bereits am Ende der ersten drei Kriegsphasen dreimal diese Frage gestellt: „Warum geht der Krieg weiter?" Drei Kapitel dieses Büchleins sind so überschrieben. Die oft recht speziellen, von Kriegsphase zu Kriegsphase variierenden Antworten, von der „Pfalzfrage" bis hin zu Schwedens „Satisfaktionen" und dem Pommernproblem, wollen wir hier nicht noch einmal alle Revue passieren lassen. Übrigens war ja auch zuletzt implizit von kriegsverlängernden Umständen die Rede: Der deutsche Konfessionskrieg war spätestens seit 1635 keiner mehr. Nur in Mitteleuropa, nur zwischen deutschen Verhandlungspartnern konnte dieses Ringen gar nicht mehr beendet werden (auch wenn das die Hofburg lang nicht wahrhaben wollte). Das militärische Hin und Her im Reich, der Kampf um das Los der Generalstaaten: Das waren nunmehr, seit 1635, pointiert gesagt Teilaspekte des an Schauplätzen so reichen Französisch-Spanischen Krieges – daher in Westfalen der Versuch, alle diese ineinander verknäuelten Konflikte gleichsam in einem Aufwasch beizulegen!

Natürlich hat es eine rasche Beendigung des Dreißigjährigen Krieges nicht eben erleichtert, dass hierbei seit 1630, vollends 1635 Mächte mitwirken mussten, auf deren Staatsgebiet die seit 1619 notorischen

Welche kriegsverlängernden Faktoren wir schon kennen

Kampftätigkeiten gar nicht oder fast nicht stattfanden. Zumal sich zwischen den vielgliedrigen Mächteallianzen der letzten Kriegsdekade ein ungefähres (nie stabiles) Patt eingependelt hatte. Tryntje Helfferich hat den Französisch-Schwedischen Krieg jüngst als „continual back-and-forth between the two almost evenly matched sides" charakterisiert. Eine gewonnene Schlacht hier, der Tod eines widrig gesinnten Fürsten da – wieder und wieder schienen sich im weit gespannten Kriegstheater zwischen Pyrenäen und Ostsee irgendwo hoffnungsvolle Neuentwicklungen anzukündigen, die ein Aufgeben gerade jetzt, da sich doch die eigene Waagschale zu senken schien, so gar nicht angeraten sein ließen. Und so lief dieser „Hegemonialkrieg, der sich seit 1635 festgefressen hatte" (Lothar Höbelt), noch lange, lange 13 Jahre weiter.

Das Problem der Kriegsfinanzierung

Gibt es noch einen kriegsverlängernden Umstand? Für Herfried Münkler, einen Kenner der modernen Kriegführung, kann der „Druck der Kriegsfinanzierung", auf den ersten Blick erstaunlich, kriegsverlängernd wirken: „Alle Mächte setzen darauf, einen mehr oder minder großen Teil der Kredite aus den Reparationen des besiegten Feindes zurückzuzahlen. Ein Verhandlungsfrieden bedeutet aber, dass man selbst für seine Kriegskosten aufkommen muss. Je teurer der Krieg wird, desto geringer wird deshalb die Möglichkeit, ihn zu beenden." Münkler formulierte das im Hinblick auf den Ersten Weltkrieg seit 1914, aber die Hoffnung, einen Teil der immensen Kriegsschäden durch einen vorteilhaften Friedensvertrag (einen solchen mit reichhaltigen „Satisfaktionen"!) kompensieren, gleichsam wieder wettmachen zu können, hat auch vor 1648 rasche Wege zur Waffenruhe verbaut – neben dem für den vormodernen Adel eminent wichtigen, gleichsam immateriellen Wert der „Ehre" freilich.

Es geht um Wahrheit und Seelenheil

Solange der Dreißigjährige Krieg im Kern noch Konfessionskrieg gewesen war, musste man ja schon deshalb auf seinen Positionen herumreiten, weil man sonst Wahrheit preisgab, Seelenheil verspielte. Die damaligen Bildungseliten hätten es etwas anders ausgedrückt, hätten es mit Termini ihrer Kriegsdoktrin, der jedem Gebildeten geläufigen Lehre vom Gerechten Krieg, vom „bellum iustum", so gesagt: Pax sei kein Wert an sich, sei mit Iustitia verschwistert. Wir dürfen Iustitia in solchen Texten mal eher mit „Recht", mal eher mit „Gerechtigkeit" übersetzen. Stabiler Frieden setze eine einheitliche

Rechtsordnung und „gerechte", gottgefällige Zustände voraus. Ein ungerechter Frieden (also beispielsweise und insbesondere einer, der ohne den Zwang äußerster Not der Ketzerei Terrain preisgab!) sei schlimmer als Krieg. „Ausser Ainigkait des Glaubens, kain beständiger Frid": Das konstatierte 1579 apodiktisch der Wiener Rechtsprofessor und Reichshofrat Georg Eder. Vier Jahre später taxierte eine viel beachtete Publikation aus der Hand des Reichshofrats Andreas Erstenberger Friedensschlüsse über Konfessionsgrenzen hinweg so: „Ein solcher Fridt", der „so vil vbels mit sich zeucht, vnnd zu dem Endt deß wahren Fridens, welches ist die Ehr vnnd Dienst Gottes ... nit gerichtet ist", kann „derhalben kein rechter noch bestendiger Frid nicht sein noch haissen, Sonder ist eben der Fried, der (wie der Prophet sagt) vnder den Gottlosen zusein pflegt, id est, nulla". Frieden ohne Gerechtigkeit war nichtig. Das gab der Publizistik des nächsten halben Jahrhunderts in Mitteleuropa eine wichtige Melodie vor. Ein im englischen Bürgerkrieg parteiisches Pamphlet von 1643 schärft das ein: „Truth must give Law to peace."

Deshalb wollte und konnte es die katholische Seite, beispielsweise, am Ende der niedersächsisch-dänischen Kriegsphase nicht mit dem Lübecker Frieden bewenden lassen. Sie war es sich schuldig, im Restitutionsedikt die katholische Interpretationslinie im Deutungskampf um den Augsburger Religionsfrieden als einzig zulässige festzuschreiben. Subjektiv war sie ehrlich davon überzeugt, genau hierfür, für Lesarten des Texts von 1555, eine Dekade lang so opferreich gekämpft zu haben. In einem tieferen Sinne ging es – davon war in Kapitel 1 schon die Rede – tatsächlich nicht um Paragrafen, sondern um Wahrheit. Aber weil der Religionsfrieden den Wahrheitsdissens verrechtlicht hatte, musste man seine Version von Wahrheit und Seelenheil als einzig lautere Lesart des Texts von 1555 verfechten.

Nun hat sich ja der große deutsche Konfessionskrieg, (bei einem geringfügigen zeitlichen Nachlauf) ungefähr parallel zu seiner Internationalisierung, in den Jahren vor dem Prager Frieden sichtlich entkonfessionalisiert. Aber die beiden anderen großen Friedenshindernisse blieben: Keiner glaubte, es sich leisten zu können, den Frieden mit materiellen und immateriellen Nachteilen zu erkaufen. Dafür hatte dieser Krieg in der Tat schon viel zu viel gekostet: die Wohlfahrt des Landes, Menschenleben, das Geld der Kriegsherren. Das alles durfte

„Ehre" steht auf dem Spiel

nicht umsonst gewesen sein. „Honestum bellum turpi paci est praeferendum", weiß eine den Dreißigjährigen Krieg kommentierende Flugschrift: Ehrenvolle Kriegführung sei einem Frieden, der schände, vorzuziehen. Christoph Lehmanns „Politischer Blumengarten", eine damals viel benützte Sentenzensammlung, kennt diese Durchhalteparole, Wegzehrung in aussichtsloser Mission: „Ehr verlohren, ist alles verlohren, ists Leben verlohren, so bleibt die Ehr vnverlohren." Lehmann weiß auch, dass die Ehre besonders im Adelsethos verankert ist: „Niemand ist zu Ehren [so] inbrünstig als ein Adelichs hohes dapffers Gemüth, inmassen die Ehr selbst das höchst vnnd edelst Kleynod auff der Welt ist, vnnd hat jedes gern was jhme gleichet." Keiner wollte ohne äußerste Not riskieren, vor der adeligen Mitwelt und vor den Nachkommen als Versager dazustehen, der, anstatt Ehre zu akkumulieren, Schande über die Dynastie gebracht hatte.

Inkompatible Vorstellungen von einer „pax honesta"

Schweden, Frankreich und die Habsburgerhöfe hatten je eigene, ziemlich anspruchsvolle – und untereinander inkompatible Vorstellungen davon, wie ein akzeptabler Frieden in Mitteleuropa aussehen könne. Alle wollten sie gestärkt aus dieser Auseinandersetzung hervorgehen – im Falle Frankreichs und Schwedens stand hierfür das Schlagwort von den „Satisfaktionen". Für Frankreich musste der mitteleuropäische Frieden ferner in eine „paix universelle" eingebunden sein, in einen europäischen Universalfrieden, und es gelang der Pariser Diplomatie, die sich zunächst sträubenden Schwedischen auf dieses Friedenskonzept zu verpflichten. Hingegen versteifte sich die Hofburg bis 1645 auf eine rein mitteleuropäische Lösung auf der Basis des Prager Friedens – dem sich Schweden ja auf dem Wege einer bilateralen Vereinbarung mit der Hofburg anschließen könne. Alle beschworen sie den „lieben vnd werthen Frieden", aber jeder verstand konkret etwas anderes darunter.

Einen Frieden, der mit der Ehre der je eigenen Dynastie und mit der je eigenen Staatsräson verträglich sein musste, nannte man damals „pax honesta", einen „ehrenvollen Frieden". Neue Forschungen zur lange Zeit kaum untersuchten letzten Kriegsdekade konnten zeigen, dass die „pax honesta" ein Schlüsselterminus des damaligen politischen Diskurses gewesen ist. Man beteuerte, den schrecklichen, schrecklich lang dauernden Krieg beenden zu wollen – aber selbstverständlich nur mit einer „pax honesta": ein kriegsverlängernder Umstand auch das!

Dass die „pax honesta" damals topisch wurde, ist für eine Geschichte des Friedensbegriffs interessant. Denn in der hitzigen Publizistik der Vorkriegszeit und der ersten Kriegshälfte spielte der „ehrenvolle Frieden" noch keine erhebliche Rolle. Sie beschwor, wie wir mehrmals sahen (vgl. insbesondere Kap. 4.1.2 sowie schon Kap. 1.2.4), wieder und wieder den „gerechten Frieden", Pax müsse mit Iustitia einhergehen, was für viele Autoren implizierte: Frieden könne nur zwischen Rechtgläubigen herrschen. Weil Frieden, Recht und Gerechtigkeit untrennbar seien, könnten interkonfessionelle Friedensschlüsse nicht tragen. Banden sie den Rechtgläubigen überhaupt („fides haereticis servanda")? Solche Probleme wurden offensichtlich in den letzten 15 Kriegsjahren nachrangig. Man beschwor nun nicht mehr die „pax vera et iusta", der gerechte wurde zum Prestigefrieden. Ist diese friedenskonzeptionelle Säkularisierung nicht auch ein interessanter Indikator für jene Säkularisierung des ganzen Dreißigjährigen Krieges seit 1632 oder 1633, die wir mit anderen Indizien schon wiederholt konstatierten? Die Ära nach den Konfessionskriegen wird Frieden sehr weitgehend von theologischen Postulaten und moralischen Werten entkoppeln. Die Abwesenheit physischer Gewalt wird zum Wert an sich, wird Selbstzweck. Pax schrumpft ein auf Ruhe und Ordnung.

Die „pax honesta" – eine friedenskonzeptionelle Säkularisierung

Wir dürfen rückblickend zusammenfassen: Der große deutsche Konfessionskrieg begann als Kampf um Lesarten des Augsburger Religionsfriedens und als Ringen um konfessionelle Besitzstände, und genau das – dass da nämlich immer gleich das Letzte und Höchste ins Spiel kam, dass es um Wahrheit und Seelenheil zu gehen schien – hat einen raschen Kompromissfrieden erschwert. Expansive politische Ziele einiger weniger größerer Reichsstände, so insbesondere der Wittelsbacher in Heidelberg und München („Pfalzfrage"), kamen verkomplizierend hinzu. Dass Maximilian von Bayern unbedingt Kurfürst werden und bleiben wollte und dass es sich die Hofburg schuldig war, unbedingt ihre Lesarten des Ersten Religionsfriedens zu oktroyieren („Restitutionsedikt"), hielt die Kampftätigkeiten so lange am Leben, bis sie reichsintern gar nicht mehr beendet werden konnten. Der Frieden hing nun von Ländern ab, in denen die seit 1619 virulenten Kampftätigkeiten gar nicht stattfanden und denen ein zügiger Friedensschluss weniger wichtig war als ein für ihre Staatsräson vorteilhafter. Und es wurde sukzessive, gegenläufig zum Verblassen des

Resümee

konfessionellen Konfliktpotenzials, die Dauer dieses Ringens selbst zum Friedenshindernis. Nachdem man schon so viele Opfer gebracht hatte, konnte man nicht leichtfertig einen faulen Frieden riskieren. Das war nun für die politischen Eliten, und zumal für die hochadeligen Letztentscheider, ein Ehrenpunkt.

5.3 Die Vorgeschichte der westfälischen Kongresse

5.3.1 Zu den Wurzeln

Wann begannen denn die westfälischen Kongresse? Schwer zu sagen! Das mag heute verwundern, denn für uns sitzen bei einem Kongress alle Beteiligten um einen Tisch herum oder jedenfalls in ein und demselben Saal – stets, immer wieder, gewiss aber zu einer Eröffnungs- und einer Schlusssitzung. Solche „Vollversammlungen" gab es aber weder in Münster noch in Osnabrück. Der „Friedenskongress" begann irgendwann zwischen 1643 und 1646, als sich die beiden Kongressorte sukzessive mit Gesandtschaften füllten, und endete zwischen 1647 und 1649, weil sich da die Delegationen nach und nach wieder davonmachten.

Fast von Anfang an Vermittlungsversuche

Auch der Beginn der Vorgeschichte lässt sich nur schwer eingrenzen. Die Wurzeln der westfälischen Kongresse reichen weit zurück. Im weitesten Sinne bis in die 1620er-Jahre – denn fast immer waren fast alle Kriegsparteien auch diplomatisch, nicht nur militärisch in Kontakt miteinander. Konrad Repgen, der beste Kenner der westfälischen Verhandlungen, hat zutreffend festgestellt: „Dies war ein Gebot der Moral ebenso wie der Staatsräson". Wir wissen schon: Der Frieden war für die damaligen Entscheider nicht jener absolut gesetzte Höchstwert, den er für viele Heutige darstellt (jedenfalls in Europa); aber einen fraglos hohen Rang besaß er auch im damaligen Wertekosmos. Und bei der notorischen Unwägbarkeit des Schlachtenglücks war es nur vernünftig, auf alle Eventualitäten vorbereitet zu sein. Geschickte Politik operiert stets mehrgleisig. Bereits in den 1620er-Jahren gab es diverse Vermittlungsinitiativen, so versuchte der einstige Unionshof in Stuttgart jahrelang, seine nun reklamierte „neutralitet" durch Vermittlungsbemühungen in jener

Pfalzfrage abzustützen, die ja damals eine wichtige Antriebskraft fürs Kriegsgeschehen gewesen ist.

Diesem und allen anderen Versuchen fehlte der durchschlagende Erfolg, auch konzentrierten sie sich immer auf Einzelaspekte. Nun verschränkten sich freilich die strittigen Einzelfragen und offenen Rechnungen zu einem immer undurchdringlicheren Knäuel, von einem einzigen, noch so zentralen Punkt aus schien es immer weniger auflösbar zu sein. Es wurde immer evidenter, dass der Krieg nur durch eine umfassende Verhandlung aller strittigen Materien durch alle irgend Beteiligten – sprich: durch einen in der Weltgeschichte bis dahin nicht gekannten, insofern vorbildlosen Mammutkongress würde beendet werden können.

An Gesprächsfäden wurde also fast von Anfang an geknüpft. Sodann wurzelten die Friedensverhandlungen in wachsender Kriegsmüdigkeit. In Stockholm wollten maßgebliche Kreise eigentlich schon seit Gustav Adolfs Tod nur noch ehrenvoll und nicht ganz ohne Gewinn aus der Auseinandersetzung wieder herauskommen; Frankreich trat zwar 1635 mit noch frischen Kräften hinzu, aber nach wenigen Jahren waren ja auch dort Wirtschaft und Staatssäckel gefährlich angegriffen. Und die Reichsfürsten? Wir sahen, dass schon der Prager Vertrag vom Impuls getragen wurde, den Krieg nun endlich rasch zu beenden – freilich, erst gelte es, die fremden Heere vom Reichsboden zu verjagen. Das ist bekanntlich nicht gelungen. Würde es auf militärischem Wege je gelingen? Seit den frühen 1640er-Jahren sahen immer weniger Reichsfürsten ein, dass und wofür sie noch weiterkämpfen sollten. Würde sich das Reich zu einer bewaffneten „Dritten Partei" zusammenfinden und dem Krieg der Großmächte (Habsburg, Bourbon, Wasa) entziehen? So weit ist es nicht gekommen, konfessionelle Solidaritäten und traditionelle Klientelbeziehungen setzten einer Organisation ‚des Reiches' enge Grenzen. Aber es musste die Großen doch beunruhigen, dass sich ihre Klienten zunehmend durch Separatverträge mit dem Feind bzw. durch ihre erklärte „neutralität" der Auseinandersetzung entziehen oder aber – die ganz Kleinen – einfach abtauchen wollten.

Neutralität vertrug sich nicht mit dem Geist der Prager Vereinbarungen („alle Reichsglieder scharen sich ums Reichsoberhaupt, auf dass Mitteleuropa von den ausländischen Truppen befreit werde"). Der Reichsabschied von 1641 geißelt „die von etlichen Ständen vor

Wachsende Kriegsmüdigkeit

Zuflucht zur Neutralität

sich selbst angemaßte Neutralitäten" aufs Schärfste, erklärt solch „hochschädliche Neutralität" für „expresse cassirt", „alldieweil in den Reichs-Verfassungen nicht zu finden, dass einigem Stand", mit welcher Begründung auch immer, „zugelassen worden, in allgemeiner Noth und Gefahr deß Vatterlands von dem andern sich abzusondern". Neutralität, eine unter allen Umständen abscheuliche Option? Man dürfe sich keinesfalls für neutral erklären, so der Reichsabschied – außer „mit Vorwissen und Genehmhaltung" des Reichsoberhaupts! Aber darauf war vor dem Sankt-Nimmerleins-Tag nicht zu hoffen. Gerade in Wien war „Neutralitas vocabulum odiosum", ein Reizwort. Wien kannte nur Gehorsam oder Widersetzlichkeit. In Wiener Diktion führte man ja den ganzen Dreißigjährigen Krieg gegen Ungehorsame, gegen „Rebellen". Offene Widersetzlichkeit wie Neutralität kündeten von Ungehorsam. Beide ungehörigen Optionen unterschieden sich allenfalls graduell, durch das Ausmaß, in dem man den der Hofburg geschuldeten Gehorsam verweigerte.

Obwohl man den Wiener Rechtsstandpunkt im Reich kannte, suchte sich dem nicht enden wollenden Krieg zu entwinden, wer immer es konnte. Besonders ärgerlich war für die Hofburg, dass ein Kurfürst, der Herrscher über das stattliche Kurbrandenburg, im Mai 1641 gleichsam das Prager System aufkündigte: Friedrich Wilhelm schickte Emissäre nach Stockholm, die dort einen Waffenstillstandsvertrag aushandelten (der dann vom Großen Kurfürsten nicht ratifiziert, aber von beiden Seiten in den Grundzügen eingehalten wurde), erklärte sich für neutral und entließ einen Großteil seiner Truppen. Dem Prager „Frieden" zufolge waren besagte Truppen ja eigentlich keine brandenburgischen mehr, sondern Teil der Reichsarmee, und der Oberbefehl lag beim Kaiser. Friedrich Wilhelm holte sich quasi zurück, was ihm der Prager Vertrag genommen hatte: außenpolitische Handlungsfreiheit (der Waffenstillstand) und das Ius armorum (Entlassung der Truppen).

Andere Kurstaaten folgten mit eigenen Waffenstillständen nach: 1645 Kursachsen (mit Schweden), 1647 Kurmainz (mit Frankreich). Vorübergehend schlossen 1647 ja sogar die Wittelsbacher in München und Köln ihren Waffenstillstand mit Frankreich, im Ulmer Vertrag. Um Maximilian von Bayern wieder als Verbündeten zu gewinnen, musste ihm der Kaiser den alleinigen Oberbefehl über die bayerischen

Truppen zurückgeben – das Prager System knirschte in allen Ecken und Fugen. Eine handlungsfähige, durchorganisierte reichsständische „Friedenspartei" ist zwar tatsächlich nie zustande gekommen, doch mussten die Großen (Bourbon, Wasa, insbesondere aber der Kaiser als Reichsoberhaupt) davor zittern – mit Brandenburg und Bayern existierten in beiden konfessionellen Lagern potenzielle Kristallisationskerne für eine solche ‚Partei'. Kurz, auch die Kriegsmüdigkeit an vielen Orten trieb zum Frieden.

5.3.2 Die Idee der „pax universalis"

Zuletzt war sehr allgemein von „Wurzeln" der westfälischen Verhandlungen die Rede. Ihre „Vorgeschichte" sollten wir das wohl besser noch nicht nennen. Wann hub diese denn an? In den meisten Darstellungen 1641; wenn wir sehr weit ausgreifen indes eigentlich schon 1634. Schon damals propagierte Papst Urban VIII. – dem vor allem die Spannungen zwischen den beiden katholischen Dynastien Habsburg und Bourbon Sorge bereiteten – einen Friedenskongress, der die „pax universalis" herbeiführen solle: also nicht diesen oder jenen Streitpunkt zwischen diesem Kriegsteilnehmer und jenem aus der Welt zu schaffen habe, sondern alle bis dahin angefallenen Streitmaterien. Warum hat es noch gut zehn Jahre gedauert, bis man tatsächlich über einen solchen Universalfrieden verhandelt hat?

Eine erste Schwierigkeit erwuchs der Weigerung Richelieus, dann Mazarins, Habsburg allein gegenüberzusitzen, sie bestanden auf der Einbeziehung der Verbündeten Frankreichs. Die aber waren überwiegend evangelisch: Das lutherische Schweden, das calvinistische Hessen-Kassel, auch die Aktivisten in den separatistischen niederländischen Nordprovinzen waren Calvinisten. Sie lehnten Vermittlungsversuche ausgerechnet des Papstes natürlich ab – die einstige Universalgewalt war im Konfessionellen Zeitalter Partei. Übrigens hatte der Papst auch gar keine Lust, mit Häretikern zu verhandeln. Man kam auf die Idee, diese Aufgabe einer anderen Macht zu übertragen, die im Dreißigjährigen Krieg nicht besonders hervorgetreten war: der Republik Venedig.

Mittlerweile ist der Prager Vertrag unterzeichnet – der ja „Frieden" sein will, indes nicht wird, schon, weil er diverse Reichsstände gar nicht einbezieht, andere unzufrieden zurücklässt –, wir sind im

1636: In Köln wird ein Friedenskongress angesetzt

Herbst 1636, in Köln ist ein Kongress angesetzt, der auf den Universalfrieden abzielt, ein „congresso per la pace universale". Ein päpstlicher Kardinallegat steht als potenzieller Vermittler parat, auch kaiserliche und spanische Diplomaten stellen sich ein. Aber keine französischen. Der Kölner Kongress hat tatsächlich nie die Arbeit aufgenommen und auch nicht ein seit 1638 in Lübeck für einen Teilaspekt, die kaiserlich-schwedischen Verhandlungen, vorgesehener. Kölner und Lübecker Projekt, später Münster und Osnabrück – fast von Anfang an waren also Städtepaare in der Diskussion, auf dass Katholiken und Evangelische parallel, aber räumlich voneinander getrennt über den Frieden verhandeln könnten ohne täglichen konfessionellen Kleinkrieg unter den vor Ort Weilenden, von den Diplomaten bis hinunter zum Dienstpersonal.

Das Prozedere von Friedensverhandlungen ist vorerst nicht konsensfähig

Warum kam das Kölner Projekt nie über Vorfragen, über hartnäckigen Streit um das Prozedere etwaiger Friedensverhandlungen hinaus? Es war dieses Prozedere eben vorerst tatsächlich nicht konsensfähig zwischen Parisern und Wienern zu klären. Noch hoffte die Hofburg auf einen separaten Friedensschluss mit Stockholm, und dass sie damit um jenen Universalfriedenskongress aller west- und mitteleuropäischen Kriegsparteien herumkomme, auf dem wiederum Richelieu unbedingt bestand, um das eine Habsburg im Zusammenspiel Frankreichs mit seinen Verbündeten (Schweden, niederländische Nordprovinzen, Hessen-Kassel) diplomatisch vereint zu schlagen. Wien wollte diesen Universalkongress schlechterdings nicht. Aber weil der Kaiser vor der europäischen Öffentlichkeit (sprich: jenen alphabetisierten Eliten, die sich politisch informierten, „zeittungen" und Flugschriften lasen) genauso wenig als Kriegstreiber dastehen wollte wie Richelieu, weil keiner für die Fortführung des schon so quälend lang dauernden Krieges verantwortlich gemacht werden wollte, betonten beide Seiten demonstrativ, auf einen Erfolg der Kölner Anstrengungen zu hoffen. Tatsächlich hofften sie, dass sich das Kriegsglück doch noch so wende, dass sich die je eigenen Vorstellungen vom Prozedere der Friedensverhandlungen ohne viele Abstriche realisieren ließen.

Das Problem der „Pässe"

Solche Hoffnungen waren nach außen hin nicht kommunizierbar – nach außen hin arbeitete sich das Kölner Projekt vor allem an der Pässefrage ab. Mit „Pässen" (wie die zeitgenössischen Akten titeln) sind eigentlich Geleitbriefe gemeint, die den Diplomaten sicheren Zugang durchs Kriegsgebiet zum Kongressort verbürgen sollten. Ist das nicht eine Formalie? Ja, schon, aber es hing manches daran; zum Beispiel, wer überhaupt teilnahm und in welcher Eigenschaft. So waren ja die „nondum reconciliati", die vom Prager System Ausgeschlossenen, für Frankreich wichtige Verbündete, für die kaiserliche Seite hingegen Rebellen und Hochverräter, damit keine gleichberechtigten Verhandlungspartner. Ja, Richelieu erkannte noch nicht einmal Ferdinands Kaisertitel an! Ferdinand III. war 1637 ohne pfälzische und trierische Beteiligung zum Reichsoberhaupt gekürt worden, für Richelieu war diese Wahl ungültig. Eine etwaige Anerkennung des ferdinandeischen Kaisertums könne allenfalls Verhandlungsgegenstand der Friedenskongresse sein, nicht ihre Voraussetzung. Noch der Kurfürstentag, dann der Reichstag in Regensburg bissen sich 1640 an der Pässefrage die Zähne aus. Zwischen öffentlicher Friedensrhetorik und hinhaltendem diplomatischem Widerstand in Wien wie in Paris klaffte eine Lücke, die der päpstliche Legat, Kardinal Martio Ginetti, nicht schließen konnte; 1640 wurde er von Köln nach Rom zurückbeordert.

5.3.3 Der Admissionsstreit

Vertiefen mussten wir uns in die „Pässefrage" nicht, denn die Vorgeschichte im engeren Sinn hebt erst in den Vierzigerjahren an: mit dem Hamburger „Präliminarfrieden". Der Ausdruck ist an sich missverständlich, denn im Dezember 1641 wurden nicht etwa die Grundzüge künftiger Friedensverträge festgezurrt, übrigens vereinbarte man auch keinen Waffenstillstand (lediglich die präsumtiven Kongressorte wurden zu neutralisierten Zonen erklärt). Der „Präliminarfrieden" steckt vielmehr den äußeren Rahmen für demnächst aufzunehmende Friedensverhandlungen ab.

Unter dänischer Vermittlung wurden sich im Dezember 1641 Habsburg, Frankreich und Schweden erstens in der Pässefrage einig. Zweitens beschlossen sie, dass die Pax universalis nicht in Köln und Lübeck, sondern, der Praktikabilität halber, in den näher beieinanderliegenden Städten Osnabrück und Münster ausgehandelt werden sollte; nach einigen Verzögerungen wurde schließlich vereinbart, im Juli 1643 mit den Verhandlungen zu beginnen. Drittens sollten die Verhandlungen an beiden Orten zusammen als ein Kongress gelten – wir müssten

Der Hamburger „Präliminarfrieden"

demnach konsequent von „dem" westfälischen Kongress sprechen: *einem* Kongress mit *zwei* Schauplätzen.

Die Hofburg hatte sich also ins offensichtlich Unvermeidliche gefügt – allzu eklatant waren zuletzt die inneren und äußeren Schwächen Spaniens zutage getreten. Warum war denn das in Hamburg vereinbarte Prozedere ein wichtiger Auftaktsieg für Richelieu? Zwei Orte, ein Kongress – das ist nur vermeintlich eine Spitzfindigkeit, tatsächlich ein Triumph der französischen Diplomatie. Bourbon trat Habsburg nicht vereinzelt gegenüber, nein, Frankreichs europäische Verbündete gegen ein und denselben Feind, Habsburg, nämlich Schweden und die Vertreter der niederländischen Nordprovinzen, waren in die französisch-habsburgischen Verhandlungen institutionell mit eingebunden.

Offen bleibt: Wer vertritt ‚das Reich'?

Nur die europäischen Verbündeten Frankreichs? Auch die Reichsstände? Das ließen die Hamburger Vereinbarungen offen. Der Kaiser akzeptierte in recht vager Formulierung, dass der Kongress auch von den deutschen Anhängern („foederatis et adhaerentibus") Frankreichs und Schwedens beschickt werden dürfe. Nun besaßen die beiden Kronen momentan ganze zwei nennenswerte, weil einigermaßen gewichtige reichsständische Verbündete, Hessen-Kassel und Braunschweig. Mochten sich eben Emissäre aus Kassel und welfische Gesandte in Westfalen einstellen, im Gefolge der ausländischen Delegationen! So hätte es der Kaiser am liebsten gesehen, schon weil für ihn Fragen der künftigen Physiognomie des politischen Systems des Reiches gar nicht vor den Friedenskongress gehörten. Und deshalb gehörten dorthin auch keine Vertreter ‚des Reiches'.

Die Frage der Vertretung ‚des Reiches' am Kongress wurde in den Vierzigerjahren das wichtigste Hindernis für eine rasche Aufnahme der Verhandlungen: erneut also – es hatte schon bei der Pässefrage mit hereingespielt – das Problem des Teilnehmerkreises, aber nun zugespitzt auf die Frage der „admissio", der Zulassung der Reichsstände zu den Verhandlungen. Haben wir uns in die Subtilitäten der Pässefrage nicht vertieft, müssen wir den Admissionsstreit etwas genauer kennenlernen – denn er hat den Ausgang der ganzen Veranstaltung wesentlich präjudiziert.

Was ist das eigentlich: ‚das Reich'?

‚Das Reich', was war das überhaupt? Zunächst einmal die Addition zahlreicher, Hunderter (reichsritterschaftliche Klein- und Kleinstherrschaften mitgezählt weit über tausend) Reichsterritorien, die nicht unmittelbar vom Kaiser regiert und verwaltet wurden, sondern von einer regionalen Obrigkeit: einem Kurfürsten beispielsweise oder einem Fürstbischof, einem Grafen oder (im Fall der Reichsstädte) dem Stadtrat (vgl. Kap. 5.3.1). Konnten der König von Frankreich oder die Königin von Schweden die Souveränität für sich reklamieren (weshalb unstrittig war, dass sie auch außenpolitisch und völkerrechtlich ihre Länder vertraten), passt der Begriff „Souveränität" einfach nicht in die Reichspolitik. Im Reichsverband lag ein Teil der Hoheitsrechte beim Kaiser und den Reichsorganen, ein Teil bei den einzelnen Reichsgliedern, insbesondere den Reichsständen – also Kurfürsten, Fürsten, Grafen, reichsstädtischen Magistraten. Die Reichsstände hatten die Spielregeln der Reichspolitik zu respektieren, sich gleichsam in eine vom Reichsganzen aufgespannte (lockere) Rahmenordnung einzufügen, pochten indes auf ihre herkömmlichen politischen Spielräume – wofür der uns schon bekannte Topos von der „teutschen Libertät" stand. Diese „teutsche Libertät" beinhaltete traditionell auch eine eigenständige territoriale Außenpolitik sowie im Bedarfsfall Bündnisse und/oder eigene Truppen.

Wer aber vertrat nun den Reichsverband nach außen? In der Logik der Prager Ordnung: der Kaiser! Auf ihn war in Prag alles zugeschnitten worden. Überhaupt hatten ja die beiden Ferdinande nach dem Empfinden der Zeitgenossen ihre Außenpolitik ziemlich selbstherrlich betrieben, sie hatten Kriege erklärt und Truppen bewegt, ohne vorher etwa einen Reichstag zu befragen. Nun gut, Reichstage hat es auch über eine Generation lang nicht gegeben. Aber wenigstens die Kurfürsten hätten die beiden Ferdinande doch konsultieren können – wir wissen schon, dass die Wahlkapitulation die kaiserliche Kriegführung an „furwissen rat und bewilligen" der „Säulen des Reiches" knüpfte. Auf diesen kollegialen Konsens zur Wiener Kriegführung legte die Hofburg selten Wert. Schon 1630, am Regensburger Kollegialtag, hatten die Kurfürsten ja beispielsweise moniert, dass sie von den Wienern vor deren Engagement im Mantuanischen Erbfolgekrieg gar nicht konsultiert worden waren, ihrer Ansicht nach hatten sie da als „Säulen des Reiches" mitzureden.

Kurz, so eigenmächtig, wie die Kaiser zuletzt in der Außenpolitik agiert und Krieg geführt hatten, lag es nah, auch den Frieden für das Reich vom Kaiser aushandeln zu lassen. Ferdinand III. stellte sich die Sache auch genauso vor: Er würde, ohne die Reichsstände, mit den

Der kaiserliche Standpunkt

auswärtigen Königen den Krieg beenden, anschließend die innerdeutschen Streitfragen, ohne die auswärtigen Könige, an einem Reichstag beilegen. Übrigens war seit 1643 in Frankfurt schon ein Reichsdeputationstag beisammen, an sich (mit diesem Problem hatte ihn der Reichstag von 1641 betraut) wegen der Paralyse der Reichsjustiz – ein denkbarer Ansatzpunkt dafür, die originär deutschen Probleme abseits der westfälischen Kongressorte, also nicht unter den Augen der alliierten Großmächte abzuarbeiten, einem später folgenden Reichstag (der Deputationstag besaß für definitive Regelungen nicht die erforderliche Autorität) vorzuarbeiten. Der Kaiser war nach außen stärker, wenn er allein agierte, allein das Reich vertrat; und gegenüber den Reichsständen stärker, wenn ihm diese ohne ihre auswärtigen Alliierten aus Kriegszeiten gegenüberstanden. Divide et impera, teile und herrsche – der Kaiser wollte den europäischen Friedenskongress vom deutschen Verfassungskongress trennen, Ersteren als alleiniger Vertreter seiner wie der Reichsinteressen, der habsburgischen wie der Reichsanliegen bestreiten, anschließend mit dem Nimbus des Friedensmachers einen Reichstag einberufen, an dem nun, nach Friedensschluss, wiederum die auswärtigen Kriegsmächte nichts zu suchen hatten.

Der französische Standpunkt

Frankreich hingegen wollte alles miteinander verquicken: Nicht nur, dass die Konstruktion von dem einen Kongress (wiewohl an zwei Orten) alle kaiserlichen Versuche unterlaufen sollte, die auswärtigen Kriegsmächte getrennt (diplomatisch) zu schlagen; Frankreich wollte ferner bei der Beilegung der reichs*internen* Probleme mitreden – was am besten ging, wenn auch das am westfälischen Kongress besorgt wurde.

Die Haltung der Reichsstände

Und die Reichsstände? Auch viele von ihnen waren überzeugt, dass es der teutschen Libertät bekömmlicher sei, wenn das Ausland mit am Verhandlungstisch sitze; sogar manche katholische Reichsfürsten, wie Maximilian von Bayern, sahen in Frankreich einen Garanten ihrer Libertät gegen etwaige übermütige Anwandlungen der Hofburg. Der Friedenskongress sollte also auch deutscher Verfassungskongress sein. Aber natürlich: Dabei wollte man selbst mitreden! War schon die Vorstellung, dass der Kaiser das Reich nach außen hin allein vertrat, zumindest allen Kritikern der Prager Ordnung schwer erträglich, so wollte man bei den ungelösten mitteleuropäischen Konfessions- und Verfassungsproblemen natürlich erst recht selbst mit von der Partie sein, und das nicht nur als Beobachter, gleichsam am Katzentisch, sondern „cum iure suffragii" (lat. für „mit dem Recht der Stimmabgabe"), also in mitbestimmender Funktion. Deshalb stand der Kaiser ziemlich isoliert da.

Wir können rekapitulieren: Ferdinand wollte die europäischen Fragen von den deutschen trennen, in Westfalen nur über Erstere reden und dabei das Reich allein vertreten. Aus durchaus divergierenden Motiven heraus wollten die auswärtigen Siegermächte und viele Reichsstände genau das Gegenteil: keinen Alleinvertretungsanspruch des Kaisers fürs Reich und eine Besprechung auch der deutschen Verfassungsprobleme (einschließlich der konfessionell bedingten) am Friedenskongress.

Vertrat der Kaiser allein das Reich in Münster und Osnabrück? Der Kaiser und die Kurfürsten (eine Rückzugslinie – aber auch die Kurfürsten standen ja, insbesondere wegen der gewichtigen Kollegialtage in weitgehend reichstagsloser Zeit, am Pranger)? Oder waren alle Reichsstände zusammen ‚das Reich', waren sie alle deshalb an den westfälischen Verhandlungstischen „zugelassen"? Das meint ja, wie wir schon wissen, der mysteriös klingende Ausdruck „Admissionsstreit". Es war, wörtlich übersetzt, Streit darüber, wer zum Kongress „zugelassen" war; etwas freier und intelligenter übersetzt: Streit darüber, wer das Reich am Kongress vertrat, wer Reiches Stimme führte.

Wir wissen nun, worum es ging. Einzelheiten des – recht verwickelten – Verlaufs des Admissionsstreits müssen wir nicht kennen. Schweden und Frankreich nahmen Wünsche verschiedener Reichsfürsten, in Westfalen mit am Tisch zu sitzen, natürlich gern auf, luden schließlich die Reichsstände generell, über den Kopf des Kaisers hinweg, explizit zum Kommen ein, während Ferdinand Gehorsam einforderte – gehorsames Fernbleiben. Immer mehr schickten doch ihre Emissäre nach Münster oder Osnabrück, man merkte auch daran, wie sehr das Debakel von Jankau Anfang März 1645 die kaiserliche Autorität untergraben hatte. Die Kongressorte hatten sich bereits mit reichsständischen Emissären gefüllt, als die auswärtigen Kronen am 11. Juni 1645 ihre „Propositionen" (lat. proponere = etwas vorlegen, auch: etwas öffentlich bekannt machen) vorlegten, also ihre Vorstellungen davon, wie die Friedensschlüsse auszusehen hätten. Beide Propositionen thematisierten nicht zuletzt das künftige politische

Wie geht die Sache aus?

System des Reiches. Damit war klar, dass der westfälische Kongress auch Reichsverfassungskongress würde. Die Hofburg gab nach. Im August 1645 segnete der Kaiser mit seiner Einladung an die Reichsstände, nun doch zu kommen, im Grunde nur noch eine Entwicklung ab, die spätestens seit dem Debakel bei Jankau unaufhaltsam schien. Noch im selben Jahr wurden die „nondum reconciliati" amnestiert. Alle Reichsstände waren nun auch vom Reichsoberhaupt eingeladen; nicht alle, aber viel kamen.

Politische Implikationen

Blicken wir von hier aus noch einmal zurück zum Thema von Kapitel 5.1.3! Wir erinnern uns: Der Dreißigjährige Krieg war auch Verfassungskampf. Wir lernten zwei kaiserliche Haussen kennen (und auch das ziemlich abrupte Ende der ersten im Jahr 1630). Mit der Frage der Admission zu den Kongressen wurde stets, ohne dass man viele Worte hierüber verloren hätte, auch die Verfassung des Reiches mitverhandelt. Verkörperte der Kaiser allein das Reich? Das hätte die monarchischen Züge der Mischverfassung des Reiches forciert. Vertraten Kaiser und Kurfürsten das Reich – sozusagen eine oligarchische Lösung? Nein, wir alle zusammen sind das Reich, intonierten viele Reichsfürsten, jeder Einzelne von uns muss mit am Tisch sitzen dürfen. Frankreich und Schweden machten sich diese reichsständische Forderung zu eigen, ja knüpften schließlich die förmliche Eröffnung von Friedensverhandlungen an die völkerrechtliche Gleichberechtigung der Reichsstände; der Kaiser musste, mit seiner Einladung an die Kongressorte, nachgeben. Damit war die Prager Ordnung faktisch aufgehoben, war der Geist von Prag (der Kaiser allein verkörpert das Reich, schließt Bündnisse, führt Kriege) in die Flasche zurückgetrieben. Die zweite kaiserliche Hausse war zu Ende.

5.4 Was wir über die westfälischen Kongresse wissen müssen

5.4.1 Das „Wer?", das „Wie?", was steht im Lastenheft?

Dass zahlreiche reichsständische Emissäre in Westfalen weilten, veränderte das Antlitz des Friedenskongresses: keine überschaubare Versammlung europäischer Spitzendiplomaten aus Paris, Stockholm,

Madrid, Wien und Den Haag – nein, nun also ein vielhundertköpfiges Spektakel, an dem auch Vertreter der Fürstpropstei Ellwangen und der Reichsstadt Zell am Harmersbach teilnahmen.

Wer agierte da, in Haupt- oder Nebenrollen? Insgesamt 109 Delegationen nahmen teil – nicht alle gleichzeitig, manche kamen später, andere gingen früher (wie wir schon wissen). Sie repräsentierten 16 europäische Staaten – von den großen fehlten überhaupt nur England, Russland und das Osmanische Reich – sowie zahlreiche Reichsstände, auch nicht reichsständische Interessengruppen aus dem Reich. Weil manche Gesandte für zwei oder noch mehr Reichsstände sprachen, waren insgesamt 140 Reichsstände und 38 andere Parteien aus dem Reich vertreten. Welche Namen muss ein deutscher Geschichtsstudent unbedingt kennen? An der Spitze der französischen Delegation stand der Duc de Longueville; unter seiner formellen Leitung waren tatsächlich wichtig: der Comte d'Avaux und Abel Servien. Die schwedische Delegation führte Johan Oxenstierna; der Sohn des Leiters des Heilbronner Bundes galt als politisch mäßig befähigt, auch deshalb war tatsächlich der schwedische Sekundargesandte Johan Adler Salvius wichtiger. Wien: So sehr die kaiserliche Kriegführung zuletzt fähiger Generale ermangelt hatte – am Friedenskongress war Ferdinand lange Zeit glänzend vertreten, durch Maximilian von Trauttmansdorff. Das soll genügen.

Das „Wer?": insgesamt 109 Delegationen

Es handelte sich um einen Gesandtenkongress, nie weilten beispielsweise der Kaiser, König Ludwig oder Königin Christine in Westfalen. Die da verhandelten, waren zumeist erfahrene Juristen, zum Teil hervorragende Kenner des „Ius publicum", der noch jungen Wissenschaftsdisziplin vom Staatsrecht. Sie waren freilich grundsätzlich weisungsgebunden. Für die wirklich maßgeblichen Entscheidungen gaben deshalb die Reise- und Postzeiten den (nach modernen Maßstäben langsamen) Takt vor. Schon wegen der großen Entfernungen, etwa für Relationen (also Berichte über das Kongressgeschehen) nach Wien, für Weisungen aus Stockholm oder gar Madrid, mussten die westfälischen Diplomaten freilich viele Fragen doch eigenverantwortlich vor Ort lösen.

Das „Wer?": ein Gesandtenkongress

Zu ihrem Aufgabengebiet gehörte in Westfalen auch ein Stück weit die Propaganda. Den militärischen Krieg wie die Friedensverhandlungen flankierte ja die „Guerre de la plume" (der „Federkrieg"). Europas gebildete Eliten schauten nach Westfalen – man versorgte sie selektiv mit Informationen, die die eigenen Verhandlungspositionen plausibel machten, oder mit Indiskretionen, die Uneinigkeit ins gegnerische Lager tragen bzw. dessen Positionen unglaubwürdig machen sollten. Ein beliebtes Medium hierfür waren offiziöse Flugschriften, die sich gut verkauften. Zu den recht großen Tätigkeitsfeldern, die sich den westfälischen Diplomaten auftaten, gehörte also auch die Nachrichtenpolitik. Das geringe vormoderne Kommunikationstempo war für sie nicht nur hinderlich, es eröffnete ihnen auch Handlungsräume, die sie (unterschiedlich geschickt) nutzten; sie entwickelten dabei durchaus eigene Profile.

Das „Wie?": ein Kongress, zwei Schauplätze

Soviel zum „Wer"! Nun das „Wie" – in elementarsten Grundzügen. Wir kämen sonst aus dem Labyrinth gar nicht mehr heraus. Denn zum einen wurde das Stück ja auf zwei Bühnen gegeben. Die aus deutscher Perspektive wichtigsten Akteure in Münster waren Gesandte des Kaisers; Frankreichs; und vieler katholischer Reichsstände. In Osnabrück agierten unter anderem Gesandte des Kaisers; Schwedens; und vieler evangelischer Reichsstände. Die Verhandlungen verliefen im Prinzip parallel, doch schälten sich bald je eigene Profile heraus: in Münster eher die europäischen Fragen, in Osnabrück eher die deutschen. Übrigens verhandelte man in Münster fast nur schriftlich, in Osnabrück mündlich. Das war das eine – ein Kongress, zwei Schauplätze.

Ein Kongress? Ja, theoretisch, aber es war eine Fiktion. Denn im Grunde zerfiel er ja doch in zwei Kongresse: europäischer Friedenskongress, deutscher Verfassungskongress. Beide Themenkomplexe wurden ganz unterschiedlich beraten. Verhandelten, beispielsweise, über den Frieden zwischen Spanien und Frankreich einige wenige Spitzendiplomaten in kleinstem Kreise, waren bei den deutschen Streitfragen und Problemen die Reichsstände miteinzubeziehen. Aber wie?

Das „Wie?": Die Reichsstände formieren einen Quasireichstag

Sie versammelten sich ungefähr so, wie es das Reichstagsprozedere vorsah, obwohl ja kein Reichstag ausgeschrieben war und ein normaler Reichstag natürlich auch nicht auf zwei Veranstaltungsorte verteilt war. Aber man beriet und entschied so, wie man es vom Reichstag her kannte: also in Kurienform. Die Kurfürsten tagten unter sich, als Kurfürstenrat, übrigens meistens in Münster. Die Vertreter der Reichsstädte bildeten ihre gewohnte dritte, die Städtekurie, hauptsächlich in Osnabrück. Alles, was nicht „Kurfürst" oder „reichsstädtischer

Magistrat" hieß – also Reichsfürsten, Grafen, Prälaten –, konstituierte, wie gewohnt, die zweite Kurie, den Fürstenrat, der auf Münster und Osnabrück verteilt war, also getrennt beriet, freilich gemeinsam votieren musste. Jede Kurie beratschlagte für sich, anschließend das umständliche, zeitraubende Hin und Her zwischen den beiden oberen (der Konsens des Städterats war ja praktisch Zierrat, wurde für entbehrlich gehalten), bis sich diese weitgehend einig waren – es kann hier nicht um die Einzelheiten des Reichstagsprozedere gehen, es war hauptsächlich eines: langsam. Aber jeder war beteiligt, konnte seine Stimme zu Gehör bringen, auch wenn er nur eine kleine Fürstpropstei oder ein reichsunmittelbares Ackerbürgerstädtchen vertrat.

Es wird, selbst im gerafften Überblick, noch komplizierter! Denn in konfessionspolitischen Fragen waren die hierarchisch definierten Kurien weniger wichtig als die beiden konfessionell definierten Corpora. Vor 1648 sah die Verfassung des Reiches solche Corpora nicht vor, aber sie hatten sich faktisch im Konfessionellen Zeitalter herausgebildet. Quer zur Kurienzugehörigkeit versammelten sich also, um konfessionell aufgeladene Probleme zu beratschlagen, die Protestanten als „Corpus Evangelicorum", meistens in Osnabrück; und die Katholiken, hauptsächlich in Münster, als „Corpus Catholicorum". Das künftige Reichsreligionsrecht wurde gleichsam im Viereck zwischen Schweden, dem Kaiser und den beiden Corpora ausgehandelt. Die konfessionellen Probleme waren übrigens die dornenreichsten, vor allem hierin flossen Zeit, Kraft und diplomatische Mühen der mitteleuropäischen Diplomaten in Westfalen.

Gingen die ersten Impulse und weiterführende Initiativen drei Jahre lang zumeist von den Großmächten aus, spielte sich im letzten Dreivierteljahr vor der Unterzeichnung der Friedensinstrumente eine reichsständische Friedenspartei in den Vordergrund. Quer zu den konfessionellen Fronten verhandelten im Sommer 1648 Vertreter zahlreicher evangelischer und katholischer Reichsstände in Osnabrück mit den Schweden. „Sie bildeten ebenso wie die unnachgiebigen katholischen Reichsstände, die im Februar 1648 die Beratungen abgebrochen hatten und nach Münster abgereist waren, reichsständische Teilkurien" (so fasste 2015 Dorothée Goetze zusammen). Weil die Münsteraner Verhandlungen über einen Friedensvertrag mit Frankreich seit Monaten stockten, forderte die reichsständische Vermittlungspartei im

Sommer 1648 eine Zusammenführung beider Verhandlungsstränge, und zwar in Osnabrück (also am eigentlich für den Friedensvertrag mit Schweden vorgesehenen Kongressort). Weil das die Hofburg ablehnte, verständigte sich die reichsständische Friedenspartei auf eigene Faust mit den französischen Emissären über die letzten offenen Punkte, die kaiserlichen Gesandten standen als Statisten am Bühnenrand. Die letzten, fast schon ultimativ zu nennenden Anstöße zur Signierung der so gut wie fertigen Vertragsentwürfe kamen von den kriegsmüden Reichsständen.

Das „Wie?": mehrere Verhandlungspärchen

Soviel zum deutschen Verfassungskongress! Der europäische Friedenskongress: Er zerfiel nicht nur in die beiden Veranstaltungsorte, sondern auch in mehrere Pärchen, die da miteinander rangen. Frankreich und der Kaiser verhandelten nie direkt miteinander, sondern im Dreieck über Mediatoren – den päpstlichen Nuntius Chigi, den venezianischen Gesandten Contarini. Frankreich und Spanien: meistens dasselbe Prozedere, phasenweise gab es auch noch zusätzliche Vermittlungsanstrengungen der Vertreter der niederländischen Nordprovinzen – dann also gleichsam ein diplomatisches Viereck. Die französische und die kaiserliche Delegation saßen dreimal an ein und demselben Verhandlungstisch, die französische und die spanische nie – die Prinzipalgesandten Frankreichs und Spaniens, der Herzog von Longueville und der Graf von Peñeranda, sind sich am Kongress kein einziges Mal begegnet! Schon wegen der ungeklärten Präzedenzfrage (lateinisch praecedere = vorangehen, übertreffen; meint in diesem Zusammenhang das Problem, wer, als Repräsentant der vornehmeren Macht, dem anderen gegenüber zeremonielle Vorrechte besaß) konnten sie nicht vis-à-vis verhandeln. Die beiden in Osnabrück ringenden Paare dagegen taten das unmittelbar, face to face: Spanien und die niederländischen Nordprovinzen; Schweden und der Kaiser. Das alles (und noch viel mehr – denn hier wurde stark vereinfacht!), dieses ganze vielgestaltige Spektakel meinen wir mit dem missverständlichen Ausdruck „der westfälische Friedenskongress".

Welche Probleme sind zu lösen?

Wir wissen jetzt, wer verhandelt hat und wie man verhandelt hat. Über was hat man verhandelt? Noch einmal, ganz schematisch: In Westfalen sollte Frieden gestiftet werden erstens zwischen Spanien und seinen abtrünnigen niederländischen Nordprovinzen; zweitens zwischen Spanien und Frankreich; drittens zwischen Frankreich und dem Kaiser; viertens zwischen Schweden und dem Kaiser. Bei „drittens" und „viertens" müssen wir uns bei allen Kriegsparteien jeweils ein „und ihre reichsständischen Verbündeten" dazudenken. Diese Kriege also sollten beendet werden. Und damit nicht so bald der nächste große Krieg ausbräche, hieß es, eine stabile Ordnung für die europäische Mitte zu finden oder wiederherzustellen: Der europäische Friedenskongress war auch deutscher Verfassungskongress. Das alles stand im Lastenheft.

5.4.2 Zum Verlauf: einige Schlüsseldaten

Das chronologische Nacheinander in Westfalen soll uns nicht näher interessieren. Man müsste die Verlaufskurve ja auch für jeden der vielen Verhandlungsstränge gesondert nachzeichnen. Lassen sich für die Vorgeschichte jener „deutschen" Friedensinstrumente, die wir zusammenfassend „den Westfälischen Frieden" nennen und die ein Büchlein über den Dreißigjährigen Krieg besonders interessieren müssen, einige Schlüsseldaten nennen?

Vielleicht sollten wir rekapitulieren, dass Frankreich und Schweden im Juni 1645 ihre „Propositionen" vorlegten, ihre Vorstellungen von der Ausgestaltung des Friedens. Zentral waren ihnen Satisfaktion, Amnestie und Restitution. Die Alliierten wollten sich also auf Kosten von Reichsgebiet territorial vergrößern (was sie damit begründeten, dass sie für ihr Engagement in Mitteleuropa „Entschädigung" verdient hätten). Amnestie, „vergeben und vergessen", das müsse eine Rückführung des Reiches zum konfessionellen Vorkriegszustand zur Folge haben (und also viele Restitutionen an die evangelische Seite), ferner eine Restitution der pfälzischen Kur und der pfälzischen Territorien an die Erben des „Winterkönigs". Schweden war ferner eine Klärung der strittigen Bestimmungen des Augsburger Religionsfriedens wichtig, natürlich im protestantenfreundlichen Sinne – so eine ausdrückliche Einbeziehung des Calvinismus ins Schutzversprechen des Religionsfriedens.

Juni 1645: Die Alliierten legen ihre „Propositionen" vor

Sicher ist der November 1645 ein Schlüsseldatum: Maximilian von Trauttmansdorff trifft in Münster ein. Dass der Kaiser seinen wichtigsten Berater, den Präsidenten des Geheimen Rates, nach Westfalen abordnete, signalisierte, dass sich die Hofburg endlich mit dem

November 1645: Trauttmansdorff trifft ein

Konzept des Universalfriedenskongresses abgefunden, ihre Hoffnung auf separate Friedensschlüsse begraben hatte. Bis zum Sommer 1647 wurde, auch dank der engagierten und geschickten Verhandlungsführung Trauttmansdorffs, intensiv am Westfälischen Frieden gearbeitet.

Juni 1647: das „Trauttmansdorffianum"

Im Juni 1647 hielt der Diplomat irrtümlich die Zeit für gekommen: Er legte umfassende Entwürfe für den Friedensschluss mit Frankreich wie mit Schweden vor; beide zusammen wurden zeitgenössisch als „Trauttmansdorffianum" bezeichnet. Es nahm zahlreiche Regelungen des Westfälischen Friedens vorweg – und stieß doch im Sommer 1647 auf erbitterten Widerstand. Die Satisfaktionen waren den Kronen nicht groß genug, den Reichsständen aber viel zu weitgehend; und viel zu weitgehend den Katholischen unter ihnen die konfessionellen Zugeständnisse an die Protestanten. Enttäuscht packte Trauttmansdorff die Koffer. Seine Rückreise nach Wien im Juli 1647 markiert also einen weiteren Einschnitt. Stand der Kongress vor dem Scheitern?

Februar 1648: In Osnabrück formiert sich eine reichsständische Friedenspartei

So geschäftige wie insgesamt richtungs- und ratlose Monate lang schien dies denkbar. Um die verfahrene Lage zu überwinden, formierte sich im Februar 1648 – unser vorletztes Schlüsseldatum – in Osnabrück eine konfessionsübergreifende reichsständische Vermittlungspartei ohne historisches Vorbild und stabile rechtliche Basis.

Obwohl viele katholische Delegierte – mit immer weniger Einfluss aufs Kongressgeschehen und deshalb wachsender Erbitterung – in Münster ausharrten (und den zur überkonfessionellen Osnabrücker Führungsgruppe gehörenden katholischen Vertretern Bayerns, Würzburgs sowie des Erzkanzlers nicht etwa ein Verhandlungsmandat erteilt hatten), konnte besagte Vermittlungspartei erreichen, dass letzte konfessionspolitische Streitigkeiten ausgeräumt wurden. Als der Zweite Religionsfrieden stand, verhandelte die reichsständische Vermittlungspartei erfolgreich mit den Stockholmer Emissären über den finanziellen Beitrag des Reiches zur schwedischen Demobilisierung. Als deshalb auch der Friedensschluss mit Schweden in trockenen Tüchern (und per Handschlag besiegelt) war, nahm die Vermittlungspartei Verhandlungen auch mit den französischen Emissären auf, um letzte Hindernisse für den Friedensvertrag mit Paris (der ja eigentlich auf der Münsteraner Agenda stand) aus dem Weg zu räumen. Weil mittlerweile absehbar war, dass die spanisch-französischen Friedensverhandlungen scheitern würden, war die Pariser Forderung, dass

Ferdinand die Madrider Verwandten weder als Reichsoberhaupt noch als Landesherr militärisch unterstützen dürfe, besonders umstritten. Der damals faktisch Maßgebliche unter den kaiserlichen Delegierten, Isaac Volmar, mochte noch so beredt über die als Verrat empfundenen „selzamen procedurn" der katholischen unter den Vermittlungsfürsten, über „der catholischen selbst dissension und anderwertige anhenkhung oder vilmehr ihre verblendung" lamentieren, er musste nachgeben, auch in der Frage der künftigen „Assistenz" Wiens für die Madrider.

In diesen letzten Monaten des Kongresses – es wurde schon erwähnt – stand die Wiener Delegation so ziemlich im Abseits, war die reichsständische Vermittlungspartei der treibende Part. Am 24. Oktober 1648 wurden die Friedensinstrumente von Osnabrück und von Münster unterzeichnet. Erwies sich das Jahr 1648 doch noch als ein für die Deutschen besonders glückliches?

24. Oktober 1648: Ende des Dreißigjährigen Krieges

5.5 Was wir über die westfälischen Friedensschlüsse wissen müssen

5.5.1 „Beyond Westphalia"? Der Mythos 1648

Nie und nimmer!, hätte bis vor Kurzem jeder gebildete Deutsche entrüstet ausgerufen. Jene westfälischen Instrumente, die Mitteleuropa doch endlich, endlich den Frieden brachten, waren nämlich bis in die jüngste Vergangenheit hinein verschrien. Das Imageproblem wurzelt im 19. Jahrhundert.

Als sich das deutsche Bildungsbürgertum im dritten Fünftel des 19. Jahrhunderts anschickte, einen Nationalstaat herbeizuschreiben, stand ihm der Westfälische Frieden für alles Negative, das es endlich zu überwinden gelte: für nationale Ohnmacht nämlich und Zersplitterung. Die Friedensverträge bekamen einen zentralen, negativ konnotierten Platz in den nationalen Meistererzählungen vom „Erbfeind Frankreich" und von „Preußens deutscher Sendung". Empört über Frankreichs Drang zum „deutschen Rhein" (die „Rheinkrise" von 1840, als der noch junge Nationalismus seinen naiven Charme allumfassender Völkerbeglückung verlor und sich mit einem antifranzösischen Feindbild auflud), dann ernüchtert durch „1848", nun auf „Realpolitik"

Die Herkunft des Geschichtsmythos

und die preußische Pickelhaube setzend, schenkte die sich formierende Geschichtswissenschaft „Preußens deutscher Sendung" durch inbrünstige Traditionssuggestion eine lange Vergangenheit. Für diese nationale Heldenmission bedurfte es – Mythen funktionieren nach einem binären Code – einer Kontrastfolie. Das Reich musste seit 1648 zerfallen, damit sich der preußische Phönix aus der Asche erheben konnte. Inmitten der durch den westfälischen „Schandfrieden" von Frankreichs Gnaden verschuldeten „Kleinstaaterei" hätten Preußens Herrscher, seit dem „Großen Kurfürsten" (mit den wenig schneidigen Vorgängern konnte man nichts anfangen), die „nationale Ehre" hochzuhalten versucht, sie hätten „deutsche" Politik gemacht.

Seine Popularisierung im Kaiserreich

Schulbücher haben die kleindeutsch-borussophile (‚preußenfreundliche') Meistererzählung stabil im Volk verankert. Die Lehrwerke der Jahrzehnte um 1900 malen durchgehend zwei eigentlich inkompatible Folgen des Westfälischen Friedens aus: Einerseits ließ er den Reichsverband versteinern und erstarren, immer neue Termini aus den Sinnbezirken der Geriatrie und der Einbalsamierungskunst werden dafür gefunden. Der Westfälische Frieden ist die Scheidewand zwischen dem Reich der Lebenden und der Toten. Zweitens (es steht meist ganz unvermittelt neben den Metaphern von Leichenstarre und Petrifizierung) ließ der Friedensvertrag den Reichsverband in angeblich „souveräne" Teilstaaten zerfallen, zerbröseln, zerrinnen, der „Zerbröckelung" anheimfallen, seiner „Auflösung" zutorkeln. Schuld war der freche „Erbfeind", Frankreich. Diese ruchlose Siegermacht von 1648 sorgte dafür, dass das Reich in einen „Flickenteppich" angeblich „souveräner" Kleinstaaten zersetzt wurde, unfähig, noch „nationale Interessen" im großen Stil zu verfolgen. Der dreiste „Erbfeind" weidete sich an dieser deutschen Schmach, an deutscher Ohnmacht, und nutzte sie natürlich fortan schamlos aus.

Die Weimarer Republik

Was einmal die Gründung des preußisch dominierten Kaiserreichs von 1871 als folgerichtig erscheinen lassen sollte, ihr eine historische Tiefendimension schenkte, überlebte dieses Kaiserreich um mehr als ein halbes Jahrhundert. Dass der Westfälische Frieden den Tiefpunkt der nationalen Geschichte markiere, betonten die führenden Historiker der Weimarer Republik mit größter Entschiedenheit, es gab da für sie nichts zurückzunehmen: „Das war der Tiefpunkt: der tiefste unserer Geschichte" (Erich Marcks). Ein Schulbuch urteilte apodiktisch: „Seine Bestimmungen lasten für alle Zukunft[!] als Bleigewicht an Deutschlands Schicksal." Das mochte die Schüler ja niederschmettern, immerhin, sie durften sich im Gegenzug darüber freuen, dass sie keine Reichsgeschichte memorieren mussten, denn es „bestand das Reich nur noch dem Namen nach: in Wirklichkeit gab es seit 1648 nur noch eine Vielzahl von selbständigen Einzelstaaten … Daher kann man seit 1648 nicht mehr von einer Geschichte des Deutschen Reiches, sondern nur mehr von einer Geschichte dieser Einzelstaaten sprechen." Gern verglich man nun mit dem anderen „Schandfrieden", dem von Versailles.

„Der Führer erzählt. Von der zukünftigen Liquidation des Westfälischen Friedens", hielt Joseph Goebbels am 3. Mai 1937 fest, und am 29. Februar 1940 notierte der Propagandaminister das: „In Münster großer Empfang. Im Friedenssaal. Hier wurde der Westfälische Frieden unterzeichnet. Wir werden das wieder einmal ausradieren." Wenn Hitler am 30. Januar desselben Jahres 1940 im Berliner Sportpalast den Westmächten unterstellte, „das Deutschland von 1648 ist ihr Kriegsziel", konnte er auf die mobilisierende Wirkung der Chiffre „1648" vertrauen – schließlich hatte man seinen Zuhörern in der Schule die entsprechenden Verdammungsurteile eingepaukt.

<small>Nazideutschland</small>

„Wir werden das wieder einmal ausradieren …" – stattdessen wurde nach Kriegsende Preußen ausradiert, und Wirtschaftswunderland stellte den zivilisierten Ländern sonst selbstverständlichen Patriotismus unter Chauvinismusverdacht. Dem Mythos von „Preußens deutscher Sendung" kam mit jedem auch nur erdenklichen Gegenwartsbezug seine sinnstiftende, legitimierende und motivierende Kraft abhanden, er begann zu verblassen.

Das Seitenstück vom angeblichen „Reichszerfall" indes führte nun ein erstaunlich zähes Eigenleben. Die Facette ‚dem Erbfeinde ausgeliefert' zwar, vor 1945 mit einer gewissen Inbrunst gepflegt, wurde danach, im Zeichen der „deutsch-französischen Freundschaft", getilgt – man schrieb die vermeintlich zerstörerischen Wirkungen des Westfälischen Friedens nicht mehr so entschieden wie vordem perfider französischer Regie zu. Der Rest blieb. Der vermeintliche „Reichszerfall" überlebte „Erbfeindschaft" und Preußentaumel, verselbständigte sich gewissermaßen – und wieder einmal in den Vertragstext selbst zu schauen, das hielt angesichts der so meinungsfesten, gesinnungsstarken

<small>Wissenschaftlicher Nachhall in der Bundesrepublik</small>

Fachtradition in Sachen 1648 offenbar kein Historiker mehr für der Mühe wert.

Es kann erstaunen, wie spät die Bonner Republik – ein föderatives Gebilde, das kein Nationalstaat sein wollte und davon träumte, bald in Europa aufgehen zu dürfen – jenes pointiert föderative Alte Reich für sich entdeckt hat, das kein Nationalstaat gewesen ist. Die alten Verdammungsurteile hallten laut nach, auch und gerade die über den Westfälischen Frieden.

Selbst Rechts- und Verfassungsgeschichten wussten es nicht besser, nicht einmal die Generationen lang zu Recht hoch gerühmte Fritz Hartungs. Auch ihm ist das Reich als Ganzes seit 1648 tot (weil zugleich zerfallend und versteinert), es leben seine Teile (Preußen vor allem, natürlich!). Reichsgeschichte seit 1648 muss sich daher, so Hartung, „auf die mehr oder minder ausführliche Erzählung der humoristischen Züge des Erstarrungsprozesses ... beschränken". In der „Deutschen Rechtsgeschichte" von Planitz und Eckhardt beginnt das „die Auflösung des Reiches" titulierte Kapitel nicht etwa 1803 oder 1806, sondern – mit einer Zusammenfassung der Bestimmungen von 1648! Die „Deutsche Verfassungsgeschichte" von Otto Kimminich wusste 1970 sogar wieder, in grotesker Übersteigerung eines Begriffs, der im 17. Jahrhundert eigentlich keinen Superlativ kannte, von einer „vollen und uneingeschränkten Souveränität der Landesherren" seit 1648. Was sagt denn die erstmals 1959 vorgelegte, bis heute maßgebliche Monografie über die westfälischen Verhandlungen aus der Feder Fritz Dickmanns? Fünfhundert Seiten zum Thema münden in folgende Erkenntnis: „Der Frieden bedeutete für unser Volk ein nationales Unglück und für das Heilige Römische Reich ... den Anfang der tödlichen Krankheit, der es schließlich erlag. Das Jahr 1648 ist eines der großen Katastrophenjahre unserer Geschichte."

Nachhall in Lehrwerken

Muss man sich wundern, wenn es Kompendien und Schulbücher weiterhin nicht besser wussten? Fast alle Lehrwerke der Bonner Republik ließen, wie eh und je, just 1648 die „Souveränität" über die Reichsstände kommen. „Deutschland wird in 361 souveräne Einzelherrschaften aufgeteilt", machte 1993 ein Kompendium seinen Lesern weis. Noch der 2006 gedruckte Vorschlag für ein Tafelbild zum Westfälischen Frieden resümiert: „Souveränität der deutschen Fürsten", „Machtverlust des Kaisers", „Aufsplitterung des Reichs".

Ein Jahr darauf konnte man im „dtv-Atlas Weltgeschichte" unter der Überschrift „Die Ergebnisse des Westf. Friedens" nachlesen: „volle Souveränität der Reichsstände", „das Reich löst sich in einen Staatenbund auf".

Es mag die Glaubwürdigkeit solchen Nonsenses befestigt haben, dass Historiker, die vor allem in der Moderne zu Hause sind, sowie Gegenwartskundler (wie insbesondere Politologen, auch Völkerrechtler) gern dadurch Ordnung in ihre Vergangenheit bringen, dass sie „1648" zur universal verwendbaren Chiffre für den Beginn von „Neuzeit" schlechthin erheben. Das enthebt der Mühe, über die erste Hälfte der Frühen Neuzeit Bescheid zu wissen – aus jenen finsteren, wirren oder amorphen Zeiten kann man für die Gegenwart ja ohnehin nichts lernen. Um nur, fast beliebig, aus einigen politologischen Arbeiten zu zitieren: „Seither[!] war Europa vielgestaltig und uneinheitlich." Genau 1648 brach sich „das moderne Staatensystem Bahn", aber der „Friedensschluss der Superlative" ist nicht nur die „eigentliche ‚Geburtsstunde' unseres internationalen Systems", sondern überhaupt jeglicher zivilisierter Geschichte – beispielsweise habe die jeweilige staatliche „Zentralregierung ... nunmehr", also just seit 1648, „überall auch einen festen Sitz, ihre Hauptstadt"! Der Westfälische Frieden ist „der Ausgangspunkt, um über zwischen-staatliche und innerstaatliche Verhältnisse, Beziehungen oder Vormachtstellungen überhaupt reden zu können". Müssen das sonderbare Zustände barbarischer oder exotischer Primitivität gewesen sein vor 1648! Seit dem ausgehenden 20. Jahrhundert äußern Politologen und Politiker gern die Ansicht, genau 1648 sei jene Staatenwelt kreiert worden, die 1989 zugrunde gegangen sei oder in unseren Tagen zu Ende gehe, wir bewegten uns neuerdings „beyond Westphalia". Das vermeintliche „Westphalian System" ist in den Politikwissenschaften topisch.

Ein „Westphalian System", womöglich auch noch bis 1989? Natürlich merkt jeder Geschichtsstudent spätestens im zweiten oder dritten Semester, dass das ein Mythos ist. Spätestens dann weiß er, dass es nach 1648 eine ähnliche Palette europäischer Staatsformen gibt wie vorher, dass sich weiterhin manche Politiker vor der Hegemonie einer Großmacht (etwa des ludovizianischen Frankreich) über alle anderen ängstigen und dass der notorische Großkonflikt der zwischen Habsburg und Bourbon bleibt. Die Grundstrukturen der europäischen

Der Mythos der Politologen

Mächteordnung von 1648 sind ausgesprochen kurzlebig (es wurde schon erwähnt), zum Beispiel, weil Frankreich unter Ludwig XIV. aus der ihm zugeschriebenen Rolle fallen und weil Schweden seinen Großmachtstatus nicht halten wird. Auch friedlich ist das Europa nach den westfälischen Friedenskongressen keinesfalls: Der Spanisch-Französische Krieg geht weiter, im Norden und Nordosten des Kontinents werden rasch neue Kriege folgen, und auf sie die vielen Kriege der ludovizianischen Ära.

Die westfälischen Diplomaten waren weit davon entfernt, kühn eine innovative europäische Staatenordnung kreieren zu wollen, ein für lange Zeiträume (gar bis ins 20. Jahrhundert!) tragfähiges „System" zu entwerfen, sie arbeiteten sich an den Problemen ihrer so konfliktreichen unmittelbaren Vergangenheit ab und waren damit voll ausgelastet. Der britische Historiker Joachim Whaley hat außerdem zu Recht hierauf hingewiesen: „Spekulationen über die Bedeutung des Friedens für die Entwicklung des internationalen Systems lassen außer Acht, dass es sich wesentlich um einen deutschen Frieden handelte. Abgesehen von allgemeinen Bekundungen friedlicher Absichten, sagen die Verträge nichts über Europa als Ganzes, sondern sehr viel über Deutschland im Besonderen aus." Die wenigen Kenner der Völkerrechtsgeschichte betonen sogar für ihr Terrain, dass die Bedeutung der westfälischen Friedensschlüsse sehr begrenzt gewesen sei. Die „Souveränität" rückte ein Dreivierteljahrhundert vorher Bodin, langwierige praktische und gedankliche Vorläufe zu Ende führend, in den Mittelpunkt der Staatslehre. Außerhalb der Frühneuzeitforschung scheint das niemanden zu interessieren. Und wer sich angewöhnt hat, die Vorgeschichte der Moderne 1648 beginnen zu lassen, hält auch für glaubhaft, dass dieses Jahr einen abgrundtiefen Einschnitt in die Entwicklung des Reiches markiere.

Eine tiefe Zäsur?

Halten wir nebeneinander, was Historiker einerseits, Politologen und völkerrechtlich interessierte Juristen, auch Politiker auf der anderen traditionell vom Westfälischen Frieden behaupten, ergibt sich ein markanter Schwarz-Weiß-Kontrast. Einerseits gebe es seit 1648 keine Reichsgeschichte mehr, können wir da nachlesen, der Westfälische Frieden sei der „Totenschein des Deutschen Reiches" (Johannes Haller); andererseits soll derselbe Westfälische Frieden die Voraussetzung dafür sein, überhaupt von einer europäischen Geschichte, von internationaler Geschichte, von einem Staatensystem sprechen zu können. Die Wertungen differieren, in einem sind sich alle einig: Der Westfälische Frieden sei eine tiefe Zäsur. Ist er das?

5.5.2 Die Kompetenzverteilung im Reichsverband wird wieder einmal austariert

Um diese Frage – die sich vielen Generationen vor der unsrigen in ihrem Ingrimm über den „Schandfrieden" gar nicht gestellt hat – beantworten zu können, müssen wir nun den Inhalt der Friedensinstrumente inspizieren! Ehe wir das gleich endlich tun, sind noch drei knappe Vorabklärungen nötig. Erstens: Wie „der" westfälische Kongress eigentlich aus zweien bestand, so addiert sich auch „der" Westfälische Frieden aus zwei Texten: dem Frieden von Osnabrück zwischen Kaiser und Schweden (Instrumentum Pacis Osnabrugense, IPO); sowie dem Frieden von Münster zwischen Kaiser und Frankreich (Instrumentum Pacis Monasteriense, IPM).

<small>Vorabklärung: „der" Westfälische Frieden = IPO + IPM</small>

Die traditionellen Verdammungsurteile über den Westfälischen Frieden speisen sich fast ausschließlich aus einem sehr, sehr kleinen Teil des Vertragswerks: nicht etwa dem überaus wortreichen Zweiten Religionsfrieden nämlich – also IPO Artikel V –, sondern dem ziemlich wortkargen achten Artikel des Osnabrücker Instruments (IPO Artikel VIII §§ 1–3). Der Zweite Religionsfrieden: Natürlich war und ist er Kirchenhistorikern, Staatskirchenrechtlern, Kanonisten grundsätzlich bekannt. Aber für die Gesamtwürdigung des Westfälischen Friedens spielte er nie eine große Rolle – das waren und blieben in Kriegsdarstellungen, Epochenüberblicken, Schulbüchern einige durchaus freundliche, aber beiläufige Randbemerkungen. Berühmt, vor allem aber berüchtigt ist hingegen IPO Artikel VIII – er habe Kaisertum und Reichszusammenhalt ruiniert, die Reichsfürsten zu Souveränen gemacht, markiere das Ende einer eigentlichen Reichsgeschichte. Seither könne man nur noch die Geschichte einzelner Reichsterritorien nachzeichnen, am besten die preußische.

<small>Vorabklärung: Die Verdikte der Forschung betreffen IPO Art. VIII</small>

So weitreichende Folgen hat man einem bisschen an Text angedichtet – die inkriminierten Passagen passen mitsamt einer Übersetzung des lateinischen Texts ins Deutsche auf ein einziges Quellenblatt. Warum eigentlich – unsere dritte und letzte Vorabklärung – solche

<small>Vorabklärung: Nur sehr wenig Text thematisiert die Kompetenzverteilung</small>

Wortkargheit? Nehmen die konfessionspolitischen Passagen des IPO rund die Hälfte des gesamten Textumfangs ein, finden wir zur künftigen Kompetenzverteilung im Reichsverband, also den Befugnissen von Kaiser, Reichsorganen, Reichsständen nur knappe Andeutungen. Sie beanspruchen ungleich weniger Druckerschwärze als jede Wahlkapitulation (wo ja traditionell, seit 1519, die Grundzüge der Reichsverfassung festgehalten waren).

So gering der Textumfang, so gering die Rolle bei den westfälischen Verhandlungen! Nach dem für sie positiven Ausgang des Admissionsstreits standen die „iura statuum", die politischen Kompetenzen der Reichsfürsten, für die allermeisten Kongressteilnehmer gar nicht mehr auf der Agenda. Erst das nationalstaatliche 19. Jahrhundert stellte das bisschen, was der Westfälische Frieden zur Kompetenzverteilung im Reichsverband sagt, in den Mittelpunkt seiner Analysen und Verdikte. Die paar Textschnipsel, aus denen sich IPO Artikel VIII addiert, wurden in Westfalen beiläufig beschlossen und waren überhaupt nicht strittig; die jahrelangen zähen Verhandlungen drehten sich um anderes, hauptsächlich um den Zweiten Religionsfrieden. Zwar trugen einige wenige Kongressteilnehmer ambitionierte und innovative Vorschläge zur künftigen Reichsverfassung vor – aber man zankte hierüber am Friedenskongress nicht herum, schob solche Vorschläge vielmehr auf die lange Bank (wie wir gleich sehen werden, wenn wir uns Artikel VIII § 3 vornehmen). Die Frage der Kompetenzverteilung kostete wenige Mühen, hierüber verlor man wenige Worte.

§ 1: Bekräftigung der traditionellen teutschen Libertät

So wenige Buchstaben und so weitreichende, epochale Folgen? Da muss jede einzelne Aussage spektakulär sein, hochbrisant. Was also lesen wir? Zunächst einmal werden alle Reichsstände „in antiquis suis iuribus, praerogativis, libertate, privilegiis, libero iuris territorialis tam in ecclesiasticis quam politicis exercitio, ditionibus, regalibus horumque omnium possessione" (in ihren alten Rechten und Vorrechten, ihrer Freiheit, ihren Privilegien, der freien Ausübung des Ius territoriale in kirchlichen wie politischen Angelegenheiten, ihren obrigkeitlichen Rechten, ihren Regalien und im Besitz all dieser Dinge) bestätigt („stabiliti firmatique sunto"). Am Beginn des vermeintlich so umstürzenden Artikels steht – die Bekräftigung des Alten Rechts!

Nun hat ein Glied in der Kette dessen, was da bestätigt wird, die Fantasie der Interpreten angeregt: das ominöse „ius territoriale" – ein nicht sehr geläufiger, aber auch keinesfalls singulärer Begriff. Vor allem hier haben Legionen von grimmigen Kritikern ihre „Souveränität" lokalisiert. Ist das plausibel? Dagegen spricht schon der Kontext – davor so altertümliche Begriffe wie Prärogative, danach der wahrlich nicht modischere Terminus Regalien, dann ein Verb, das eindeutig keine Neuerungen avisiert.

Um was geht es in dieser Aufzählung, die ja als Ganzes gewürdigt werden muss? Die „teutsche Libertät" wird konkretisiert, in ihre Einzelfacetten entfaltet, in diesem Rahmen wird die herkömmliche Landesherrschaft der Reichsstände bekräftigt; im 18. Jahrhundert wird sich hierfür der Terminus „Landeshoheit" durchsetzen, zeitgenössische Übersetzungen des IPO sprechen beispielsweise von „LandsObrigkeit". Die Reichsglieder – Fürsten, Grafen, reichsstädtische Magistrate – waren eben ihrerseits Obrigkeit, regierten ein Territorium, natürlich unter dem Dach des Reiches und im Rahmen der von ihm gesetzten Spielregeln. Von Souveränität ist hier nicht die Rede, übrigens hätte man die französische „souveraineté" auch keinesfalls mit „ius territoriale" übersetzt. Jean Bodin, der die Souveränität in den Mittelpunkt der Lehre vom Staatsrecht gerückt hatte, nannte sie auf Latein „maiestas"; Peter Arnold Heuser konnte 2014 in einer sprachgeschichtlichen Untersuchung zur Verwendung des Souveränitätsbegriffs in Westfalen zeigen, dass man dort als „souverenitas" zu latinisieren pflegte. Wir können festhalten: Der Westfälische Frieden brachte keinesfalls die Souveränität über die Reichsstände! Vor gut zehn Jahren haben das unabhängig voneinander Johannes Burkhardt und der Autor dieser Zeilen zu zeigen versucht.

Erregtheit und Empörung der Interpreten waren haltlos, die ganze Aufregung umsonst: Artikel VIII Paragraf 1 hält nichts Aufregendes bereit, er bekräftigt ‚nur' das Alte Recht, die herkömmlichen Privilegien, gibt den Reichsständen nichts hinzu. Wir werden gleich sehen, dass ihnen anderswo, nämlich bei den konfessionspolitischen Bestimmungen, sogar etwas weggenommen worden ist, nicht weniger als die unbedingte Verfügungsmacht über den Glauben der Untertanen. Die Reichsstände wollten 1648 offensichtlich nicht souverän sein, und natürlich waren sie es auch nicht. Der Terminus passt einfach nicht ins politische System des Alten Reiches. Deshalb war dieses Reich tatsächlich am Ende, als Napoleon 1805 seine deutschen Verbündeten für souverän erklärte, deshalb verhinderte der Vertrag von Ried, der Bayern 1813 die „souveraineté pleine et entière" (die uneingeschränkte Souveränität) zusicherte, eine Neuauflage des Alten Reiches. Denn jenes kannte und vertrug eben keine Souveräne!

§ 2: Bekräftigung der traditionell zentralen Rolle des Reichstags

Bis jetzt: nichts Neues in Westfalen! Durch welche ruchlosen Neuerungen zerstörte Paragraf 2 das Reich? Zunächst einmal bekräftigt er das „ius suffragii" der Reichsstände „in omnibus deliberationibus super negotiis Imperii". „Ius suffragii" – auf Deutsch dürfen wir „Stimmrecht" sagen; „deliberare" meint unter anderem „beratschlagen"; „negotia Imperii", ganz wörtlich „Reichsgeschäfte" – „Reichsangelegenheiten" ist wohl die angemessene Übersetzung. Also, die Reichsstände haben mitzubestimmen, wenn es um Reichsangelegenheiten geht. Reichspolitik bedarf ihrer Zustimmung. Einzuholen war diese Zustimmung natürlich – dieser damaligen Lesern selbstverständliche Sachverhalt muss für heutige ergänzt werden – am traditionell zentralen politischen Forum des Reiches: an der Vollversammlung der Reichsstände nämlich, dem Reichstag. Von besagten „negotiis" werden einige explizit benannt und hervorgehoben („praesertim") – zum Beispiel die Erklärung eines Reichskriegs, Friedensverträge und Bündnisse des Reiches, sodann Reichssteuern und der Erlass oder die Auslegung von Reichsgesetzen: daher also die Mär, 1648 sei der Kaiser entmachtet worden, auf Kosten des Reichstags. Dass dessen Kompetenzen in Westfalen „kräftig ausgeweitet" worden seien (so noch Heinz Duchhardt oder Johannes Burkhardt), zumal in der Reichsaußenpolitik, wohingegen Wien „eine empfindsame Einschränkung der kaiserlichen Prärogative im außenpolitischen Bereich" (so noch Christoph Kampmann) habe hinnehmen müssen: Das ist ein hartnäckiges Gerücht. Stichhaltig ist es nicht.

Man kann es schon beeindruckend finden, dass der Westfälische Frieden die Mitwirkung des Reichstags an der Reichsgesetzgebung zu einer Zeit bekräftigte, in der die Herrscher ansonsten im Zeichen „absolutistischen" Fortschritts vielfach versuchten, die Stände aus der großen Politik zu verdrängen. Fragen der Kriegführung, ja, überhaupt Militaria im umfassenden Sinne werden noch im Frühkonstitutionalismus, also in Mitteleuropa seit 1815, dem Zugriff der Parlamente gänzlich entzogen sein. Aber die referierten Bestimmungen haben 1648 nichts Neues gebracht. Es waren das Herkommen bekräftigende Klarstellungen.

Kein frühneuzeitlicher Kaiser durfte nach Belieben außenpolitisch aktiv werden. Schon die erste Wahlkapitulation, von 1519, sah beispielsweise vor, dass das Reichsoberhaupt den Konsens zu Bündnissen „mit frembden Nationen" oder „sonst im reiche" auf Kurfürstentagen einzuholen habe. Jene pflegten wegen wirklich gravierender außenpolitischer Entscheidungen freilich grundsätzlich auf die umfassenderen Kompetenzen der Vollversammlung des Reiches zu verweisen, und Geld war an Kurfürstentagen ohnehin nicht zu holen. Eine Ausnahmesituation indes in den Zwanziger- und Dreißigerjahren des 17. Jahrhunderts: Wegfall des Reichstags, Kriegsnöte, Entscheidungsbedarf in Hülle und Fülle; die Kaiser agieren selbstherrlich oder in Abstimmung mit jenen Kurfürsten, deren Versammlungen das Antlitz von europäischen Friedenskongressen gewinnen und die dem Kaiser am Kollegialtag von 1636 eine Reichssteuer „bewilliget" haben. Einer derart zentralistischen, reichstagslosen Regierungspraxis schiebt der Westfälische Frieden den Riegel vor. Er kreiert fiskalisch und im Bereich der Reichsaußenpolitik nichts Neues, aber er kritisiert Auswüchse der jüngsten Vergangenheit. Man bewältigte in Westfalen Kriegsfolgen, räumte Kriegsschäden weg, zu denen auch – kriegsbedingte – verfassungspolitische Deformationen gehörten. Innovativ war das alles nicht.

Aber Paragraf 2 geht ja weiter! Nach seinen Ausführungen zu den „deliberationibus super negotiis Imperii" bekräftigt derselbe Paragraf, dass die Reichsstände untereinander und mit dem Ausland Bündnisse eingehen dürfen – sofern diese ihrem eigenen Schutz dienen, außerdem nicht gegen Kaiser und Reich gerichtet sind. Sind wir endlich auf eine sensationelle Neuerung gestoßen?

§ 2: Bekräftigung der Paxis reichsständischer Allianzen

Es gab eine lange Tradition reichsständischer Allianzen – der Schwäbische Bund am Beginn der Neuzeit, oder der (bereits konfessionell motivierte) Schmalkaldische Bund seit 1531 mögen, als besonders bekannte Beispiele, für sehr viele vergleichbare stehen. Manche dieser Bündnisse hatten auch das Ausland einbezogen. Am Beginn des Dreißigjährigen Krieges standen sich unter anderem, auch mit ihren jeweiligen Truppen, Union und Liga gegenüber; Emissäre der Union hatten Allianzverträge mit England, Frankreich und den Generalstaaten (also der zentralen Ständeversammlung der niederländischen Nordprovinzen) ausgehandelt. Man dachte an diese lang zurückreichende, gewohnheitsmäßig betriebene reichsständische Bundespraxis, als man das Recht auf Allianzen im Friedensinstrument verankerte, somit erstmals schwarz auf weiß festhielt und zugleich einschränkte. Aber warum war das Thema überhaupt in Westfalen aktuell? Nun, der Prager Frieden hatte ja „alle und jede uniones, ligae, foedera" für aufgelöst erklärt – das betraf damals konkret nur die katholische Liga und konnte doch als Infragestellung des Gewohnheitsrechts auf reichsständische Bündnisse aufgefasst werden; überhaupt hatten die beiden Kaiser des Dreißigjährigen Krieges Allianzen ohne ihre Genehmigung immer wieder als Reichsverrat und „Sezession" diffamiert. Auch hier gilt: Man kehrte 1648 zum Normalzustand zurück, räumte Kriegsfolgelasten weg. Insbesondere ist IPO Artikel VIII als Kontrafaktur zum Prager Frieden zu lesen.

Freilich wird sich das europäische Umfeld verändern. Das werdende Völkerrecht wird auf der einzelstaatlichen Souveränität als seinem Axiom aufbauen. Lässt das dem 1648 verbrieften Bündnisrecht eine Bedeutung zuwachsen, an die in Westfalen niemand gedacht hatte? Das ist nicht völlig von der Hand zu weisen. Bündnisse von Reichsständen – natürlich hatte es sie ja seit Jahrhunderten gegeben, aber immerhin stand nun, was vorher eben gewohnheitsmäßig praktiziert worden war, in einem Reichsgrundgesetz. Damit war es unangreifbarer, war es zumal außerhalb des Reichszusammenhangs mit seinen komplexen ungeschriebenen Spielregeln leichter einsichtig und verstehbar, kurz, war es im diplomatischen Gespräch einfach griffiger zu handhaben als der Rekurs auf Reichsherkommen und Libertät. Deshalb werden sich die Fürsten der Barockzeit immer wieder auf ein „Bündnisrecht von 1648" berufen, um herauszustreichen, dass sie, wiewohl sie ja in den größeren Rahmen des Reichsverbands eingespannt waren und blieben, wenigstens ein Stück weit, völkerrechtsfähig' seien.

Als „souverän" freilich werden sie die europäischen Mitspieler keinesfalls erachten. Besonders die Kurfürsten wird das, wegen der entsprechenden zeremoniellen Zurücksetzungen, immer wieder sehr kränken – kurfürstliche Akten der zweiten Hälfte des 17. Jahrhunderts sind voll von entsprechenden Lamentos. Die Kurfürsten mochten sich in ihrem Kurverein noch so beredt zu Hütern des christlichen Abendlandes stilisieren – da sich der überkommene Führungsanspruch des Reiches nicht im werdenden Völkerrecht niederschlug, waren die „Säulen des Reiches" eben nicht mehr, sondern weniger als jeder beliebige europäische Souverän. Der Ausweg des auch über nichtreichisches, nämlich preußisches Gebiet regierenden Kurfürsten von Brandenburg, sich zum „König in Preußen" zu machen, stand den anderen ja nicht offen. Wir merken: Das 1648 kodifizierte Bündnisrecht generierte auch nach Ansicht der damaligen Akteure keine reichsständische Souveränität.

Innovation haben wir bislang vergeblich gesucht. Was bietet schließlich Paragraf 3? Er listet die „negotia remissa" auf, die in Westfalen nicht abgearbeiteten, künftigen Reichstagen „hinterlassenen" Themen (lateinisch remittere = zurücklassen, hinterlassen). Das Lastenheft beginnt mit drei Faustpfändern der kurfürstlichen Präeminenz: Wahl, Kapitulation und Reichsacht (um die zu verhängen, musste der Kaiser der damals gültigen Wahlkapitulation zufolge vorher die Kurfürsten konsultieren). Wir merken, dass 1648 neben und nach dem Kaiser die Kurfürsten am Pranger standen, weil die anderen Reichsstände den Eindruck gewonnen hatten, sie seien mit ihren Kollegialtagen in reichstagsloser Zeit in den Kompetenzbereich der Vollversammlung aller Reichsstände, des lahmgelegten Reichstags eingebrochen. Es folgen aber weitere, nicht für die Kurfürsten spezifische Themen – so seien die Reichskreise wieder funktionsfähig zu machen, einige fiskalische Probleme werden angesprochen, mit denen sich schon die Reichstage des 16. Jahrhunderts abgeplagt hatten. Darüber „et similibus negotiis" (und über vergleichbare Angelegenheiten) müsse man sich einmal unterhalten.

§ 3: über was künftige Reichstage beratschlagen sollen

Ergebnisoffen? In der Absicht, den Status quo innovativ zu verändern? Man *kann* die Auflistung der „negotia remissa" als Reformauftrag lesen. So meinte es tatsächlich eine kleine Minderheit der westfälischen Diplomaten, wird es nach 1648 jene um Hessen-Kassel, Württemberg, Neuburg, die Welfen gruppierte Fürstenpartei interpretieren, die gegen die traditionellen Bollwerke der kurfürstlichen Präeminenz (wie ein rein kurfürstliches Königswahlrecht oder die ständisch exklusive Neuredaktion der jeweiligen Wahlkapitulation) anrennt. Stringent mit dem Text des Friedensvertrags beweisen ließ sich ein Zwang zur Novellierung der Reichsverfassung nicht – und selbst, wenn man einen Reformauftrag herauslas, war damit für die Praxis doch wenig gewonnen, da Richtung und Ausmaß völlig offenblieben. Die erste

Kurie des Reichstags war für systemsprengende Reformen nicht zu gewinnen; sie wird einem angeblichen, von ihr negierten Reformauftrag in Paragraf 3 stets die unzweideutige Privilegienbestätigung von Paragraf 1 entgegenhalten, der ja den Status quo bekräftigt (was in der Sicht der ersten Kurie die herkömmliche kurfürstliche „Präeminenz" miteinschloss). Verlangte IPO Artikel VIII nun, alles beim Alten zu belassen (§ 1), ermunterte er zu Reformen (§ 3)? Darüber ließ sich trefflich streiten, und so blieb es praktisch in der Schwebe.

Erst jetzt eine „Verfassung"?

Bedeutete dieser Schwebezustand nicht doch am Ende Stillstand? War es gar ein (wegen der ausländischen „Garantiemächte") völkerrechtlich stabilisierter Stillstand? Hat das Reich erst jetzt eine „Verfassung" bekommen (so noch Johannes Burkhardt)? Nun, was stimmt: Der Westfälische Frieden bezeichnet sich selbst als auf immer gültiges Grundgesetz des Reiches; der nächste Reichsabschied, der von 1654, wird ihn als „Fundamental-Gesetz des Heiligen Reichs und immerwährende Richtschnur" bestätigen. Außerdem wurde der Westfälische Frieden von allen vertragsschließenden Parteien, damit auch den beiden auswärtigen Kronen, garantiert; wer einen Verstoß gegen die Friedensinstrumente monierte und binnen dreier Jahre keine Abhilfe durch „gütlichen Vergleich" oder „rechtliche Entscheidung" erreichen konnte, durfte sich an die Vertragsparteien wenden, diese hatten dann "mit Rat und Tat", notfalls also mit Waffengewalt, für Abhilfe zu sorgen. Die „Verbindlichkeit" der westfälischen Texte wurde „durch die Sanktionsgewalt aller Vertragsparteien spürbar erhöht" (wie Georg Schmidt 2015 zu Recht hervorhob).

Aber die griffige Behauptung, das Reich habe erst jetzt eine „Verfassung" bekommen, überhöht die verfassungsgeschichtliche Bedeutung der westfälischen Friedensinstrumente. Dafür ist doch alles, was in den Instrumenten über Grenzregelungen und Konfessionsfragen hinausgeht, viel zu allgemein und knapp gehalten! „Die Verfassung" des Reiches addierte sich schon immer aus verschiedenen, verschieden alten „Leges fundamentales" (Grundgesetzen), 1648 kam eben wieder einmal ein neues hinzu. Ganz selbstverständlich zählte man die jeweils gültige Wahlkapitulation zur „Reichsverfassung", und dort waren schon bislang die Regeln des politischen Systems viel umfassender festgelegt als im kurzen Artikel VIII des IPO. Immerhin, da bekam jeder Kaiser eine neue, der Westfälische Frieden blieb (und natürlich waren die Kapitulationen nicht international garantiert). Recht besehen, hat IPO Artikel VIII eher konservierende Wirkungen gezeitigt als reformierende, zumal wegen der einleitenden, unscheinbaren Privilegienbestätigung. Aber „versteinert" ist das Reich deshalb nicht.

Es ging in Westfalen weder darum, Mitteleuropa unter Denkmalschutz zu stellen, noch wollten die allermeisten westfälischen Diplomaten ein neues politisches System zirkeln, neues Verfassungsrecht kreieren. Nein, man hat, wieder einmal, Patts ausbalanciert, die sich seit dem ausgehenden Mittelalter eingependelt hatten: zwischen Kaiser und Reichsständen, zwischen Kurfürsten und anderen reichsständischen Gruppen. Jene Balance drohte bisweilen dauerhaft zu kippen, zugunsten der monarchischen oder oligarchischen Gehalte des Reichsverbandes: so zuletzt 1629 und zumal 1635, davor zum Beispiel nach dem Schmalkaldischen Krieg, 1547/48 (zum Wiedererinnern: Geharnischter Reichstag, an ihm will Karl V. beispielsweise dem Reich seinen Kaiserlichen Bund überstülpen). Man tarierte in Westfalen aus, wieder einmal, zog hier eine Schraube nach und da – keinesfalls allzu fest, das hätte dem offenen Charakter der Reichsverfassung widersprochen.

Es werden wieder einmal Patts ausbalanciert

Der Blick auf die Jahrzehnte nach 1648 zeigt es ja: Das politische System blieb im Fluss. So verschob sich zwischen den 1630er- und den 1680er-Jahren das reichspolitische Gewicht der verschiedenen reichsständischen Gruppen, auf Kosten insbesondere der Kurfürsten. Die spektakulären, politisch folgenreichen Kollegialtage des Dreißigjährigen Krieges sind zugleich die letzten nichtwählenden Kurfürstentage überhaupt gewesen – die „Säulen des Reiches" werden einfach keine reichspolitisch motivierten Kollegialtage mehr wagen (letzte intensive Debatten hierum gibt es in den frühen 1680er-Jahren), werden sich nur noch anlässlich von Wahlen treffen. Noch nicht einmal die Frage der Vertretung des Reiches nach außen war 1648 entschieden: Dem berühmten „Admissionsstreit" vor den westfälischen Kongressen wird schon 1649 ein heute vergessener in Nürnberg, am Exekutionstag (vgl. Kap. 5.7) auf dem Fuße folgen; an den großen Friedenskongressen der ludovizianischen Epoche wird das Reich als Ganzes, anders als die Hofburg, so gut wie keine Rolle spielen. Durchaus dynamisch ist nach 1648 die Kreisverfassung – was beispielsweise die Ansätze zu einer Reichsverteidigungsordnung von 1681/82 zeigen oder jene Kreisassoziationen, die sich zumal im späten 17. und frühen 18. Jahrhundert neben

Das politische System bleibt im Fluss

die traditionellen Ständeeinungen stellen und zeitweise sogar beim Konzert der europäischen Großen mitspielen dürfen (ohne, dass die Noten schon 1648 niedergeschrieben worden wären).

Und das Kaisertum? Es konnte mit den Justierungen von 1648 gut leben – nur ist das der Forschung bis in die jüngste Vergangenheit hinein nicht aufgefallen, auch, weil sie angestrengt an jenem Kaiser vorbeigeschaut hat, der von allen neuzeitlichen am längsten amtierte: Leopold I. (1658–1705). Eine befriedigende Biografie gibt es bis heute nicht, aber disparate Spezialstudien der letzten 25 Jahre sichtend, darf man doch mittlerweile für gesichert halten, dass sich unter ihm Kaisertum und Reichsidee vom Ansehensverlust der 1630er- und 1640er-Jahre in erstaunlichem Umfang erholt haben.

Kurz, das Reich ist eben tatsächlich weder „versteinert", noch fiel es der „Zerbröckelung" anheim. Die Minorität jener Reichsstände, die die Reichsbande 1648 beträchtlich lockern wollten, wird nie Mehrheit, und jene wenigen Publizisten, die das Reich zum Staatenbund umschreiben wollen, bleiben stets vom Mainstream kritisierte Außenseiter. Um es im Börsenjargon auszudrücken: Die kaiserliche Konjunkturkurve steigt seit den späten 1660er-Jahren ziemlich steil an, um erst nach 1700 langsam wieder abzusinken; der Crash erfolgt 1740, als das Haus Habsburg im Mannesstamm ausstirbt und der junge Friedrich von Preußen sein Mütchen an Schlesien kühlt – aber das ist eine andere Geschichte, die nicht dem Westfälischen Frieden einzuschreiben ist.

5.5.3 Der Zweite Religionsfrieden

Wenden wir uns nun den konfessionspolitischen Aussagen des Westfälischen Friedens zu! Präziser formuliert geht es im Folgenden um *diejenigen* Bestimmungen zur künftigen Reichsverfassung, die konfessionelle Besitzstände und das künftige Reichskirchenrecht betreffen.

Das IPO betreibt Kriegsursachenforschung: ein Konfessionskrieg!

Das IPO begründet selbst, warum es ein Zweiter Religionsfrieden ist. Es betreibt nämlich Kriegsursachenforschung. Folgende Diagnose erstellten die in Westfalen versammelten Diplomaten: „Praesenti bello magnam partem gravamina, quae inter utriusque religionis electores, principes et status imperii vertebantur, causam et occasionem dederunt" – Ursache wie Anlass des Dreißigjährigen Krieges seien überwiegend jene „Gravamina" gewesen, die katholische und evangelische

Reichsstände einander vorzuhalten pflegten. Lateinisch „Gravamina" heißt einfach „Beschwerden". Das allein erklärt nichts. Die Konfessionsparteien der Jahrzehnte vor und um 1600 pflegten einander in ellenlangen Listen wieder und wieder unhaltbare bösartige Verdrehungen des Religionsfriedens vorzuwerfen. Diese Beanstandungslisten nannten sie ihre „Gravamina" (vgl. Kap. 1.2.3). So, jetzt sollten wir den zitierten Satz verstehen. Die Diagnostiker von 1648 sagen damit: Der Dreißigjährige Krieg brach als Konfessionskrieg aus, nämlich als Krieg um die rechte Auslegung des Augsburger Religionsfriedens.

Die Anfangspassagen ihres Therapieversuchs könnten deshalb überraschen. Das IPO bekräftigt nämlich die Geltung des Augsburger Religionsfriedens von 1555. Das war nicht einfach nur Formalie – denn Schreibtischextremisten, zunächst auf katholischer Seite, hatten ihn ja seit den 1580er-Jahren oft genug als bloße Ausnahme- und Übergangsordnung unter dem momentanen Druck widriger äußerer Umstände diffamiert. Nein, der Erste Religionsfrieden ist vollgültiges Reichsgesetz, sagt der Zweite Religionsfrieden, der von 1648. Und weil der chronifizierte Interpretationskrieg um den Ersten Religionsfrieden so viel Unheil gestiftet hatte, erklärt sich der Zweite Religionsfrieden zu dessen authentischer Interpretation, zur „perpetua declaratio", wie es 1555 eigentlich gemeint gewesen sei. Nur eine Lesehilfe? Nein, hier machte das IPO in Understatement. Tatsächlich besserte es nämlich gründlich nach, so gründlich, dass am Ende etwas ganz anderes herauskam.

Der Erste Religionsfrieden wird bekräftigt und modifiziert

Das IPO relativiert erstens das Grundprinzip von 1555 für die konfessionelle Besitzstandsverteilung durch ein neues regulatives Zentralprinzip. Zweitens versucht es, viele 1555 offengebliebenen Unklarheiten wortreich zu klären und damit weiterem Auslegungsstreit vorzubauen. Der Zweite Religionsfrieden ist ungleich wortreicher als der Erste, legt tausend Details bis hin zur konfessionellen Zusammensetzung des Ämterapparats in den bikonfessionellen Reichsstädten haarklein und pedantisch genau fest. Das wird später, im Zeitalter der Aufklärung, zum Spötteln reizen – was aber unfair ist. Die Autoren von 1648 glaubten, so auf die Erfahrung reagieren zu müssen, dass die Unklarheiten und Lücken des Augsburger Religionsfriedens einen langwierigen Krieg ausgelöst hatten. Neues regulatives Zentralprinzip, detailreiche Ausführlichkeit: Das sind vielleicht die beiden wichtigsten Grundzüge des Zweiten Religionsfriedens. Drittens basiert er auf dem Grundsatz der Parität, also der völligen Gleichberechtigung der reichsrechtlich zulässigen Konfessionen.

Modifikationen, Beispiel 1: das „Normaljahr" 1624 ...

Ein paar Erläuterungen brauchen wir aber noch! Eine neue Grundregel – rekapitulieren wir kurz: Grundprinzip des Ersten Religionsfriedens für die konfessionellen Besitzstände ist das Ius reformandi der regionalen Obrigkeit. Der Landesherr bestimmt den Glauben seines Territoriums. Besser gesagt: Er entscheidet, welcher der beiden reichsrechtlich zulässigen Konfessionen sein Territorium anhängt – cuius regio, eius religio; wo ich leb, so ich bet. Grundregel des IPO hingegen ist ein Normaljahr, 1624. „Normaljahr": Was soll das heißen? Ein bestimmtes Datum (der 1. Januar 1624) wird zur „Norm" gemacht – jetzt und künftig sollen die konfessionellen Besitzstände so sein, wie sie damals gewesen waren. Wir würden heute von einem Stichdatum sprechen. Dieses neue Prinzip hatte bekanntlich zum ersten Mal der Prager Frieden vorgesehen, damals noch auf maximal 40 Jahre befristet. Nun galt es unbefristet, und anstelle des für die Katholiken sehr günstigen Jahres 1627 nahm man das den Evangelischen annehmbarere Jahr 1624 – nach den katholischen Erfolgen im Böhmisch-Pfälzischen Krieg, aber vor den Siegen Wallensteins im Niedersächsisch-Dänischen. Übrigens galt das Normaljahr für die habsburgischen Erbländer nicht – dort blieb das landesherrliche Ius reformandi konkurrenzlos, uneingeschränkt. Und auch die Oberpfalz blieb, gegen das Normaljahr, katholisch.

... relativiert das Ius reformandi

Ansonsten aber galt nun 1624 als „Normaljahr". Was hatte das für konkrete Folgen? Einmal waren damit alle evangelischen Erwerbungen zwischen 1555 und 1624 endgültig legalisiert – das betraf auch einstige Hochstifte, das Normaljahr galt für (einst oder jetzt) geistliche Territorien genauso wie für weltliche, galt für alle Reichsterritorien. Zweitens aber wurde, wie schon angedeutet, das Ius reformandi relativiert. Warum? Nun, überall, wo 1624 noch nicht eine Konfession hundertprozentig und lückenlos geherrscht hatte, aus der anderen Warte formuliert: überall, wo 1624 noch kleine Minderheiten ihre Nischen gefunden hatten, beispielsweise ein Gotteshaus für ihre Andachten, da musste das auch für alle Zukunft so bleiben. Der Landesherr konnte dort den 1624 noch nicht zum Abschluss gebrachten Konfessionalisierungsprozess nicht mehr weiter vorantreiben.

Denn der konfessionelle Zustand im Normaljahr wurde ja gleichsam eingefroren, und zwar in allen Nuancen. Wer plausibel machen konnte, dass er seinen Glauben 1624 mit Glockengeläut, Glanz und Gloria praktiziert hatte, durfte es weiterhin. Wo eine Konfession 1624 lediglich in eingezogenerer Form, beispielsweise in Gebetshäusern ohne Türme, aber vielleicht mit Dachreitern praktiziert worden war, da blieb es für alle Zeiten hierbei. Die gelehrte Publizistik wird später versuchen, dadurch Ordnung zu schaffen, dass sie aufwendige, feierliche Glaubenspraxis unter „exercitium religionis publicum" rubriziert, die eingezogeneren Varianten hingegen als „exercitium religionis privatum" bezeichnet. Das sind aber recht grobschlächtige Rubriken für die damalige Vielfalt religiöser Praktiken. Maßgeblich waren nicht solche Kategorien, sondern in allen Nuancen die Zustände im Normaljahr. Hatte der Erste Religionsfrieden die Konfession des Territoriums dem Belieben des Landesherrn überantwortet, schrieb ihm der Zweite vor, dass er Minderheiten, die sich bis 1624 noch gehalten hatten, auf immer und ewig hinnehmen musste.

Er *möge doch* (so legte ihm das IPO ans Herz) auch andere hinnehmen, denen dann, noch einmal abgestuft, die „devotio domestica", die Hausandacht zustand, also die Glaubensübung in privater Abgeschiedenheit. Wer sich nicht auf Besitzstände von 1624 berufen konnte und trotzdem im Land bleiben durfte, dem stand dann diese Devotio domestica zu. Aber der Landesherr *musste* diejenigen Andersgläubigen, die sich auf keine Besitzstände versteifen konnten, nicht im Territorium dulden, noch galt ja das Ius reformandi. Doch wurde es eingegrenzt und faktisch mancherorts, je nach den Zuständen am Stichdatum eben, regelrecht ausgehebelt durch die Normaljahrsregelung.

Das zeigt uns deutlich diese Eventualität: was, wenn der Landesherr künftig die Konfession wechselte? Dann war das seine private Entscheidung, die die Untertanen nicht mehr mitmachen mussten! Sie konnten sich ja auf den Zustand von 1624 berufen. Das blieb keinesfalls papierne Theorie! Es wird im späten 17. und im 18. Jahrhundert eine ganze Reihe von Fürstenkonversionen geben, stets zur katholischen Seite hin – sogar die sächsischen Kurfürsten werden katholisch, ein württembergischer Herzog wird es; das Land, die Bevölkerung machen das nicht mit. Übrigens macht diese Regelung in Europa Schule. Es bürgert sich im 18. Jahrhundert ein, dass man bei Gebietswechseln von einer Regierungsgewalt zu einer anderen die Beibehaltung der seitherigen Religion vereinbart, ein Brauch, der allmählich Bestandteil des positiven Völkerrechts wird; an dieser Stelle ist der Westfälische Frieden also durchaus avantgardistisch.

Modifikationen 2: wortreiche Detailliertheit

Soviel zum neuen regulativen Grundprinzip für die konfessionelle Besitzstandsverteilung! Zweitens versuchte das IPO, wo immer möglich, künftigem Auslegungsstreit vorzubauen: durch eine allgemeine Klausel und viele sehr detaillierte Spezialbestimmungen. Die detaillierten Spezialbestimmungen sind nicht knapp resümierbar. Alle, aber auch wirklich alle Unklarheiten, die der Erste Religionsfrieden übrig gelassen hatte, sollten nun eben wortreich geklärt werden.

Uns soll die Andeutung eines Beispiels genügen: Der Augsburger Religionsfrieden hatte ganz allgemein und in wenigen Worten erklärt, in gerade bikonfessionellen Reichsstädten müssten beide Konfessionen auch weiterhin „fridlich und ruewig bei- und nebenainder wonen". Das war einfach eine Maxime, es fehlte jegliches Detail für den konfliktreichen Alltag. 1648 wird das durch seitenlange Ausführlichkeit ersetzt. Nur noch genau vier Kommunen hatten bikonfessionell zu bleiben, und dort wurden jetzt alle Einzelheiten von der Zusammensetzung des Stadtrats bis zur Besetzung selbst politisch wenig exponierter kommunaler Ämter geregelt. Ein einziges Zitat mag es Pars pro Toto illustrieren, in deutscher Übersetzung: „Es soll drei Finanzverwalter geben, wovon zwei der einen, einer der andern Religion angehören soll, und zwar so, dass im ersten Jahr zwei katholisch und einer Augsburgischer Konfession, im andern Jahr zwei Augsburgischer Konfession und der Dritte ein Katholik seien, und so soll in der Folgezeit alljährlich gewechselt werden. Ebenso soll es drei Verwalter des Geschützwesens geben, in gleichem jährlichem Wechsel", und so geht das seitenlang weiter.

Oder, um nur noch auf diese zweite Klarstellung hinzuweisen: Es war im Konfessionellen Zeitalter strittig gewesen, ob nur Lutheraner oder auch Calvinisten den Schutz des Religionsfriedens genössen. Der Erste Religionsfrieden erwähnt den Calvinismus einfach nicht. Das IPO hingegen schützt ausdrücklich auch Deutschlands Calvinisten (wir wissen schon, dass sie in neuer Forschungsliteratur meistens „Reformierte" genannt werden – ein Ausdruck, der Proseminarstudenten wegen der Nähe des Wortes zum Begriff „Reformation" verwirren muss). Regelt IPO Artikel V das Verhältnis zwischen dem evangelischen und dem katholischen Lager, so IPO Artikel VII das zwischen Lutheranern und Calvinisten, und in diesem Rahmen wird klargestellt: Das evangelische Lager zerfällt in „duas partes", besteht aus zwei Untergruppen, die beide den Schutz des Religionsfriedens genießen. Aber wir wollen es ja bei wenigen Beispielen bewenden lassen!

Der Zweite Religionsfrieden versuchte künftigem Auslegungsstreit nicht nur durch hundert wortreiche Detailklärungen vorzubauen, sondern auch durch eine Maxime: die der Parität nämlich, also der völligen Gleichberechtigung zwischen den nun drei reichsrechtlich zulässigen Konfessionen. Der Erste Religionsfrieden war einigermaßen fair gewesen, aber nicht paritätisch. Er zurrte gerade keine völlige Rechtsgleichheit fest, das widersprach seinem auslegungsoffenen, flexiblen Charakter. Der Zweite Religionsfrieden aber basiert auf dem Grundsatz der Parität.

Modifikationen 3: der Grundsatz der Parität …

Er erklärt sogar, wie etwaige Gesetzeslücken aufzufüllen seien, falls man doch erneut vergessen habe, irgendein Detail zu regeln: eben paritätisch, im Geiste der „aequalitas exacta". Aequalitas exacta: So formuliert es der Zweite Religionsfrieden; moderne Kirchenrechtler nennen diese „aequalitas exacta", diese völlige Rechtsgleichheit, wie gesagt, Parität, und eine paritätische Auffüllung etwaiger Gesetzeslücken die „Lückenschließungs-Parität". Juristendeutsch eben!

… als Lückenschließungsparität

Eine Lückenschließungs-Parität: Das war nicht einfach Wortgeklingel. Wie hätte man denn Lücken sonst füllen sollen? Nun ja, nach 1555, zumal seit den 1580er-Jahren hatte es genug katholische Stimmen gegeben, die in allen Zweifelsfragen eine Auffüllung in katholischem Geiste, gar durchs Kanonische Recht gefordert hatten – weil das Reich nun einmal im Grundsatz und seinem Wesen nach katholisch sei, der Religionsfrieden lediglich einige Ausnahmeregeln zugunsten der Evangelischen beinhalte; weil er nicht mehr als eine vorübergehende Konzession an die vorerst geduldete Nebenkonfession durch die Hauptkirche des Reiches sei, von dieser in allen Zweifelsfällen zu interpretieren und zu gegebener Zeit auch zurückzunehmen. Nein, sagt der Zweite Religionsfrieden: Ich regle möglichst alles möglichst pedantisch, aber falls ich doch erneut etwas vergessen haben sollte, springt die „aequalitas exacta" ein!

Ferner will das IPO die Arbeit jener Reichsorgane, deren Blockade den Reichsverband in der Vorkriegszeit gelähmt hatte, am Grundsatz

… als Zahlenparität

der Parität ausrichten. Wie soll das gehen, wie verfährt das IPO hierbei? Die Unterscheidung zwischen Zahlen- und Verfahrensparität (keine vom IPO selbst verwendeten Ausdrücke) hilft, den Überblick zu wahren. Zahlenparität: In manchen Institutionen brauchte man ja nur dafür zu sorgen, dass ungefähr gleich viele katholische wie evangelische Mitglieder die Entscheidungen herbeiführten – so am Reichskammergericht. Rund die Hälfte der Assessoren sollte künftig evangelisch sein, die anderen katholisch. Auch der Reichsdeputationstag sollte zahlenparitätisch eingerichtet werden.

… und als Verfahrensparität

Am Reichstag ging so etwas nicht – seine konfessionelle Zusammensetzung war, wie sie eben war, alle Reichsstände waren dort vertreten, und im Kurfürsten- wie im Fürstenrat waren das nun einmal mehr Katholiken als Protestanten. Also musste man, anstatt für ein Fifty-Fifty bei den Zahlenverhältnissen zu sorgen, ein Verfahren entwickeln, das verhinderte, dass die Mehrheit in konfessionspolitisch einschlägigen Fragen die Minderheit einfach niederstimmte – genau das hatte die Institution Reichstag ja im späten 16., frühen 17. Jahrhundert zerrüttet. Deshalb legt das IPO fest, dass in Glaubensfragen nur gütliche Vereinbarung zwischen den beiden konfessionellen Lagern statthaft sei. Man stimmte in solchen Fällen fortan nicht mehr in den drei – hierarchisch definierten – Kurien der Kurfürsten, Fürsten und Städte ab, sondern in zwei – konfessionell definierten – Corpora: Die Katholiken unter sich (als „Corpus Catholicorum"), die Evangelischen unter sich (als „Corpus Evangelicorum"), und die beiden Corpora mussten sich dann, eins zu eins, einigen.

Es gab also seit 1648 zwei Beratungsmöglichkeiten am Reichstag: in den drei Kurien; in den beiden Corpora. Was aber ist eine Glaubensangelegenheit? Weise verzichtet das IPO darauf, das spitzfindig zu definieren. Glaubensangelegenheit ist, was wenigstens eine Seite als solche erachtet. Dann findet eben keine Mehrheitsabstimmung in den drei Kurien statt, sondern, in damaliger Terminologie, eine „itio in partes", ihr folgend der Versuch der „amicabilis compositio". Itio in partes, das meint: Man geht in die beiden Corpora auseinander; anschließend der Versuch der gütlichen („freundschaftlichen") Einigung ‚eins zu eins'.

Praktisch wirkte sich diese Vorschrift als Minderheitenschutz für die Protestanten aus. Gerade, weil die Katholiken wussten, dass die

Evangelischen jederzeit nach der Itio in partes rufen konnten, so sie diese reizten, fand in den Generationen nach 1648 gar nicht so häufig eine statt. Allein die 1648 fixierte Möglichkeit, nach ihr zu rufen, hielt die katholische Mehrheit davon ab, die Evangelischen einfach rücksichtslos niederzustimmen. Es war ein kluger Einfall der in Westfalen versammelten Diplomaten. Einst hatte der Dreißigjährige Krieg als Ringen zwischen zwei Konfessionsbündnissen begonnen; nun band man diese quasi wild gewordenen, aus dem Reich hinausstrebenden Kräfte in die Verfahrensordnung des wichtigsten politischen Forums im Reich ein, institutionalisierte die Konfessionsparteien und domestizierte sie so. Übrigens verordnete das IPO auch dem Reichshofrat eine verfahrensparitätische Lösung: Es mutete dem Kaiser nicht zu, gleich viele evangelische wie katholische Hofräte zu ernennen; wohl musste er einige evangelische ernennen, damit man bei Streitsachen, in die evangelische wie katholische Parteien verwickelt waren, paritätische Senate bilden konnte.

Wir können zurückblicken: Der Westfälische hat den Augsburger Religionsfrieden einerseits bekräftigt, andererseits erheblich modifiziert – indem er als regulatives Prinzip für die konfessionelle Besitzstandsverteilung an die Stelle des Willens des Landesherrn ein Stichdatum setzte; indem er, anstatt auslegungsoffen und elastisch, pedantisch genau und möglichst umfassend sein wollte; und indem er die Parität zur Leitschnur des Verhältnisses zwischen den Konfessionen erhob.

Resümee

Wir kennen nun die wichtigsten Bestimmungen des Zweiten Religionsfriedens – wie sollen wir sie bewerten? Zunächst einmal: Den Zweiten Religionsfrieden würdigend, muss man sich vor Anachronismen hüten. Einen grundsätzlichen Durchbruch hin zur Toleranz oder zu individuellen Menschenrechten beispielsweise hat er nicht gebracht. So, vom einzelnen Menschen, seinen Gewissensnöten aus dachte man in Westfalen auch nicht, sondern von den bestehenden kirchlichen Großorganisationen her, deren Koexistenz auf Reichsgebiet in juristische Terminologie zu gießen war, in präzisere, in stringentere als 1555. Nicht die Individualisierung des Religiösen war beabsichtigt und schon gar nicht seine Verdrängung; sondern seine friedensstiftende Verrechtlichung. Nicht Toleranz also und nicht Säkularisierung; Befriedung – das war das große Ziel, daran müssen wie die referierten Bestimmungen messen.

Evaluation – Toleranz: nein ...

<small>… Befriedung: jein</small>

Wurde es erreicht? Ja und Nein. Der konfessionelle Dualismus hat die Reichspolitik der nächsten eineinhalb Jahrhunderte schon bisweilen belastet. Die Geschichtswissenschaft hat das lange Zeit nicht in den Blick bekommen: Wem Geschichte stets sinnhafter, fortschrittlicher Prozess ist, dessen Maß Bewegung und Steigerung seien, kurz, wer den Weltgeist mit den Mitteln des Historismus zum Sprechen bringen möchte, ergötzt sich lieber an angeblich „absolutistischer" Staatsmacht oder aufklärerischer Geistesfreiheit, hat für retardierende Elemente wie den fortdauernden konfessionellen Hader wenig übrig, womöglich nicht einmal einen Seitenblick, und wird so blind. Erst in den letzten 25 Jahren haben einige Studien gezeigt, dass das Heilige Römische Reich deutscher Nation auch weiterhin unheiliger konfessioneller Hader lähmen konnte. Durften die Katholiken ein Heiligenbild an der Kirche auffrischen, das im Normaljahr 1624 indes schon ziemlich verblasst gewesen war, oder war das protestantenfeindliche Demonstration, Provokation, ein Verstoß gegen den Zweiten Religionsfrieden? Wie nach dem Ersten Religionsfrieden wuchsen alsbald wieder Gravaminakataloge an, die protestantische Seite brachte die Ihrigen im 18. Jahrhundert mehrmals zur Druckerei. Prozessionen blieben im Wortsinn lebensgefährlich. Steine flogen dann ziemlich oft, manchmal auch Gewehrkugeln, in Siegen kosteten sie am Fronleichnamsfest von 1712 vier Menschenleben.

<small>Aus Kriegsschaden klug?</small>

Freilich sollten wir nicht die Relationen aus den Augen verlieren: Das Reich sah nach 1648 keine glaubensbedingten Verfolgungen vom Ausmaß der französischen (zumal unter Ludwig XIV.), keine Konfessionsquerelen vom Ausmaß der – noch im 20. Jahrhundert virulenten – irischen. Das Neben- und Gegeneinander der Konfessionen hat das Reich nach 1648 nie mehr, wie seit 1619, in seiner ganzen Existenz bedroht.

Wegen des IPO? Wegen der Erfahrung dreier verheerender Kriegsjahrzehnte? Das ist schwer zu sagen! Hilft uns der Blick über die Reichsgrenzen? Von einer allerletzten, der elften militärischen Auseinandersetzung Frankreichs mit seiner hugenottischen Minderheit (Cevennen- oder Kamisardenkrieg, 1702–1704) abgesehen, wird Europa im 18. Jahrhundert kein einziger konfessionell motivierter Krieg heimsuchen. Beim schweizerischen „Sonderbundskrieg" vom November 1847 konfessionelle Nebengehalte (sogar die Jesuiten und vor allem das entsprechende evangelische, nun aber doch vor allem „liberale" Feindbild tauchen hier spukhaft noch einmal auf) gegen das Ringen zwischen konservativen und liberalen Parteimeinungen („konservativ", „liberal", „Partei": natürlich passen diese Kategorien überhaupt nicht ins 17. Jahrhundert!) abzuwägen, dürfen wir getrost den Experten für moderne Geschichte überlassen. Große, verheerende Konfessionskriege jedenfalls hat Kontinentaleuropa nach 1648 nicht mehr erleiden müssen.

Die Erinnerung an mehrere furchtbare Konfessionskriege in Mittel-, West- und Nordwesteuropa hat, in Verbindung mit der europäischen Aufklärung, eine politische Kultur begründet, die auf unserem Kontinent bis heute nachwirkt und sich in einer gewissen „Hilflosigkeit gegenüber fundamentalistisch bestimmten Gesellschaften und Kulturen" (Heinz Schilling) äußert, bei denen die kriegerische Durchsetzung von religiösen Zielen durchaus erlaubt, gar geboten ist – eine Hilflosigkeit, die historisch bedingt sein dürfte. Das könnte dafür sprechen, dass wir auch in Mitteleuropa Lernprozesse weniger einem noch so klug austarierten Friedensschluss verdanken denn der Erfahrung dreier verheerender Kriegsjahrzehnte. Die dreißigjährigen Kriegsgräuel haben Glaubensüberzeugungen als Kriegsgrund in Mitteleuropa für alle Zeiten stigmatisiert.

5.5.4 Was noch für Mitteleuropa von Bedeutung war

Die Friedensinstrumente gewährten eine Amnestie: Vergeben und Vergessen also, keine Schuldzuweisungen. Vergeben und Vergessen, kein Hinterhermoralisieren – das klingt heute beim ersten Hinhören zynisch, war indes unter den damaligen Umständen wohl eher klug und ist ein Element der Kunst, Frieden zu schließen, das vielleicht in der Moderne (man denke nur an den Friedensschluss von Versailles) zu Unrecht aus der Mode gekommen ist. Der Amnestie entsprach, quasi materialisiert, die Restitution – wenn alles vergeben und vergessen ist, muss auch jeder zurückbekommen, was man ihm weggenommen hat, muss der territoriale Status quo von 1618 wiederhergestellt werden.

Amnestie und Restitution

Man kann es auch so ausdrücken: Dem Normaljahr für die konfessionelle Besitzstandsverteilung (1624) korrespondierte ein sozusagen weltliches Normaljahr 1618 – im Grundsatz, denn es gab manche

Ausnahme. So bekam der Sohn des unglücklichen Winterkönigs wohl die Unterpfalz zurück; nicht aber die Oberpfalz (die Gebiete um Amberg blieben – und sind bekanntlich bis heute – bayerisch). Und seine Kur? Bekam er auch nicht zurück, wohl schuf man ihm eine neue, achte. Das soll uns schon genügen – es gab durchaus Gewinner (Hessen-Kassel beispielsweise: Fürsprache der auswärtigen Siegermächte; oder Kursachsen: Fürsprache jenes Kaisers, an den sich der lutherische Kurfürst lange Zeit angelehnt hatte) und es gab Verlierer (Baden-Durlach beispielsweise, das Land des alten Haudegens Georg Friedrich: keine Fürsprecher).

„Satisfactio" Mit dem Grundsatz der Restitution sind wir zuletzt schon bei Grenzfragen gelandet. Die meisten Grenzverschiebungen von 1648 wurden so begründet: Restitution des Zustands von 1618. Andere sollten „satisfactio" sein: wörtlich „Genugtuung". Eine solche Entschädigung reklamierten beide auswärtigen Siegermächte für sich. Hatte man sie denn geschädigt? Na ja, einen belastbaren Rechtsgrund für die Ansprüche der Siegermächte von 1648 gab es eigentlich nicht – Basis war keine juristisch stichhaltige Verpflichtung von Kaiser und Reich, Basis war die bei Alerheim und Jankau besiegelte militärische Überlegenheit der Interventionsmächte. Sie hatten gesiegt, und nun wollten sie ihr Engagement in Mitteleuropa belohnt sehen.

Was Frankreich bekommt Frankreich erreichte die endgültige Abtretung der lothringischen Fürstbistümer Metz, Toul und Verdun, die der Franzosenkönig ja schon seit 1552 (nämlich infolge des Vertrags von Chambord) als „vicarius Imperii" verwaltet, faktisch auch nach Gutdünken regiert hatte; es erhielt rechtsrheinische Brückenköpfe: die Stadt Breisach, ein Besatzungsrecht in der Festung Philippsburg; sowie praktisch das ganze Elsass.

Kann man das dritte Glied in dieser Kette nicht präziser formulieren? Nein, nicht en passant. Die Bestimmungen zum Elsass sind ziemlich kompliziert. Die folgenden Ausführungen können einen schwindlig machen, vereinfachen den Sachverhalt aber fast schon ungebührlich: Habsburg, Kaiser und Reich treten Frankreich die Iurisdictio (Rechtsprechung), die Superioritas (Oberhoheit) und das Supremum dominium (oberste Herrschaft) über die habsburgischen Landgrafschaften Ober- und Unterelsass, die Reichslandvogtei Hagenau und über den Sundgau ab. Nun lagen im Ober-, vor allem aber im Unterelsass viele reichsunmittelbare Herrschaften, die also keinesfalls Habsburg ‚gehörten', vielmehr Territorien eigenen Rechts waren. Für sie wurden Schutzklauseln formuliert, vermeintliche Bestandsgarantien – nur eben wachsweich; besonders bedenklich der Zusatz, dass besagte Garantien das „ius supremi dominii" Frankreichs nicht schmälern dürften. Supremum dominium: Das aber konnte man als lateinische Formulierung nehmen für etwas, was französisch „souveraineté" hieß, für Souveränität also. Jedenfalls ließ sich diese Lesart (anders als beim „ius territoriale" von IPO Artikel VIII) vertreten – so gesehen, war der Franzosenkönig in den betreffenden Gebieten fortan der Souverän, und alle Garantien und Vorbehalte galten nur insoweit, als sich der Inhaber der Souveränität dadurch nicht beeinträchtigt sah. Das war ein Freibrief dafür, die bislang reichsfreien Gebiete nach Belieben zu entrechten, untertänig zu machen.

Die hier nur angedeuteten Bestimmungen sind komplex, ihre adäquate Auslegung war und ist bis heute umstritten; in ihrer Vagheit haben sie der Reunionspolitik Ludwigs XIV. vorgearbeitet. Übrigens sind auch die Bestimmungen zu Metz, Toul und Verdun gewollt zweideutig. Der Kaiser beharrte darauf, dass es nur um die Hochstifte gehe, also um die weltlichen Herrschaftsbereiche der einstigen Fürstbischöfe; Frankreich war in Westfalen nicht bereit, sich auf diese Lesart zu verpflichten und wird die viel weiteren Diözesangebiete beanspruchen. Der lateinische Ausdruck „episcopatus districtus" konnte beides meinen, ließ sich als Hochstift wie als Diözese ins Deutsche übersetzen: keine Ungeschicklichkeit der Münsteraner Verhandlungspartner, wie Guido Braun 2014 zeigen konnte, vielmehr sollten „diese Ambivalenzen … dazu dienen, bestehende Gegensätze bewusst zu überbrücken und weiche Formulierungen für Kompromisse zu finden".

Klarer waren die Bestimmungen zur „Entschädigung" Schwedens: Vorpommern, die einstigen Hochstifte Bremen und Verden, und zwar als Reichslehen – damit war Schweden, anders als Frankreich, fortan Reichsstand mit Sitz und Stimme am Reichstag. Die skandinavische Seemacht besaß nun die Mündungen von Oder, Elbe und Weser, mitsamt den lukrativen Seezöllen.

Was Schweden bekommt

Frankreich und Schweden strichen also Gebietsgewinne ein. Was brachte das Jahr 1648 den anderen europäischen Mächten? Jenen Eidgenossen, die sich faktisch schon seit der Schwelle zur Neuzeit nicht

Unabhängigkeit der Schweiz

mehr am politischen Leben des Reiches beteiligt hatten (keine Reichssteuern entrichteten, nicht zu den Reichstagen abordneten, nicht in die Kreisverfassung einbezogen waren), wurde dieses Herauswachsen aus dem Reichsverband rechtsverbindlich bestätigt – die „plena libertas vel exemptio ab Imperio" nämlich, wie das IPO formuliert: die volle Freiheit oder Freistellung vom Reich. Frühneuzeitliche österreichische Geschichte ist Teil der Reichsgeschichte, die Schweiz ging früher eigene Wege – faktisch seit dem Beginn der Neuzeit, seit 1648 auch völkerrechtlich.

5.6 Das Ende des Achtzigjährigen Krieges

Natürlich ist aus deutscher Warte das wichtigste Ergebnis der westfälischen Verhandlungen – nun, eben der Westfälische Frieden. Aber *nur* dieses Resultat zu würdigen, wäre borniert. In Westfalen konnte neben dem Dreißigjährigen Krieg auch das achtzigjährige Ringen zwischen Spanien und den separatistischen niederländischen Nordprovinzen beigelegt werden. Wir sind auf diesen europäischen Konfliktherd bereits mehrmals gestoßen. So schon 1614, als er sich, wiewohl eigentlich gerade eine Waffenpause vereinbart war, unheilvoll mit Zwistigkeiten zweier Reichsfürsten am Niederrhein zu verquicken drohte (vgl. Kap. 1.3.5), und nach 1621, als der Zwölfjährige Waffenstillstand auslief, wiederholt: Denn die Kämpfe zwischen Den Haag auf der einen, Brüssel und Madrid auf der anderen Seite haben sich immer wieder mit den mitteleuropäischen Kampfhandlungen verknäuelt.

Rückblick: die Kriegsursachen

Blicken wir resümierend zurück! Auf Spätmittelalterkarten zeigen uns Geschichtsatlanten ein Territorienkonglomerat, das von der Nordsee bis zu den Alpen reicht: das Herzogtum Burgund, das just an der Schwelle zur Neuzeit zerfiel. Den Großteil der Erbmasse sicherte sich das Haus Habsburg, so jene Gebiete, die wir heute als „Niederlande" und als „Belgien" kennen. Bekanntlich wurde das Riesenreich Karls V. am Ende seiner Regierungszeit aufgeteilt. Die niederrheinischen Landstriche fielen an die spanische Linie der Dynastie; im Jahr des Augsburger Religionsfriedens, 1555, übertrug Karl seinem Sohn Philipp die Herrschaft über die Niederlande. Verfassungs- wie konfessionspolitische Differenzen zur fernen Madrider Zentrale provozierten

Das Ende des Achtzigjährigen Krieges

fast von Anfang an Unruhen, „Krieg" lassen wir üblicherweise 1568 daraus werden, sicher auch wegen der schönen runden Zahl 80 (dreißigjähriger Teutscher Krieg, achtzigjähriger Holländischer: 1568–1648).

Zu den Kriegsursachen nur soviel: Die Niederlande waren ein Hort ständischer, regionaler, auch lokaler Freiräume. Das mag man heutzutage, nach der Devise „small is beautiful", sympathisch finden, aber es lag damals gar nicht im Trend einer Zeit, da Europas monarchische Regierungszentralen allenthalben effektiver, straffer, zentralistischer zu regieren und ihre Territorien ‚in den Griff' zu bekommen versuchten – und Philipp II. von Spanien, ein pedantischer Schreibtischtäter (neudeutsch würde man ihn wohl als „Kontrollfreak" bezeichnen) mit frühabsolutistischen Zügen sowieso. Dieser Philipp war tiefgläubiger Katholik, in den nördlichen Niederlanden aber hatten sich evangelische Strömungen ausgebreitet, hatte sich zumal der Calvinismus festgesetzt. Im Lauf der 1560er-Jahre formierte sich immer mehr Widerstand gegen den spanischen Zentralismus und die spanische Inquisition.

Als der Dreißigjährige Krieg ausbrach, war der Achtzigjährige gerade unterbrochen, wie wir ja schon wissen: durch den Zwölfjährigen Waffenstillstand von 1609. Die Madrider hatten sich darauf eingelassen, nachdem ihnen die Separatisten mit der Flotte der Ostindischen Kompanie einige schmerzliche Niederlagen in den Kolonien zugefügt hatten – wiewohl sich eingebürgert hat, den Spanischen Erbfolgekrieg seit 1701 als „ersten Weltkrieg der Geschichte" zu bezeichnen, war schon der Achtzigjährige kein nur europäischer Krieg.

Seit 1621 also wieder offener Krieg, er verläuft nun parallel zum großen deutschen Konfessionskrieg, ihn vielfach auch berührend. In dieser Spätphase ging es Spanien nicht mehr darum, die nördlichen Provinzen in Gänze zu erobern oder auch nur unter die Madrider Herrschaft zurückzuzwingen – dieses Kriegsziel war schon seit den ersten Jahren des 17. Jahrhunderts unrealistisch geworden und längst nicht mehr Maxime der Madrider Kriegführung. Es ging nun ‚nur' noch darum, die Generalstaaten so unter Druck zu setzen, dass sie erstens von ihrer Unterstützung für die Feinde Habsburgs überall in Europa abließen (so war ja beispielsweise Den Haag Sitz der pfälzischen Exilregierung), zweitens von weiterer kolonialer Expansion auf Kosten Spaniens. Dem entsprach die spanische Kriegführung

Rückblick: die 1620er-Jahre

in den 1620er-Jahren: keine Einfälle ins Kerngebiet der Separatisten, sondern Kappung der Verbindungslinien nach Osten, ins Reich hinein, verbunden mit Handelsembargos und Flussblockaden. Das zeigte zunächst große Wirkungen, ehe sich das Blatt 1629 wendete.

Rückblick: Kriegszäsur 1629/30

Warum diese Wende? Wir stoßen, wieder einmal, auf den Mantuanischen Erbfolgekrieg – es musste sein, wir mussten uns in diese oberitalienischen Kriegswindungen vertiefen. Spanien war eine Weltmacht, mit über 16 Millionen Einwohnern allein in Europa. Die separatistischen Nordprovinzen zählten nicht einmal zwei Millionen Einwohner. Doch blühten, allen – schmerzhaften – spanischen Obstruktionsversuchen zum Trotz, noch immer Handel und Gewerbe, die Generalstaaten waren solvent. Spanien aber hatte seine Kräfte überspannt und der Krieg um Mantua machte dies deutlich. Er markiert auch im spanisch-holländischen Ringen eine signifikante Wende: Abzug spanischer Truppen aus Brabant und Flandern, Truppen der Sezessionisten können in aller Ruhe das zweitwichtigste Bollwerk der Spanier im Norden überhaupt belagern und einnehmen: 's-Hertogenbosch. „Es war die größte spanische Niederlage in Europa zwischen dem Verlust der Armada im Jahre 1588 und der Schlacht von Rocroi im Jahre 1643" (Jonathan Israel). Im selben Jahr und im darauffolgenden, 1630, verloren die Spanier eine ganze Reihe weiterer zuletzt von ihnen besetzter Orte, insbesondere am Rhein.

Rückblick: die 1630er-Jahre

In den 1630er-Jahren versuchte Spanien die zuletzt verlorenen Stellungen zurückzugewinnen – mit wechselndem, insgesamt eher schlechtem Erfolg. Verkürzend kann man sagen, dass die Dreißigerjahre hektisch, aber in einer engen Bandbreite um den 1630 zugunsten der Holländer veränderten Status quo herumpendelten. Im Jahrzehnt vor den westfälischen Verhandlungen ging es Madrid eigentlich gar nicht mehr um die separatistischen Provinzen als solche, auf deren Rückeroberung ernsthaft ja nicht zu hoffen war; die spanischen Politiker hielten diese Nordprovinzen indes für den schwächeren, für Druck anfälligeren Teil der antihabsburgischen französisch-holländischen Allianz, wollten Den Haag durch einen Separatfrieden herausbrechen. Das gelang nicht – und dann die Katastrophen der frühen Vierzigerjahre, die wir ja schon kennen: Aufstände in Katalonien und Portugal, das Desaster von Rocroi. Das Schreckensszenario vervollständigten Unruhen in Unteritalien und auf Sizilien. Wiewohl sich Madrid ja als Kapitale der europäischen Gegenreformation sah, mussten sich die spanischen Politiker eingestehen, dass man nicht (mehr) stark genug war, es mit einer Welt von Feinden aufzunehmen. Das katholische Frankreich hielt man für wenig vertragstreu, und man würde einen Frieden mit Paris mit Teilen der südlichen Niederlande (also des heutigen Belgien) erkaufen müssen; über den Rest, so die Madrider Sorge, würde Frankreich dann früher oder später auch noch herfallen. Dann doch lieber ein Frieden mit den holländischen Calvinisten! In Münster kam er zustande.

Nach Münster reisend, um so etwas wie eine Neuauflage des Zwölfjährigen Waffenstillstands von 1609 auszuhandeln, merkten die Vertreter der sezessionistischen Nordprovinzen doch rasch, dass Spanien genug hatte, den Frieden wünschte. Den Generalstaaten war's recht, sie waren von der Aussicht, demnächst womöglich das zuletzt siegreiche, vorwärtsdrängende Frankreich als neuen Grenznachbarn zu haben, ohnehin wenig angetan. Die Waffenstillstands- mündeten nahtlos in Friedensverhandlungen. Der Friedensvertrag zwischen Madrid und Den Haag ist kein Bestandteil dessen, was wir, vereinfachend, „Westfälischer Frieden" (nämlich: IPO + IPM = „Westfälischer Frieden") nennen, wurde aber an einem der beiden westfälischen Kongressorte ausgehandelt und dann auch besiegelt: am 15. Mai 1648 nämlich, als beide Kriegsparteien ihre Vertragsexemplare in Münster auswechselten und feierlich beschworen.

Madrid und Den Haag schließen Frieden

Was steht drin in diesem Vertrag? Die sieben separatistischen Provinzen bekamen, jede für sich, die völkerrechtliche Unabhängigkeit zugesprochen – was nichts daran änderte, dass sie als Staatenbund, als „Republik der Vereinigten Niederlande", beisammenblieben. Aber von Spanien, der Madrider Regierung hatten sie sich nun auch völkerrechtlich getrennt. Für die Grenzen sollte der Stand von 1648 gelten. Die maritimen und kolonialen Positionen, die sich die Sezessionisten während des achtzigjährigen Kampfs mit der Weltmacht Spanien ertrotzt hatten, mussten sie nicht räumen; das einzige Zugeständnis, das sie zu machen hatten, konnte nicht sehr schmerzen: fortan keine kastilischen Territorien in der Neuen Welt mehr anzugreifen.

Wichtige Vertragsinhalte

Es wurde also 1648 juristisch fixiert, was sich seit mehr als einem halben Jahrhundert immer deutlicher auf den Schlachtfeldern abgezeichnet hatte: Die nördlichen Teile dessen, was da im ausgehenden

Mittelalter als Bestandteil der burgundischen Erbmasse an Habsburg gefallen war, setzten sich von Madrid ab – in etwa das, was wir heute Niederlande oder (Pars pro Toto) Holland nennen. Die sich südlich anschließenden Provinzen hingegen (ungefähr das, was wir heute als Belgien kennen) blieben spanisch.

Souveränität verträgt sich nicht mit Reichsbanden. Und der spanische König verpflichtete sich, den Kaiser darum zu bitten, die Vereinigten Provinzen aus dem Reichsverband zu entlassen, hielt diese Zusage auch ein; der Kaiser seinerseits bestätigte die das Reich betreffenden Passagen (Neutralität, gute Nachbarschaft) des spanisch-holländischen Friedens.

Die komplizierte staatsrechtliche Würdigung dürfen wir Juristen überlassen. Der Historiker wird so urteilen: Für die separatistischen Provinzen war ihre Loslösung aus dem Reichsverband in der nun verbürgten Souveränität implizit mitenthalten, und niemand widersprach lautstark. Insofern wurde 1648 in Münster nicht nur die in 80 Jahren erkämpfte Loslösung von der Madrider Regierungsgewalt besiegelt, sondern auch die mindestens so lang zurückreichende sukzessive Herauslösung aus dem Reichsverband zu einem gewissen Abschluss gebracht. Aber scharf ist die Zäsur „1648" in dieser Hinsicht nicht. Schon der Burgundische Vertrag von 1548 hatte die Niederlande „dem Verband des Alten Reiches gleichsam entrückt" (Friedrich Edelmayer), hatte beispielsweise klargestellt, dass sie nicht der Rechtsprechung des Reichskammergerichts unterworfen waren. Die Reichsexekutionsordnung von 1555 erstreckte sich nicht auf die Niederlande. Den Zwölfjährigen Waffenstillstand mit den Spaniern hatten die separatistischen Provinzen ohne Rücksprache mit dem kaiserlichen Lehnsherrn abgeschlossen, weil sie, wie sie damals (also schon 1609) betonten, ein „freier Staat" seien. Im Waffenstillstand erblickten sie dann eine implizite Anerkennung ihrer Staatlichkeit, „seitdem betonten die Generalstaaten die Unabhängigkeit vom Reich, so oft sie es für nützlich hielten" (Nicolette Mout). Die verbreitete Ansicht, der Westfälische Frieden habe das Alte Reich kleiner gemacht, stimmt also allenfalls wegen der unklaren Bestimmungen zum Elsass und zu Lothringen. Die Eidgenossen hatten sich dem Reich schon seit der Schwelle zur Neuzeit faktisch entzogen, die Niederlande taten es ihnen seit dem dritten Fünftel des 16. Jahrhunderts sukzessive nach.

Ende des Dreißigjährigen, Ende des Achtzigjährigen Krieges – nicht geklappt hat es 1648 mit einem Friedensschluss zwischen Spanien und Frankreich. Spanien war zwar angeschlagen, aber Frankreich aus Gründen, in die wir uns nicht vertiefen wollen (insbesondere wegen der just 1648 aufbrandenden „Fronde", einer verzweigten Aufstandsbewegung, die sich zum Jugendtrauma Ludwigs XIV. auswächst, insofern für den französischen Absolutismus wichtig ist), ebenfalls. Die Madrider bekamen das natürlich mit, stuften nun die Beendigung des Achtzigjährigen Krieges, so gesehen, auch als willkommene Entlastung für die andere, die spanisch-französische Kriegsfront ein und waren hier deshalb zu keinem ‚unehrenhaften' Frieden bereit. Man fand in Westfalen nicht zusammen. Jener Krieg, den 1635 Frankreich Spanien erklärt hatte, wird erst 1659 im Pyrenäenfrieden beendet werden. Noch einmal, ganz schematisch: 1648 gelingt der Friedensschluss des Kaisers mit Frankreich, des Kaisers mit Schweden, Spaniens mit den Generalstaaten; gelingt nicht der Friedensschluss Spaniens mit Frankreich.

Der Französisch-Spanische Krieg geht weiter

Trotz dieser Einschränkung war der westfälische Friedenskongress ziemlich ertragreich, und als Erfolg ging er denn auch in die zeitgenössische Erinnerung ein. Er stand deshalb gleichsam Pate für viele Folgekongresse der zweiten Hälfte der Frühen Neuzeit. Das zunächst einmal in einem ganz konkreten, verfahrenstechnischen Sinne: Man hat die in Westfalen erstmals ausprobierten und dann eingespielten Verhandlungsmodi übernommen, weiterentwickelt, effektiver gemacht. In einem allgemeineren Sinne ging von „1648" die Botschaft aus, dass Friedenskongresse geeignete Foren seien, um Europa ein Stück weit zu stabilisieren. Die ludovizianische Epoche sieht mehrere große europäische Friedenskongresse, erst recht setzt danach die Konvenienzpolitik (französisch convenir = passen; übereinkommen) des 18. Jahrhunderts auf multilaterale Kongresse, um immer wieder die „Balance" der europäischen Staatenordnung neu auszutarieren – so, wie das auch 1815 der Mammutkongress von Wien versuchen wird, auf den danach zeitnah, im Zeichen der „Heiligen Allianz", eine Reihe weiterer Kongresse folgen werden. Für eine Geschichte des Kongresswesens, damit auch der Kunst, Frieden zu stiften, ist der in anderen Hinsichten zum Popanz aufgebaute westfälische Kongress tatsächlich instruktiv.

Vorbildwirkung der westfälischen Friedensverhandlungen

5.7 Nachspiel in Nürnberg

Mit dem Westfälischen Frieden war der Dreißigjährige Krieg zu Ende: So memorieren wir fürs Staatsexamen, und hierfür dürfen wir auch weiterhin die Eckdaten 1618–1648 auswendig lernen.

War der Dreißigjährige Krieg zu Ende? Könnte man ihn nicht auch mit guten Gründen von 1619 bis 1649 datieren? Dass den regionalen böhmischen Querelen ein großer Krieg erwuchs, entschied sich im Sommer 1619; und 1649 tagte in Nürnberg ein Kongress, der den in Westfalen avisierten Frieden so recht erst Wirklichkeit werden lassen sollte. *Ein* Problem nämlich war in Osnabrück nicht hinreichend gelöst worden: das der schwedischen „Militär-Satisfaktion". Was meinte dieser Euphemismus tatsächlich? Das Problem, die Kosten für die schwedische Demobilisierung aufzubringen; die Frage, wie die etwa sechzigtausend auf Reichsboden weilenden schwedischen Soldaten so bezahlt werden konnten, dass sie sich tatsächlich zum Frieden bequemten.

Das Problem — Schweden war, wie wir schon wissen, ein extrem dünn besiedeltes, agrarisch strukturiertes Land. Es leistete sich eine volle Generation lang einen dafür exorbitant überblähten Militärapparat. Das ging bis 1648 gut, weil es die besetzten Länder (Stichwort Kontributionen) und Frankreich (Stichwort Subsidien) bezahlten. Solange diese Militärmaschine lief, kostete sie die Schwedischen selbst praktisch nichts; aber die Maschinerie aus eigener Kraft abzuschalten, den Hebel auf „Frieden" zu stellen, konnte sich das Land nicht leisten. Die angeworbenen Söldner indes dachten gar nicht daran, ohne Erstattung der ausstehenden Soldzahlungen (natürlich standen fast überall viele aus) und des vertraglich vereinbarten Abdankungsgeldes ins Zivilleben zurückzukehren. Kurz, die Demobilmachungskosten mussten auf andere abgewälzt werden – auf die Reichsbewohner. Diese selbst sollten dafür bezahlen, dass sie die Schwedischen loswurden, ähnlich, wie die Bundesrepublik Deutschland vor einiger Zeit den Abzug der Truppen der Sowjetunion von ostdeutschem Gebiet, ja, wie soll man sagen – honoriert hat. Ein Regierungsabkommen mit dem wenig spektakulären Titel „über einige überleitende Maßnahmen" vom Oktober 1990 sah dafür drei Milliarden Mark vor, tatsächlich sind es fast 14 Milliarden geworden (Konrad Repgen wies auf diese Parallele hin).

Nachspiel in Nürnberg

Grundsätzlich war die Bezahlung der schwedischen Demobilmachungskosten im IPO schon geregelt. Aber eben nicht hinreichend, und es war auch ein kompliziertes Problem. *Dass* die Truppen abzudanken seien, dass Schweden hierbei viel deutsches Geld helfen werde, war in Westfalen vereinbart worden. Mit dem *Wie*, den finanziellen und administrativen Einzelheiten, wollte man die westfälischen Kongresse nicht auch noch belasten, womöglich in die Länge ziehen. Kurz, es herrschte noch manche Unklarheit, als das IPO am 6. August 1648 ausformuliert war und feierlich verlesen wurde, ja, die Schwedischen standen sogar noch auf Reichsboden, als die Friedensinstrumente am 18. Februar 1649 ratifiziert wurden. Wie die Truppen loswerden?

Verhandlungen zwischen den Spitzen der auf Reichsboden stehenden Armeen und ‚dem Reich' waren notwendig. Man beraumte sie in Nürnberg an – der sogenannte „Nürnberger Exekutionstag". Übrigens sah er anfangs, wie der westfälische Friedenskongress, seinen „Admissionsstreit". Zunächst gingen nämlich die Kurfürsten davon aus, dass sie selbst plus der Kaiser bei dieser Konferenz ‚das Reich' den Militärs gegenüber vertraten; doch pochten die anderen erneut, wie schon fünf Jahre zuvor, auf gleichberechtigte Beteiligung. So wurde denn der Nürnberger Kongress, wie davor der von Westfalen, eine ‚reichstagsähnliche' Versammlung. Sie rückte Nürnberg zum letzten Mal vor den Parteitagen eines anderen Reiches in den Mittelpunkt des öffentlichen Interesses. Sie tagte von Mai 1649 bis Juli 1650. Sie tagte erfolgreich.

Die Ausführungsverträge vom Sommer 1650 regelten den Abzug der fremden Truppen aus ihren Quartieren im Reich, ja, überhaupt die Demobilisierung auf Reichsboden. Es lagen nämlich nicht nur weiterhin sechzigtausend schwedische Soldaten in über 80 Quartieren herum, auch französische, hessische, bayerische, kaiserliche, spanische Truppen wollten geordnet entlassen sein, sollten so nach Hause ziehen, dass daraus nicht neues Chaos erwuchs. Man schätzt, dass vor der Demobilisierung von 1650 wohl 125.000 bis 150.000 Mann in Waffen auf Reichsboden standen – bei gut zehn Millionen überlebenden Reichsbewohnern und angesichts der damaligen logistischen Möglichkeiten eine schwindelerregende Zahl. Hauptgegenstand der Nürnberger Beratungen waren aber natürlich die ausländischen,

Es wird in Nürnberg gelöst!

reichsfremden Truppen. Die Nürnberger Ausführungsverträge vom Sommer 1650 regelten ihren Abzug in drei Etappen bis Jahresende. Erst jetzt begann für die Zivilbevölkerung der 1648 postulierte „Frieden" konkret zu werden – mit der tatsächlich erfolgenden Demobilisierung. Nach der Unterzeichnung des Friedenshauptrezesses am 26. Juni 1650 lud der kaiserliche Prinzipalkommissar, Ottavio Piccolomini, auf dem Schießplatz bei St. Johannis zu einem großen Festbankett mit prächtigem Feuerwerk, wobei ein hölzernes Kastell, Sinnbild des Unfriedens, abgebrannt wurde. Auch viele andere Territorien und Städte feierten realistischerweise erst jetzt, im Sommer 1650, offiziell das Kriegsende. Ausführlich beschrieben sind beispielsweise die Feiern in Rothenburg, wo sich alle Schulkinder, bekränzt und mit Blumensträußen in der Hand, auf dem Marktplatz versammelten. Davon zu lesen, rührt an, wenn man weiß, dass ihre Eltern und Großeltern 19 Jahre zuvor an derselben Stelle auf Knien den katholischen Feldherrn Tilly angefleht hatten, ihrer Stadt das Schicksal des eingeäscherten Magdeburg zu ersparen. Die sich da im August 1650 mit Blumensträußen zum Marktplatz begaben, hatten in ihrem Leben nichts anderes gekannt als den Kriegszustand.

Karten

- Grenze des Heiligen Römischen Reiches
- Niedersächsischer Kreis
- Spanische Straße
- Wirtschaftsblockade der Niederländischen Republik
- Feldzug Christians IV. 1625/26
- ○ Orte, an denen Verträge geschlossen wurden
- ✗ Siege der Katholischen Liga
- ✗ Siege der Protestantischen Union
- Belagerungen
- Größere Orte, die vom Restitutionsedikt betroffen waren
- O Schauplätze wichtiger Versammlungen
- • Sonstige Städte
- Von Ferdinand II. 1621 an Bayern und Sachsen abgetretene Gebiete
- Gebiet der Bauernaufstände in Österreich 1626
- Von Ferdinand II. 1621–1629 an Siebenbürgen abgetretene Gebiete

Karte 1   Der Krieg 1618–1629; die „Spanish Road".

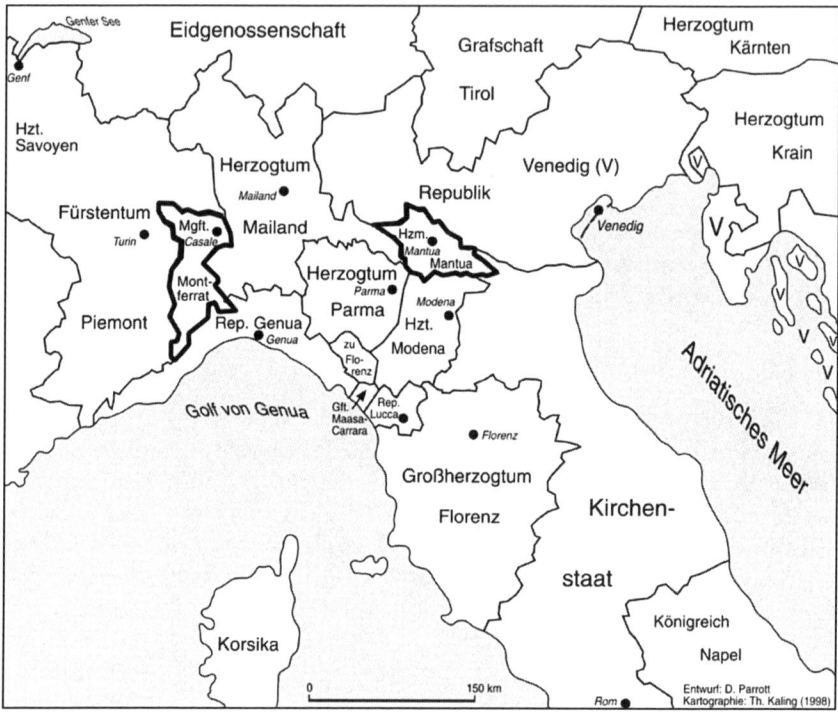

Karte 2   Norditalien zur Zeit der Mantuanischen Erbfolgekrise 1627.

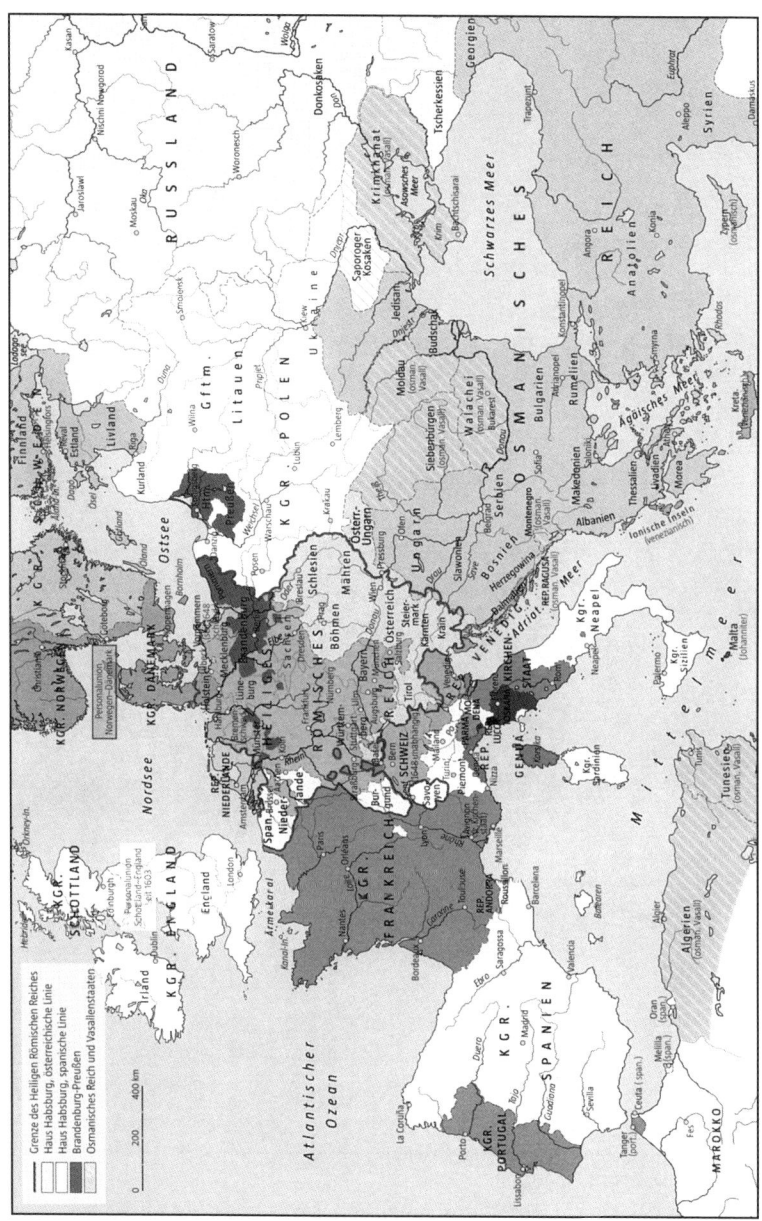

Karte 3   Europa nach 1648.

Karte 4 Das Alte Reich 1618–1648.

Zeittafel

Vorkriegszeit

Frühjahr 1608   Desaster des Regensburger Reichstags; in unmittelbarem Anschluss daran wird (am 12. Mai) die *Union* von Auhausen gegründet

10. Juli 1609   Gründung der katholischen *Liga*

1609/10   *Kriegsgefahr am Niederrhein*: erste Zuspitzung des Streits um Jülich und Kleve

Sommer 1614   *Kriegsgefahr am Niederrhein*: zweite Zuspitzung des Streits um Jülich und Kleve

Juni 1618   *Kriegsfurcht am Rhein*: Demolition der Udenheimer Festungsanlagen durch Unionstruppen

Böhmisch-Pfälzischer Krieg

23. Mai 1618   *Prager Fenstersturz* – nicht die Kriegsursache, doch der böhmische Anlass für den Dreißigjährigen Krieg

Sommer 1619   *Weichenstellungen hin zum großen Krieg*: Konföderationsakte (31. Juli); Wahl Friedrichs von der Pfalz zum neuen Böhmenkönig (26. Aug.); Wahl seines böhmischen Gegenspielers Ferdinand zum Reichsoberhaupt (28. Aug.)

8. Nov. 1620   Triumph der ligistischen und habsburgischen Truppen in der *Schlacht am Weißen Berg*

22. Mai 1622   Niederlage des badischen Markgrafen Georg Friedrich in der *Schlacht bei Wimpfen*

20. Juni 1622   Niederlage des „tollen Halberstädters" in der *Schlacht bei Höchst*

6. Aug. 1623   Niederlage des „tollen Halberstädters" in der *Schlacht bei Stadtlohn*

Niedersächsisch-Dänischer Krieg

April 1625   Der *König von Dänemark*, Christian IV., schafft es trickreich, *Obrist des Niedersächsischen Reichskreises* zu werden

25. April 1626   Triumph des kaiserlichen Generals Wallenstein bei der *Dessauer Brücke*

27. Aug. 1626   Triumph des Ligagenerals Tilly bei *Lutter am Barenberge*

6. März 1629   Die siegreiche katholische Seite legt im *Restitutionsedikt* ihre Lesart des Ersten Religionsfriedens als einzig zulässige fest

22. Mai 1629   *Frieden von Lübeck* mit Christian von Dänemark

Juli-Nov. 1630 *Kurfürstentag von Regensburg:* Ringen um die „forma Imperii"; Entlassung Wallensteins (13. Aug.)

Schwedischer Krieg

6. Juli 1630   *Gustav Adolf betritt* mit Truppen auf Usedom *Reichsboden*

17. Sept. 1631 Triumph Gustav Adolfs bei *Breitenfeld*

16. Nov. 1632   Gustav Adolf fällt in der *Schlacht bei Lützen*

23. April 1633 Der *Heilbronner Bund* wird gegründet

25. Feb. 1634   *Wallenstein* wird in Eger *getötet*

6. Sept. 1634   Triumph spanischer Truppen vor *Nördlingen*

30. Mai 1635   *„Prager Frieden",* zunächst zwischen Kaiser und Kursachsen

Französisch-Schwedischer Krieg

19. Mai 1635   Die von der Gefangennahme des Trierer Kurfürsten (26. März) veranlasste *französische Kriegserklärung an Spanien* wird publiziert

15. März 1638   Frankreich und Schweden einigen sich im *Hamburger Vertrag* auf eine koordinierte Kriegführung

17. Dez. 1638   *Breisach* ergibt sich den französischen Belagerungstruppen

25. Dez. 1641   Der *Hamburger Präliminarfrieden* regelt das Prozedere anstehender Friedensverhandlungen

19. Mai 1643   Spanische Truppen erleiden bei *Rocroi* ein Debakel, das auch für den Verlauf des Dreißigjährigen Krieges folgenreich ist

6. März 1645   Triumph schwedischer Truppen bei *Jankau*

3. Aug. 1645   Triumph französischer Truppen bei *Alerheim*

29. Aug. 1645   *Ende des „Admissionsstreits":* Der Kaiser akzeptiert, dass alle Reichsstände zu den westfälischen Friedensverhandlungen zugelassen sind

24. Okt. 1648   Der *Westfälische Frieden* wird unterzeichnet

Sommer 1650   Mit dem erfolgreichen *Ende des Nürnberger Exekutionstages* kann die geordnete Demobilmachung beginnen

Kommentiertes Quellen- und Literaturverzeichnis

Die wichtigsten Quellensammlungen zur „großen Politik"
Briefe und Acten zur Geschichte des Dreißigjährigen Krieges in den Zeiten des vorwaltenden Einflusses der Wittelsbacher, 12 Bände seit 1870/Briefe und Akten zur Geschichte des Dreißigjährigen Krieges. Neue Folge: Die Politik Maximilians I. von Bayern und seiner Verbündeten 1618–1651, 10 Bände seit 1966. *Das inzwischen eingestellte Editionsprojekt dokumentiert die Politik im Vorkriegsjahrzehnt sowie die Kriegsjahre bis 1635. Die meisten Bände, übrigens auch und gerade die ganz alten (daneben wieder die allerletzten) sind vorzüglich!*

Acta Pacis Westphalicae, vier Dutzend Bände seit 1962.
Das noch laufende Editionsprojekt dokumentiert auf höchstem editorischem Niveau die Beratungen und Verhandlungen rund um die Beendigung des Dreißigjährigen und des Achtzigjährigen Krieges. Die Bände werden sukzessive digitalisiert.

Mentalitätsgeschichtlich besonders aufschlussreiche Editionen
Gerd Zillhardt (Hg.), Der Dreißigjährige Krieg in zeitgenössischer Darstellung. Hans Heberles „Zeytregister" (1618–1672), Diss. Tübingen, Stuttgart 1975. *Der Kleinbauer und Schuster Heberle ist einerseits in den natürlichen Kreisläufen des Dorflebens befangen (Klima, Ernteerträge; ihnen korrelierende Lebensmittelpreise), andererseits weit über den Kirchturmshorizont hinaus politisch interessiert und belesen. Aus diesem Spannungsverhältnis beziehen die Lebensaufzeichnungen ihren ganz besonderen Reiz. Und: Was hält Heberle von Söldnern?*

Jan Peters (Hg.), Ein Söldnerleben im Dreißigjährigen Krieg. Eine Quelle zur Sozialgeschichte, Berlin 1993. *Über zwei Drittel des Dreißigjährigen Krieges in der Nahansicht eines Tagebuch führenden Söldners, der zwar nicht ganz unten, als „Knecht", beginnt, es aber auch nicht weit bringt – was der heutige Leser als Glück empfindet, denn so bleiben wir immer nah dran am Kriegsalltag. Und: Was hält unser Söldner von Bauern?*

Rudolf Großner/Bertold von Haller (Hg.), „Zu kurzem Bericht umb der Nachkommen willen". Zeitgenössische Aufzeichnungen aus dem Dreißigjährigen Krieg in Kirchenbüchern des Erlanger Raumes, in: Erlanger Bausteine zur fränkischen Heimatforschung 40 (1992), S. 9–107. *Exemplarisch für eine Region: das Kriegselend außerhalb der befestigten Städte – zwischen verzweifelten Versuchen, seine Alltagsroutinen aufrechtzuerhalten, und der nächsten Flucht „in die Wälder" oder hinter die Nürnberger Stadtmauern.*

Besonders lesenswerte Gesamtdarstellungen

Der Dreißigjährige Krieg hat seit jeher sprachgewaltige Autoren und sogar Schriftsteller als Sujet fasziniert, doch waren und sind griffige Überblicksdarstellungen Mangelware – na ja, ein gutes Dutzend brauchbarer, für heutige Studierende lesbarer und lesenswerter Versuche gibt es, nimmt man englischsprachige Publikationen hinzu, schon. Nun will aber der Proseminarstudent gar keine 12 oder 15 Bücher zu ein und demselben Thema lesen! Die wenigen im Folgenden genannten Werke kommen für die Proseminarstudentin – sie hat mein Kompendium im Visier! – infrage, wenn sie, im Medizinerjargon ausgedrückt, eine „zweite Meinung" einholen will.

Johannes Arndt, Der Dreißigjährige Krieg 1618–1648, Stuttgart 2009. *Alles in allem die derzeit Beste unter den ganz knappen Darstellungen – eine allererste, gut lesbare, freilich bewusst nicht analytisch angelegte Hinführung an die elementaren Daten und Fakten.*

Georg Schmidt, Der Dreißigjährige Krieg, überarbeitete Neuausgabe [des 1995 vorgelegten Büchleins] München 2010. *Wiewohl in der Grundanlage zwanzig Jahre alt, ist doch auch diese sehr knappe Hinführung nach wie vor unbedingt lesenswert! Die militärischen Ereignisse werden freilich nur flüchtig gestreift, den Autor interessiert vor allem die „integrierende" Wirkung des gemeinsam durchlebten Kriegselends auf das „nationale Bewusstsein", er bezeichnet seinen geistreichen Versuch selbst als „Essay". Im gewichtigen Anhang stellt er – hier nun sehr ausführlich – die gesamte (auch ältere) Forschungsliteratur vor.*

Volker Press, Kriege und Krisen. Deutschland 1600–1715, München 1991. *Die dem Dreißigjährigen Krieg gewidmeten Passagen sind auch nach einem Vierteljahrhundert noch immer das Beste, was sich im Rahmen eines weiter ausgreifenden Handbuchs finden lässt. Wem eine gut gegliederte knappe Zusammenstellung der maßgeblichen Fakten wichtiger ist als der allerneueste Forschungsstand, wird hier fündig.*

Christoph Kampmann, Europa und das Reich im Dreißigjährigen Krieg. Geschichte eines europäischen Konflikts, Stuttgart 2008. *Insgesamt die derzeit Beste unter den ausführlicheren Darstellungen. Der Autor ist ein exzellenter Kenner des Westfälischen Friedens und betrachtet den Krieg sozusagen von seinem Ende her – deshalb ist die Darstellung des Französisch-Schwedischen Kriegs besonders gelungen, und deshalb betont Kampmann mehr die internationalen Dimensionen, weniger das den Krieg verursachende konfessionelle Konfliktpotenzial.*

Geoffrey Parker u. a., Der Dreißigjährige Krieg. Deutsche Ausgabe, Frankfurt/New York 1987. *Unter den ausführlicheren Darstellungen noch immer hervorzuheben; etwas ungleichmäßig, da von verschiedenen – angelsächsischen – Autoren verfasst; die meisten Passagen sind nach wie vor lesenswert: für die erste Kriegshälfte eine Alternative zu Kampmann! Das Buch beginnt mit nützlichen Karten und einer sehr nützlichen ausführlichen Zeittafel.*

Cicely Veronica Wedgwood, Der 30jährige Krieg, Neuausgabe München 1990. *Ein hinreißend geschriebener Klassiker, sprachlich – sogar in der Übersetzung – ein Genuss und sehr anschaulich, fast möchte man sagen: unterhaltsam; doch störte schon kritische Leser der Erstausgabe von 1938, dass die stilistisch glänzende Autorin wenig Lust verspürte, sich in die Subtilitäten des (damaligen!) Forschungsstandes zu vertiefen. Kurzum: zum Schmökern sehr empfohlen – weniger freilich zur Prüfungsvorbereitung!*

Besonders wichtige Aufsatzsammlungen

Die folgenden Sammelbände bieten zahlreiche sehr lesenswerte Spezialstudien zu einzelnen Facetten des Kriegsgeschehens. Der zuerst genannte und der dritte Sammelband orientieren sich konsequent am Forschungsstand, die meisten der dort versammelten Aufsätze sind recht (Bußmann/Schilling) oder sehr (Asbach/Schröder) anspruchsvoll; hingegen verstehen sich die Aufsätze im Tagungsband von Hartmann und Schuller als leicht verständliche Hinführungen.

Klaus Bußmann/Heinz Schilling (Hgg.), 1648. Krieg und Frieden in Europa. Textband I, München 1998.
Peter C. Hartmann/Florian Schuller (Hgg.), Der Dreißigjährige Krieg. Facetten einer folgenreichen Epoche, Regensburg 2010.
Olaf Asbach/Peter Schröder (Hgg.), The Ashgate Research Companion to the Thirty Years' War, Farnham/Burlington 2014.

Militaria im engeren Sinne

Man muss gewiss kein Militariafan sein, um den Dreißigjährigen Krieg als historiografisches Thema faszinierend zu finden! Aber so ganz ohne militärgeschichtliche Grundkenntnisse einen Krieg betrachten? Ohnedies war in der Frühen Neuzeit eigentlich immer irgendwo in Europa Krieg, fachchinesisch gesagt: die frühneuzeitliche Bellizität (lat. bellum = Krieg) war hoch. Sich als Historiker schlechterdings überhaupt nicht um Militaria kümmern zu wollen, wäre deshalb borniert.

Michael Howard, Der Krieg in der europäischen Geschichte. Vom Ritterheer zur Atomstreitmacht, München 1981. *Flott geschriebene, ganz knappe Hinführung: das Elementarste für den, den Militärgeschichte eigentlich nicht besonders interessiert.*
Sabine Eickhoff/Franz Schopper (Hgg.), 1636: ihre letzte Schlacht. Leben im Dreißigjährigen Krieg, Berlin 2012. *Auch viele der knappen Texte, die Kriegführung und Söldnerleben vor 1648 beleuchten, sind lesenswert – vor allem aber ist der Band reichhaltig und kundig bebildert: eben im doppelten Wortsinn anschaulich!*
Gerhard Papke/Wolfgang Petter (Redd.), Handbuch zur deutschen Militärgeschichte 1648–1939, Bd. 1, München 1979. *Trotz des Titels: Auch die Söldnerheere unseres Zeitraums werden recht ausführlich und kundig gewürdigt – das ist nicht immer besonders spannend, aber konkret, handfest und gut verständlich.*
Michael Kaiser, Politik und Kriegführung. Maximilian von Bayern, Tilly und die Katholische Liga im Dreißigjährigen Krieg, Münster 1999. *Das Buch ist überhaupt lesenswert, wird hier aber genannt, weil es ausführlich die Kriegführung der katholischen Liga analysiert.*

Mentalitäts- und ideengeschichtliche Zugriffe

Die konzeptionellen Voraussetzungen der eminenten frühneuzeitlichen Bellizität (einfach gefragt: wie dachten denn vormoderne Entscheidungsträger über den Krieg, wie über den Frieden?) sind ein gravierendes Forschungsdesiderat! Ein wenig mehr wissen wir darüber, wie ‚kleine Leute' das

Kriegselend mental zu bewältigen und schwierigen Zeitläufen Sinn abzutrotzen suchten. Aber merksatzfähig ist auch hier noch nicht allzu viel. Man wird solchen Themen also wahrscheinlich *nicht im Staatsexamen* begegnen. Aber weil sie so spannend sind, sollen hier doch einige Bücher genannt sein, die ein Hineinschmökern lohnen! Sie sind nach dem Erscheinungsjahr sortiert.

Matthias Asche/Anton Schindling (Hgg.), Das Strafgericht Gottes. Kriegserfahrungen und Religion im Heiligen Römischen Reich Deutscher Nation im Zeitalter des Dreißigjährigen Krieges, Münster 2001.

Frank Kleinehagenbrock, Die Grafschaft Hohenlohe im Dreißigjährigen Krieg. Eine erfahrungsgeschichtliche Untersuchung zu Herrschaft und Untertanen, Stuttgart 2003.

Franz Brendle/Anton Schindling (Hgg.), Religionskriege im Alten Reich und in Alteuropa, Münster 2006.

Alexander Schmidt, Vaterlandsliebe und Religionskonflikt. Politische Diskurse im Alten Reich (1555–1648), Leiden/Boston 2007.

Heinz Schilling (Hg.), Konfessioneller Fundamentalismus. Religion als politischer Faktor im europäischen Mächtesystem um 1600, München 2007.

Bernd Oberdorfer/Peter Waldmann (Hgg.), Die Ambivalenz des Religiösen. Religionen als Friedensstifter und Gewalterzeuger, Freiburg/Berlin/Wien 2008.

Andreas Holzem (Hg.), Krieg und Christentum. Religiöse Gewalttheorien in der Kriegserfahrung des Westens, Paderborn/München/Wien/Zürich 2009.

Jean-François Chanet/Christian Windler (Hgg.), Les ressources des faibles. Neutralités, sauvegardes, accommodements en temps de guerre (XVIe–XVIIIe siècle), Rennes 2009.

Inken Schmidt-Voges, Siegrid Westphal u. a. (Hgg.), Pax perpetua. Neuere Forschungen zum Frieden in der Frühen Neuzeit, München 2010.

Bertrand Forclaz/Philippe Martin (Hgg.), Religion et piété au défi de la guerre de Trente Ans, Rennes 2015.

Einzelnachweise

Dieses Studienbuch fußt, wie jedes Kompendium, auf Vorarbeiten seines Autors, vor allem aber auf denen vieler, vieler Kollegen. Um den Lehrbuchcharakter meines Kompendiums für Proseminarstudenten zu unterstreichen, habe ich auf Fußnoten verzichtet. Ich habe mich in diversen Studien, die zahlreiche Fußnoten aufbieten, mit der Vorgeschichte wie dem Verlauf des Dreißigjährigen Krieges befasst, die Wichtigsten folgen hier – dort wird man für alle Einzelheiten fündig:

Konfession und Staatsräson. Die Außenpolitik Württembergs unter Herzog Johann Friedrich (1608–1628), Stuttgart 1992.

„Politice seint wir Bäpstisch". Kursachsen und der deutsche Protestantismus im frühen 17. Jahrhundert, in: Zeitschrift für historische Forschung 20 (1993), S. 275–319 *[die Sonderrolle des wichtigsten evangelischen Reichsstands]*.

„Als furnembsten gliedern des heiligen Reichs". Überlegungen zur Rolle der rheinischen Kurfürstengruppe in der Reichspolitik des 16. Jahrhunderts, in: Rheinische Vierteljahrsblätter 59 (1995), S. 31–78 *[die konfessionelle Polarisierung im letzten Fünftel des 16. Jahrhunderts]*.
Protestantische „Union" und katholische „Liga" – subsidiäre Strukturelemente oder Alternativentwürfe?, in: Volker Press/Dieter Stievermann (Hgg.), Alternativen zur Reichsverfassung in der Frühen Neuzeit?, München 1995, S. 81–112.
„Macht hab ehr, einen bischof abzusezen". Neue Überlegungen zum Kölner Krieg, in: Zeitschrift für Rechtsgeschichte. Kanonistische Abteilung 82 (1996), S. 270–325 *[die konfessionelle Polarisierung im letzten Fünftel des 16. Jahrhunderts]*.
Benjamin Bouwinghausen. Wie bekommen wir die „Männer im zweiten Glied" in den Griff?, in: Helmut Altrichter (Hg.), Persönlichkeit und Geschichte, Erlangen/Jena 1997, S. 69–103 *[ein führender Kopf der evangelischen Union]*.
Erneuerung des Alten. Katholische Reform und Kampf der Konfessionen im Reich, in: Brockhaus-Redaktion (Hg.), Die Weltgeschichte, Bd. 3, Leipzig/Mannheim 1998, S. 509–517 (dass. unter einem etwas anderen Titel in: DIE ZEIT. Welt- und Kulturgeschichte, Bd. 8, Hamburg 2006, S. 327–341).
1591 – Zäsur der sächsischen und der deutschen Geschichte, in: Neues Archiv für sächsische Geschichte 71 (2000), S. 275–284 *[die konfessionelle Polarisierung im letzten Fünftel des 16. Jahrhunderts; die Sonderrolle des wichtigsten evangelischen Reichsstands]*.
Die Kurfürsten Joachim Friedrich, Johann Sigismund und Georg Wilhelm (1598–1640), in: Frank-Lothar Kroll (Hg.), Preußens Herrscher. Von den ersten Hohenzollern bis Wilhelm II., München 2000, S. 74–94 (dass. auch als Taschenbuch in „beck'sche reihe", München 2006) *[die Politik Kurbrandenburgs im Vorfeld und während des Dreißigjährigen Krieges]*.
„Wer sich salviren könd solts thun". Warum der deutsche Protestantismus in der Zeit der konfessionellen Polarisierung zu keiner gemeinsamen Politik fand, in: Historisches Jahrbuch 71 (2001), S. 64–96.
Wende des böhmisch-pfälzischen Krieges. Wie Frankreich und England 1620 die Großmachtposition Habsburgs retteten, in: Sven Externbrink/Jörg Ulbert (Hgg.), Formen internationaler Beziehungen in der Frühen Neuzeit. Frankreich und das Alte Reich im europäischen Staatensystem. Festschrift für Klaus Malettke zum 65. Geburtstag, Berlin 2001, S. 395–417.
El Sacro Imperio durante la Guerra de los Treinta Años, in: Studia historica. Historia moderna 23 (2001), S. 149–170.
Strukturkonservativ oder aggressiv? Die geistlichen Kurfürsten und der Ausbruch des teutschen Konfessionskriegs, in: Winfried Schulze (Hg.), Friedliche Intentionen – kriegerische Effekte. War der Ausbruch des Dreißigjährigen Krieges unvermeidlich?, St. Katharinen 2002, S. 140–168.
Maximilian und das Reich, in: Zeitschrift für bayerische Landesgeschichte 65 (2002), S. 35–68 *[die Politik des Oberhaupts der katholischen Liga]*.
Der deutsche Konfessionskrieg seit 1619 – ein Resultat gestörter politischer Kommunikation, in: Historisches Jahrbuch 122 (2002), S. 141–172.
„Bey der Union ain directorium". Benjamin Bouwinghausen und die protestantische Aktionspartei, in: Friedrich Beiderbeck/Gregor Horstkamper/Winfried Schulze (Hgg.), Dimensionen der

europäischen Außenpolitik zur Zeit der Wende vom 16. zum 17. Jahrhundert, Berlin 2003, S. 161–186 *[ein führender Kopf der evangelischen Union]*.

Der Augsburger Religionsfrieden, Münster 2004; unveränderter Nachdruck Münster 2006 *[der Dreißigjährige Krieg war wesentlich Kampf um den Religionsfrieden!]*.

Johann Georg I., in: Frank-Lothar Kroll (Hg.), Die Herrscher Sachsens. Markgrafen, Kurfürsten, Könige, München 2004, S. 137–147 (dass. auch als Taschenbuch in „beck'sche reihe", München 2007) *[die Sonderrolle des wichtigsten evangelischen Reichsstands]*.

Der Religionsfrieden und das Heilige Römische Reich deutscher Nation 1555–1648, in: Als Frieden möglich war. 450 Jahre Augsburger Religionsfrieden. Begleitband zur Ausstellung im Maximilianmuseum Augsburg, Regensburg 2005, S. 71–83 *[der Dreißigjährige Krieg war wesentlich Kampf um den Religionsfrieden!]*.

Säkularisierung – Toleranz – Menschenrechte. Ideen- und mentalitätsgeschichtliche Blicke auf die Augsburger Ordnung, ebd., S. 282–289.

Der Augsburger Religionsfrieden – ein Meilenstein der frühneuzeitlichen Geschichte, in: Der Augsburger Religionsfriede 1555. Ein Epochenereignis und seine regionale Verankerung. Sonderband der Zeitschrift des Historischen Vereins für Schwaben, Augsburg 2005, S. 13–28 *[der Dreißigjährige Krieg war wesentlich Kampf um den Religionsfrieden!]*.

Der Augsburger Religionsfrieden und Franken, in: Konrad Ackermann/Hermann Rumschöttel (Hgg.), Bayerische Geschichte – Landesgeschichte in Bayern. Festgabe für Alois Schmid zum 60. Geburtstag, München 2005, S. 555–572.

„Eine feste Burg ist vnser vnnd der Böhmen Gott". Der böhmische Aufstand 1618/19 in der Wahrnehmung des evangelischen Deutschland, in: Franz Brendle/Anton Schindling (Hgg.), Religionskriege im Alten Reich und in Alteuropa, Münster 2006, S. 135–162.

Der Augsburger Religionsfrieden 1555. Faksimile der Originalurkunde, Transkription, Erläuterung, Braunschweig 2006.

Krieg und Frieden in der Vormoderne, in: Historische Zeitschrift. Beiheft 44, München 2007, S. 67–94 *[die ideen- und mentalitätsgeschichtlichen Voraussetzungen der großen vormodernen Bellizität]*.

„Sey ein durchgeend werkh wider die Evangelische". Bedrohungsszenarien in lutherischen Ratsstuben, in: Heinz Schilling (Hg.), Konfessioneller Fundamentalismus. Religion als politischer Faktor im europäischen Mächtesystem um 1600, München 2007, S. 209–234.

„Reuter und Beuter". Der Dreißigjährige Krieg in Fürth, um Nürnberg und in Mittelfranken, in: Barbara Ohm (Red.), Vorträge zur Fürther Geschichte, Fürth 2007, S. 37–62 *[die zivilen Opfer, unter der Lupe der „Mikrogeschichte" betrachtet]*.

Der Religionsfrieden und das politische System des Reiches, in: Heinz Schilling/Heribert Smolinsky (Hgg.), Der Augsburger Religionsfrieden 1555. Wissenschaftliches Symposium aus Anlaß des 450. Jahrestages des Friedensschlusses, Münster 2007, S. 43–57 *[der Dreißigjährige Krieg war wesentlich Kampf um den Religionsfrieden!]*.

Die Union von Auhausen (1608–1621). Ein Vortrag, in: Wolfgang Layh (Hg.), 400 Jahre Union von Auhausen, Auhausen 2008, S. 48–74.

Autonomie des Politischen? Über Befriedungsstrategien und Eskalationsmechanismen im Konfessionellen Zeitalter, in: Bernd Oberdorfer/Peter Waldmann (Hgg.), Die Ambivalenz des Religiösen. Religionen als Friedensstifter und Gewalterzeuger, Freiburg/Berlin/Wien 2008, S. 339–356 *[die ideen- und mentalitätsgeschichtlichen Voraussetzungen der großen Bellizität des Konfessionellen Zeitalters]*.

Topoi des vormodernen Neutralitätsdiskurses, in: Axel Gotthard/Andreas Jakob/Thomas Nicklas (Hgg.), Studien zur politischen Kultur Alteuropas. Festschrift für Helmut Neuhaus zum 65. Geburtstag, Berlin 2009, S. 179–206 *[die Neutralität, eine zur Zeit des Dreißigjährigen Krieges noch suspekte Option]*.

Der Gerechte und der Notwendige Krieg. Kennzeichnet das Konfessionelle Zeitalter eine Resakralisierung des Kriegsbegriffs?, in: Andreas Holzem (Hg.), Krieg und Christentum. Religiöse Gewalttheorien in der Kriegserfahrung des Westens, Paderborn/München/Wien/Zürich 2009, S. 470–504 *[die ideen- und mentalitätsgeschichtlichen Voraussetzungen der großen Bellizität des Konfessionellen Zeitalters]*.

„Dass sich niemands allein auf die reichssazungen verlassen darf" – Geschichte und Bedeutung der vor 400 Jahren in Auhausen gegründeten evangelischen Union, in: Rieser Kulturtage. Dokumentation, Bd. XVII, Nördlingen 2009, S. 155–181.

Neutralität, in: Friedrich Jaeger (Hg.), Enzyklopädie der Neuzeit, Bd. 9, Stuttgart/Weimar 2009, Sp. 152–157 *[die Neutralität, eine zur Zeit des Dreißigjährigen Krieges noch suspekte Option]*.

Die Vorgeschichte des Dreißigjährigen Kriegs: Ursachen, Anlässe und Zuspitzungen, in: Peter C. Hartmann/Florian Schuller (Hgg.), Der Dreißigjährige Krieg. Facetten einer folgenreichen Epoche, Regensburg 2010, S. 23–45.

L'„abominable monstre de la neutralité": la campagne de libelles contre la neutralité pendant la guerre de Trente Ans, in: Jean-François Chanet/Christian Windler (Hgg.), Les ressources des faibles. Neutralités, sauvegardes, accomodements en temps de guerre (XVIe–XVIIIe siècle), Rennes 2010, S. 83–103 *[die Neutralität, eine zur Zeit des Dreißigjährigen Krieges noch suspekte Option]*.

La paix par le droit? Division confessionnelle et juridiction dans le Saint-Empire, in: Philippe Büttgen/Christophe Duhamelle (Hgg.), Religion ou confession. Un bilan franco-allemand sur l'époque moderne (XVIe–XVIIIe siècles), La Rochelle 2010, S. 281–303 *[die konfessionelle Polarisierung im letzten Fünftel des 16. Jahrhunderts]*.

Norm und Kalkül. Über Württemberg, Baden und die Union von Auhausen, in: Ernst Albrecht/Anton Schindling (Hgg.), Union und Liga 1608/09. Konfessionelle Bündnisse im Reich – Weichenstellung zum Religionskrieg?, Stuttgart 2010, S. 29–61.

Zur Säkularisierung und Formalisierung des vormodernen Kriegsbegriffs, in: Franz Hederer u. a. (Hgg.), Handlungsräume. Facetten politischer Kommunikation in der Frühen Neuzeit. Festschrift für Albrecht P. Luttenberger zum 65. Geburtstag, München 2011, S. 297–316 *[die ideen- und mentalitätsgeschichtlichen Voraussetzungen der großen vormodernen Bellizität]*.

1555 – Mitteleuropa findet seinen Religionsfrieden, in: Matthias Stadelmann/Lilia Antipow (Hgg.), Schlüsseljahre. Zentrale Konstellationen der mittel- und osteuropäischen Geschichte. Festschrift für Helmut Altrichter zum 65. Geburtstag, Stuttgart 2011, S. 65–77.

„Deus noster sit Deus pacis". Augsburg 1555: der Reichstag des Religionsfriedens. Zum Abschluss der Edition „Deutsche Reichstagsakten. Jüngere Reihe", in: Historisches Jahrbuch 131 (2011), S. 479–521.

Der reichsrechtliche Rahmen: das *Ius reformandi* am Augsburger Reichstag 1555, in: Johannes Wischmeyer (Hg.), Zwischen Ekklesiologie und Administration. Modelle territorialer Kirchenleitung und Religionsverwaltung im Jahrhundert der europäischen Reformationen, Göttingen/Bristol 2013, S. 97–123.

Das Alte Reich 1495–1806, fünfte Auflage Darmstadt 2013 *[zum Dreißigjährigen Krieg, lediglich von der politischen Seite her: Kapitel IV und Kapitel V]*.

„Der liebe vnd werthe Fried". Kriegskonzepte und Neutralitätsvorstellungen in der Frühen Neuzeit, Köln/Weimar/Wien 2014 *[die ideen- und mentalitätsgeschichtlichen Voraussetzungen der großen vormodernen Bellizität]*.

The Settlement of 1648 for the German Empire, in: Olaf Asbach/Peter Schröder (Hgg.), The Ashgate Research Companion to the Thirty Years' War, Farnham/Burlington 2014, S. 297–308.

Abbildungsnachweis

Abb 1 Gemälde von Andreas Herneisen für den Rat der Stadt Windsheim 1601. Aus: Wolfgang Brückner, Lutherische Bekenntnisgemälde des 16. bis 18. Jahrhunderts. Die illustrierte Confessio Augustana. Regensburg 2007, S. 212.

Abb 2 Erlösung durch die Sakramentenverwaltung der Kirche. Gemäldeteil eines Kapitelherrnepitaphs, einst in der Vierung des Hildesheimer Doms von 1585 und also öffentliches Lehrbild. Aus: Wolfgang Brückner, Lutherische Bekenntnisgemälde des 16. Bis 18. Jahrhunderts. Die illustrierte Confessio Augustana. Regensburg 2007, S. 43.

Abb 3 Votivbild zur Erinnerung an die „wunderbare Errettung" der böhmischen Statthalter Wilhelm Slavata von Chlum und Kosumberg und Jaroslav Borita von Martinitz sowie des Sekretärs Philipp Fabricius beim Prager Fenstersturz am 23. Mai 1618. Ölgemälde, Meister des Benedikt Umlauf-Epitaphs in Brünn, 1620er Jahre. Aus: Klaus Bußmann/Heinz Schilling (Hgg.): 1648 – Krieg und Frieden in Europa. Textband I. München 1998, S. 85.

Karte 1 Der Krieg 1618–1629; die „Spanish Road". Aus: Geoffrey Parker, Der Dreißigjährige Krieg. Frankfurt/New York 1987, S. 20/21.

Karte 2 Norditalien zur Zeit der Mantuanischen Erbfolgekrise 1627. Aus: Klaus Bußmann/Heinz Schilling (Hgg.): 1648 – Krieg und Frieden in Europa. Textband I, München 1998, S. 155.

Karte 3 Europa nach 1648. Aus: Der Große Ploetz. Atlas zur Weltgeschichte. © Ploetz in der Herder GmbH, Freiburg im Breisgau.

Karte 4 Das Alte Reich während des Dreißigjährigen Krieges. Aus: Klaus Herbers/Helmut Neuhaus: Das Heilige Römische Reich. Schauplätze einer tausendjährigen Geschichte (843–1806). Köln/Weimar/Wien, 2005, S. 220.

Personenregister

A

Albrecht, Dieter 86
Aldringen, Johann von 240
Amalie Elisabeth, Landgräfin von Hessen-Kassel 132, 261, 283, 289
Arndt, Johannes 182
Arnim, Hans Georg von 241
Avaux, Claude de Mesmes Comte d' 321

B

Babel, Rainer 264
Banér, Johan 275, 283, 284
Behaim, Lukas 227
Bély, Lucien 282
Bergerhausen, Wolfgang 105
Bernhard, Herzog von Sachsen-Weimar 191, 238, 245, 247, 260, 274, 275, 279, 282, 287
Bethlen, Gabriel, Fürst von Siebenbürgen 80, 82, 129, 287
Bismarck, Otto von 121, 293
Bocskay, István 64
Bodin, Jean 332, 335
Bonncy, Richard 275
Bouwinghausen von Wallmerode, Benjamin 94, 95
Braun, Guido 353
Brockmann, Thomas 118
Büchner, Georg 110
Buquoy, Karl Bonaventura von 81, 96–100
Burkhardt, Johannes 293, 335, 336, 340
Burschel, Peter 173

C

Calvin s. *Calvinismus*
Camerarius, Ludwig 124
Carlo I. von Gonzaga (Charles de Nevers) 140, 143, 144
Chaline, Olivier 102
Chigi, Fabio 324
Christian, Herzog von Braunschweig, Administrator von Halberstadt 111, 117
Christian I., Fürst von Anhalt-Bernburg 49, 50, 52, 55, 78, 80, 94, 98
Christian IV., König von Dänemark 121, 124–127, 129, 130
Christine, Königin von Schweden 238, 321
Contarini, Alvise 324
Contzen, Adam 134
Córdoba, González Hernandez de 109
Crowne, William 208

D

Dickmann, Fritz 248, 330
Dohna, Achatius von 80
Duchhardt, Heinz 336

E

Eckhardt, Karl August 330
Edelmayer, Friedrich 358
Eder, Georg 307
Efferen, Wilhelm Ferdinand von 29
Ehrenpreis, Stefan 34
Enghien, Louis II., Herzog von 281
Ergang, Robert 204
Erstenberger, Andreas 307

F

Ferdinand II., böhmischer König und Kaiser 45, 55, 64, 69–71, 78, 80, 81, 83–87, 91, 94, 104, 106–108, 113, 115, 126, 136, 137, 142, 144, 149–152, 188, 189, 191–193, 195, 226, 241, 242, 244, 246, 292, 298–302
Ferdinand III., General und Kaiser 246, 247, 252, 287, 292, 298, 299, 315, 317, 319, 327
Ferdinand I., Römischer König 26, 27
Ferrante II. von Gonzaga 142
Franz, Günther 205
Friedrich II., König in, dann von Preußen 342
Friedrich IV., Kurfürst von der Pfalz 36
Friedrich V., Kurfürst von der Pfalz 49, 55, 79, 80, 82, 88, 93–96, 98, 99, 107, 109, 113, 115, 116, 118, 224
Friedrich Wilhelm I., Kurfürst von Brandenburg 312

G

Gallas, Matthias 246, 247, 274, 284, 287
Geizkofler, Zacharias 28
Georg Friedrich, Markgraf von Baden-Durlach 49, 93, 109, 110, 261, 352
Georg II., Landgraf von Hessen-Darmstadt 132
Ginetti, Martio 315
Goebbels, Joseph 329
Goetze, Dorothée 323
Grillparzer, Franz 64
Grimmelshausen, Hans Jakob Christoph von 186, 204
Gryphius, Andreas 206
Guarino, Gabriel 293

H

Haan, Heiner 252
Haller, Johannes 332
Hartung, Fritz 330
Haude, Sigrun 207
Heberle, Hans 209, 290
Heckel, Martin 230
Heinrich IV., König von Frankreich 46, 47, 50–52, 94, 124, 139, 236, 261
Helfferich, Tryntje 306
Herberstorff, Adam von 97
Herneisen, Andreas 17
Heuser, Peter Arnold 335
Hitler, Adolf 329
Höbelt, Lothar 306
Hohenlohe-Weikersheim, Georg Friedrich Graf von 79
Horn, Gustav 238, 247, 287
Howard, Michael 161
Huntebrinker, Jan Willem 174
Hus, Jan 61, 75

I

Israel, Jonathan 356

J

Jacobi von Wallhausen, Johann 185
Jakob I., König von England 80, 88–90, 94, 95, 102, 118, 119, 124
Jesù Maria, Domenico a 100
Joachim Ernst, Markgraf von Brandenburg-Ansbach 49
Johann Friedrich, Herzog von Württemberg 44, 110
Johann Georg I., Kurfürst von Sachsen 80, 91, 152, 240
Johann Schweikhard, Kurfürst von Mainz 30, 41, 43
Johann Wilhelm, Herzog von Jülich-Kleve-Berg 47
Junius, Anna Maria 207
Junkelmann, Marcus 231

Personenregister

K
Kaiser, Michael 167, 185, 216
Kampmann, Christoph 117, 267, 293, 336
Karl Emanuel, Herzog von Savoyen 79, 80, 119, 141, 143
Karl I., König von England 118, 120
Karl V., Kaiser 18, 47, 151, 152, 261, 341, 354
Khlesl, Melchior 30, 68, 78
Kimminich, Otto 330
Kleinehagenbrock, Frank 209
Kroener, Bernhard R. 170, 277

L
Lamormaini, Wilhelm 135, 138
Langer, Herbert 223
Lee Jr., Maurice 89
Lehmann, Christoph 308
Leopold, Erzherzog 49
Leopold I., Kaiser 342
Liechtenstein, Gundakar von 241
Lobkowitz, Polyxena von 75
Lockhart, Paul Douglas 123
Longueville, Henri d'Orléans, Duc de 321, 324
Ludwig V., Landgraf von Hessen-Darmstadt 131, 132
Ludwig XIII., König von Frankreich 120, 144, 261, 269, 284, 287
Ludwig XIV., König von Frankreich 265, 266, 321, 332, 350, 353, 359
Luhmann, Niklas 23, 34, 35
Luther s. *Lutheraner*

M
Machiavelli, Niccolò 30
Malettke, Klaus 260
Mann, Golo 118, 243
Mansfeld, Ernst von 79, 81, 109, 117, 119, 126, 128, 129
Marcks, Erich 328
Martinic, Jaroslaw von 75, 76

Matthias, böhmischer König und Kaiser 30, 61, 64–69, 78, 83, 107, 188
Maximilian, Erzherzog von Oberösterreich 41, 42, 64
Maximilian I., Herzog, dann Kurfürst von Bayern 28, 40, 41, 55, 84, 86, 87, 91, 92, 94, 96, 99–101, 113–115, 126, 147, 216, 219, 221, 286, 301, 309, 312, 318
Mazarin, Jules 266, 284, 303, 313
Medick, Hans 206
Mercy, Franz von 286
Moritz, Landgraf von Hessen-Kassel 49, 131, 217
Moritz, Prinz von Oranien 124
Mout, Nicolette 358
Müller, Frank 91
Münkler, Herfried 306

N
Napoleon I. Bonaparte 335

O
Öhman, Jenny 271
Olivares, Gaspar de Guzmán d' 143, 268, 293
Oñate, Jñigo Conde de 78
Oschmann, Antje 289
Oxenstierna, Axel 231, 236–240, 257, 260, 267, 271, 275
Oxenstierna, Johan Axelsson 289, 321

P
Papke, Gerhard 170
Pappenheim, Gottfried Heinrich Graf von 128, 229
Parker, Geoffrey 119
Pawell, Andreas 110
Peñeranda, Gaspar de Bracamonte y Guzmán 324
Peringer, Johannes 218

Philipp Christoph, Erzbischof von Trier und Fürstbischof von Speyer 73, 264, 265, 269
Philipp II., König von Spanien 47, 200, 280, 354, 355
Philipp IV., König von Spanien 143
Piccolomini, Ottavio 244, 284, 362
Piirimäe, Pärtel 231
Planitz, Hans 330
Plebanus, Johannes 206
Preis, Caspar 207

R
Rákóczi, György 287, 288
Repgen, Konrad 259, 310, 360
Richelieu, Armand Jean du Plessis 112, 127, 143, 144, 257, 261–267, 269, 271, 272, 275, 280, 284, 287, 303, 313–316
Rill, Bernd 69
Ritter, Moriz 46, 258, 284
Roberts, Michael 271
Roeck, Bernd 210
Rudolf II., böhmischer König und Kaiser 16, 28, 64–66, 78, 107

S
Salvius, Johan Adler 321
Schertlin von Burtenbach, Sebastian 172
Schiller, Friedrich von 128, 229
Schilling, Heinz 351
Schilling, Lothar 284
Schmidt, Georg 240, 257, 340
Schulze, Winfried 33
Servien, Abel 321
Sigismund III. Wasa, König von Polen 139
Slavata, Wilhelm von 75, 134
Spinola, Ambrogio di 87, 96, 102, 107, 108, 286
Staiger, Klara 208
Steinberg, Sigfried H. 204, 206, 212, 213
Stralendorff, Peter Heinrich von 241, 250

T
Theibault, John 195, 276
Thurn, Heinrich Matthias von 75, 79, 80, 82
Tilly, Johann Tserclaes de 96–99, 101, 109, 111, 117, 118, 125–130, 147, 150, 151, 184, 192, 216, 220–222, 249, 362
Torstensson, Lennart 283, 284, 288
Trauttmansdorff, Maximilian von 241, 321, 325, 327
Tromp, Marten 279
Tschernembl, Georg Erasmus von 110

U
Urban VIII., Papst 313

V
Vincenzo I. von Gonzaga 140
Volmar, Isaac 327

W
Wallenstein, Albrecht von 104, 126, 128–130, 132, 133, 143, 146–150, 152, 169, 181, 182, 187, 189–191, 193–195, 197, 199, 200, 216, 217, 220, 226, 227, 229, 232, 240, 241, 243–246, 249, 254, 300, 301, 344
Wedgwood, Cicely Veronica 82
Wehler, Hans-Ulrich 205, 206, 213
Werth, Johann von 172, 286, 287
Whaley, Joachim 219, 332
Wilhelm V., Landgraf von Hessen-Kassel 217, 235, 261
Wilson, Peter H. 167, 194
Winkelbauer, Thomas 99
Witte, Hans de 195
Wolfgang Wilhelm, Pfalzgraf von Neuburg 37
Wrangel, Karl Gustav 283, 289

Z
Zierotin, Karl von 67, 80
Zwingli, Huldrych 20, 22

Orts- und Sachregister

A
Aachen 27
Absolutismus 54, 71, 90, 136, 151, 164, 167, 189, 195, 196, 198–200, 204, 211, 336, 350, 355, 359
Acht, Ächtung s. *Reichsacht*
Achtzigjähriger Krieg 48, 87, 127, 128, 232, 246, 259, 294, 355, 359 s. *auch Niederlande*
Adelmannsdorf 15
Admissionsfrage, -streit 303, 316, 319, 334, 341, 361
Aktionspartei (in der Union) 77, 83, 92, 107, 109
Alerheim 286, 287, 352
Altdorf 187
Amberg 78, 85, 352
Amnestie 248, 256, 271, 273, 325, 351
Anhalt, Fürstentum 37
Ansbach, Markgrafschaft 15, 36
Artillerie 161, 162, 177, 178
Aufgebot 157, 163, 164
Aufklärung 57, 59, 343, 350, 351
Augsburg 209, 210
Augsburger Religionsfrieden
s. *Religionsfrieden, Erster (von 1555)*
Auhausen 36, 92

B
Baden (-Durlach), Markgrafschaft 36, 93, 352
Bärwalde 217, 219, 264
Bayern, Herzogtum 28, 38, 40–42, 84, 87, 90, 96, 115, 116, 203, 220, 223, 240, 242, 243, 247, 252, 285–287, 297, 301, 303, 304, 309, 312, 313, 326

Belgien 48, 96, 119, 128, 354, 357, 358
s. *auch Brüssel*
Bellum iustum 96, 218, 224, 269, 306
Bellum necessarium, Holy War 100, 224
Besançon 119
Bistumsadministrator 118, 123
Bocskay-Aufstand 64
Bodensee 202
Bogenschütze 159, 160, 162
Böhmen, Königreich 39, 42, 45, 53–55, 59–62, 65–70, 73, 74, 77–79, 81, 84, 86, 90, 93, 96, 98, 99, 102–105, 109, 115–117, 126, 129, 142, 187, 196, 241, 242, 244, 255, 287, 288, 294, 297, 303, 360
Brandschatzen 183, 201
Brasilien 280
Braunau 69
Braunschweig-Kalenberg, Herzogtum 128 s. *auch Welfen*
Braunschweig-Lüneburg, Herzogtum 278 s. *auch Welfen*
Breda 127, 279, 285
Breisach 265, 279, 282, 285, 352
Breisgau 63, 282
Breitenfeld 164, 168, 180, 221, 222, 284
Bremen 123, 131, 139, 200, 353
Breslau 99
Brömsebro 288
Bruderzwist (im Hause Habsburg) 64, 65, 187
Brüssel 48, 51 s. *auch Niederlande und Belgien*
Budweis 79
Burgund, Herzogtum 47, 354, 358
Burgundischer Vertrag 358

C

Calvinismus 14, 17, 20, 22, 24, 36, 38, 61, 62, 88, 100, 102, 106, 111, 112, 127, 128, 132, 137, 313, 325, 346, 355, 357
Casale 141, 143, 144
Cherasco 145
Compiègne 270
Condottiere 165
Confessio Augustana 14, 18, 24
Confessio Bohemica 62, 66, 68
Confoederatio Bohemica 81, 82
Corbie 275, 286
Corpora 233, 235, 236, 323, 348
Crécy 159, 160

D

Dachau 287
Dänemark 13, 112, 123–125, 130, 146, 153, 189, 230, 231, 233, 283, 285, 288, 304, 315
Declaratio Ferdinandea 26, 27, 136
Defensoren 66, 74
Demographie 201, 205, 206, 276
Den Haag 95, 96, 113, 127, 321, 354
Dessau 127, 129, 190
Direktorialregierung, böhmische 98
Dissimulieren 23
Dôle 119
Donationen 233, 234, 240
Donauwörth 27, 31, 94, 97, 222
Dragoner 162, 180, 277

E

Eger 245
Ehre 270, 271, 306–308, 310, 359
Ehrenbreitstein 265, 282
Eichstätt, Hochstift 208
Eidgenossen, -schaft 120, 161, 169, 202, 350, 353, 354, 358
Elsass 37, 49, 50, 92, 216, 265, 269, 275, 352, 358

England 95, 102, 108, 118–120, 124, 125, 127, 159, 160, 208, 307, 321
Erzkanzler (des Reiches) 39, 44

F

Fehde 156
Feindbild 35, 298
Felonie s. *Treue, vasallitische*
Fermarn 130
Fides haereticis servanda 29, 31, 43, 309
Finnland 230
Flugblätter 88, 220, 223, 225, 278
Flugschriften 28, 31, 209, 220, 223, 224, 256, 257, 296, 301, 308, 314, 322
Fontainebleau 219
Franche Comté 119
Franken 17, 37, 41, 169, 203, 213, 223, 227, 239, 289
Frankenburg 97
Frankenthal 112
Frankfurt 45, 208, 219, 318
Frankreich 13, 46–48, 51, 89, 95, 104, 112, 119, 120, 125, 127, 139, 140, 143–145, 159, 160, 216, 217, 219, 220, 242, 256, 257, 259–261, 265, 267, 269, 273, 274, 280, 282, 284–286, 296, 304, 308, 311, 312, 314, 318, 319, 323, 324, 352, 356, 357, 359, 360
Frieden, Friedenskonzepte 53, 89, 218, 250, 306, 308, 309
Friedland 189, 190, 196, 197, 246
Fruchtbringende Gesellschaft 43
Fuentes 120
Fundamentalismus 56
Fürth 226
Fußsoldaten s. *Infanterie*

G

Gegenreformation 68, 71, 86, 106, 124, 128, 231, 294

Orts- und Sachregister

Gehorsam, Ungehorsam 30, 38, 40, 80, 94, 107, 219, 235, 297, 301, 312, 319
Geistlicher Vorbehalt 25, 26, 90, 118, 136
Geistliche Territorien *s. Hochstift*
Genua 142
Gerechter Krieg *s. bellum iustum*
Gerechtigkeit 58
Gewaltmonopol, staatliches 156
Göllersdorf 226
Gotland 130
Graubünden 120
Gravamina 24, 34, 219, 342, 343, 350
Graz 63
Griechenland 155
Guastalla, Herzogtum 140, 142
Guerillakrieg 159, 223
Günzburg 96
Güstrow 132

H

Habsburg, Dynastie 40, 42, 46, 47, 50, 51, 54, 60–62, 65, 67, 71, 74, 75, 77, 80, 82, 84, 91, 95, 98, 102, 103, 105, 109, 112, 115, 118, 124, 127, 138, 147, 161, 187, 216, 231, 237, 261, 263, 269, 279, 288, 294, 296, 308, 311, 314, 316, 331, 342, 344, 354, 358
Halberstadt, Hochstift 111, 123, 139
Hamburg 273
Hamburger Präliminarfrieden (1641) 315
Hamburger Vertrag (1638) 273, 276
Hameln 126
Heilbronn 110, 275
Heilbronner Bund 238, 239, 247, 252, 260, 268
Heiliger Krieg *s. bellum iustum*
Hessen 118, 131, 132
Hessen-Darmstadt, Landgrafschaft 132
Hessen-Kassel, Landgrafschaft 37, 128, 132, 278, 283, 286, 313, 314, 316, 339, 352
Hexenverfolgungen 292
Hildesheim 20

Höchst 111
Höchstadt 207
Hochstift 24–27, 39, 90, 118, 123, 130, 138, 344
Holstein, Herzogtum 121, 125, 128, 130, 285, 287
Hugenotten, Hugenottenkriege 47, 112, 127, 140, 141, 145, 261, 264, 268, 350
Hunger 201
Hussiten 61, 62, 105

I

Infanterie 157–159, 161, 162, 177–179, 281
Innsbruck 41, 63
Irak-Krieg 156
Isny 93
Italien, Oberitalien 13, 47, 100, 101, 103, 104, 119, 140, 141, 144, 145, 151, 153, 165, 169, 216, 259, 263, 265, 266, 279, 356
Itio in partes 46, 348
Ius armorum 252, 301, 312
Ius belli ac pacis 150, 151
Ius foederis 252, 337, 338
Ius reformandi 14, 24, 25, 27, 61, 249, 344, 345

J

Jankau 287–289, 319, 320, 352
Jesuiten 17, 19, 28, 31, 71, 79, 100, 106, 114, 134, 135, 138, 350
Journée des Dupes 144
Jülich 47, 50, 51
Juristen 22, 57, 58, 297, 332
Jütland 130, 283, 287

K

Kaiserreich (von 1871) 13
Kaiser (zum Amt allgemein) 27, 37, 39–41, 44, 45, 62, 70, 77, 83, 93, 94, 107–109, 115, 131, 136, 137, 150, 152, 217, 234, 251, 253, 255, 291, 299, 300, 311, 318–320, 330, 334, 336, 337, 339, 341, 342, 361

Kanone, Kanonier s. *Artillerie*
Kärnten, Herzogtum 63
Katalonien 279, 356
Kavallerie 157, 160, 162, 177, 180, 277
Kirchenbuch 227, 228
Kirchengut 24, 25, 106, 138, 235
Kleine Eiszeit 202, 292
Klima, Klimageschichte 202, 203
Kloster s. *Kirchengut*
Klostergrab 69
Köln 208, 222, 273, 286, 314, 315
Kölner Krieg 26
Kommunikation, Kommunikationsstörung 23, 31, 44
Kompanie 169, 171
Komposition 44, 45
Konfessionalisierung 17, 18, 48, 91, 344
Konfessionelles Zeitalter 17, 32, 57, 58, 61, 88
Konfessionskrieg 13, 43, 89, 100, 199, 203, 209, 211, 257, 258, 292, 295, 297, 298, 303, 306, 309, 343, 351
Konfiskationskommissar 133, 138
Kontribution 147, 152, 182, 190–194, 197, 200, 201, 203, 217, 253, 254, 276, 360
Kontroverstheologie 19
Krain 63
Kriegsunternehmer 155, 163, 168, 186, 189, 197–199, 201, 216, 241, 274
Kriegsursachen(forschung) 33, 53, 55, 113, 116, 292, 342 s. *auch Konfessionskrieg*
Kriegswirtschaftssystem (Wallensteins) 191, 195
Krummau 79
Kulmbach, Markgrafschaft 36
Kurbrandenburg 35, 37, 48, 52, 92, 93, 96, 114, 115, 120, 127, 130, 152, 215, 218, 239, 247, 255, 257, 271, 276, 283, 312, 313, 339
Kurfürsten, geistliche 45, 83, 97
Kurfürstentag 35, 45, 54, 114, 144, 148, 149, 152, 219, 250, 254, 271, 272, 300, 303, 304, 315, 337, 341

Kurfürsten (zu ihrer Rolle allgemein) 39, 45, 54, 62, 77, 83, 108, 115, 149–151, 191, 216, 251, 252, 254, 272, 291, 294, 295, 300–302, 317, 319, 320, 322, 337–339, 341, 361
Kurköln, Erzstift 26, 45, 115, 147, 312
Kurmainz, Erzstift 31, 39, 41, 45, 115, 208, 222, 240, 312
Kurpfalz 24, 33, 35–37, 43, 46, 67, 78, 85, 92, 93, 98, 100, 102, 107, 110, 111, 113–115, 119, 124, 152, 184, 217, 278, 309, 315, 325, 352, 355
Kursachsen 17, 31, 37, 39, 46, 90–92, 96, 99, 109, 115, 120, 152, 218, 221, 222, 226, 229, 240–242, 247–249, 252, 267, 271, 283, 284, 288, 303, 312, 352
Kurtranslation 114–116, 300 s. *auch Pfalzfrage*
Kurverein 54, 338

L

Lager, Lagermarkt 174
Landeshoheit 25
Landsknecht 166, 169, 173
Landtag 166, 200, 253
Langbogen s. *Bogenschütze*
Langer Türkenkrieg 65
La Rochelle 112, 127, 140, 141
Lausitzen 63, 67, 81, 91, 102
Lehnswesen 83, 85, 93, 107, 114, 142, 157, 158, 163, 164, 236, 298 s. *auch Treue, vasallitische*
Leipzig 219, 284
Libertät, teutsche 40, 92, 121, 147, 151, 191, 234, 239, 242, 253, 254, 256, 260, 263, 295, 301, 302, 304, 317, 318, 335, 338
Liga 36, 39–41, 44, 54, 55, 73, 83, 84, 86, 88, 91, 94, 96–99, 107–109, 114, 118, 126, 147, 150, 220–222, 240, 243, 252, 254, 294, 297, 337, 338
Linz 63, 67
Lothringen 97, 264, 265, 269, 274, 352, 358
Lübeck 130, 146, 307, 314, 315
Lucca 142

Lutheraner 17–20, 22, 36, 38, 61, 62, 88, 106, 109, 132, 230, 303, 313, 346, 352 *s. auch Confessio Augustana*
Lutter am Barenberge 127, 129
Lützen 229, 241, 243

M

Magdeburg, Hochstift 139, 184, 185, 217, 220, 221, 362
Mähren 63, 67, 80, 81, 98, 103, 187, 188, 284, 285
Mailand, Herzogtum 141, 142, 177
Mainzer Vertrag 108
Majestätsbrief 54, 66, 68, 69, 74, 106
Majorität (am Reichstag), Majorisieren 44–46
Mannheim 111
Mantua, Herzogtum 140, 142, 144, 145, 149, 215, 216, 263, 317, 356
Marburg 131, 217
Mecklenburg, Herzogtum 130–133, 148, 190, 197, 215–217, 231, 234, 244, 257, 282
Metz 352, 353
Mirandola, Herzogtum 142
Mittelalter 156, 159, 160, 165, 169, 354
Modena, Herzogtum 142
Monarchia universalis 113, 262, 294, 295
Montauban 112
Montferrat, Markgrafschaft 140, 143, 144, 263
Morgarten 161
Mortalität 201, 203, 205
Mühlhausen 250
Münchner Vertrag 84–86, 91, 97, 113
Münster 314, 315, 319, 322, 323, 326, 329, 333, 357, 358
Muskete, Musketier 162, 178–180

N

Neuburg, Pfalzgrafschaft 36, 37, 48, 52, 92, 339
Neuhäusel 129
Neutralität 93, 192, 218, 222, 224, 247, 265, 268, 278, 303, 310–312, 315, 358

Niederlande 48, 52, 81, 82, 87, 94, 95, 102, 103, 109, 113, 116, 119, 120, 124, 125, 127, 128, 144, 146, 149, 180, 203, 215, 246, 267, 268, 272, 274, 279, 280, 296, 305, 313, 314, 316, 324, 354, 357, 358 *s. auch Achtzigjähriger Krieg*
Nondum reconciliati 256, 260, 271, 315, 320
Nördlingen 247, 249, 260, 265, 267, 279, 302
Nordsee 124, 133
Normaljahr 14, 25, 249, 344, 345, 349–351
Norwegen 121, 123, 230
Nürnberg 206, 212, 222, 223, 226, 227, 235, 289, 341, 360, 361
Nürnberger Exekutionstag 276, 341, 361

O

Oberösterreichischer Bauernkrieg 97, 128
Oberpfalz 85, 91, 114, 344, 352
Oldenzaal 128
Olmütz 284
Orléans 275
Ösel 130
Osmanisches Reich 60, 62, 63, 65, 77, 82, 129, 278, 294, 321
Osnabrück 314, 315, 319, 322, 323, 326, 333
Österreich 38, 82, 85, 97, 98, 102, 103, 114, 222, 295, 354 *s. auch Habsburg*
Ostfriesland, Grafschaft 109
Ostsee 124, 130, 131, 133, 141, 144, 146, 153, 216, 217, 230–233, 237, 238, 255, 272, 276, 285, 294, 304, 306
Öttingen, Grafschaft 37, 93

P

Paderborn, Hochstift 126
Papst 19, 20, 106, 113, 303, 304, 313–315, 324
Parität 115, 249, 344, 347–349
Parma, Herzogtum 142
Passagen 265, 266
Passau, Hochstift 139
Pavia 85

Pax s. Frieden
Pax universalis 313–315
Perpignan 280
Pfalzfrage 116, 118, 120, 255, 259, 272, 305, 309, 311
Pforzheim 110
Philippsburg 265, 282, 352
Pike, Pikenier 161, 162, 178–180
Pilsen 79, 245
Pilsener Reverse 244
Plündern 170, 182, 183, 201
Polen 97, 101, 124, 139, 145, 146, 231, 233, 257
Politisches System (des Alten Reiches) 22, 39, 40, 44, 56, 108, 115, 142, 152, 239, 260, 298, 302–304, 316, 320 s. auch Libertät, teutsche
Politologen 295, 331, 332
Pommern 130, 131, 144, 146, 163, 215, 217, 222, 232, 233, 236–239, 249, 255, 257, 272, 282, 305, 353
Portugal 279, 280, 356
Prag 39, 41, 53, 55, 65, 67, 68, 74, 80, 81, 88, 96–100, 103, 106, 222, 226, 288, 289
Prager Fenstersturz 66, 71, 74, 76–80, 281, 295, 297, 305
Prager Frieden 210, 248, 249, 251, 255, 260, 261, 269, 271, 273, 275, 283, 307, 308, 311, 312, 338, 344
Privat(sphäre) 56, 57, 212, 345, 349
Protektion 264–266, 268, 269, 285
Pyrenäen 259, 280, 306
Pyrenäenfrieden 280, 359

Q

Quartier 155, 168–170, 174, 181, 182, 193, 217, 276, 300, 361

R

Reformation 17, 37, 172
Regensburg 144, 148, 149, 152, 216, 219, 240, 271, 272, 301–303, 315, 317
Regensburger Konvent (von 1623) 114
Regiment 168, 171, 172, 181
Reichenberg 196
Reichsacht 85, 107, 114, 132, 261, 339
Reichsdeputationstag 35, 348
Reichshofrat 28, 34, 39, 44, 45, 49, 132, 134, 138, 249, 349
Reichskammergericht 35, 137, 138, 348, 358
Reichskreise 28, 54, 90, 117, 118, 121, 125, 129, 142, 239, 268, 339, 341
Reichsstädte 14, 27, 31, 37, 50, 92, 322, 343, 346
Reichsstädteparagraph (von 1555) 27
Reichstag 30, 32, 33, 35, 39, 44, 54, 65, 115, 136, 142, 148, 150, 234, 253, 254, 278, 299–301, 303, 315, 317, 322, 336, 339, 340, 348
Reiter s. Artillerie und s. Ritter
Religionsfrieden, Erster (von 1555) 14–16, 28, 29, 31, 32, 45, 54, 56, 58, 68, 118, 134–137, 250, 262, 291, 305, 307, 309, 325, 343, 346
Religionsfrieden, Zweiter (von 1648) 13, 291, 326, 333, 334, 342, 343, 347, 349
Restitution 32, 235
Restitutionsedikt 33, 91, 133, 135, 151, 191, 217, 221, 231, 241, 250, 257, 301, 307, 309
Rheinkrise (von 1840) 121
Rhein, Rheingrenze 266, 268
Ried 336
Ritter 157–161, 165, 169
Rocroi 280, 281, 285, 356
Rothenburg 92, 93, 362
Roussillon 280
Russland 221, 321

S

Sagan 190
Säkularisierung 23, 56, 309, 349
Satisfactio 233, 236–240, 255, 259, 270, 271, 273, 305, 306, 308, 325, 326, 352
Savoyen, Herzogtum 79, 119, 120, 140, 141, 263
Schärding 97

… und Sachregister

Schlesien, Herzogtum 63, 67, 81, 98, 129, 243, 285, 342
Schleswig, Herzogtum 121
Schmalkaldischer Krieg 152, 341
Schwabach 226
Schwaben 37, 41, 63, 203, 223
Schwäbisch Hall, Vertrag von 50, 51, 94
Schweden 13, 112, 121–124, 133, 139, 140, 144–146, 152, 163, 175, 178, 180, 207, 215, 217–221, 223, 230, 233, 234, 236, 237, 239, 242–244, 247, 248, 256, 259, 260, 264, 265, 272–275, 283, 286, 288, 296, 304, 308, 311–314, 316, 319, 320, 323, 325, 353, 360
Schweiz *s. Eidgenossen, -schaft*
Sempach 161
Siebenbürgen 80, 82, 287
Söldner 155, 156, 161, 163–165, 167–169, 171, 173–176, 180–183, 199, 360
Souveränität 317, 328, 330, 332, 333, 335, 338, 339, 353, 358
Spanien 15, 40, 47, 48, 50–52, 78, 81, 87, 89, 99, 100, 104, 107, 109, 113, 114, 116, 119, 124, 127, 128, 133, 141, 143–146, 179, 180, 232, 246, 247, 257, 259, 260, 262, 263, 265, 266, 268, 269, 273, 279, 280, 293, 295, 314, 316, 321, 324, 354, 355, 359
Spanish Road 116, 119, 264, 268, 272
Speyer, Hochstift 73, 264, 265
Staatsbildungskrieg 292–294, 296
Staatsräson 30, 44, 57, 71, 90, 134, 232, 304, 309
Stade 129
Stadtlohn 117, 118
Stehendes Heer 123, 164, 166, 194, 198
Steiermark, Herzogtum 63
Stettin 215
Strakonitz 100
Stralsund 130, 145, 190
Straßburg 139
Sundzoll 123

T
Teutscher Krieg 13, 206
Theologen 22, 29, 57, 58, 138, 250, 297, 309
Thüringen 17
Tirol 41, 63, 78
Toleranz 56, 349
Toskana, Großherzogtum 142
Toul 352, 353
Treue (vasallitische) 29, 30, 41–43, 83, 86, 107, 235, 298 *s. auch Lehnswesen*
Trient, Konzil von 22, 62, 71
Trier, Erzstift 115, 264, 265, 267, 269, 315
Tross 100, 171–173, 175, 176, 183, 201
Tuttlingen 285, 287

U
Udenheim 73, 92
Ulm 94, 95, 107, 139, 209, 290
Ulmer Vertrag (1620) 96, 107, 304
Ulmer Vertrag (1647) 312
Ungarn 60, 62–65, 77, 98, 101, 129, 189, 287
Ungehorsam *s. Gehorsam*
Union 36–39, 42, 45, 46, 49–52, 54, 55, 60, 73, 79, 83, 84, 92, 93, 95, 107–109, 117, 118, 132, 134, 222, 297, 310, 337
Ursachen des Dreißigjährigen Krieges *s. Kriegsursachen(forschung)*

V
Veltlin 119, 120, 263
Venedig 120, 202, 313, 324
Verden 123, 131, 200, 353
Verdun 352, 353
Verneuerte Landesordnung 104, 105
Verrechtlichung 23, 56, 58, 59, 349
Versailles, Frieden von 329, 351
Völkerrecht 331, 332, 338, 346
Volksheer 163
Vorderösterreich 41, 63

W

Wahlkapitulation 60, 107, 149, 150, 234, 317, 334, 337, 339, 340
Wales 159
Weißer Berg, Schlacht 55, 96, 97, 102, 222, 304
Welfen 233, 283, 316, 339
Westfalen 118, 126
Westfälischer Frieden 46, 48, 248, 249, 252, 254, 285, 291, 327, 329, 332, 335, 342, 357, 358 *s. auch Religionsfrieden, Zweiter (von 1648)*
Wetter *s. Klima und s. Kleine Eiszeit*
Wimpfen 111, 261
Windsheim (heute Bad Windsheim) 17
Wismar 270, 273, 283, 285

Wittelsbach, Dynastie 40, 42, 138
Wittstock 275, 276
Wolframs-Eschenbach 15
Wolgast 146
Worms 108
Württemberg, Herzogtum 28, 36, 44, 109, 110, 134, 135, 138, 206, 255, 269, 310, 339
Würzburg 289, 326

X

Xanten, Vertrag von 53

Z

Zirndorf 226
Zvita-Torok, Frieden von 65
Zweibrücken, Pfalzgrafschaft 37

HEINZ DUCHHARDT
1648 – DAS JAHR DER SCHLAGZEILEN
EUROPA ZWISCHEN KRISE UND AUFBRUCH

Das Jahr 1648 – ein Jahr mit vielen Konnotationen, mit einer unglaublichen Spannung von »himmelhochjauchzend« bis zu »zu Tode betrübt«: in Gestalt der letzten Kriegshandlungen im Rahmen des langen europäischen Konfliktes und des mühevoll ausgehandelten Friedens von Münster und Osnabrück, von gewaltigen sozialen Aufständen und Herrscherwechseln, Palastrevolutionen und Türkenkriegen, Prozessen gegen Fürsten und dynastischer Unsicherheiten, Reformbemühungen und neuem Aufbruch in Architektur und Kunst, eines neu aufblühenden literarischen Lebens. All das wurde durch die Medien zu einem europäischen Ereignis, breit kommuniziert und rezipiert. Die »Explosion« des Zeitungswesens hatte ihre Früchte getragen. Der Historiker Heinz Duchhardt stellt eindrucksvoll dar, in welchem Ausmaß das Schlüsseljahr 1648 politisch, kulturell und gesellschaftlich prägend war und den Kontinent innehalten und Atem schöpfen ließ. Ein spannender Gang durch die europäische Staatenlandschaft.

Dieser Titel liegt auch für eReader, Tablet und Kindle vor.

2015. 204 S. 14 S/W-ABB. GB. 135 X 210 MM | ISBN 978-3-412-50120-4

BÖHLAU VERLAG, URSULAPLATZ 1, D-50668 KÖLN, T: +49 221 913 90-0
INFO@BOEHLAU-VERLAG.COM, WWW.BOEHLAU-VERLAG.COM | WIEN KÖLN WEIMAR